Bernd Noll

Wirtschafts- und Unternehmensethik in der Marktwirtschaft

Verlag W. Kohlhammer

Die Deutsche Bibliothek – CIP-Einheitsaufnahme

Noll, Bernd:
Wirtschafts- und Unternehmensethik in der Marktwirtschaft / Bernd Noll. –
Stuttgart ; Berlin ; Köln : Kohlhammer, 2002
  ISBN 3-17-016598-4

Alle Rechte vorbehalten
© 2002 W. Kohlhammer GmbH
Stuttgart Berlin Köln
Verlagsort: Stuttgart
Umschlag: Gestaltungskonzept Peter Horlacher
Gesamtherstellung:
W. Kohlhammer Druckerei GmbH + Co. Stuttgart
Printed in Germany

Vorwort

Obwohl die wirtschaftsethische Debatte inzwischen 15 bis 20 Jahre andauert, ist Wirtschaftsethik im Vergleich zur Volkswirtschaftslehre und Betriebswirtschaftslehre, insbesondere aber zur philosophischen Ethik ein recht junges Fachgebiet. Inzwischen erleben wir allerdings eine allmähliche Verankerung der »neuen« Disziplin in den Lehrplänen wirtschaftswissenschaftlicher Studiengänge an den Hochschulen – Indiz für die Etablierung des Faches. Wesentlich befördert wird diese Entwicklung durch die Internationalisierung von Studiengängen und Studienabschlüssen in der Bundesrepublik, in den angelsächsischen Ländern ist »Business Ethics« inzwischen integraler Bestandteil in wirtschaftswissenschaftlichen Curricula.

Ein solch (unerwarteter) Rückenwind tut dem Fach Wirtschaftsethik gut, denn immer noch bedarf es mancher Überzeugungsarbeit für die Thematik. Dementsprechend setzt sich das erste Kapitel dieses Buches auch mit der Frage »Warum Wirtschaftsethik?« auseinander, einer Frage, die, auf andere Themenfelder übertragen, eher eigenartig wirken würde. Kaum ein Vertreter der betrieblichen Steuerlehre oder des Rechnungswesens würde vermutlich auf die Idee kommen, ein Lehrbuch mit der Frage beginnen zu lassen, warum es notwendig sei, sich mit dem betreffenden Gegenstand zu befassen. Eingehender soll die Frage im ersten Kapitel behandelt werden, doch eine vorläufige und alle Argumente übergreifende Antwort kann die folgende sein: Während Hochschulausbildung sich in den vergangenen Jahrzehnten vor allem der Vermittlung **fachlicher Kompetenz** gewidmet hat und – soweit es die engen Zeitpläne erlaubten – **methodisches Denken** zu schulen versuchte, blieb das Thema der Stärkung **sozialer und wertebezogener Kompetenzen** lange Zeit deutlich unterbelichtet.

Doch die Absolventen der Hochschulen arbeiten in Unternehmen oder Verwaltungen, sind in Projekten oder Teams eingebunden, wo stets mit anderen Menschen kooperiert werden muss. Hier gilt es, Konflikte zu vermeiden oder zu lösen, über Durchsetzungs- und Überzeugungskraft zu verfügen, Verantwortungsbewusstsein zu dokumentieren, etc. Diese Themen standen lange Zeit nicht oder eher selten auf der Themenliste von Seminaren oder Vorlesungen. Bildhaft gesprochen: der junge Hochschulabsolvent weiß, welche Regeln und Techniken er in der Beschaffungspolitik zu beachten hat oder wie er die kostenmäßigen Konsequenzen der Schließung eines Zweigwerkes ermitteln kann; doch wie geht er damit um, wenn der Vorgesetzte ihn veranlassen will, aus fragwürdigen Gründen und mit großzügigen Einladungen von den bewährten Beschaffungsregeln abzuweichen. Und wie wird er die mit der Stilllegung verbundene Entlassung von Mitarbeitern sinnvoll gegenüber sich und den Betroffenen rechtfertigen können? Primär auf diese Fragen, also auf die Förderung sozialer Kompetenzen zielt Wirtschaftsethik. Sie will helfen, **Fähigkeiten zur Entscheidungsfindung** zu **verbessern**. Sie will dazu beitragen, mögliche Entscheidungskonflikte besser zu erkennen, zu analysieren und einordnen zu können. Vor übertriebenen Vorstellungen sei indes gewarnt: Kochrezepte und Allheilmittel können nicht geliefert werden, allenfalls Hilfen zur kritischen, sorgfältigen Reflexion von Wertkonflikten.

Damit ist das **Anliegen** des Buches bezeichnet. Es will **praxisrelevant** sein, damit die konkreten Themen und Anfragen derjenigen ernst nehmen, die auf der Suche nach dem »guten«, »richtigen« oder »legitimen« Handeln in wirtschaftlichen Angelegenheiten sind und deren Ressourcen für diese Aufgabe aufgrund vieler »Systemzwänge« knapp bemessen sind. Es sollen Wege zu einer **konkreten Ethik** gezeigt werden. Philosophische Höhenflüge und hochabstrakte Beispiele theoretischer Grundlagenreflexion, wie wir sie von der Zunft der professionellen, akademischen Ethiker vorgeführt bekommen, werden hier nicht aufgearbeitet, da ihr praktischer Nutzen einigermaßen unklar ist. Andererseits heißt praxisrelevant nicht theorielos, pragmatisch, rein handlungsorientiert. Dies ist der Weg, der in der US-amerikanischen **Business-Ethics-Bewegung** primär angelegt ist. Überspitzt formuliert: der Ethikinteressierte setzt sich mit case studies auseinander und diskutiert das Für und Wider am konkreten Fall. Dahinter steht dann häufig die lediglich pragmatische Fragestellung, wie Ethik in den Alltag der Wirtschaft hineingebracht werden kann. Doch bleiben bei dieser Vorgehensweise die allgemeinen Muster, die grundlegenden Strukturen, die Einordnung in ein umfassendes Denkgebäude leicht auf der Strecke. Damit kann aber auch der Gesamtzusammenhang eines Wert- oder Entscheidungskonfliktes nicht erfasst werden. Konkrete Fälle können mithin nur hinreichend beurteilt und verallgemeinert werden, wenn gewisse theoretische Fundamente zur Einordnung gelegt sind. Ein systematischer Aufriss bei der Darstellung wirtschaftsethischer Probleme ist daher unabdingbar. So soll der »**rote Faden**« der wissenschaftlichen Ethik-Diskussion sichtbar gemacht werden; grundsätzliche Argumentationsstränge sollen offen gelegt werden.

Wirtschaftsethik hat mehrere Mutterwissenschaften: die **Ethik** als Teildisziplin der Philosophie und die **Wirtschaftswissenschaften**, die vor allem im deutschsprachigen Raum wiederum eine Trennung in die Volkswirtschaftslehre und die Betriebswirtschaftslehre erfahren haben. Aus dieser Differenzierung der Wissenschaften resultiert die Anlage des Buches. Es ist – sieht man von der Einführung ab – im wesentlichen in **5 Teile** gegliedert.

- Der erste Teil (Kapitel 2) befasst sich mit den Grundfragen der Ethik. Grundlegende Begriffe und Konzepte der allgemeinen Ethik werden hier entwickelt, soweit sie zum Verständnis der Wirtschaftsethik notwendig oder zumindest hilfreich sind.

- Der nächste Teil (Kapitel 4–6) bildet das Pendant zur Volkswirtschaftslehre. In diesen Kapiteln soll danach gefragt werden, wie viel Moralität eine marktwirtschaftliche Ordnung in sich birgt und wie über politische Entscheidungen moralischen Anliegen zur Geltung verholfen werden kann.

- Der dritte Teil (Kapitel 7–9) ist als Gegenstück der Betriebswirtschaftslehre konzipiert; es geht hier um die Unternehmensethik. Motive, Strategien und Umsetzungsprobleme ethischer Belange in der Organisation Unternehmung stehen im Vordergrund dieser Kapitel.

- Fragen der Individualethik in der Unternehmung bilden den vierten Teil des Buches (Kapitel 10). Leitthema ist, welche moralische Verantwortung dem Einzelnen im Unternehmen zukommt.

- Kapitel 11 widmet sich schließlich einem so alten wie aktuellen Thema, der Korruption; hier fließen ordnungs-, unternehmens- und individualethische Fragen gleichermaßen mit ein.

Der Verfasser hat mannigfachen Anlass zum **Dank**. Der Dank gebührt vielen Kolleginnen und Kollegen, mit denen der Verfasser manch anregende und klärende Gespräche zum Thema Wirtschaftsethik geführt hat. Dank sagen möchte ich an dieser Stelle meinen Freunden, durch die ich bei Wandertouren, Segeltörns und Kneipenabenden Impulse und Ermutigung zur Fertigstellung der Arbeit erfahren habe. Schließlich habe ich mit Silke Baumann viele nachdenkliche und kritische Gespräche über wirtschaftsethische Fragestellungen führen dürfen. Sabine Schwarz, Elfi Stücke und Iraida Janzen haben mich bei der Fertigstellung des Buches in vielfältiger Weise unterstützt. Widmen möchte ich dieses Buch Anita, Anne und Malte, denen ich in den letzten Jahren durch meine vielfältigen Aktivitäten manche gemeinsame Stunde der Muse vorenthalten habe.

Oktober 2001   Bernd Noll

Inhalt

3. Wirtschaftsethik: Grundlagen und Begrifflichkeiten

4. Marktwirtschaft und Moral

5. Marktwirtschaft und Gerechtigkeit

6. Wirtschaftspolitik, Demokratie und Moral

7. Unternehmensethik in der Marktwirtschaft

8. Unternehmensethik: Gegenstand und Aufgabenfelder

9. Ethik-Management: Kodizes, Strategien und Instrumente

10. Individualethik: Die Verantwortung des Einzelnen im Unternehmen

11. Zum Umgang mit Korruption

12. Einige Schlussbetrachtungen: und wo bleibt der Altruismus?

Verzeichnis der Abbildungen

Abkürzungsverzeichnis

ASU	Arbeitsgemeinschaft Selbständiger Unternehmer
BDI	Bundesverband der Deutschen Industrie
BPI	Bribe Payers Index
BUND	Bund für Umwelt und Naturschutz Deutschland e.V.
CPI	Corruption Perception Idex
EO	Ethics Officer
EOA	Ethics Officers Association
EKD	Evangelische Kirche in Deutschland
EStG	Einkommensteuergesetz
FCPA	Foreign Corrupt Practices Act
m.w.N.	mit weiteren Nachweisen
NGO	Non Government Organization
OECD	Organization for Economic Cooperation
pass.	passim, verstreut
resp.	respektive
StGB	Strafgesetzbuch
TI	Transparency International
UWG	Gesetzes gegen den unlauteren Wettbewerb

1. Warum Wirtschaftsethik?

Seit zehn bis fünfzehn Jahren erleben wir eine (Wieder-)Entdeckung wirtschaftsethischer Fragestellungen. So beginnt das kürzlich erschienene vierbändige Handbuch der Wirtschaftsethik mit der Feststellung: »Wirtschaftsethik ist von einer Randfrage ökonomischer Theorie und Praxis zu einem zentralen Thema öffentlicher und wissenschaftlicher Auseinandersetzung avanciert.«[1] Davon zeugen eine Vielzahl von Seminaren, Tagungen und Fortbildungsveranstaltungen, eine Fülle wissenschaftlicher und journalistischer Veröffentlichungen, die Errichtung von Professuren für Wirtschaftsethik, Ethik-Kommissionen, Arbeitskreisen oder Netzwerken in den letzten Jahren. So eindeutig ein »**Wirtschaftsethikboom**« inzwischen zu diagnostizieren ist, so umstritten ist die Thematik selbst. Halten die einen die Diskussion für notwendig und längst überfällig, so sind andererseits manche Vorbehalte und zuweilen Vorurteile gegenüber der Thematik zu vernehmen; da ist die Rede von »Ethikgesäusel«, »Modewelle«, »alter Wein in neuen Schläuchen« o.ä.

Dieser Befund soll Anlass sein, sich zunächst mit den wichtigsten **Einwänden** gegenüber der Wirtschaftsethik auseinander zu setzen. Bei diesem zunächst eher indirekten Vorgehen zur Einführung in das Thema soll nicht nur manches Missverständnis ausgeräumt werden, sondern zugleich Anliegen und Funktion der wirtschaftsethischen Debatte verdeutlicht werden. Dabei wird sich zeigen, dass es gewichtige Gründe dafür gibt, Wirtschaftsethik zu einem zentralen Thema öffentlicher und wissenschaftlicher Auseinandersetzung zumachen. **Fünf** »klassische« **Vorbehalte** sollen angesprochen werden.

1.1. Haben die beiden Disziplinen Ökonomik und Ethik überhaupt etwas miteinander zu tun?

Hier ist vorab eine Anekdote des österreichischen Satirikers Karl Kraus zwingend: Kommt ein Student zu seinem Professor und sagt, er wolle Wirtschaftsethik studieren. Die Antwort des Professors lautet, er müsse sich schon entscheiden, entweder Wirtschaft oder Ethik. Auch die Schriftsteller der Bibel hatten offensichtlich dieselben Vorbehalte. Heißt es doch bspw. im Matthäusevangelium: »Es ist leichter, dass ein Kamel durch ein Nadelöhr gehe, als dass ein Reicher in Gottes Reich komme«.[2] Schaut man schließlich Meinungsumfragen an, so erfährt man, dass die Marktwirtschaft jedenfalls von der Mehrzahl der Bevölkerung mit Skepsis betrachtet wird. Freilich, ein Extrembeispiel: 1995 assoziierten gerade 14% der ostdeutschen Befragten die Marktwirtschaft mit dem Wert »*Gerechtigkeit*« und nur 9% mit dem Wert »*Menschlichkeit*«. Die Plan-

---

1 W. Korff, 1999, S. 21.
2 Matthäus 19, 24.

wirtschaft schnitt da besser ab, 35% hielten sie für gerecht und die Hälfte der Befragten für menschlich.[3]

Diese Meinungsumfragen offenbaren zumindest eines: Wirtschaftliches Handeln und Marktwirtschaft werden nach strengen moralischen Kriterien bewertet, ob das den in der Wirtschaft Verantwortlichen recht ist oder nicht. Es besteht offensichtlich ein erheblicher Gesprächsbedarf über moralisches Handeln auf Märkten und in Unternehmen. Während der wirtschaftliche Fortschritt und die Erhöhung des Lebensstandards in den letzten Jahrzehnten – Konsequenz einer halbwegs zureichend funktionierenden Marktwirtschaft – von weiten Teilen der Bevölkerung als selbstverständlich hingenommen werden, ist man andererseits häufig schnell bereit, »die« Wirtschaft pauschal und z. T. auch ungerechtfertigt[4] für alle Missstände verantwortlich zu machen, die von den Medien alltäglich serviert werden: hohe Arbeitslosigkeit, zunehmende Armut in den Ländern der Dritten Welt, Raubbau an den natürlichen Ressourcen, Zerstörung durch Umweltverschmutzung, fragwürdige Exportpraktiken von Rüstungsfirmen, Unfälle in Chemieunternehmen, Lebensmittel- und Korruptionsskandale, etc.

Die *Arbeitsgemeinschaft Selbständiger Unternehmer* (ASU) hat die Problematik frühzeitig erfasst: »Die jahrhundertelange moralische Abwertung von Markt und Unternehmen blieb nicht ohne Eindruck auf den Unternehmer selber. Er befindet sich seit langem moralisch in der Defensive. Unternehmer sind meistens nicht gewohnt, sich mit Sinnfragen des Wirtschaftens auseinander zu setzen, schon deswegen nicht, weil sie keine Zeit dafür finden. Auch das ins Technologische abgeglittene Studium der Wirtschaftswissenschaft hat sie nicht dazu angeleitet; in der harten Schule des Alltags scheint es ihnen vielfach zu genügen, sich auf ein unreflektiertes Wertgefühl zu verlassen.«[5]

1.2. Ist Wirtschaftsethik nur eine Modewelle?

Diese Frage ist gerade im Bereich der Ökonomik mit Sorgfalt zu behandeln. Schließlich ist zu erwarten, dass findige Ökonomen nicht nur neue Marketinginstrumente entwickeln, sondern diese auch zur Erhöhung des eigenen Marktwertes zu nutzen wissen. Warum also nicht eine neue Modewelle, eine Wirtschaftsethikwelle, inszenieren?

Allerdings wird man dem entgegenhalten, dass die in Gang gekommene Ethikdiskussion inzwischen ziemlich lang für eine Modewelle ist. Modewellen sind in der Regel kurz! Vor allem aber gingen und gehen die Impulse für diese Diskussion primär von der Praxis aus. Offensichtlich besteht Bedarf bei der Lösung ganz konkreter Probleme. In den USA ist dies am deutlichsten erkennbar, denn dort ist Wirtschaftsethik in den Unternehmen inzwischen auch institutionell über Codes of Ethics, Ethics Offi-

---

3 Die Zahlen sehen für die Befragungen in Westdeutschland übrigens nicht wesentlich besser aus; R. Köcher, 1995.

4 O. Issing, 1998, S. 3 schreibt deshalb: »Viel wäre schon gewonnen, gelänge es den Gegnern nicht immer wieder, die Marktwirtschaft für Fehlentwicklungen verantwortlich zu machen, die gerade nicht aus dem Walten von Angebot und Nachfrage entspringen, sondern im Gegenteil aus eklatanten Verstößen gegen dieses Prinzip«.

5 ASU, 1990, S. 6 f.; ähnlich K. Homann, 1999 b, S. 14.

cers, Hot Lines, Ethics Trainings, etc. fest verankert. Unternehmen haften dort nämlich strafrechtlich für Organisationsverschulden, z.B. im Falle von Betrug, Bestechung, Geldwäsche oder Umweltzerstörung. Seit 1991 können Unternehmen nun
mit beträchtlichen Strafnachlässen rechnen, wenn sie geeignete organisatorische Anstrengungen zur Verhinderung von Straftaten ihrer Beschäftigten treffen (sog. »Federal
Sentencing Guidelines«). Bemerkenswert ist, dass diese US-Richtlinien dabei explizit
die Durchführung von Ethikprogrammen benennen. Staatliche Rahmenbedingungen
geben den Unternehmen ein ökonomisches Eigeninteresse daran, Ethik-Maßnahmen
organisatorisch zu verankern. Auf EU-Ebene sind inzwischen ähnliche Bestrebungen
in Gange, auch wenn es zu expliziter Festschreibung von Ethikprogrammen vermutlich nicht kommt.[6]

1.3. Ist Wirtschaftsethik ehrliches Anliegen der Unternehmen oder Marketingstrategie?

Zur Beantwortung der Frage wird man auf die ökologische Diskussion verweisen
können. Genau wie dort mag mancher das Thema Ethik **instrumentalisieren** wollen, und kurzfristig kann das hier und da gelingen. So wie sich das »Ökolabel« gut
verkauft(e), lassen sich eventuell auch Wettbewerbsvorteile durch das »Umhängen
eines moralischen Mäntelchens« erzielen. Doch in der Summe wird dies kaum zum
Erfolg führen. Aus der heftigen Diskussion um die Absicht von *Shell*, die Ölplattform
Brent Spar zu versenken, lassen sich hierfür zwei interessante Lehren ziehen.[7]
• Zum einen kommen Unternehmen – ob sie wollen oder nicht – gar nicht umhin,
  stärker in ihre moralische Kompetenz zu investieren. Es reicht nicht, dass ihr Handeln **legal** ist, offensichtlich muss es auch moralisch **legitim** sein. Unternehmen
  wird inzwischen von der Öffentlichkeit, den Medien oder Non Government Organizations (NGOs) vermehrt eine Rolle als »**moralischer Akteur**« zuerkannt oder
  gar zugemutet, auch wenn sie sich danach nicht drängen mögen.
• Zudem werden die ökonomischen Konsequenzen von Moral nur dann langfristig
  positiv sein, wenn **moralische Ansprüche** aufrichtig **gewollt** und angestrebt werden. Das konkrete Handeln wird Prüffeld für die wirtschaftsethischen Überzeugungen sein. Auch hier wird mit *Shell* manch andere Unternehmensleitung einen Er-
  kenntnisprozess vollzogen haben. Vermutlich wäre im Fall *Shell* die Empörung über
  das praktizierte Verhalten wesentlich geringer gewesen, wenn das Unternehmen
  nicht in ganzseitigen Anzeigen seine moralischen Standards kommuniziert hätte.

1.4. Dürfen wir einfach »Bindestrich-Ethiken« kreieren?

Wirtschafts-Ethik, Unternehmens-Ethik, Medien-Ethik, Bio-Ethik, Technikethik ...
und kein Ende? Die Zahl der so genannten **Bereichsethiken** hat sprunghaft zugenommen. Ist Ethik nicht unteilbar? Wie steht es um das Verhältnis der beiden Disziplinen Wirtschaft und Ethik zueinander?

---

6 Immerhin sollen danach auch juristische Personen für Geldwäsche, Betrug oder Bestechung verantwortlich gemacht werden können; vgl. G. K. Haueisen, 2000, S.14.
7 Vgl. dazu auch J. Wieland, 1996, S. 16 f.

- Nicht mehr zeitgemäß ist das »**Unterdrückungsmodell**«, wonach moralische Forderungen Vorrang vor ökonomischen Gesichtspunkten haben. Heute gibt es keine allgemeinverbindliche Ethik mehr, wie sie von den Kirchen aus eigener Machtvollkommenheit über Jahrhunderte für die verschiedensten Lebensbereiche vorgegeben wurde. Das haben auch die Kirchen erkannt. So steht etwa in einer Denkschrift der Evangelischen Kirchen in Deutschland (EKD): »Niemand – auch die Kirche nicht – kann heute von einer hohen Warte ökonomischer oder ethischer Kompetenz andere belehren oder gar bevormunden. Vielmehr soll die Bereitschaft zum verbindlichen Dialog zwischen den verantwortlichen Gruppen bestärkt und der gemeinsame Lernprozess im eigenen Land und in der internationalen Gemeinschaft mit langem Atem weitergeführt werden.«[8] Und der Erzbischof von Köln schreibt im Streit um die Abtreibungspille die bemerkenswerten Sätze: »Die Kirche erhebt dabei freilich keinen Monopolanspruch. Wenn sie auch die Wahrheit verkündet, die in Jesus Christus für alle Menschen erschienen ist, so respektiert sie, dass sie, von der pluralistischen Gesellschaft aus gesehen, nur einer der ethosbildenden Verbände ist.«[9]
- Heute wird man das »**Kooperationsmodell**«[10] befürworten, wonach die Aufeinanderbezogenheit beider Disziplinen, der Wirtschaft und der Ethik, ausgelotet werden muss. Es gilt die Eigenständigkeit des wirtschaftlichen Sachverhaltes zu berücksichtigen, wenn man Wirtschaftsethik betreibt. Damit wird der Ausdifferenzierung der Gesellschaft in verschiedene Lebensbereiche mit ihren je eigenen Kausalgesetzlichkeiten Rechnung getragen. Dabei lässt sich zeigen, dass die moderne Wirtschafts- und Unternehmensethik nichts mit Moralisieren und dem Erheben des moralischen Zeigefingers zu tun hat. Vielmehr geht es darum, nach problemspezifischen Antworten auf die alte Frage der Ethik – wie soll ich handeln? – zu suchen. Und dies hat viel mit Ökonomie zu tun. Doch wäre es ein Missverständnis, daraus zu folgern, das Ethische würde auf das Ökonomische verkürzt.[11]

Wirtschaftsethik ist **angewandte Ethik**, nicht begründende Ethik. Sie zielt auf die Lösung praktischer Probleme, nicht auf Begründung universalistischer Sätze.[12] Sie setzt die Existenz gültiger moralischer Werte voraus. Insofern gilt Arbeitsteilung zwischen Philosophie und angewandten Wissenschaften.

1.5. Ist Moral etwas Subjektives und sollte Privatangelegenheit sein?

Dies ist eine häufig unter Ökonomen vertretene Auffassung, auf die man sich in moralischen Konfliktsituationen zurückziehen zu können glaubt. Doch diese Position ist zu einfach. Wäre dem so, dann hielte der eine Sklaverei für eine legitime Sache, der andere nicht. Damit wäre die Diskussion schon beendet.
Zwar ist zuzugestehen, dass die Einnahme des gegenteiligen Standpunktes argumentative Schwierigkeiten bereitet. Wir akzeptieren die Individualisierung der Lebensstile

---

8 EKD, 1991, S. 119.
9 J. Meisner, 1999, S. 9.
10 zu einer ähnlichen Unterscheidung K. Homann/H. Hesse, 1988, S. 16 f.; H. Kreikebaum, 1996, S. 18 f.
11 In diesem Sinne K. Adam, 2000, S. I.
12 Vgl. J. Wieland, 1994, S. 29, 1996, S. 13 und 1999, S. 23 f.

und eine Ausdifferenzierung der Wertvorstellungen in den westlichen Gesellschaften, weil wir den Anspruch des Einzelnen auf seinen eigenen Lebensentwurf bejahen. Wir erfahren zudem im Rahmen des Globalisierungsprozesses, wie relativ und kulturbezogen Werte und Normen sind.[13] Schließlich lehrt die allgemeine oder Metaethik, dass eine Letztbegründung ethischer Urteile nicht möglich ist.[14]

Dennoch lässt sich hieraus **keine moralische Beliebigkeit** folgern. Die Ethik wird zwar nicht verbindlich handlungsleitende Moralvorstellungen entwickeln können, doch lassen sich mit ihrer Hilfe immerhin solche Handlungsmuster aus unserem Verhaltensrepertoire aussondern, die auch angesichts des Wertepluralismus in der Moderne als moralisch **nicht-vertretbar** angesehen werden können. Handeln muss **gerechtfertigt** sein, und diese Rechtfertigung kann sich nicht allein aus dem Eigeninteresse des Menschen oder aus Partialinteressen von Gruppen ergeben. Ethisch gerechtfertigtes Handeln muss vielmehr **universalisierbar** sein und **begründet** werden können. Dementsprechend werden unterschiedliche ethische Denkansätze kaum eine Rechtfertigung für die Sklaverei bieten können.[15]

1.6. Konsequenzen

Abschließend sollen **vier Thesen** formuliert werden; sie sollen Hinweise dafür geben, dass die wirtschaftsethische Debatte vermutlich auch künftig weiter geführt werden wird und vermutlich an Bedeutung gewinnt:

- Wissenschaftlich-technischer und ökonomischer Fortschritt haben die Lebensbedingungen der Menschen revolutionär verändert. Diese Entwicklungen erweitern die Handlungsoptionen der Menschen außerordentlich. Damit wächst aber zugleich der **Bedarf an Orientierungswissen**. Wie ist der technisch-wissenschaftliche Fortschritt zu beurteilen? Dürfen wir all die neuen Techniken wie die Robotik oder Biotechnik einsetzen? Wie müssen wir dem Raubbau an natürlichen Ressourcen, wie der Umweltverschmutzung begegnen? Wie reagieren wir auf den rasanten Anstieg der Weltbevölkerung? Wie leben wir ein friedliches Miteinander angesichts unvereinbarer Kulturen und dramatischen Wohlstandsgefälles? Die Zahl existenzieller moralischen Fragen nimmt zu. Die sich erweiternden Handlungsmöglichkeiten wachsen vermutlich im Gleichschritt mit den Fragen nach den moralischen Regeln des Handelns.

- Andererseits **nimmt** der **verbindliche Normenkatalog ab**. Die Individualisierung in westlichen Gesellschaften geht einher mit fortschreitender Pluralisierung individueller und kollektiver Wertsysteme. Gesellschaftliche Bindekräfte nehmen ab, denn viele ehedem als Wertevermittler fungierende Institutionen wie Familien, Kirchen oder Vereine verlieren an Bedeutung. Diese Diagnose ist nicht als »dekadenztheoretische Zeitkritik« zu verstehen. Die aufgezeigte Entwicklung ist vielmehr Konsequenz grundlegend veränderter Bedingungen menschlicher Handlungsbedingungen.[16] Allenfalls ist zu fragen, ob der Wertewandel teilweise politisch

---

13 Dazu D. Matten, 1998, S. 13 ff.; vgl. auch 7.5.
14 Vgl. D. Budäus/A. Steenbock , 1999, S. 582 f.; vgl. auch 2.3.1.
15 P. Singer, 1993, S. 19 ff.
16 A. Habisch, 1999, S. 483.

induziert ist, ob sich Moral nicht häufig Bedingungen anpasst, die Politik leichtfertig und unüberlegt gesetzt hat.[17]

- Diese gegenläufigen Tendenzen **befördern Verunsicherung**. Die ehedem gültigen Antworten auf die menschliche Grundfrage »Wie soll ich handeln?« verlieren an Verbindlichkeit – angesichts der Vielzahl und Komplexität der Probleme, der Pluralisierung von Werten und der erkannten Relativität der eigenen Maßstäbe. Verbindliche Antworten sind indes notwendig, für den Lebensentwurf des Einzelnen wie für das Funktionieren gesellschaftlicher und wirtschaftlicher Institutionen. Menschliches Zusammenwirken baut offensichtlich auf **Vertrauen** in gemeinsame Gewohnheiten, Werte und Normen auf. Nur wenn dieses Grundvertrauen (= »Sozialkapital«) existiert, können Kooperationsbeziehungen gelingen. Nur wenn das Dilemma wechselseitigen Misstrauens überwunden wird, sind Interaktionen möglich. Vertrauen stabilisiert unsichere Erwartungen über das Verhalten der anderen und reduziert damit die Komplexität der Welt.[18] Wie könnte ich sonst in ein Flugzeug oder ein Auto steigen, im Internet Einkäufe tätigen oder als Arbeitgeber eine Fortbildungsmaßnahme finanzieren, Prokura erteilen oder Auslandsfilialen eröffnen?
- Angesichts dieser Trends müssen **Unternehmen verstärkt in die Rolle eines »moralischen Akteurs« hineinwachsen.** Sie können nämlich zunehmend weniger darauf vertrauen, dass Mitarbeiter, Kunden oder Lieferanten die »Ressource Moral« – über gesellschaftliche Sozialisationsprozesse vermittelt – mitbringen. Andererseits nimmt auch die Regelungs- bzw. Steuerungsmacht der Nationalstaaten im Zeitalter der Globalisierung ab, Staatliche Wirtschaftspolitik verliert an Bedeutung, weil am Territorialprinzip orientierte nationale Regelungen weltweiter Vernetzung unterlaufen werden können.[19] Unternehmen werden daher zunehmend in die Rolle des »moralischen Akteurs« gedrängt, weil diese Rolle ansonsten niemand ausfüllt bzw. ausfüllen kann.[20]

Wirtschaftsethik wird aus diesen Erwägungen heraus aus der Rolle des »Orchideenfachs« herauswachsen und zu einem »wissenschaftlichen Kernfach« werden. Ihre zentrale Aufgabe ist es, Orientierungshilfen und Rechtfertigungsverfahren zu liefern.[21] Sie muss Instrumente und Handlungsanweisungen entwickeln, die bei Überwindung der vielfältigen Dilemmata und Wertkonflikten helfen, mag es sich dabei um Raubbau an der Natur, Rüstungsexporte, Kampfpreisstrategien, Korruption oder um Mobbing handeln.[22] Zuzugestehen ist, dass manche Fragestellung nicht unter der Rubrik Wirtschaftsethik abgehandelt werden muss, sondern auch in anderen Fachgebieten (z.B. Unternehmensführung, Strategisches Management o.ä.) Platz haben kann.

---

17 H. Giersch, 1993, S. 20 f.
18 A. Habisch, 1999, S. 478 f.; K. Homann, 1999, S. 60 f.
19 J. Wieland, 1996, S. 16 f.; ders., 1999, S. 11 ff., S.37; A. G. Scherer, 1999, S. 13.
20 Vgl. auch 7.3.
21 Vgl. F. Stähli, 1998, S. 8.
22 In diesem Sinne A. Habisch, 1999, S. 476.

2. Werte und Normen, Moral und Ethik – Grundlagen der Ethik

2.1. Das (anthropologische) Grundproblem

1. Der Anthropologe *Arnold Gehlen* hat den Menschen als ein »**organisches Män-gelwesen**« beschrieben.[1] Dem Menschen fehlen natürliche Waffen; er hat keine An-griffs-, Schutz- oder Fluchtorgane. Ihm fehlt ein Haarkleid und damit der natürliche Witterungsschutz. Aufgrund seiner langen Säuglings- und Kinderzeit ist er lange schutzbedürftig und besitzt im Vergleich zu den Tieren eine späte Geschlechtsreife. Kurz gesagt: der Mensch wird aufgrund seiner natürlichen Ausstattung mit Sinnen und Körpermerkmalen von anderen Bewohnern der Erde, die sich an ihre jeweiligen Lebensräume viel stärker angepasst haben, meist weit übertroffen. Der Mensch besitzt zudem im Vergleich zu den Tieren **kaum** oder **keine Instinkte**. Er sieht sich einer vielfältigen Reiz- und Eindrucksoffenheit ausgesetzt, da die Sinneseindrücke keine angeborene Signalfunktion für ihn ausüben. Aus der Situationswahrnehmung und Af-fektregung erfolgt nicht sogleich Handlungsvollzug. Der Mensch unterliegt mithin einer fast ständigen »Reizüberflutung«, einer Fülle von »wichtigen« und »weniger wichtigen« Informationen, die er irgendwie zu bewältigen hat.

2. Unter urwüchsigen, »**natürlichen**« Lebensbedingungen hätte der Mensch gegen-über den gewandtesten Flucht- und den gefährlichsten Raubtieren kaum eine Über-lebenschance. Dennoch hat er sich trotz seiner organischen Mittellosigkeit und sei-nem Mangel an Instinkten über den **ganzen Erdball verbreitet.** Er hat sich die Na-tur weitgehend »untertan« gemacht. Offensichtlich ist die **Unspezialisiertheit** eine **gute Ausstattungskombination**, so dass sich die Frage stellt, warum das so ist.

3. Das Überleben gelingt dem Menschen nur, indem er sich eine **zweite Natur** ver-schafft. Er schafft sich eine **Kultur.** Er ist ein Kulturwesen. Durch vorausplanende und arbeitsteilige Aktivitäten gelingt es ihm, sich unter unterschiedlichsten Naturbe-dingungen einzurichten. Er entwickelt
- **materielle Techniken** der Nahrungsmittelbeschaffung und -zubereitung, der Waf-fenherstellung, des Schutzes vor Witterung, etc.
- und **Sozialtechniken** wie Organisationsformen gemeinsamer Tätigkeit, gemeinsa-mer Schutzmaßnahmen, usw.

Der Mensch hat die »Mängel seiner Konstitution« und seiner Entwurfs- und Weltof-fenheit im Laufe seiner Entwicklungsgeschichte dazu genutzt, die Natur in seinem Sinne produktiv zu gestalten und in seine Kulturwelt umzuarbeiten.

4. Menschliches Handeln ist offen, weil zwischen Situationswahrnehmung und Affektregung einerseits und Handlung andererseits **urteilende Reflexion** und **Wil-**

---

1 Dazu A. Gehlen, 1986, S. 330 ff.; ders., 1961, S. 46 ff.

lensentscheidung liegen.[2] Entscheidungsoffenheit ist somit das Besondere des menschlichen im Vergleich zum tierischen Verhalten. Daraus entstehen Erwartungs- und Verhaltensunsicherheiten im Umgang miteinander. Die Menschen suchen diese Unsicherheiten dadurch zu überwinden, indem sie aus den möglichen Verhaltenswei- sen ganz bestimmte Verhaltensmuster **gesellschaftlich sanktionieren** und für die Mitglieder der Gruppe verbindlich machen. Solche **Verhaltensmuster** oder **Institu- tionen**[3] haben für das Individuum eine **entlastende Funktion**. Sie entheben es von allzu vielen Entscheidungen und sind ihm Wegweiser durch die Fülle von Eindrü- cken und Reizen.

5. Der Mensch kann die Welt durch sein Handeln tätig verändern. Allerdings sind ihm dabei aus zwei unterschiedlichen Perspektiven **Grenzen** gesetzt:

• Grenzen gilt es in sachlich-technischer Hinsicht zu beachten. Dem Menschen ist es beispielsweise aus Gründen der Naturgesetze verwehrt, wie ein Vogel durch die Lüfte zu fliegen. Die Handlungsfreiheit des Menschen findet mithin »**natürliche Grenzen**«. Positiv formuliert heißt dies: als Handelnder muss der Mensch stets eine Vorstellung darüber haben, welche Ziele sich faktisch überhaupt erreichen lassen und welche Maßnahmen zur Erreichung eines Zieles geeignet sind und welche nicht.

• Daneben gibt es für die Freiheit des Handelns »**normative Grenzen**«.[4] Der Mensch kann nicht beliebig, d.h. willkürlich tun und lassen, was ihm gefällt. Viel- mehr muss er den berechtigten Ansprüchen der Mitmenschen Rechnung tragen. Die Freiheit findet dort seine Grenzen, wo die legitimen Interessen anderer Men- schen berührt werden.

6. Hat der Mensch die Freiheit zum Handeln, so muss dieses Handeln also **verant- wortet** werden, es muss gerechtfertigt sein. Mit Entstehung einer offenen Gesell- schaft und Entwicklung der persönlichen Freiheit stellt sich daher für den Einzelnen die **Frage nach dem richtigen, dem moralischen Handeln**.[5] Nur wer eine freie Willensentscheidung treffen kann, dem kann die Frage nach »gut« und »böse«, nach »richtig« oder »falsch« zugemutet werden. **Verantwortung**[6] übernehmen, d.h. Ant- wort geben auf die Fragen derer, die ein Recht auf Antwort haben, kann nur derjeni- ge, der einen Freiraum für seine Eigeninteressen hat. Hier ist der systematische An- satzpunkt, Begrifflichkeit und Zusammenspiel von Werten und Normen, von Moral und Ethik zu klären.

2.2. Grundbegriffe: Werte und Normen, Moral und Ethik

Bei vielen Phänomenen der Alltagserfahrung findet sich ein ziemlicher Begriffswirr- warr. So ist es auch bei den Begriffen »Werte« und »Normen«, »Moral« und »Ethik«. In verschiedenen Lebenssachbereichen versteht man darunter etwas anderes. Das

---

2 Ausführlicher dazu B. Molitor, 1989, S. 8 f.
3 Institutionen sind Normen- oder Regelsysteme, die ganze Komplexe von Handlungen und In- teraktionen regeln. Vgl. K. Homann, 1999, S. 52 f.
4 Vgl. A. Pieper, 1999, S. 20 f.
5 Vgl. D. Budäus/A. Steenbock, 1999, S. 576.
6 Zu diesem Zentralbegriff moderner Ethik G. Nunner-Winkler, 1993, Sp. 1185 ff.

hängt damit zusammen, dass **Definitionen** – anders als theoretische oder Kausalaussagen – nicht wahr oder falsch, sondern nur mehr oder weniger **zweckmäßig** sein können. Sie sollen die **Kommunikation erleichtern**. Daher werden die genannten Begriffe zunächst herausgearbeitet, um das Verständnis für die folgenden Darlegungen zu erleichtern.

2.2.1. Werte: Auffassungen über die Qualität der Wirklichkeit

In jeder Gesellschaft sind gewisse Grund- oder Basiswerte verankert; sie besitzen den Charakter »letzter« Ziele und sind als Basis des friedlichen Zusammenlebens notwendig. Hierzu gehören Freiheit, Gleichheit, Gerechtigkeit oder Sicherheit. Als Grundwerte des Individuums kommen noch Gesundheit, Menschenwürde oder Wohlstand hinzu. In **Werten** dokumentiert sich das, was ein Individuum, eine Gruppe oder eine Gesellschaft als wünschenswert ansieht. **Werte** sind folglich **Auffassungen über die Wirklichkeit**, genauer: über die **Qualität der Wirklichkeit**. Sie beeinflussen die Auswahl unter möglichen Handlungszielen, Mitteln und Handlungsweisen.[7]

2.2.2. Moralische Normen: sozial akzeptierte Richtlinien des Verhaltens

Normen werden definiert als **Richtlinien des Verhaltens**, als Verhaltensforderungen mit verpflichtendem Charakter. Normen verlangen, in bestimmten Situationen etwas Bestimmtes zu tun oder zu unterlassen.[8] »Du sollst alten Menschen deinen Platz in der U-Bahn anbieten«, »Du sollst nicht lügen« oder »Es ist verboten, ein Kartell zu bilden« mögen als Beispiele aus verschiedenen Lebensbereichen dienen. Normen stellen ein Bezugssystem dar, wonach wir menschliches Verhalten beurteilen können.

1. Normen folgen aus Wertsetzungen. **Werte konkretisieren** sich in **Normen**. Normen setzen Werte in die Tat um. Allerdings besteht ein wechselseitiger Zusammenhang, wie an folgenden Beispielen deutlich werden soll:
- Der Wert »**Gleichheit**« findet in verschiedenen Normen seine Konkretisierung. Unter Geschwistern findet er darin seinen Ausdruck, dass es keine Privilegien für die Erstgeborenen gibt; unter Eheleuten gilt, dass keine Vorrechte des Mannes gegenüber der Frau bestehen.
- Umgekehrt kann eine Norm zum Teil auf verschiedene Wertsetzungen zurückgeführt werden. Akzeptieren wir die Norm »**Ein Professor darf keinen Studenten bevorzugen**«, so kann diese Norm auf verschiedene Werte zurückgeführt werden, auf die Werte Gleichheit, Gerechtigkeit, Achtung der Würde einer Person oder Nützlichkeit.

2. Normen sind **präskriptiv**, sie schreiben entweder ein bestimmtes Verhalten vor (**Gebote:** »*Du sollst dich im Auto mit dem Sicherheitsgurt anschnallen!*«) oder verlangen, gewisse Verhaltensweisen zu unterlassen (**Verbote:** »*Du sollst diesen Mantel nicht*

---

7 J. Morel, 1974, S. 18.
8 H. Steinmann/A. Löhr, 1994, S. 55.

stehlen!«). Solche Normen appellieren an unsere Einstellung, unsere Gesinnung oder unser Gewissen. Sie sagen nicht voraus, was tatsächlich geschieht, sondern sie setzen lediglich fest, was geschehen oder nicht geschehen *soll*. Sie sind also **keine Seinsurteile**, sondern **Werturteile**. Diese Unterscheidung ist aus wissenschaftstheoretischer Sicht fundamental.[9]

- **Seinsurteile** oder **positive Aussagen** informieren über Tatsachen oder Beziehungen zwischen Tatsachen. Seinsaussagen können wahr oder falsch sein. Zwei Beispiele: »Thomas hat gelogen.« »Wenn ich im Kaufhaus einen Mantel stehle und vom Personal erwischt werde, dann werde ich bestraft«.
- **Normen** gehören hingegen in die Kategorie der **Werturteile**.[10] Sie informieren darüber, wie wir handeln **sollen**. Inwieweit diese Verhaltensregeln faktisch Geltung besitzen, hängt von der Willensentscheidung des Einzelnen ab. Dementsprechend stellt sich für solche Aussagen die Frage nach der empirischen Überprüfung nicht. Wir können nicht feststellen, ob die Aussage wahr oder falsch ist.

Häufig werden auch **Zustände** bzw. **Situationen** moralisch beurteilt. Auch hier gilt es zwischen Seins- und Werturteilen zu trennen. So lässt sich die Einkommensverteilung eines Landes mit einer Lorenzkurve darstellen. Sie zeigt auf, wie viel Prozent des Gesamteinkommens eines Landes auf die 5%, 10%, 25% der am besten verdienenden Haushalte entfällt. Dies sind positive oder Seinsaussagen. Die entsprechende normative oder Sollensaussage, das Werturteil, würde diesen faktischen Sachverhalt als »gerecht« oder »ungerecht« bewerten.

3. Jede Norm, gleich welchen Inhalts,[11] macht einen Anspruch auf **Verbindlichkeit** geltend. Allerdings gibt es hinsichtlich **Art und Verbindlichkeitsgrad des Anspruches** Unterschiede. Entscheidender Einflussfaktor hierfür sind die in der Gesellschaft vorherrschenden Wertvorstellungen.

- **Moralische Normen** sind als sittliche Verpflichtung entstanden. Die verbindende Norm entsteht auf Basis gemeinsamer Übung in einer Gruppe, die durch gegenseitige Überwachung aufrechterhalten wird.[12] Der **Verbindlichkeitsanspruch** wird durch **soziale Akzeptanz** erzeugt. Entsprechend der **Stärke der Verpflichtung**, die in der Norm enthaltene Forderung einzuhalten, kann zwischen **Kann-** und **Sollerwartungen** unterschieden werden. Begrüßungsformen, Tischsitten oder die Verbote zu fluchen oder rassistische Äußerungen vorzunehmen besitzen in der Gesellschaft unterschiedliche Verpflichtungsgrade.
- Etliche moralische Normen sind in Großgesellschaften auch durch **Recht** und **Gesetz** verankert. Rechtsnormen sind eindeutig überprüfbar und einklagbar (**Musserwartungen)** und weisen somit gegenüber der Sitte eine eigene Überlegenheit auf. Rechtsnormen nehmen teilweise explizit moralische Begriffe wie »Treu und Glauben«, »gute Sitten« oder »Arglist« in den Rechtssatz als Tatbestandsmerkmale mit auf. Damit wird der Gesetzgeber »zum Treuhänder moralischer Werte.«[13] Aller-

---

9 Vgl. dazu 2.3.1.
10 Daneben gibt es »außermoralische Werturteile«. Wenn wir sagen: »Das Wetter ist schön«, so ist dies ein Werturteil. Das »schöne« oder »schlechte« Wetter gehört nicht zu den Dingen, die moralisch gut oder schlecht sein können. Vgl. W. K. Frankena, 1994, S. 27.
11 Normen finden sich auch in anderen Lebensbereichen; wir sprechen von DIN-Normen (Deutsche Industrie Norm), von den Normen in der Mode, von wissenschaftlichen oder religiösen Normen. Sie haben mit moralischen Normen gemein, dass sie regeln und ordnen wollen.
12 W. Korff, 1999, S. 260 ff.
13 K.M. Leisinger, 1997, S. 39.

dings kann der Staat nur äußere Grenzen für Verhalten setzen. Er setzt gleichsam das **Minimum an moralischen Standards**, das nicht unterschritten werden darf. Nicht alles, was rechtens ist, ist daher auch aus ethischer Sicht wünschenswert. In dieser Differenz liegt ein wesentliches Anliegen von Unternehmensethik. Der Einsatz chemischer Gefahrenstoffe, Waffenlieferungen in Krisengebiete, aggressive Werbemethoden o. ä. mag nach der Rechtsordnung nicht verboten und damit **legal** sein, dennoch stellt sich die Frage nach der moralischen **Legitimität**.[14]

4. Moralische Normen wollen über das, was »gut« und »böse«, »recht« oder »unrecht« ist, Orientierung stiften. Normen **beschränken** zwar **Verhaltensmöglichkeiten**, indem sie gewisse Verhaltensweisen untersagen oder gebieten, doch geschieht dies um der größtmöglichen Freiheit aller willen. Regeln stabilisieren Verhaltenserwartungen wechselseitig und **eröffnen** damit erst **Freiheitsspielräume**, denn ein regelloses Leben ist kaum möglich bzw. lebbar. Zwei Beispiele dazu:

*   **Straßenverkehrsregeln** beschränken zwar unser Verhalten; so dürfen wir in eine Einbahnstraße nicht verkehrt herum hinein fahren, doch ermöglichen diese Regeln es andererseits erst, sich (halbwegs) gefahrlos auf die Straße zu begeben.
*   Ein **Kartellverbot** verbietet gewisse Verträge zur Beschränkung des Wettbewerbs zwischen Unternehmen und verhindert damit aus Sicht der Unternehmen interessante Kooperationsmöglichkeiten; zugleich sorgt diese Norm jedoch dafür, dass Wettbewerbsvorstöße nicht durch Vermachtung der Wirtschaft zunichte gemacht werden.

5. Normen bedeuten indes nicht nur **Stabilität**, sondern auch **Fixierung** und können damit Hemmschuh für den Fortschritt sein. Sie leiden folglich an einem **unauflösbaren Widerspruch**. Ihre Regelungsfunktion, d.h. Sicherheit und Entlastung für den Einzelnen, erfüllen sie am besten, je dauerhafter und unveränderlicher sie sind. Ihren inneren Sinn erfüllen sie jedoch um so besser, je häufiger sie an neue gesellschaftliche Verhältnisse angepasst werden.

2.2.3. Moral: Bestand an faktisch herrschenden Werten und Normen

Die Begriffe Moral und Ethik werden in der Umgangssprache häufig synonym benutzt. Dies findet auch herkunftsgeschichtlich seine Rechtfertigung. Das griechische Wort **ethos** wie das lateinische Wort **mos** (Plural: **mores**) lassen sich mit Gewohnheit, Sitte, Brauch, aber auch Charakter übersetzen.[15] Dennoch wollen wir der gängigen Wissenschaftspraxis folgen und zwischen Moral und Ethik unterscheiden.

1. Unter **Moral** soll der **Bestand an faktisch herrschenden Werten und Normen in einer Gruppe oder Gesellschaft** verstanden werden. Moral wird durch Werte und Normen konstituiert. Sie ist die Gesamtheit der Regeln, nach denen wir unser Handeln – unabhängig von Theorie und Reflexion – als gut oder böse, richtig oder falsch bewerten. Einfacher ausgedrückt: Die Moral regelt, was »man« in einer

---

14 Vgl. dazu unter 7.3.
15 A. Pieper, 2000, S. 24 ff.; P. Ulrich, 1997, S. 30 ff.

sittlichen Gemeinschaft darf und was »man« nicht darf, was »man« tun und was »man« lassen soll.[16]

2. Durch Moral entsteht **Selbstbindung** und wird ein Leben in Freiheit möglich. Moral wird durch allgemeine Anerkennung verbindlich und durch gemeinsame Praxis gelebt. Einige **Relativierungen** und **Differenzierungen** sind notwendig.

• Moral ist immer **Gruppenmoral**. Verschiedene Kulturen haben unterschiedliche Moralvorstellungen ausgebildet; so dokumentiert sich in dem unterschiedlichen Verständnis der Menschenrechte in verschiedenen Kulturen, dass selbst bei Basiswerten keine Einigung zustande kommt. Eine umfassende Menschheitsmoral ließe sich kaum installieren, da nur wenige grundlegende moralische Regeln von allen geteilt werden.[17] Am deutlichsten wird Gruppenmoral am **Berufs-** oder **Standesethos**. Im Berufs- oder Standesethos dokumentieren sich Normen, die nur für eine gewisse Berufsgruppe verbindlich sind.[18] Der älteste und bekannteste Moralkodex dieser Art ist der Hippokratische Eid, in dem der griechische Arzt *Hippokrates* um 400 vor Christus die Berufsgruppenmoral der Ärzte festgelegt hat.[19]

• Für das Verständnis eines neuzeitlichen, marktwirtschaftlich organisierten Systems ist wichtig, dass wir uns ständig von **zwei verschiedenen Arten von Moral**[20] leiten lassen (müssen). Dies hat schon der bekannte schottische Moralphilosoph *David Hume* (1711–1776) erkannt, als er darauf hinwies, dass »etwas vom Wesen der Taube neben den Elementen des Wolfes ... im menschlichen Gemüt verwoben« sei.[21] Die erste Art der Moral ist die dem Menschen vertraute. Es ist die **Moral der kleinen, geschlossenen Gruppe**. Sie findet sich bereits in einer Stammesgesellschaft. Solidarität, Opferbereitschaft und Unterordnung unter die Gruppenziele waren als zentrale Werte für das Überleben notwendig. Diese Moral hat sich in Ehe und Familie, im Freundeskreis, in der Kirchengemeinde oder im Verein tradiert und verfeinert. Es zählen die »guten« und tugendhaften Motive. Liebevolle Zuwendung, Hilfsbereitschaft und Solidarität sind Ausdruck einer funktionierenden **Kleingruppenmoral**. Intime Kenntnis der anderen und wechselseitige Beobachtbarkeit des Verhaltens wirken als stabilisierende Faktoren. Das Wesen der Taube dominiert im Nahbereich. Daneben steht eine **zweite Art von Moral**, die sich beim Übergang von einer Stammesgesellschaft zur offenen Großgesellschaft, zur **anonymen Marktgesellschaft** herausbilden musste. Wenn wir als Familienvater unsere Wochenendeinkäufe machen, fragen wir nach den günstigsten Angeboten, wenn wir einen neuen Arbeitsplatz suchen, dann ermitteln wir die günstigsten Arbeitsbedingungen und entscheiden uns für die höchsten Gehälter; wir vergleichen die Angebote der Reisebüros oder Hotels hinsichtlich ihrer Preise und Qualitäten und legen unsere Ersparnisse in den Anlageformen an, wo sie die höchste Rendite erwirtschaften. Wir fragen dabei nicht, welcher unserer Vertragspartner unserer Hilfe am meis-

---

16 P. Ulrich, 1997, S. 30.
17 K. O. Hondrich, 2000, S. I nennt folgende Regeln: den Vorzug des Vertrauten vor dem Fremden, »Wie du mir, so ich dir« und die Tabuisierung des Heiligen.
18 Daneben wird der Begriff Ethos noch in anderem Sinne genutzt, der auch in der ursprünglichen Bedeutung des Wortes enthalten ist. Ethos ist die Grundhaltung eines Menschen in moralischen Angelegenheiten. Vgl. dazu 10.2.
19 Vgl. A. Pieper, 2000, S. 35.
20 Vgl. E. Hoppmann, 1990.
21 D. Hume, zitiert nach W. Vischer, 1998, S. 21.

ten bedarf, sondern versuchen unsere Güter so preisgünstig wie möglich zu kaufen und unsere Dienste so teuer wie möglich zu verkaufen. Dies ist die **Moral der großen Gruppe**, die **Fernbereichsmoral**, die sich nicht an der Nächstenliebe, sondern am **eigenen Interesse** orientiert. Diese Art von Moral wird vielfach mit Skepsis beäugt, doch sie ist notwendig, gar unumgänglich. Allerdings bedarf das Wesen des Wolfes – und das ist das zentrale Anliegen von Wirtschaftsethik – sinnvoller Zähmung.[22]

- Moral ist dem gesellschaftlichen **Wandel unterworfen**. Soziale, ökonomische und politische Veränderungen führen zum Wandel der Moral. Überkommenen Regeln wird die weitere Anerkennung versagt, neue Regeln werden etabliert und gelebt. Besonders deutlich lässt sich dies am Wandel der Sexualmoral erkennen. Traditionelle Normen erodieren, wenn man an den Umgang von Partnerschaften ohne Trauschein, one night stands oder Homosexualität denkt. Umgekehrt erfüllt ein Beischlaf ohne Übereinstimmung der Ehepartner, lange Zeit Bestandteil und fragwürdige Normalität ehelicher Pflichten, heute den Straftatbestand der Gewalt in der Ehe.

2.2.4. Ethik: Theorie der Moral

1. Ethik ist die Theorie der Moral; sie ist ein Teilgebiet der Philosophie und wird auch als **Moralphilosophie** bezeichnet. Die Ethik ist eine wissenschaftliche Disziplin, die sich mit dem methodisch angeleiteten Nachdenken über Werte und Normen beschäftigt. Ihre Aufgabenstellung lässt sich auf folgende Weise näher umreißen. Sie

- befasst sich mit der Formulierung von Normen bzw. Regeln;
- sucht allgemeinverbindliche von nicht allgemeinverbindlichen Regeln zu unterscheiden;
- bemüht sich, allgemeinverbindliche Regeln zu begründen und zu rechtfertigen;
- setzt sich mit Normenkonflikten auseinander.[23]

Die Unterscheidung zwischen Moral und Ethik betrifft das »**Sein**« (Moral) und das »**Sollen**« (Ethik), denn Moral wird in jeder Kultur zwangsläufig gelebt. Daraus folgt aber nicht, dass die moralischen Standards einer Gesellschaft nicht verbesserungsfähig sind. Die Unterscheidung von Ethik und Moral enthält die Einsicht, dass Moral überall wirksam ist, aber auch grundsätzlich verbesserungsfähig ist.

2. Zweierlei wird man von der Ethik nicht erwarten dürfen:
- Das Befassen mit Ethik macht den Menschen noch **nicht moralisch**; sie gibt ihm allenfalls das Rüstzeug, differenzierter über das, was gut und böse oder recht und unrecht ist, nachzudenken und das eigene moralische Selbstverständnis kritisch zu prüfen.
- Ethik liefert überdies vielfach **kein gesichertes Wissen**. Ethik als praktische Philosophie ist kritisches Denken, Be-Denken menschlicher Grundfragen. Fragestellungen und Denkwege sind dabei wichtiger als die Ergebnisse. Ethik liefert Orientierungswissen, kein Verfügungswissen.

---

22 Vgl. Kapitel 4.
23 Vgl. F. Stähli, 1998, S. 11.

2.3. Wie lassen sich Normen begründen?

2.3.1. Methodische Vorüberlegungen: zur Aufgabe von Wissenschaften

1. Welche Maßstäbe kennzeichnen das »gute« oder das »gelingende Leben?[24] Die hier formulierte Frage kann als **Grundfrage** der Philosophie der letzten 2 Jahrtausende schlechthin angesehen werden; dennoch herrscht bei ihrer Beantwortung nach wie vor viel Unsicherheit. Warum das so ist, hängt mit schwierigen methodischen Grundfragen zusammen, die hier nur ansatzweise skizziert werden können. **Lassen sich moralische Normen, die unser Handeln anleiten sollen, in triftigem Sinne begründen?** Kann uns die Ethik ein allgemeinverbindliches Fundament für unsere moralischen Überzeugungen liefern für das, was gut und böse, richtig oder falsch ist?

2. Hier ist nochmals ein Rückgriff auf die getroffene Unterscheidung zwischen **positiven Aussagen** und **normative Aussagen** notwendig. *Max Weber*[25], berühmter Ökonom und Soziologe um die vorletzte Jahrhundertwende (1864–1920), hat auf Basis dieser Unterscheidung die Aufgaben der Wissenschaft konkretisiert. Seiner Auffassung nach hat Wissenschaft die Aufgabe, zutreffende bzw. wahre Aussagen zu formulieren (»regulative Idee der Wahrheit«[26]), sie soll über Zusammenhänge der Wirklichkeit informieren. Insofern sind positive Aussagen Gegenstand der empirischen Wissenschaften, weil wir mit Hilfe der sinnlichen Erfahrung überprüfen können, ob eine Aussage zutrifft oder nicht. Anders ist es mit normativen Aussagen bzw. Werturteilen. Hier gibt es keine außer uns liegende Instanz, die uns sagen kann, was »gut« oder »richtig« ist und was nicht. *Weber* formuliert deshalb dezidiert: »**Eine empirische Wissenschaft vermag niemanden zu lehren, was er soll, sondern nur, was er kann, und – unter Umständen – was er will.**«[27] Erfahrungswissenschaften können also keine Werturteile abgeben oder auch nur ihren Geltungsanspruch beurteilen. Urteile über Wertfragen sind subjektiv, jeder muss letztlich eine eigene Entscheidung treffen.

3. Bei dieser Antwort bleibt ein Unbehagen. Es hat auch dementsprechend etliche Versuche gegeben, ethische Urteile allgemeinverbindlich begründen zu wollen, um dem Menschen eine verlässliche, eine »wissenschaftliche Wertorientierung« zu bieten. Besonders häufig praktiziert wird das Vorgehen des **Naturalismus**. Er zieht aus positiven Sätzen – aus den Erkenntnissen über die Natur der Dinge – normative Schlussfolgerungen. Dies lässt sich an einigen Beispielen illustrieren.[28]

Darf ich einen mich störenden Menschen umbringen? Nein, so lautet die scheinbar plausible Antwort, denn auch er liebt das Leben. Hier wird aber von einem **deskriptiven** bzw. **beschreibenden Satz** »Auch der andere liebt das Leben« auf einen **richtungsweisenden** oder **normgebenden Satz** geschlossen »Deshalb darf ich ihn

---

24 Genau betrachtet stecken zwei Grundfragen darin: Was ist das Gute? und: Was dürfen wir im Hinblick auf Erreichung des Guten tun, was ist also das Richtige?
25 Eine Zusammenfassung bietet W. Vischer, 1998, S. 31 ff.
26 H. Albert, 1976, S. 4676.
27 Ders., zitiert nach W. Vischer, 1998, S. 35.
28 Vgl. J. Gaarder, 1993, S. 329 f.

nicht töten«. Rein vernunftgemäß ist das Unfug. Man spricht deshalb von einem **naturalistischen Fehlschluss**. Dies wird deutlich, wenn man den Gedanken auf andere Fragen anwendet. Ebenso könnte man dann aus der Tatsache, dass viele Menschen die Steuern hinterziehen, folgern, dass auch ich die Steuern hinterziehen darf, oder aus der Tatsache, dass immer mehr Menschen mit dem Flugzeug verreisen wollen, schließen, dass mehr Flugzeuge oder mehr Flugplätze gebaut werden müssen. Hieran wird deutlich, dass der Schritt vom Deskriptiven zum Präskriptiven immer noch ein weiteres Element verlangt, nämlich ein normatives Postulat, ein **Werturteil**. Aus Ist-Sätzen kann nicht auf Soll-Sätze geschlossen werden!

4. Folgt man dem vorherrschenden Wissenschaftsverständnis, so lassen sich Normen auf **deduktivem Wege** nicht begründen. Eine Norm, die für mich Geltung hat, könnte nur dann für andere Personen zwingend gelten, wenn ich sie mit Hilfe von Annahmen stichhaltig begründe; doch wenn die anderen meine Annahmen nicht teilen, wären auch diese Annahmen zu begründen, etc. Offensichtlich führt dies zu einem **infiniten Regress**. Letztbegründungsversuche schlagen also fehl.[29]

5. Welche **Schlussfolgerungen** sind daraus zu ziehen?
- Wir werden in praktischen Problemen eine **eigene Entscheidung** treffen müssen; ethische Theorien können uns von der **Last der Verantwortung** für unsere moralischen Entscheidungen nicht befreien.[30] Diese Erkenntnis ist unhintergehbar.
- Doch das heißt nicht, dass wir auf ethische Betrachtungen verzichten sollten. Werturteile sind anders als Einsichten empirischer Wissenschaften zwar nicht objektiv. Doch kann es allein deshalb unmöglich vernünftig sein, eine Sache nur deshalb auf sich beruhen zu lassen, weil jemand anderes mit einem selbst nicht einverstanden ist. In zentralen Fragen unseres Lebens sind wir existentiell auf Maßstäbe und Reflexionshilfe angewiesen. Und wir erkennen, dass manche Argumente mehr, manche weniger Überzeugungskraft besitzen. Hier wird die Aufgabe der Ethik praktisch. Indes wird man ihren **Wissenschaftsanspruch** im Vergleich zu den empirischen Wissenschaften anders formulieren müssen. Nicht die **Wahrheit** wie bei empirischen Wissenschaften, sondern die **begründete Rechtfertigung** und **Zustimmungsfähigkeit** wird man als **regulative Idee** ansehen können. Anders formuliert: **ethische Urteile** müssen **verallgemeinerungsfähig** und **gut begründet** sein, und moralisch werden wir ein Handeln dann nennen können, wenn es allgemein Anerkennung findet und gute Gründe für sich beanspruchen kann.[31]

2.3.2. Ethische Denkansätze: Teleologische und deontologische Ethiken

Ganz grob lassen sich die vielen Denkansätze neuzeitlicher Ethik bzw. Moralphilosophie in zwei Kategorien unterscheiden. Was »gut« oder »richtig« ist, bemisst sich entweder

---

29 In diesem Sinne D. Budäus/A. Steenbock, 1999, S. 583.
30 K. R. Popper, 1980, S. 111.
31 D. Budäus/Steenbock, 1999, S. 583; P. Singer, 1994, S. 24 ff.; H.-U. Küpper/A. Picot, 1999, S. 141.

- an dem Grundsatz oder Gesetz, dem der Handelnde sich bei seinem Tun verpflichtet fühlt; daher auch **deontologische** oder **Pflichtethiken** (von griechisch *deon* = die Pflicht);
- oder an dem Ziel, das der Handelnde intendiert oder in Kauf nimmt; man spricht daher von **teleologischen** oder **Folgenethiken** (von griechisch *telos* = der Zweck oder das Ziel), die sich an den erreichten und beabsichtigten Folgen orientieren.[32]

2.3.2.1. Deontologische Ethiken und der Kategorische Imperativ

1. Deontologischen Ethiken orientieren sich am Pflichtgemäßsein einer Handlung. Es sind gewisse **Eigenschaften** der Handlung selbst, die eine Handlung zu einer guten oder schlechten Handlung machen. Es kommt darauf an, dass man etwas tut, weil man es für richtig hält. Die richtige **Einstellung** ist entscheidend, nicht die **Konsequenzen**. Ein Deontologe behauptet demnach, dass eine Handlung oder Handlungsregel richtig sein kann, selbst wenn sie *nicht* das größtmögliche Übergewicht von guten über die schlechten Folgen für den Handelnden oder die Gesellschaft hat. Vielmehr liegt die Güte der Handlung im **impliziten Grundsatz**, der der Handlung zugrunde liegt. Es zählt der gute Wille, nicht das Werk als solches.

2. Es gilt also **allgemeine Regeln** zu formulieren, die für pflichtgemäßes Handeln Gültigkeit besitzen sollen. Der sittliche Verhaltensstandard dokumentiert sich in Regeln:
- Diese Handlungsregeln können recht **konkrete Pflichten** oder Imperative sein, wie sie z.B. die zehn Gebote der Bibel darstellen: Du sollst nicht töten, Du sollst nicht falsches Zeugnis reden wider Deines Nächsten, etc.
- Es können aber auch recht **abstrakte Prinzipien** oder Verfahrensregeln sein, wie sie z.B. der Kategorische Imperativ von *Immanuel Kant* enthält.

3. *Immanuel Kant* (1724–1804), Fachphilosoph und Professor in Königsberg, hat die neuzeitliche Ethikdiskussion mit der Formulierung des Kategorischen Imperativs wesentlich beeinflusst.[33] **Was ist ein kategorischer Imperativ?**
- Ein **Imperativ** stellt eine moralische Verpflichtung, einen unter allen Umständen geltenden Sollensatz, einen Befehl, dar.
- **Kategorisch** ist ein Imperativ, der aussagt, dass eine Handlung an sich, d.h. ohne Bezug auf ein bestimmtes Ziel, gut sei. Der Imperativ: »Rauche nicht, wenn du gesund bleiben willst«, ist nur ein **hypothetischer** Imperativ. Er ist notwendig für ein gesundes Leben, daraus folgt aber nicht, dass man um jeden Preis verpflichtet ist, sich um seine Gesundheit zu sorgen.

Mit dem kategorischen Imperativ soll es möglich sein, zwischen objektiven, vom Sittengesetz gebotenen, und subjektiven Maximen zu unterscheiden. *Kants* kategorischer Imperativ lautet: »**Handle so, dass die Maxime Deines Willens jederzeit zugleich als Prinzip einer allgemeinen Gesetzgebung gelten könne«.** Übersetzt in unsere Alltagssprache können wir uns diesen Imperativ mit der Frage erschließen: »Was wäre, wenn dies jeder täte?« Kategorische Imperative müssen verallgemeinerbar, universalisierbar sein, um ihnen die Qualifikation »moralisch« zusprechen zu

---

32 Zu dieser Unterscheidung W. K. Frankena, 1994, S. 32; C. Hubig, 1993, S. 119.
33 Zur geistesgeschichtlichen Einbettung vgl. B. Russell, 2000, S. 710 ff.; S. 718 f.

können. *Kants* Maxime bietet ein rein formales Kriterium, denn aus einer konkreten Handlungssituation können keine Gründe mehr zur Rechtfertigung einer Handlungsnorm gewonnen werden. Würde man also eine Maxime »Du sollst nicht lügen« formulieren, so ist diese Norm auch dann verpflichtend, wenn man mit einer Lüge einen unschuldig Verfolgten retten könnte.

Beispiele zum kategorischen Imperativ[34]

1. Ich habe etwas getrunken. Ich weiß, dass nach Alkoholgenuss die Aufmerksamkeit und das Blickfeld eingeschränkt sind. Soll ich Auto fahren?
A.: Kann ich wollen, dass *jeder*, der etwas getrunken hat, noch Auto fährt? Nein, also darf auch ich nicht mit Alkohol im Blut Auto fahren.

2. Es hat geschneit. Ich bin für das Schneeräumen vor dem Haus zuständig, aber ich habe keine Lust, bei solchem Wetter 'rauszugehen. Kann ich das Schneeschippen bleiben lassen?
A.: Kann ich wollen, dass *jeder* nur dann Schnee schippt, wenn er Lust dazu hat? Nein, also muss ich Schnee schippen.

3. Ich habe einem Freund versprochen, ihm ein Buch mitzubringen, das er heute noch braucht. Ich merke aber erst auf dem Weg zur Arbeit, dass ich das Buch vergessen habe. Wenn ich zurückfahre, komme ich zehn Minuten zu spät zur Arbeit, was mein Vorgesetzter tadeln würde.
A.: Kann ich wollen, dass jeder, der gute Gründe hat, zehn Minuten zu spät zur Arbeit kommt; aber auch: kann ich wollen, dass jeder sein Versprechen bricht, nur weil er unangenehme Nebenwirkungen fürchtet.
Hieraus wird ersichtlich, dass auch der kategorische Imperativ bei Normkollisionen nicht *die* Lösung bereithält.

4. Ich habe die Erfahrung gemacht, wenn ich eine ganze Tafel Schokolade esse, werde ich dick davon; soll ich mich bezwingen und den Rest der Tafel weglegen?
A.: Hier geht es um einen *hypothetischen Imperativ*; die Antwort hängt davon ab, ob es mir etwas ausmacht, dick zu werden.

5. In der U-Bahn schwarzzufahren, ist ziemlich einfach, weil nur selten kontrolliert wird. Die Gefahr, erwischt zu werden, ist relativ gering. Soll ich einen Fahrschein lösen?

A.: Kann ich wollen, dass *jeder* schwarzfährt? Nein, also darf auch ich es nicht. Hieran lässt sich eine zweite Formulierung des kategorischen Imperativs deutlich illustrieren. Sie lautet: »**Handle so, dass du die Menschheit niemals bloß als Mittel gebrauchst.**« Der Schwarzfahrer nützt die Zahlungsbereitschaft aller anderen Fahrgäste aus und macht sich diese insofern zum Mittel, als die Kontrollen verstärkt würden, wenn das Schwarzfahren allgemeine Praxis würde. Die auf hohem Abstraktionsgrad basierende Formulierung des kategorischen Imperativs erweist sich als Vorteil. Argumente wie: »Ein Schwarzfahrer fällt nicht ins Gewicht« können durch diese Argumentation ausgehebelt werden.

---

34 In Anlehnung an C. Kunz, 1993, 4/4.4.

Kants Ethik und mit ihr alle deontologischen Ansätze weisen nicht für alle Probleme eine zureichende Lösung auf. Dies zeigt sich bei **moralischen Dilemmata** oder **Pflichtenkollisionen** wie der Notlüge. Es lässt sich vermutlich kaum eine Regel finden, die nicht Ausnahmen und Entschuldigungen benötigt. Das gilt sogar für sehr gewichtige moralische Regeln wie das Tötungsverbot. Auch hier erkennen wir die Notwehr als rechtfertigenden Ausnahmetatbestand an. Anders formuliert: es lässt sich kein System von Regeln formulieren, mit dem mögliche Regelkonflikte ausgeschlossen werden können. Vertreter der deontologischen Ethik haben daher die Idee der »**Prima-Facie-Pflichten**« in die Diskussion eingebracht, die sie von **tatsächlichen Pflichten** unterscheiden wollen.[35]

- **Tatsächliche Pflichten** sind Pflichten, die in einer konkreten Situation von uns das verlangen, was wir tun sollen. Und hier werden wir kaum eine Regel ohne Ausnahme finden.
- Hingegen gibt es **Regeln**, die auf den ersten Blick, **prima facie,** als **vernünftig** anzusehen sind. Dies sind Pflichten, die unter gewöhnlichen Umständen zur Anwendung kommen (z.B. Wahrheitspflicht, Dankbarkeitspflicht, Gerechtigkeitspflicht), sofern keine anderen moralischen Gesichtspunkte mit im Spiel sind.

Im Normalfall werden wir also die Regel formulieren können: »Du sollst nicht lügen«. Es wäre damit eine Prima-Facie-Regel. Dennoch gilt es **Pflichtenkollisionen** anzuerkennen, dementsprechend mögen gewisse Notlügen akzeptiert sein, z.B. wenn ich damit ein Menschenleben rette.

2.3.2.2. Teleologische Begründungsansätze und der Utilitarismus

1. Die **teleologischen Ansätze** orientieren sich dagegen an den **Handlungseffekten**, den Folgen des Handelns. Bei teleologischen Ethiken wird mithin das Handeln am eingetretenen Ergebnis gemessen. Eine teleologische Theorie behauptet, dass das grundlegende Kriterium dafür, was moralisch richtig oder falsch, gut oder böse, der außermoralische Wert ist, der geschaffen wird.

2. Anliegen ist es diesem Ethikverständnis zufolge, die **guten** gegenüber den möglichen **schlechten Folgen abzuwägen** und eine Handlung nur dann auszuführen, wenn sie ein größeres Übergewicht von guten gegenüber schlechten Folgen hervorbringt als jede andere Handlungsalternative. Teleologische Theorien sehen das Gute also in den Konsequenzen von Handlungen, daher wird dieser Ansatz oftmals auch **Konsequentialismus** genannt.[36]

3. Eine der wichtigsten Sozialethiken, die als teleologische oder Folgenethik interpretiert werden kann, ist der **Utilitarismus**.[37] *Jeremy Bentham* (1748–1832) und *John Stuart Mill* (1773–1836) haben ihn zu Beginn des 19. Jahrhunderts begründet. Danach sind diejenigen Handlungen geboten, die sich am gemeinen Wohl ausrichten, die »das größte Glück der größten Zahl« im Auge haben. Anders formuliert: Das Gute zeigt sich also nicht beim Einzelnen, der die Handlung vornimmt, denn das wäre purer Egoismus; sie zeigt sich vielmehr in der Gesamtheit der Konsequenzen, und zwar bei

---

35 D. Budäus/A. Steenbock, 1999, S. 588; F. Stähli, 1998, S. 15 f.
36 So z.B. P. Singer, 1994, S. 17.
37 R. Lay, 1989, S. 41 ff.

allen, die von der Handlung betroffen sind.[38] Das letzte Ziel besteht also darin, solche Handlungen zu treffen bzw. Handlungsregeln zu formulieren, die das größte Übergewicht von »angenehmen« Wirkungen gegenüber »unangenehmen« Wirkungen hervorrufen. Heute würden wir sagen, diejenigen Handlungen sind moralisch geboten, die die meisten oder gewichtigsten Interessen, das **Gemeinwohl** befriedigen.

4. Was gutes oder richtiges Handeln ist, ist **situationsabhängig**. Daher wird man einem Teleologen selten Mangel an Realitätssinn vorwerfen können. Ein Utilitarist wird **Lügen** in gewissen Umständen als gut, unter anderen Umständen als schlecht ansehen. Allerdings muss dies nicht heißen, dass ein Utilitarist in *jeder* Handlungssituation wieder grundsätzlich neu abwägt. Wird auf die spezifische Situation abgestellt und der Abwägungsprozess vollzogen, spricht man vom **Handlungsutilitarismus**. Von praktisch größerer Relevanz wird indes der **Regelutilitarismus** sein.[39] Hier lautet die Ausgangsfrage: Welche Folgen wird die *allgemeine* Ausführung derartiger Handlungen in derartigen Situationen normalerweise haben? Dabei wird der **Regelutilitarist** vermutlich zu dem Ergebnis kommen, dass Versprechen zu halten oder die Wahrheit zu sagen im Allgemeinen zu einem Übergewicht von guten über schlechte Folgen führt, und dann auch in *einer* spezifischen Situation, in der Versprechen halten oder die Wahrheit sagen vielleicht in der Summe überwiegend schlechte Auswirkungen hat, nicht von der Regel abweichen.

5. Beispiele für den Utilitarismus finden sich zuhauf:
- Der Utilitarismus ist theoretische Basis, wenn es um die Einführung einer neuen problematischen Technik wie der Gentechnik oder die Kernenergie geht. Das dokumentiert bereits die Begrifflichkeit **Technikfolgenabschätzung**.
- Auch in der **Sozial- bzw. Verteilungspolitik** spielt der Utilitarismus eine große Rolle. Umverteilung von den »Reichen« zugunsten der »Armen«, von den Gesunden zu den Kranken oder den Beschäftigten zu den Arbeitslosen gilt als legitime Maßnahme zur »Wohlfahrtssteigerung der Gesellschaft«; damit werden dann wiederum Vermögenssteuern, progressive Einkommensteuern oder Sozialversicherungsbeiträge gerechtfertigt, um daraus Sozialhilfe, Kindergeld oder Erziehungsgeld zu finanzieren.
- Vereinfacht kann man sagen, dass der utilitaristische Denkansatz der Ökonomie immanent ist. Das wird deutlich an der allfälligen **Opportunitätskostenbetrachtung**, stets kommt es zur Abwägung von Kosten und Nutzen bzw. Erträgen.

2.3.2.3. Kritische Würdigung

(1) Die beiden ethischen Denkansätze folgen unterschiedlichen Denkmustern:[40]
- Eine **deontologische Theorie** ist eine Theorie, die entweder das Gute nicht unabhängig vom Rechten oder das Rechte nicht als Maximierung des Guten bestimmt. *Max Weber* prägte für die Vertreter dieser Position den – etwas abschätzigen Begriff – des **Gesinnungsethikers**. Deren »Maxime handelt, religiös gewendet: ›Der Christ tut recht und stellt den Erfolg Gott anheim.‹«[41]

---

38 G. Platter, 2000, S. 488.
39 Vgl. zu dieser Unterscheidung C. Hubig, 1993, S. 121 ff.
40 J. Rawls, 1994, S. 43 ff.
41 M. Weber, 1956, S. 175.

Teleologische oder Folgenethik	Deontologische oder Pflichtethik
orientiert sich an den Konsequenzen des Handelns (situationsabhängig)	orientiert sich an dem impliziten Grundsatz des Handelns (situationsunabhängig)
Utilitarismus: Verfolge mit deinem Handeln das größte Glück der größten Zahl	Kategorischer Imperativ: »Was wäre, wenn dies jeder täte?«

Der **Teleologe** kommt bei Handlungskonflikten um die Beachtung von **Grundsätzen** nicht herum.	Der **Deontologe** kommt bei Handlungskonflikten um Abwägung der **Folgen** nicht herum

Abb. 1: Begründungssätze der Ethik

- Für eine **teleologische Theorie** gilt: Das Gute wird unabhängig vom Rechten definiert, und dann wird das Rechte als das definiert, was das Gute maximiert. Nach *Weber* ist dies die Position des **Verantwortungsethikers**; er denkt an die Folgen, für die er verantwortlich zeichnet; er wägt sie gegeneinander ab, um den geringsten Schaden oder den größten Nutzen zu erzielen.[42]

2. Für beide Vorgehensweisen sprechen gute Gründe, allerdings werden auch ihre **Grenzen** deutlich. Keine der Ethiken vermag daher in allen Fällen verlässliche handlungsleitende Regeln bereit zu stellen. Ein Deontologe hat insofern recht, als der Mensch Grundsätze braucht und daher das Rechte nicht immer als Maximierung des Guten bestimmen kann. Man kann Lügen oder Diebstahl nicht zu (weitgehend) beliebigen, aber nützlichen Zwecken begehen. Doch es gibt Ausnahmesituationen, wo auch eine Notlüge oder ein Diebstahl gerechtfertigt werden kann. Pflichten sind stets **Prima-Facie-Pflichten**. Bei moralischen Handlungskonflikten kommt man um Abwägungsprozesse nicht umhin und muss dabei nach den **Wirkungen** oder **Konsequenzen** des Handelns fragen. Ist z.B. ein gezielter Todesschuss gegen einen Verbrecher zu rechtfertigen, wenn anderenfalls das Leben von Geiseln betroffen ist? Wie verhalte ich mich als Arzt, wenn ich nur das Leben der Mutter oder eines ungeborenen Kindes retten kann?

3. Für den **Utilitarismus** bzw. eine Folgeethik sind folgende **Kritikpunkte** zu beachten:
- Wenn das Gute ohne das Rechte definiert wird, stellt sich die Frage, ob wir alles nach der »**Nützlichkeit**« heraus beurteilen dürfen, ohne die dahinter stehenden

---

42 Ebenda.

Ziele einer Bewertung zu unterziehen? Können wir den »**arbeitsfreien« Sonntag** aus ökonomischen Gründen nach einer Kosten-Nutzen-Abwägung über Bord werfen, obwohl dies nach christlichem Verständnis ein Verlust von Traditionsgütern darstellt? Dürfen wir ein altes **baufälliges Schloss** abreißen, weil dort eine Supermarktkette eine Filiale errichten will? Gibt es nicht »heilige« Güter, die ein utilitaristisches Abwägen verbieten?

- Wenn wir das Rechte als das definieren, was das Gute maximiert, müssen wir zudem fragen, ob wir jeweils **wissen, welche Handlung das Gute maximiert.** Besteht nicht vielmehr die Gefahr, dass wir häufig relativ orientierungslos im Meer des Abwägens dahersegeln, wenn für Entscheidungskonflikte komplexe Güterabwägungen vorzunehmen sind? Kann man den Nutzen oder den Schaden für mehreren Personen überhaupt vergleichen, den eine Handlung oder Maßnahme anrichtet? Lässt sich sinnvoll eine Gesamtfolgenabschätzung vornehmen, wenn der Staat die Sozialversicherungsbeiträge für die Arbeitnehmer erhöht, um damit die Renten der älteren Generation aufzubessern? Besonders deutlich wird das Problem, wenn man an die Einführung neuer Techniken wie der Gentechnik denkt. Hier lässt sich nicht einmal das **Ausmaß unserer Unkenntnis über mögliche Folgen** abschätzen.[43]

2.3.2.4. Ein Kompromissvorschlag

1. Deontologische und **teleologische Ansätze** können uns zwar helfen, normative Urteile zu gewinnen. Doch gibt es unauflösbare Handlungskonflikte, für die sich keine allseits akzeptierten Lösungen finden lassen. Im Gegenteil ist auf Basis der beiden theoretischen Ethik-Ansätze[44] häufig mit gegensätzlichen Lösungen in einem Entscheidungskonflikt zu rechnen. Wie ist in solchen Dilemmasituationen zu entscheiden?[45]

2. In den beiden theoretischen Denkansätzen stecken **zwei Prinzipien**, die beide ihre Berechtigung haben
- das **Prinzip der Gerechtigkeit** der deontologischen Ethiken,
- das **Prinzip der Wohltätigkeit** bzw. Nützlichkeit der teleologischen Ethiken.

Beide Prinzipien lassen sich nicht aufeinander reduzieren. Dementsprechend ist auch nicht unbedingt ein Konsens zu erwarten. Allerdings ist es vielfach möglich, die beiden Prinzipien zu kombinieren, um zu einem Kompromiss zu gelangen.
- Im Regelfalle gilt das **Prinzip der Gerechtigkeit**; danach ist eine Handlung A, die Eigenschaften aufweist, die sie zu einer moralischen Handlung macht, einer Handlung B vorzuziehen, die diese Eigenschaften nicht aufweist.
- Nun kann es aber sein, dass das Ausmaß an zusätzlichen guten Folgen der Handlung B so groß ist, dass das **Prinzip der Nützlichkeit** über das Prinzip der Gerechtigkeit dominieren muss (**Substitutionsprinzip**).

Diese Überlegungen sollen mit Hilfe eines Beispiels plastischer gemacht werden.

---

43 F. Stähli, 1998, S. 26.
44 Wertkonflikte können nicht nur zwischen Deontologen und Teleologen bestehen, sondern auch zwischen Verfechtern teleologischer Ansätze auftreten, z.B. wenn man sich über Bedeutung oder Wert verschiedener Konsequenzen einer Handlung uneinig ist.
45 D. Budäus/A. Steenbock, 1999, S. 588 f.

Beispiel: Unterstellt, Sie arbeiten für einen Pharma-Konzern und sind gerade dabei, die Abtreibungspille RU 486 auf den deutschen Markt zu bringen. Versuchen Sie auf Basis der entwickelten ethischen Theorien eine stringente Argumentation!

- Ein Verfechter des **teleologischen Denkansatzes** wird darauf verweisen, dass Frauen in gewissen Situationen keine Kinder zur Welt bringen möchten. Dies ist eine legitime **Zielsetzung** der Frau, nimmt man das **Selbstbestimmungsrecht** der Frau ernst. Und die Lebenssituation eines Menschen und die damit verbundenen Lebenskonflikte sind von außen nicht zureichend zu beurteilen. Wenn wir dies akzeptieren, dann geht es darum, dass wir **Mittel** finden, die der Frau einen möglichst geringen physischen und psychischen Schaden zufügen. Die **Nebenwirkungen** sind bei dieser Pille im Vergleich zu anderen Formen der Abtreibung relativ gering, so dass die Pille auf den Markt gebracht werden sollte. Die Frage reduziert sich damit – extrem gesprochen – auf eine **medizinische Methodenfrage**. RU 486 ist »ein medizinisch sinnvolles Instrument«.
- Verfechter des **deontologischen Ansatzes** – insbesondere die katholische Kirche bezieht diese Position – wird darauf hinweisen, dass es ein **unantastbares Menschenrecht auf Leben** gibt. **Abtreibung** ist aber **Tötung auf Verlangen**. Dementsprechend ist **RU 486** kein Medikament bzw. Heilmittel, sondern ein chemisches **Tötungsinstrument** für ungeborene Kinder. Eine Tötung ungeborenen Lebens kann auch dann nicht rechtens sein, wenn sich die werdende Mutter in einer schwierigen Lebenssituation befindet.[46]

Wie lässt sich der Konflikt zwischen Befürwortern und Gegnern der Abtreibungspille reduzieren?

- Die Abtreibung ist eine schwerwiegende moralische Entscheidung, insoweit ist die Einführung der Abtreibungspille keine rein medizinische Methodenfrage. Im Regelfalle ist darin ein Tötungsdelikt zu sehen haben. Insofern ist den Verfechtern einer **Pflichtethik** Recht zu geben, dass eine völlige Freigabe einer Schwangerschaftsunterbrechung zu jedem Zeitpunkt vor der Geburt ethisch nicht zu rechtfertigen ist.
- Umgekehrt ist es problematisch, eine Schwangerschaftsunterbrechung **ausnahmslos für Unrecht** erklären zu wollen. Hier ist zunächst an einen Dispens für gewisse Formen **medizinischer Indikation** zu denken. Schwangerschaften können das Leben der werdenden Mutter in eine schwere Gefahr bringen. Daher sind die Konsequenzen der Schwangerschaft im Einzelfalle mit zu bedenken; damit kommt eine folgenethische Betrachtung ins Spiel.
- Umstritten sind die **Grenzfälle**; in welchen Fällen darf man vom Prinzip der Gerechtigkeit abgehen, um das Prinzip der Nützlichkeit zur Anwendung kommen zu lassen. Welche Ausnahmen vom grundsätzlichen Verbot eines Schwangerschaftsabbruchs sind akzeptabel? Wann greift das **Substitutionsprinzip?** Greift das Substitutionsprinzip nur, wenn die werdende Mutter einer schweren Gesundheits- oder Lebensgefahr ausgesetzt ist oder auch dann, wenn das Kind mit einer Behinderung auf die Welt kommen wird? Greift es vielleicht zudem noch, wenn eine soziale Indikation angezeigt ist?

---

46 J. Kardinal Meisner, 1999.

- Ein möglicher Kompromiss lässt sich vielleicht folgendermaßen skizzieren. **Schwangerschaftsabbruch** ist nur **möglich**
  - bei Vorliegen bestimmter fest umrissener und schwerwiegender Gründe,
  - nach Beratung,
  - unter Mitwirkung bestimmter geschulter Personen,
  - nur in einem bestimmten Zeitraum nach der Empfängnis.

3. Ist ein solches Ergebnis zur Lösung fundamentaler Wertkonflikte in einer offenen, pluralistischen Gesellschaft zu erwarten? Und wenn ja, werden die betroffenen Personengruppen die gefundenen Lösungen akzeptieren? Diese aufgeworfenen Fragen hängen wesentlich davon ab, auf welchem Wege die Normen zustande kommen. Anders formuliert: Ist das praktizierte »Verfahren zur Normgewinnung« dergestalt, dass die Betroffenen auch von der Legitimität des Ergebnisses überzeugt sind? Damit ist die Frage der **Normlegitimation** aufgeworfen.

2.4. Aus welchen Quellen speisen sich moralische Normen in einer Gesellschaft?

2.4.1. Zum Verhältnis von Normbegründung und Normlegitimation[47]

1. **Normbegründung** und **Normlegitimation** sind analytisch strikt voneinander zu trennen, auch wenn die Unterscheidung auf den ersten Blick schwer fällt und beide Aspekte inhaltlich vielfältig miteinander verquickt sind.
- Die »**normative**« **Frage** nach der Normbegründung war Gegenstand des Kapitels 2.3. Sie befasst sich damit, ob und wie sich Normen im triftigen Sinne begründen lassen.
- Davon zu unterscheiden ist die »**positive**« **Frage** nach der Normlegitimation. Moralische Normen lassen sich nur dann durchsetzen und erweisen sich als stabil, wenn sie von den davon betroffenen Personen als legitim akzeptiert werden. Damit werden folgende Fragen relevant. Was sorgt für die Akzeptanz, für die allgemeine Beachtung moralischer Regelsysteme? Welche Kompetenzen oder Verfahren sind erforderlich, um einem Normanspruch Geltung zu verschaffen?

2. Um den Zusammenhang beider Themenbereiche zu erhellen, ist nochmals das Ergebnis des vorangegangenen Kapitels zu reflektieren. Eine allgemeinverbindliche Rechtfertigung moralischer Normen lässt sich *nicht* finden.[48]
- Moderne Gesellschaften sind durch einen **Pluralismus von Weltanschauungen und Lebenseinstellungen** gekennzeichnet. Bejaht man das Recht jedes einzelnen Individuums auf seinen spezifischen Lebensentwurf, so ist dieser Befund als grundlegend anzusehen. Es gehört zum Wesen des Menschen, dass er seine Entscheidungen autonom und frei treffen soll.

---

47 Zu dieser Unterscheidung B. Molitor, 1989, S. 14 f.; demgegenüber erfasst K. Homann, 1999, S. 53 f. beide Aspekte unter dem Thema Legitimation.
48 Ausführlich H. Steinmann/A. Löhr, 1994, S. 66 ff.

- Es gibt auch keine ethischen Ansätze, die uns in allen Fällen sinnvolle Handlungs-anleitung geben. Insofern die verschiedenen Ethiken in einem Substitutionsverhält-nis stehen, können sie nicht einmal dazu beitragen, **inkonsistente Werteordnun-gen** beim Individuum abzubauen.

3. Angesichts dieser Sachlage ist in einer pluralistischen Gesellschaft **Toleranz** obers-tes Gebot, ansonsten wäre das friedliche Zusammenleben der Menschen ständig in Gefahr. Doch mit diesem Postulat ist das Grundproblem noch nicht gelöst, da es auch in einer modernen Gesellschaft eines **gemeinsamen** Handelns bedarf. Die verschie-denen Lebensweisen und Lebenseinstellungen müssen miteinander verträglich sein. Dies führt aber zur Ausgangsproblem zurück; es muss darum gehen, **Normen zu finden, die gegenüber jedermann zurecht Gültigkeit beanspruchen können**.

4. Zur Klärung dieser Frage kann die auf *M. Weber* zurückgehende Unterscheidung in **formale** und **materiale Ethik** helfen.[49] *Weber* unterscheidet zwei Weisen der Ko-ordination menschlichen Zusammenwirkens, nämlich **formale Zweckrationalität** und **materiale Wertrationalität**.[50] Diese Unterscheidung korrespondiert der Sache nach mit den zwei Arten von Moral, von denen sich der Mensch zur Bewältigung seines Alltags leiten lässt.[51]

- **Formale Rationalität** wird verwirklicht, wenn die Koordination des Handelns der Beteiligten *nicht* durch die Befolgung gemeinsamer Zwecke und Ziele bestimmt wird. Die Beteiligten haben unterschiedliche Ziel- und Wertvorstellungen, die über formale Institutionen koordiniert werden. Um trotz der Pluralität ein gemeinsames Handeln zu ermöglichen, müssen bestimmte (abstrakte) Entscheidungsregeln eta-bliert und akzeptiert werden. **Markt** und **Demokratie** sind die wichtigsten Insti-tutionen, die aus der formalen Ethik erwachsen. Beim Markt vertrauen wir auf die Abstimmung mittels des Markt-Preis-Mechanismus; die Gewinnerzielungsabsicht der Anbieter und die Zahlungsbereitschaft der Nachfrager sind die (konträren) Inte-ressenlagen, sich diesem Koordinationsinstrument zu unterwerfen. In der parlamen-tarischen Demokratie nutzen wir Abstimmungen nach dem Prinzip »ein Mann, eine Stimme«, um (Mehrheits-)Entscheidungen in konfliktträchtigen öffentlichen Angelegenheiten herbeizuführen.

Einen **gemeinsamen Wertevorrat** der Beteiligten braucht es bei diesen Koordina-tionsmechanismen nicht. Es gibt lediglich gewisse formale Regeln für den Umgang miteinander, die einzuhalten sind und für deren Einhaltung eine gemeinsamen Wertebasis nötig ist. Es muss für das Funktionieren des **Marktsystems** nicht festge-legt werden, wie teuer Brot höchstens sein darf, ob Autarkie für landwirtschaftliche Produkte angestrebt oder ob die Schwerindustrie in der Bundesrepublik erhalten werden soll. Dies ergibt sich als Ergebnis eines dezentralen, offenen Wettbewerbs-prozesses als Nebenprodukt, eines Prozesses, der von den individuellen und unter-schiedlichen Zielsetzungen und Wertvorstellungen einer Vielzahl von Marktakteu-ren gesteuert wird. Ähnlich setzt das Funktionieren einer **Demokratie** keinen ge-meinsamen, inhaltlich verbindlichen Wertekanon über die Beachtung der formalen

---

49 Eingehend Lay, 1989, S. 36 ff.; P. Koslowski, 1988, S. 70 ff.
50 Diese Unterscheidung ist der Sache nach schon angesprochen worden unter 2.2.3., als darauf
   hingewiesen wurde, dass wir uns ständig von zwei verschiedenen Arten von Moral leiten las-sen.
51 Vgl. Kapitel 2.2.3.

Spielregeln hinaus voraus; z. B. muss und wird über die Frage nach der angemessenen Höhe des Grenzsteuersatzes in der Einkommensteuer oder der Höhe der Sozialhilfe kein inhaltlicher Konsens unter allen Gesellschaftsmitgliedern vorhanden sein, dennoch kann der demokratische Entscheidungsprozess funktionstüchtige Ergebnisse hervorbringen.

- Eine **materiale Ethik** formuliert hingegen Normen, die sich auf konkrete Handlungen in konkreten Situationen beziehen. »Du sollst deinen Eltern in Zeiten der Not zur Seite stehen« oder »Du sollst deine Versprechungen stets halten, auch wenn du damit in Konflikt zur Verfolgung deiner eigenen Interessen gerätst« sind solch materielle Normen. Natürlich gibt es in modernen Gesellschaften auch wichtige Institutionen, die (primär) einer materialen Ethik verpflichtet sind, so etwa Glaubensgemeinschaften, Vereine, Ehe und Familie. Hier ist eine (weitgehend) gemeinsame Wertbasis schlichtweg konstitutiv für das Funktionieren.

5. Eine Ethik in offenen, liberalen Großgesellschaften muss angesichts des Wertepluralismus weitgehend **formal** sein.[52] Damit aber werden die Antworten auf die Fragen nach **Normbegründung** und **Normlegitimation** in modernen Gesellschaften **partiell deckungsgleich**, denn die Frage nach der inhaltlichen Legitimität rekurriert auf die Frage, ob die Regeln in legitimen Verfahren zustande gekommen sind. Kann man sich nicht (mehr) material auf ein universell gültiges Wertesystem einigen, so muss man sich auf sachgerechte Verfahren zur Entwicklung von Normen und Institutionen einigen. In weltanschaulich pluralistischen Gesellschaften bleibt für die Normgeltung nur die »**Legitimation durch Verfahren**«.[53]

2.4.2. Quellen moralischer Normen

Moral ist ein System von Regeln zur Steuerung sozialer Beziehungen. Es ist allmählich und in komplexen Prozessen menschlichen Zusammenwirkens entstanden, hat sich mit der gesellschaftlichen und wirtschaftlichen Entwicklung in vielfältiger Weise ausdifferenziert und weist manche Widersprüchlichkeiten auf. Diese Entwicklung soll nicht eingehend nachgezeichnet werden; indes ist es zum Verständnis unseres moralischen Normensystems hilfreich, wichtige Quellen menschlicher Werte und Normen gleichsam im historischen Längsschnitt anzuschauen und nach ihrem Legitimitätsgehalt zu fragen.

2.4.2.1. Gott – eine verbindliche Quelle moralischer Normen?

Die wichtigste Quelle von Werten und Normen ist – historisch gesehen – die Berufung auf ein **transzendentes Wesen**, einen *Gott*. Normen finden ihren Ursprung in religiösen Einsichten, die auf einem Offenbarungsakt beruhen. Auch der **christlich-jüdische Glauben** ist eine solche Offenbarungsreligion; man denke an die Gebote Gottes, die *Moses* auf Gesetzestafeln in der Wüste nach dem Auszug der Juden aus Ägypten erhalten hat.

In der mittelalterlichen Welt wurde alles Geschehen als Ausdruck göttlichen Willens interpretiert. Man spricht daher zu Recht von einem »theologisch-metaphysischen

---

52 R. Lay, 1989, S. 35 f. Genauer in Kapitel 4.
53 N. Luhmann, zitiert bei B. Molitor, 1989, S. 14. Ähnlich K. Homann, 1999, S. 57.

Zeitalter« mit einer überindividuellen Welt und Werteordnung.[54] Die Frage nach und die Unterscheidung von Normlegitimation und Normbegründung stellte sich deshalb so nicht. Gott gilt als legitimer Normschöpfer. Moral ist ein Gesetzgebungsakt Gottes. Die Anweisungen waren material, wie die zehn Gebote oder auch das kanonische Zinsverbot dokumentieren. Normlegitimation und Normbegründung – in der Lesart der Kirche – waren sicher gestellt, denn als Sanktionen drohten ewige Verdammnis und Fegefeuer. Dementsprechend herrschte **Wertekonsens**.[55]

2.4.2.2. Setzt das Individuum moralische Regeln?

Der Wertekonsens zerbrach, als sich der Mensch aus der Vormundschaft der Kirche befreite. Humanismus und Aufklärung betonten Subjektstellung und Freiheit des Individuums, die Glaubensgewissheit an eine überindividuelle Wertordnung ging verloren. Spätestens *Kant* wies darauf hin, dass wir keinen Maßstab haben, der es uns erlaubt, Gottes Wort als generell gültig anzusehen, denn für den Einzelnen als rationales Wesen bleibt nur die **praktische Vernunft**, um moralische Normen als »gut« oder »böse« zu klassifizieren.[56]

Wird damit der Einzelne zum Schöpfer moralischer Normen? Zwar gehen letztlich alle Werte auf den Menschen zurück, insofern ist er die einzige »Quelle« von Werten.[57] Jeder formuliert letztlich seinen eigenen Verhaltenskodex im Umgang mit anderen (z.B. »Mein Grundsatz ist es, zu anderen freundlich oder ehrlich zu sein«).[58]. Dennoch sind moralische Normen von ihrem Ursprung wie von ihrer Funktion eine **soziale Erscheinung**; sie steuern die Interaktion von kleinen und großen Gruppen, sie sorgen für verlässliche Verhaltenserwartungen. Moral wird zwar über Verhaltensbeschränkungen beim Individuum wirksam und die Verbindlichkeit wird am Gewissen des Einzelnen festgemacht, doch wird man deshalb den sozialen Charakter moralischer Normen nicht in Abrede stellen können. Moralische Normen entstehen aus sozialen Prozessen, aus der Interaktion zwischen mehreren Personen. **Robinson** braucht auf seiner Insel allein keine moralischen Normen.

2.4.2.3. Gemeinschaftliche Normsetzung im Diskurs

1. In modernen Gesellschaften können (nur) solche Institutionen und Normen Legitimität beanspruchen, die die Zustimmung der Betroffenen finden (können). Man spricht deshalb auch von **Konsensethik**.[59] Nun kann – ein tatsächlich oder hypothetisch hergestellter – Konsens auf verschiedenen Wegen zustande kommen. Entsprechend unterscheiden sich die in der modernen Ethik verfochtenen Denkansätze; für die Wirtschaftsethik von besonderer Relevanz ist die Diskursethik.[60]

---

54 G. Kirsch, 1999, S. 187.
55 Und die katholische Kirche versuchte, diesen Wertekonsens aufrecht zu erhalten. Dies dokumentiert die Auseinandersetzung mit vielen »Irrgeistern« wie Galileo Galilei oder Giordano Bruno.
56 R. Lay, 1989, S. 52.
57 So K. Homann, 1999, S. 65 in Anschluss an J. Buchanan.
58 W. K. Frankena, 1994, S. 23
59 K. Homann,1999, S. 58 f.
60 Überblick bei K. Homann, 1999, S. 58 und pass. Auf vertragsethischen Ansätze wird in Kapitel 5 näher eingegangen.

2. Die **Diskurs- bzw. Dialogethik** kann als Weiterentwicklung des kategorischen Imperativs begriffen werden. Statt allen eine Maxime vorzuschreiben, wie *Kant* es tut, gilt es, diese Maxime allen zur Prüfung vorzulegen.[61] Nicht die monologische, sondern die diskursive Methode, also die argumentative Auseinandersetzung und ein darauf aufbauender Verständigungsprozess, ist die in einer Demokratie angemessene Form der Normenfindung.[62] Eine Norm ist dann gültig, »wenn die Folgen und Nebenwirkungen, die sich aus der allgemeinen Befolgung der strittigen Norm für die Befriedigung der Interessen eines jeden Einzelnen voraussichtlich ergeben, von allen zwanglos akzeptiert werden können.«[64]

3. Was sind die wesentlichen Eigenschaften einer Diskursethik? Folgende wichtige Kennzeichen lassen sich festhalten:[64]
Die Dialogethik schlägt eine prozessuale Anleitung zur Entwicklung von Normen vor! Sie bietet ein rein formales Moralprinzip, einen Verfahrensvorschlag, wie man moralische Normen finden kann.
- Diese können **materieller Art** sein, wie sie beispielsweise in Regelwerken für konfliktträchtige Handlungssituationen in Unternehmen ihren Niederschlag finden (z.B. **Verhaltenskodices** für den Umgang mit Geschenken von Lieferanten).[65]
- Ziel des Diskurses kann aber auch die Schaffung **prozessualer Regeln** sein – z.B. Durchsetzung des 4-Augen-Prinzips beim Abschluss wichtiger Verträge; Einrichtungen von Ethik-Kommissionen o.ä.[66]

Die Dialogethik fordert eine argumentative Verständigung! Jeder ist verpflichtet, sich um einen argumentativ vermittelten Konsens zu bemühen. Dies bedeutet die Beachtung von zwei Arten von Spielregeln.
- Die eine betrifft die **Form des Dialogs** und könnte lauten: **Argumentieren, nicht appellieren!** Die Funktion des Appells ist die Überredung des Anderen, während die eigene Position nicht in Frage gestellt wird. Argumentation im Diskurs zielt demgegenüber auf die wechselseitige Überzeugung, das gemeinsame unvoreingenommene Ringen um eine Lösung.
- Die andere bezieht sich auf die **Inhalte**. Es ist Aufgabe des Argumentierens, nach solchen Gründen zu suchen, die gute Chancen haben, auf Zustimmung zu stoßen. Es geht mithin um einen **Wettbewerb der Argumente**. Es ist zu unterscheiden zwischen »guter Begründung« und bloß »faktischer Geltung«. Unzureichend sind insbesondere folgende Begründungen: »Das haben wir schon immer so gemacht« (Tradition). »Das hat aber der Chef so gesagt« (Willkür). »Das widerspricht meinen innersten Glaubensüberzeugungen« (übermenschliche Autoritäten).

4. Worin liegt nun der ethische Gehalt dieses »idealen« Diskurses? Er liegt nach den Verfechtern der Diskursethik im Argumentieren selbst begründet, denn dessen normative Voraussetzung ist die wechselseitige Anerkennung der Gesprächspartner als mündige Personen. Wer überhaupt argumentiert, der erkennt damit sogleich an, dass andere Menschen als freie Subjekte ansprechbar sind. Im öffentlichen Diskurs

---

61 C. Hubig, 1993, S. 124.
62 Vgl. H.-U. Küpper/A. Picot, 1999, S. 139 f.
63 J. Habermas, zitiert nach T. Bausch, 1994, S. 11.
64 H. Steinmann/A. Löhr, 1994, S. 84 ff.; H. Steinmann/A. Zerfass, 1993, Sp. 1116 ff.
65 Vgl. Kapitel 9.1.
66 Vgl. Kapitel 9.4.2.2.

findet sich also die ethische Leitidee einer offenen, pluralistischen Gesellschaft. Diese Leitidee wird in den westlichen **Demokratien**, in ihren Persönlichkeits-, Freiheits- und Partizipationsrechten, praktisch.

5. Der diskursethische Ansatz beschreibt Voraussetzungen und Funktionsweise einer »idealen Kommunikationsgemeinschaft«. Sie hat damit eine wichtige heuristische Funktion, auch wenn es notwendig ist, auf zwei wichtige **Begrenzungen** hinzuweisen:

- Die Verfechter einer Diskursethik erkennen an, dass nicht alle Konflikte mittels eines Diskurses rational lösbar sind. Es gibt **unaufhebbare moralische Dilemmata**, sei es für den Einzelnen wie auch für die Gesellschaft, in denen es keinen Konsens geben wird. Der französische Philosoph *Jean Paul Sartre* (1905–1980) weist mit folgender Frage darauf hin, dass Menschen in manchen Situationen immer schuldig werden: Pflege ich meine schwerkranke Mutter oder gehe ich zur Resistance?[67] Diese unauflösbaren Konflikte stellen sich auch auf gesellschaftlicher Ebene, wie die Diskussion um die Abtreibung zeigt. Es bleibt nur die Hoffnung auf einen erträglichen Kompromiss, zu dem die Beachtung der Regeln der Diskursethik beitragen können.

- Häufig wird der Einwand laut, die Diskursethik beschreibe eine **Utopie**, die sich so in der Realität nicht realisieren lasse. Dass sich Diskurse nur mehr oder weniger gut realisieren lassen, weil die Beteiligten immer auch eigennützige Motive verfolgen, ist richtig. In aller Regel, so auch in der Unternehmenspraxis, werden strategische Verhandlungen geführt, um partikulare Interessen durchzusetzen. Dennoch hat die Dialogethik ihren Sinn; sie fungiert gleichsam als **Referenzmodell**. Wenn man ihre Regeln nicht akzeptiert, hat man keinen Maßstab, an dem man die Richtigkeit des kollektiven Handelns messen kann. Schließlich kommt auch niemand auf die Idee, die Norm »Du sollst nicht töten« abzuschaffen, nur weil gelegentlich gemordet wird.[68]

2.4.2.4. Tradition – ein kultureller Siebungsprozess

1. Moralische Normen sind in modernen Gesellschaften zwar häufig Produkt rationalen Denkens und Entscheidens.[69] Sie sind es indes sicher nicht ausschließlich, vielleicht ist dies nicht einmal die wichtigste Quelle unseres Moralsystems. Insbesondere der bekannte österreichische Nationalökonom *Friedrich A. von Hayek*[70] (1899–1992) gibt im Anschluss an den schottischen Moralphilosophen *David Hume* (1711–1776) eine evolutionstheoretische Begründung für Entstehung und Entwicklung unseres Moralsystems.

2. Es gibt nicht nur eine biologische, sondern auch eine **kulturelle Evolution**. Über einen kulturellen Siebungsprozess werden diejenigen Normen anerkannt, die sich **bewährt** haben. Der **kulturelle Entwicklungsprozess** ist dann aber nicht oder zu-

---

67 Zitiert nach C. Hubig, 1993, S. 120.
68 H. Steinmann/A. Löhr, 1994, S. 80, S. 86 ff. Ob der Diskurs als »ideale Norm« zugleich als Handlungsanweisung dienen kann, ist stets zuvor zu prüfen. Können wir beispielsweise Arbeitgeberverbänden oder Gewerkschaften bei konfrontativen Tarifverhandlungen die Beachtung der Spielregeln der Diskursethik empfehlen? Kritisch dazu T. Bausch, 1994a, S. 26 ff.
69 wofür die Diskursethik Handlungsanleitung geben soll.
70 Vgl. F. A. von Hayek, 1979.

mindest **nicht** nur das Ergebnis des Wirkens menschlicher **Vernunft**, die bewusst Institutionen errichtet; kulturelle Entwicklung ist vielmehr das Ergebnis eines **spontanen Prozesses**, indem sich Kultur und Vernunft in ständiger Wechselwirkung entwickelt haben. Normen und Institutionen sind Ergebnis eines **Siebungs- bzw. Selektionsvorganges**, der dadurch gesteuert wird, dass einzelne Gruppen verschiedene Vorteile erlangen, indem sie aus unbekannten Gründen oder auch rein zufällig gewisse Praktiken übernehmen.[71] In der Entwicklung von Gruppen und Gesellschaften setzen sich dann diejenigen durch, die über ein »überlegenes« Moralsystem verfügen.

3. Viele elementare Werkzeuge unserer Zivilisation, sei es die Sprache, das Geld oder auch viele moralische Regeln sind die Ergebnisse solch **spontanen Wachstums** und **nicht menschlichen Entwurfs**. Ein besonders wichtiges Beispiel für diesen kulturellen Entwicklungsprozess ist die **Herausbildung einer freiheitlichen Wirtschafts- und Gesellschaftsordnung**. Der Mensch hat sich zunächst nicht in Freiheit entwickelt. Als Mitglied einer kleinen Horde, zu der er halten musste, um zu überleben, war er ursprünglich alles andere als frei. Eine Fülle von Verhaltensvorschriften legte jedem enge Fesseln an. Die Duldung des **Tauschhandels** mit anderen Gruppen, die Anerkennung des Anspruchs auf **Privateigentum**, besonders auf ein eigenes Stück Land, das **Geldverleihen** gegen Zins, all dies waren zunächst **Verstöße gegen die jeweils herrschenden Moralregeln** der kleinen Gruppe. Die Ausbrecher aus den herrschenden Moralvorstellungen führten die neuen Praktiken gewiss nicht deshalb ein, weil sie erkannten, dass sie der Gemeinschaft nützlich waren, sondern einfach deshalb, weil sie für sie selbst vorteilhaft waren und sich dann auch für die Gruppe, in der sie Geltung erlangten, als vorteilhaft erwiesen. Die kulturelle Evolution führte so zur Entwicklung von **(abstrakten) Regeln**, die nicht mehr bestimmte Handlungen vorschrieben, sondern dem Schutz des Einzelnen vor den Zwängen der Gruppe dienten. Damit war der **Übergang** zur **Marktwirtschaft** und zur **Großgesellschaft** möglich geworden.

4. Es ist also **nicht** nur die **planende Vernunft**, die Werte hervorbringt, sondern es ist oft die zufällige Entdeckung neuer Verhaltensmuster, die sich im **kulturellen Evolutionsprozess** als erfolgreich erweist und deshalb tradiert wird. *Von Hayek* schreibt deshalb: »Wir wissen nicht mehr, als dass die endgültige Entscheidung über Gut und Böse nicht durch individuelle menschliche Weisheit fallen wird, sondern durch Untergang der Gruppen, die die ›falschen‹ Ansichten hatten. In der Verfolgung der jeweiligen Ziele des Menschen muss sich die Bewährung all der Erfindungen der Zivilisation erweisen: die unzweckmäßigen werden fallen gelassen und die zweckmäßigen beibehalten.«[72]

2.5. Wie werden Normen durchgesetzt?

1. Der Mensch kommt als eine Art **Frühgeburt** zur Welt und hat eine **lange Entwicklungszeit**. Er ist lange Zeit unfähig, seine Existenz selbst zu sichern. Das Leben des Menschen beginnt deshalb mit der **Anpassung an** seine **natürliche und soziale Umwelt**. Er lernt von früh an die **Spielregeln** durch Nachahmung der um ihn

71 Ders., 1979, S. 11.
72 Ders., 1979, S. 25.

herum lebenden Menschen, er übernimmt Gewohnheiten und Umgangsformen, Ge- und Verbote, Vorschriften, Sprache, etc. Diesen Prozess nennt man **Sozialisation**. Im Laufe des Sozialisationsprozesses erlernt das Kind typische Verhaltensmuster und Wertvorstellungen der Gesellschaft. Es internalisiert Denkweisen, Normen und Werte.

2. Mit der Sozialisierung erfolgt die **originäre Prägung** des Menschen; sie ist aber damit nicht abgeschlossen, sie wird **nie abgeschlossen** sein. Dies gilt insbesondere für die Moralentwicklung. Die Sozialpsychologen versuchen in Anschluss an *Jean Piaget* und *Lawrence Kohlberg* einen universellen, mehrstufigen Entwicklungs- und Reifungsprozess hinsichtlich der moralischen Urteilskompetenz zu beschreiben. Lediglich die persönliche Geschwindigkeit und der individuelle Endpunkt moralischer Entwicklung variieren.[73] Vereinfacht lassen sich **drei Stufen der Moralentwicklung** unterscheiden:

- Moral ist in der frühkindlichen Phase etwas **heteronomes** (fremdbestimmtes). In dieser sog. **präkonventionellen Phase** lernt das Kind in seinem Alltag Regeln kennen und akzeptieren, in dem es den Geboten und Vorschriften, die an es ergehen, gehorcht. Es verinnerlicht von außen kommende Regeln, um Strafen zu vermeiden oder Nutzen oder Lust zu erlangen. In dieser Phase reagiert der Urteilende situationsbezogen, indem er die für sich entstehenden Handlungsfolgen betrachtet.
- Dem folgt eine Stufe der **autonomen Moral**; in dieser **konventionellen Phase** erkennt der junge Mensch, dass Normen nicht nur einseitig dem Machtbereich der Erwachsenen zugehörig sind, sondern Voraussetzung eines gelingenden Zusammenlebens. Das Individuum möchte auf dieser Stufe der Moralentwicklung den moralischen Normen seiner Eltern, der Familie, des Vereins oder auch den gesellschaftlichen Regeln entsprechen. Der konventionell Urteilende orientiert sich also an den Regeln von Gruppen oder der Gesellschaft.
- Mündige Erwachsene können das Entwicklungsniveau der **postkonventionellen Ebene** erreichen. Die in der Kindheit erlernten Normen und Verhaltensmuster verlieren ihre fraglose Geltung. Sie werden in Frage gestellt und anhand moralischer Gesichtspunkte und ethischer Reflexion daraufhin überprüft, ob gute Gründe für sie vorgebracht werden können oder nicht. Moralische Urteile werden auf Basis selbstgewählter universeller ethischer Prinzipien gefällt. Erst auf der postkonventionellen Ebene erreicht der Urteilende eine Position, die von gesellschaftlichen Erwartungen unabhängig ist, so dass er die Gesellschaft und soziale Praktiken kritisch beurteilen kann.

3. Normen sind im Regelfalle nicht selbstdurchsetzend.[74] Deshalb muss die Einhaltung der Normen durch **soziale Kontrolle** gewährleistet werden. Damit jedes Individuum das in der Sozialisation Erlernte beherzigt, wird sein Verhalten unter **Sanktionen** gestellt. Soziale Kontrolle dokumentiert sich in Sanktionen. Die der Gruppe entsprechenden Verhaltensweisen werden positiv sanktioniert, abweichende Verhaltensweisen mit negativen Sanktionen belegt. Gemeinschaften und Gesellschaft haben

---

73 L. Kohlberg, 1974, S. 59 f.
74 Es gibt Ausnahmen wie das Rechtsfahrgebot im Straßenverkehr. Der Anreiz, die Regel einzuhalten, ist offensichtlich. V. Vanberg, 1999, S. 48.

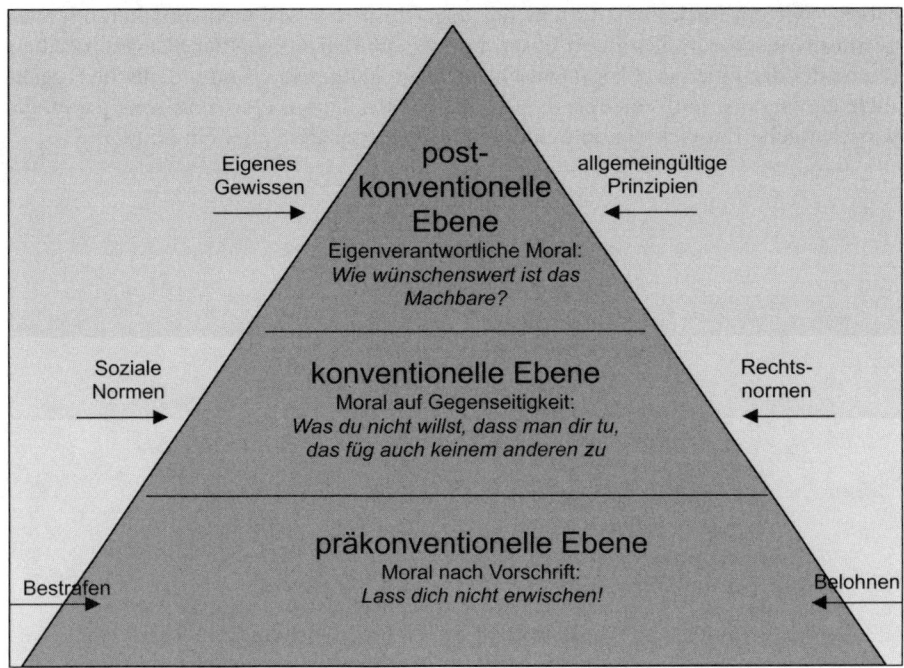

Abb. 2: Stufen der Moralentwicklung nach *L. Kohlberg*

eine **große Vielfalt an Sanktionen** entwickelt, die sich an der wertmäßigen Wichtigkeit der Normen orientieren. Besonders wichtige Schutzgüter wie Leben und Eigentum der Gesellschaftsmitglieder müssen durch rechtliche Normen geschützt werden, hier reichen die Sanktionen von Geldbußen bis zu körperlicher Gewalt (Sicherungsverwahrung, Gefängnisstrafen, Hinrichtung oder Verbannung). Moralische Regeln im engeren Sinne sind im Regelfall mit Lob und Tadel sanktioniert. Die Palette der Sanktionen reicht im positiven Falle von freundlicher Zustimmung über Beförderungen bis zum Bundesverdienstkreuz und im negativen Falle von missachtenden Blicken über böse Bemerkungen bis zur Ausgrenzung oder Vertreibung der Person.

4. Ob und inwieweit **Individuen** die vorherrschenden Normen befolgen, ist eine **empirische Frage**,[75] ob und inwieweit sie die Normen befolgen sollten, ist eine **normative Frage**, die nicht allgemein beantwortbar ist. Einerseits wird sich der Einzelne an die meisten Normen anpassen müssen, um sein inneres Gleichgewicht zu bewahren und seine Lebenspläne realisieren zu können. Andererseits gibt es gute Gründe, zumindest nicht alle Normen der gegenwärtigen Kultur zum eigenen Verhaltenskodex zu machen.[76] Moralische Normen können ungerecht sein, denn sie

---

75 Zu empirischen Ergebnissen vgl. Kapitel 10.5.
76 Vgl. W. K. Frankena, 1994, S. 31 f.

haben – wie ein Blick in die Geschichte zeigt – manches Mal in rassistischen oder nationalistischen Vorurteilen ihren Ursprung, wie die Behandlung der Sklaven im Alten Rom oder der Juden im Nazi-Deutschland zeigt. Häufig aber sind moralische Regeln auch konservativ und einengend, verteidigen den Status Quo und sind damit für wirtschaftliche Entwicklung in modernen Volkswirtschaften eher ein Hindernis.

3. Wirtschaftsethik: Grundlagen und Begrifflichkeiten

3.1. Zum Verhältnis von Ökonomik und Ethik

1. Über Jahrhunderte hinweg wurden ökonomische und ethische Fragen wie selbstverständlich zusammen behandelt. Sie waren Teilgebiet der praktischen Philosophie. Das galt von den Anfängen der Philosophie, so bei *Aristoteles* (384–322 v. Chr.), bis zu den klassischen Liberalen der Nationalökonomie. An *Adam Smith* wird dies besonders deutlich; er gilt als Begründer der Volkswirtschaftslehre, hatte aber lange Zeit eine Professur für Moralphilosophie inne. Und er hat zunächst ein Werk über »The Theory of Moral Sentiments« (1759) veröffentlicht, indem er sich damit befasste, worin tugendhaftes Verhalten zu sehen ist und wie man zu moralischen Urteilen gelangen kann. Erst 1776 erschien sein Hauptwerk zum »Wealth of Nations«, in dem er die theoretischen Grundlagen eines marktwirtschaftlichen Systems entfaltete.

2. Zu Beginn des 20. Jahrhunderts trennten sich die Wege, und zwar vor allem unter dem Einfluss des von *Max Weber* (1864–1920) postulierten **Werturteilsfreiheitspostulats**.[1] Man praktizierte fortan strikte Arbeitsteilung, die sich zunächst als sehr fruchtbar erwies:
- Die **Ethik** als philosophische Disziplin etablierte sich als Theorie der Moral. Sie sucht nach der Begründung für moralische Verhaltensnormen und nimmt dabei auch wertend zu den von ihr diskutierten Normen Stellung.[2] Auf Basis begründeter Werturteile sollen Entscheidungen und Handlungen in »gute« und »schlechte« unterschieden werden.[3]
- Die **Ökonomik** (bzw. Volkswirtschaftslehre) als wissenschaftliche Disziplin befasst sich mit der Frage, wie in einer Gesellschaft die zweckmäßige Nutzung knapper Ressourcen zu erfolgen habe. Sie wurde zu einer positiven, einer Erfahrungswissenschaft. Die in der Gesellschaft existenten Werte und Ziele wurden von den Ökonomen als gegeben betrachtet und keiner Reflexion unterzogen. Als allein zulässig wurden vielmehr die Fragen erachtet, die sich mit dem »was ist?« und dem »Warum ist etwas so?« beschäftigten. Nach vorherrschendem Wissenschaftsverständnis ist also das Wirtschaftsgeschehen zu beschreiben und zu erklären, um letztlich **wahre Aussagen** über die Realität zu gewinnen. Eine Vermischung von Tatsachen einerseits und Wertungen und Meinungen andererseits wird für den wissenschaftlichen Erkenntnisfortschritt eher als hinderlich angesehen.

Doch diese Arbeitsteilung, die einen beachtlichen Erkenntnisgewinn in beiden Fachdisziplinen erbrachte, führte dazu, dass viele praktische Probleme, die die Menschen als einheitlich empfinden, nicht mehr integriert von der Wissenschaft erörtert werden.

---

1 Vgl. Kapitel 2.3.1.; K. Homann/H. Hesse, 1988, S. 11.
2 Dies gilt jedenfalls für die Varianten eine normativen Ethik.
3 D. Budäus/A. Steenbock, 1999, S. 578.

Die gedankliche Trennung widerspricht der praktischen Einheit des Handelns.[4] Vor diesem Hintergrund wird die Nachfrage nach einer »Wirtschaftsethik« erklärlich. Sie will die Zusammenschau der Problembezüge wieder herstellen, in der die »Vernunft des Ganzen« zum Ausdruck kommt.

3. Wirtschaftsethik hat somit zwei Mutterdisziplinen, die **Ökonomik** und die **Ethik**. Beide befassen sich mit menschlichem Handeln, wenn auch aus verschiedenen Blickwinkeln. Die Ökonomik analysiert, welche Verhaltensmuster sich bei eigennützigem Verhalten des Menschen für Produktion und Verteilung ergeben. Die **Ethik** fragt danach, welche der menschlichen Handlungen »gut«, »richtig«, legitim« oder »gerecht« sind, um zu einem »gelingenden Leben« und zu einem friedvollen Zusammenleben beizutragen. Wirtschaftsethik befasst sich demnach damit, welches **wirtschaftliche Handeln** moralisch zu rechtfertigen ist und welches nicht und wie das als »richtig« erkannte wirtschaftliche Handeln gefördert werden kann.

4. Um Missverständnissen vorzubeugen: Es geht nicht darum, gleichsam aus zwei getrennten Welten – der Ökonomik und der Wirtschaftsethik – Handlungsanforderungen zu formulieren, die miteinander zum Ausgleich gebracht werden sollen. Wirtschaftsethik ist nicht (nur) Anwendungsfall einer allgemeinen Ethik. Es gilt vielmehr die **Eigenständigkeit wirtschaftlicher Sachverhalte** und **die Gesetzmäßigkeiten des Wirtschaftslebens** zu berücksichtigen. Damit wird der Ausdifferenzierung der Gesellschaft in verschiedene Lebensbereiche mit ihren je eigenen Kausalgesetzlichkeiten Rechnung getragen. Für die Wirtschaftsethik muss damit ein Ethikverständnis entwickelt werden, das dem Eigeninteresse des Menschen einen spezifisch ethischen Stellenwert zuweist. Im Handbuch der Wirtschaftsethik heißt es zu Recht: »Der entscheidende Erkenntnisgewinn der Neuzeit könnte dann darin gesehen werden, dass sich unter gegebenen gesellschaftlichen Rahmenbedingungen das Eigeninteresse zugleich als Produktivfaktor zum Vorteil des Nächsten erweisen kann.«[5] Anders formuliert: das Selbstinteresse oder die Selbstliebe ist, richtig begrenzt und kanalisiert, moralischen Anliegen förderlich.

Abzulehnen ist das unter Nichtökonomen häufig anzutreffende Vorverständnis, Moral habe stets etwas mit Verzicht oder Teilen zu tun. Einer richtig verstandenen Wirtschaftsethik geht es nicht primär um Anliegen, die »weh tun müssen« oder auch »nur weh tun sollen«. Ein solch »**ökonomisch ahnungsloser Moralismus**«,[6] der von außen und sachfremd gegen die Wirtschaft argumentiert und unerfüllbare Postulate formuliert, ist abzulehnen. Mit Moralisierung löst man keine wirtschaftlichen Probleme, sondern schafft eher welche, da mündige Bürger sich nicht ständig zu Handlungen veranlassen werden, die erfolglos bleiben. Diese Auffassung näher zu entfalten, ist eines der Zentralanliegen der nächsten Kapitel.

Dies lässt sich am **Gewinnprinzip** verdeutlichen. Gewinn zu erwirtschaften, gehört zur Sachgerechtigkeit des Wirtschaftens in einer Marktwirtschaft. Gewinne zeigen an, dass das Unternehmen Güter herstellt, die der Gesellschaft mehr wert sind, als sie an Kosten verursachen. Die Erwartung von Gewinnen veranlasst Unternehmen dazu, Ressourcen grundsätzlich in eine gesamtgesellschaftlich erwünschte Richtung zu lenken. Gewinne sind somit zentraler Baustein marktwirtschaftlicher Systeme, sie haben Anreiz- und Indikatorfunktion für unternehmerische Tätigkeit. Entspricht das

---

4 M. Wörz, 1994, S. 60 f.; H. Müller-Merbach, 2001, S. 31.
5 W. Korff, W. et al., 1999, Bd. 1, S. 24.
6 W. Röpke, 1961, S. 184.

Unternehmen den vom Staat gesetzten Rahmenbedingungen, so sind auch hohe Gewinne aus ethischen Überlegungen legitim.[7] Forderungen nach Gewinnbegrenzungen[8] verkennen die Funktionslogik von Marktwirtschaften und gehören daher in die Kategorie des ahnungslosen Moralisierens.

3.2. Drei Ebenen der Wirtschaftsethik: Ordnungs-, Unternehmens- und Individualethik

Wirtschaftsethik widmet sich einem komplexen, vielschichtigen Aufgabengebiet. Es ist daher zweckmäßig, drei Ebenen zu unterscheiden, auf denen moralische Anliegen zur Geltung gebracht werden können. Hieraus folgt dann die Untergliederung in **Ordnungs-**, **Unternehmens-** und **Individualethik**, der die Unterteilung in Makro-, Meso- und Mikroethik entspricht.[9] Auf diesen Ebenen wird man unterschiedli-

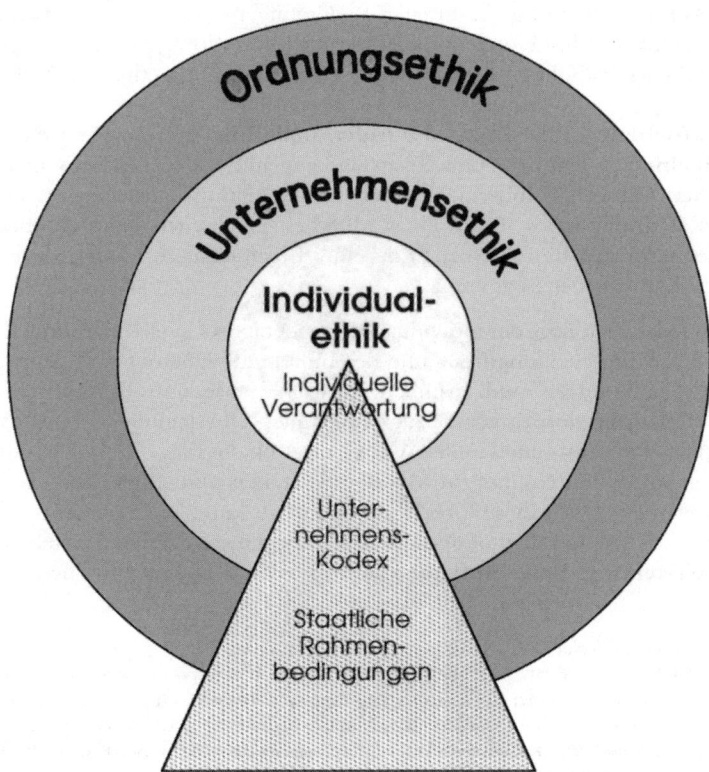

Abb. 3: Drei Ebenen der Wirtschaftsethik

---

7 Ausführlich Kapitel 7.2.
8 So R. Lay, 1989, S. 235 f.
9 D. Dietzfelbinger,1999, S. 248; G. Enderle, 1993, S. 1099.

che Adressaten für die Beachtung bzw. Umsetzung moralischer Anliegen verantwortlich zu machen haben.

- Die **Ordnungs- oder Makroebene** beschäftigt sich mit der »richtigen« oder »gerechten« **Wirtschaftsordnung**. Zentrale Fragestellungen einer Ordnungsethik sind dementsprechend: Lässt sich eine marktwirtschaftliche Ordnung aus ethischen Überlegungen rechtfertigen? Wie steht es um den moralischen Gehalt einer marktwirtschaftlichen Ordnung? Die Setzung einer effizienten wie gerechten Rahmenordnung ist offensichtlich zentrale Aufgabe der Politik, sie ist Adressat der **Ordnungsethik**.
- Die **Mesoebene** ist das Feld der Institution **Unternehmen**. Auch dem Unternehmen als ganzheitliche, zielorientiert agierende Organisation kommt ein »moralischer Status« zu. Unternehmen sind eigenständige moralische Akteure, sie stellen mehr als die Summe individuell zurechenbarer Handlungsvollzüge dar.[10] Unternehmen tragen daher als Organisationen moralische Verantwortung, worauf sich dementsprechend die Fragen der **Unternehmensethik** beziehen.[11] Welche unternehmensstrukturellen und -kulturellen Bedingungen ermöglichen ethisch gerechtfertigtes Verhalten? Insbesondere die Unternehmensführung ist für die organisatorischen und personalpolitischen Vorkehrungen zur Erfüllung ethischer Anliegen verantwortlich.
- Die **Mikroebene** ist die Ebene der **Individualethik**; sie formuliert die Pflichten des **Einzelnen** gegenüber sich selbst sowie gegenüber den Mitmenschen und der natürlichen Umwelt.[12] Individualethische Fragestellungen tauchen im Unternehmen auf (Führungsethos, Ethos eines Mitarbeiters), greifen indes darüber hinaus. Sie besitzen für den Einzelnen auch in seiner Eigenschaft als Käufer, als Arbeitnehmer oder Kapitalgeber Bedeutung.

2. Marktwirtschaften liegt ein individualistisch geprägtes Gesellschaftsmodell zugrunde, in dem die Entscheidungsfreiräume des Individuums betont und gegenüber der Gesellschaft zu schützen sind. Ähnlich ist nach modernem Ethikverständnis der Mensch als Subjekt normativer Bezugspunkt aller Überlegungen. Hieraus könnte man folgern, dann müsse auch in der Wirtschaftsethik die Frage nach den moralischen Ansprüchen an das Individuum im Mittelpunkt stehen und als primärer Ansatzpunkt behandelt werden. Doch diese Überlegung greift zu kurz. Vielmehr ist zu beachten, dass es – ähnlich wie bei allen ökonomischen Anliegen – Kriterien für eine zweckmäßige **Arbeitsteilung bzw. Aufgabenteilung** zwischen den einzelnen Adressaten

---

10 Ausführlich G. Enderle, 1993, S. 1098 f.

11 Da Unternehmen als Vertragsgeflecht von Individuen zu interpretieren sind, fällt die Verantwortlichkeit letztlich wieder auf (natürliche) Personen zurück; Unternehmensethik kann als Metapher dafür interpretiert werden, dass Verantwortlichkeit gemeinsam zu tragen ist; man könnte deshalb auch von **kollektiver** oder **Gruppenverantwortlichkeit** sprechen. Keinesfalls sollte einer »Personifizierung« des Unternehmens Vorschub geleistet werden, denn ein Unternehmen ist keine moralische Person mit eigenem Selbstbewusstsein und Willen. H. Lenk/M. Maring, 1998, S. 28, weisen darauf hin, dass Korporationen im Unterschied zu (natürlichen) Personen weder Selbstzweck sind noch Personenwürde in sich tragen. Dementsprechend können sie nicht denselben moralischen Status besitzen. So mag ein Boykott gegenüber Unternehmen, wie gegenüber *Shell* beim Kampf um die Versenkung der Ölplattform Brent Spar praktiziert, moralisch legitim sein, gegenüber einer Person wäre hierin eine Verletzung der Menschenwürde zu sehen.

12 Vgl. Kapitel 10.2.

gibt. Daher postuliert auch der Wirtschaftsethiker **Arbeitsteilung** bei Durchsetzung ethischer Anliegen. Und diese legt die folgende Hierarchie von Adressaten für ethische Ansprüche nahe:

- Der systematische Ort der Moral ist in einer Marktwirtschaft die **Rahmenordnung**; Verfechter eines marktwirtschaftlichen Systems setzen bei der Implementierung von Moral primär auf die (staatlichen) Ordnungsregeln; sie betonen die besondere Bedeutung der **Ordnungsethik**.[13] Für ein durch Wettbewerb gekennzeichnetes Wirtschaftssystem liegt die Begründung dafür nahe. Wollte man vom einzelnen Unternehmen besondere moralische Vor- oder Sonderleistungen verlangen, so sähe es sich häufig einem unauflöslichen Dilemma ausgesetzt: entweder handelt es moralisch gut, hat aber gegenüber den Wettbewerbern gravierende Wettbewerbsnachteile und muss u.U. gar aus dem Markt ausscheiden, oder aber es ignoriert den moralischen Anspruch und ist im Wettbewerb erfolgreich. Diese Dilemma-Struktur des Problems legt es nahe, das moralische Anliegen **wettbewerbsneutral** in den allgemeinen Rahmenregeln zu verankern. Nur dann ist der Moralische nicht der Dumme.[14]
- Die marktwirtschaftliche Rahmenordnung ist die primäre und vorrangige Ebene zur Implementierung von Moral, es ist indes nicht die einzige Ebene, auf der moralische Ansprüche zur Geltung kommen. Rahmenordnungen sind zumeist unvollständig und defizitär, so dass sich ein moralischer Akteur nicht immer auf die Rahmenbedingungen berufen kann. Auch determiniert der Wettbewerb das Handeln der Unternehmen nicht, sondern belässt Freiräume im Verhältnis zu seinen Wettbewerbern wie gegenüber Arbeitnehmern, Kapitaleignern, Abnehmern, Lieferanten, etc. Damit sind Raum und Ansatzpunkte für **Unternehmensethik** bezeichnet. Sie wird primär bei organisationsstrukturellen Regelungen ansetzen müssen. Analog zu der Überlegung, dass in einem marktwirtschaftlichen System moralische Anliegen im Ordnungsrahmen verankert werden sollten, sind unternehmensethische Anliegen aus Sicht der neueren Organisationsökonomik in die Unternehmensorganisation einzubauen. *J. Wieland* formuliert zwar überspitzt: »Die Unternehmensethik der Organisationsökonomik rechnet nicht mit Akteursmoral, sondern setzt auf **Organisationsmoral**.«[15] Doch ist an dieser Überlegung wichtig, dass die Zusammenarbeit im Unternehmen besonders anfällig für ausbeuterisches, opportunistisches Verhalten ist und deshalb der Absicherung durch organisatorische Vorkehrungen bedarf (z.B. durch klare Regelungen für Korruption oder private Nutzung von Firmeneigentum). Andererseits ist die Position überspitzt, denn das Verhalten der Beschäftigten wird nicht nur durch Anreize und Sanktionen über organisatorische Maßnahmen bestimmt, vielmehr wirken auch die Beschäftigten in mancher Weise auf die Wertorientierungen im Unternehmen ein, sei es als Führungskraft durch ihre Persönlichkeit, sei es durch die Interaktion in kleinen Arbeitsgruppen mit ihren Face-to-Face-Beziehungen.
- Die dritte Adressatenebene ist die des Individuums; damit ist die **Individualethik** angesprochen. Individualethische Überlegungen besitzen insbesondere aus folgenden Gründen Relevanz. Unternehmerisches Handeln wird immer von Menschen

---

13 Konsequent vertreten von K. Homann; vgl. z.B. K. Homann/I. Pies, 1991, S. 608, S. 611; K. Homann/F. Blome-Drees, 1992, S. 20 ff.
14 Vgl. ausführlich Kapitel 7.4.
15 J. Wieland, 1994, S. 20.

initiiert, entschieden und umgesetzt. Dieses Handeln ist zwar in ordnungspolitische und organisatorische Rahmenbedingungen eingebunden, aber wird davon nicht determiniert. Insofern hat jedes unternehmerische Handeln eine personale Komponente, und es sind Individuen, die eine (Mit-)Verantwortung für Entscheidungen tragen. Hier haben die klassischen **Kardinaltugenden** wie Klugheit, Tapferkeit, Maßhalten und Gerechtigkeit ihre Bedeutung. Daneben trägt der Einzelne aber noch in anderer Hinsicht Verantwortung. Er ist als Mitarbeiter für die Verbesserung von Organisationsstruktur wie Unternehmenskultur[16] wie als Bürger in demokratisch verfassten Gesellschaften für die Weiterentwicklung der Rahmenordnung (mit-)verantwortlich. Um den dafür notwendigen Diskurs zu leisten, bedarf es offensichtlich **kommunikativer Tugenden** wie beispielsweise der Wertschätzung und Anerkennung der Kommunikationspartner, Toleranz, Kritikfähigkeit, etc.[17] Nur dann wird kollektives Handeln angemessene institutionelle Rahmenbedingungen hervorbringen und stabilisieren können.

7. Die moderne Wirtschaftsethik setzt primär – wenn auch nicht ausschließlich! – auf eine **Institutionenethik,** d.h. auf Ordnungs- und auf Unternehmensethik im Sinne von Organisationsethik. Es kann in einer arbeitsteiligen, komplexen und anonymen Wirtschaft nicht vorrangig auf die Moral des Einzelnen vertraut werden. Die Individualethik ist demgegenüber nachgeordnet.[18] Die hier skizzierte Zuordnung von moralischer Verantwortung an verschiedene Adressatenebenen ist wichtig, weil sie vor voreiligen und unbegründeten Appellen und Schuldvorwürfen schützt wie auch einer Moralerosion vorbeugen kann.

• **Maßhalteappelle** an den Einzelnen (z.B. zur Schonung der natürlichen Ressourcen, zum ehrlichen Umgang mit den sozialen Sicherungssystemen, etc.) oder **Schuldzuweisungen** an Unternehmen (z.B. als Umweltverschmutzer, bei Inanspruchnahme gesetzlicher »Regelungslücken«) machen dann **wenig Sinn** und verpuffen, wenn die staatlichen oder organisatorischen Rahmenbedingungen keine Anreize für ein solches Verhalten setzen oder über Sanktionen verhindern. Das moralische Wohlverhalten kann das Versagen einer Institution nicht heilen.[19]

• Im Gegenteil ist auf Dauer die Gefahr einer **Moralerosion** zu erwarten.[20] Ermöglichen die gesetzten Rahmenbedingungen ein der Gemeinschaft abträgliches Verhalten, so ist mittel- und langfristig – ausgelöst zunächst durch einzelne moralische Hasardeure – ein Anpassungsdruck auf tradierte Normen zu erwarten. So werden dann beispielsweise Vergehen gegen die herrschenden Normen wie Sozialbetrug oder Steuerhinterziehung zum Kavaliersdelikt. Der Ehrliche wird mehr und mehr der Dumme, belächelt von den scheinbar Cleveren.[21] Es ist offensichtlich, dass eine Gesellschaft solche Entwicklungen nicht lange aushalten kann.

---

16 Vgl. Kapitel 9.4 und 9.5.
17 G. Popkes, 2000, S. 6 f.
18 Vgl. Kapitel 10.1.
19 K. Homann/I. Pies, 1991, S. 613; I. Pies, 2000, S. 17.
20 Vgl. Kapitel 5.3.3.
21 Zu empirischen Belegen für diese These A. Habisch, 1999, S. 484 f.

4. Marktwirtschaft und Moral

4.1. Marktwirtschaft und Moral – zwei getrennte Welten?

1. Markt und **Moral** – wie passt das zusammen? Häufig wird hierin der Inbegriff zweier getrennter »Welten« gesehen. In der Wirtschaft herrscht das rationale Vorteilskalkül, Gewinn- und Nutzenmaximierung werden als Ausdruck puren Egoismus begriffen. Moral wird hingegen primär als Privatsache angesehen. Plastisch hat man diese Auffassung als **Zwei-Welten-Theorie** bezeichnet.[1]

2. Zwischen moralischem Handeln und wirtschaftlicher Vorteilssuche am Markt scheinen sich unüberbrückbare Gegensätze aufzutun. Bestärkt wird diese Auffassung von den **Nachrichten**, die wir täglich in den Medien serviert bekommen: Massenarbeitslosigkeit in den westlichen Volkswirtschaften, Armut und Hunger in der Dritten Welt, Raubbau an natürlichen Ressourcen, Umweltzerstörung durch zunehmende Verschmutzung, fragwürdige Exportpraktiken von Rüstungsfirmen, Korruption im öffentlichen Beschaffungswesen, usw. Schaut man sich diese noch recht unvollständige Liste an, so gibt es scheinbar keinen Lebensbereich, der weniger von moralischen Prinzipien bestimmt ist als das Wirtschaften.

3. Angesichts dieses Befundes wird von vielen die **Therapie** gleich mitgeliefert. Es gilt den »Terror der Ökonomie« zu begrenzen, »Gegengifte« gegen zu viel ökonomische Rationalität zu entwickeln, »moralische Gartenzäune«[2] gegenüber einem Übermaß an ökonomischer Sachlogik aufzubauen.

4. Auch wenn viele der genannten Fehlentwicklungen nicht bestritten werden sollen oder auch nur können, haben Ökonomen doch gegenüber der skizzierten **Diagnose** und **Analyse** ihre Vorbehalte, da sie häufig zu kurz greift. Sie baut auf gefälligen Vorurteilen und Gefühlslagen auf, die schon *Franz Böhm* (1895–1977), einer der Wegbereiter der Sozialen Marktwirtschaft in der Nachkriegszeit, zutreffend beschrieben hat: »Für die Marktwirtschaft kann man arbeiten, von der Marktwirtschaft kann man leben, mit der Marktwirtschaft kann man Mangel überwinden und Produktivkräfte aktivieren...aber man kann für die Marktwirtschaft nicht auf die Barrikaden steigen, wenn man sich nicht lächerlich machen will. Für sie ein gutes Wort einzulegen, gehört jedenfalls nicht gerade zum guten Ton in der geistigen Welt.«[3] An dieser Diagnose *Böhms* hat sich seitdem kaum etwas geändert. Dennoch, ein »gutes Wort« einzulegen oder präziser, den moralischen Gehalt einer marktwirtschaftlichen Ordnung herauszuarbeiten, dabei berechtigte von unberechtigten Einwänden gegen die Marktwirtschaft zu scheiden und nach dem angemessenen Verhältnis von Markt und Demokratie zu fragen, sind die zentralen Themen der folgenden Ausführungen.

---

1 M. Osterloh, 1991, S. 155; P. Ulrich, 1997, S. 102 ff.
2 P. Ulrich, 1997, S. 103.
3 Zitiert nach W. Lachmann, 1998, S. 64.

4.2. Wieso ist nur die Marktwirtschaft eine ethisch zu rechtfertigende Wirtschaftsordnung?

1. Man wird sich zwar davor hüten müssen, in ökonomistischer Manier eine Marktwirtschaft allein deshalb für gut und moralisch zu halten, weil sie ein **effizientes Wirtschaften** ermöglicht. Andererseits zeigt eine unvoreingenommener Analyse, dass **nur** eine marktwirtschaftliche Ordnung eine ethisch zu rechtfertigende Ordnung ist. Dies gilt zumindest dann, wenn man **zwei Prämissen** im Auge hat: [4]

2. Die **erste Prämisse** bezieht sich auf das Menschenbild. Bei Gestaltung der Wirtschaftsordnung ist ein **realistisches Menschenbild** zugrunde zu legen. Nun zeigen nicht zuletzt die Erfahrungen mit den zentralplanwirtschaftlichen Experimenten in den Ostblockstaaten im 20. Jahrhundert, dass der Mensch ein eher **eigennütziges** als altruistisches **Wesen** ist, dass er zu guten wie zu bösen Taten gleichermaßen fähig ist.[5] Obwohl dieses Menschenbild auch jüdisch–christlicher Tradition entspricht, ist es doch lange Zeit aus philosophischer wie religiöser Perspektive verpönt gewesen. Zur Klarstellung sollte man daher sorgfältig zwischen **Eigeninteresse** und **Selbstliebe** einerseits und **Eigensucht** bzw. **Egoismus** andererseits unterscheiden. Während diese Unterscheidung im angelsächsischen Raum durch die Begriffe self interest und selfishness zumeist sorgfältig beachtet wird, spricht man in der deutschsprachigen Debatte häufig undifferenziert von Egoismus. Auch wenn die Unterscheidung im konkreten Falle nicht immer trennscharf gelingen wird, ist sie doch von zentraler Bedeutung. **Eigeninteressen** zu verfolgen ist moralisch legitim, eine unabänderliche Tatsache der Natur und zum Überleben unabdingbar. Dementsprechend verlangt auch das christliche Liebesgebot »Liebe Deinen Nächsten wie Dich selbst!«[6]. Die Selbstliebe gilt als das Primäre, als Ausgangspunkt wie als Vergleichsmaßstab. Ein solches Verständnis der Selbstliebe basiert letztlich auf der Grunderfahrung, dass jeder seine Bedürfnisse, Wünsche und Möglichkeiten am besten kennt und daher in der Regel besser als jeder andere für sich sorgen kann. Nur der **Egoismus**, die überzogene und auf Kosten anderer gehende Verfolgung eigener Interessen, ist moralisch bedenklich, da dem sozialen Zusammenhalt abträglich.[7]

---

4 Vgl. dazu B. Noll, 1993, S. 18 ff.
5 EKD, 1991, S.111; W. Lachmann, 1987, S. 40 ff.; ders. 1998, S. 59 f.
6 3. Moses, 19, 18.
7 Die Kritik von Nichtökonomen setzt sich dann fort am »**homo oeconomicus**«. So ertönt häufig der Vorwurf, die Ökonomik habe mit dem homo oeconomicus ein völlig einseitiges und dem Egoismus Vorschub leistendes Menschenbild. Menschliches Verhalten sei doch nicht nur Resultat eines auf Eigennutz basierenden Kalküls ohne Rücksichtnahme auf andere und dürfe auch nicht so sein. Diese »Gegenargumente« werden von Ökonomen nicht bestritten, dennoch verfängt die Kritik nicht. Der homo oeconomicus ist nicht der Mensch, sondern ein **Modell** zum Zwecke der Theoriebildung in einer positiven Wissenschaft. Der Ökonom verwendet den homo oeconomicus als »Testinstrument«, um Aussagen über die Stabilität von Interaktionen und Institutionen zu entwickeln. Anders formuliert: Nur wenn Institutionen so ausgestaltet sind, dass individuelle Moral möglich ist und nicht bestraft wird, dann sind sie stabil. Regeln dürfen nicht für Engel, sondern müssen für »normale« eigennützige Menschen formuliert werden. Um diese Frage zu testen, benutzt der Ökonom das Modell des homo oeconomicus. Vgl. K. Homann, 1997, S, 19 f.; C. Watrin, 1999, S. 218.

3. Die zweite Prämisse zielt auf die **Größe der Gruppen** ab, in denen sich wirtschaftliches Handeln abspielt und auf die wirtschaftliches Handeln Auswirkungen zeitigt. Wirtschaften vollzieht sich nicht mehr in kleinen, weitgehend autarken Dorf- oder Stammesgemeinschaften wie in früheren Jahrhunderten, in der sich die Ziele der Gruppenmitglieder mit dem Gruppenziel deckten. Vielmehr ist – nicht zuletzt aufgrund des technischen und wirtschaftlichen Fortschrittes – der Wirtschaftsraum ständig größer geworden. Heute hat sich in vielen Märkten eine Entwicklung zur Weltwirtschaft durchgesetzt, häufig mit dem schillernden Begriff Globalisierung belegt. Die immer komplexere Verflechtung wirtschaftlicher Zusammenhänge haben dazu geführt, dass die Austauschbeziehungen zunehmend **anonymer** und **unüberschaubarer** geworden sind. Eine wirtschaftliche Handlung hat in **offenen, komplexen Großgesellschaften** nicht mehr nur unmittelbar zu kalkulierende **Nahwirkungen** wie in der Stammesgesellschaft früherer Jahrhunderte, sondern eine Fülle **kaum nachvollziehbarer Fernwirkungen** auf eine Vielzahl anderer Menschen und deren Ziele und Handlungen. Daher ist es wichtig, zwischen Gruppenzielen und individuellen Interessen sorgfältig zu unterscheiden.[8]

4. Akzeptieren wir die **beiden Prämissen**, dass die Menschen
- eigennützige Wesen sind
- und sich in ihren wirtschaftlichen Beziehungen gegenseitig fremd und unbekannt sind,

so können wir nicht mehr dieselben Verhaltensregeln normieren wie in einer vormodernen Wirtschaft. Eine anonyme Großgesellschaft bedarf andere moralische Verhaltensregeln als eine kleine Gruppe.[9] Dies bedeutet für die Ausgestaltung einer Wirtschaftsordnung insbesondere, dass der Einzelne in seiner konkreten Interessenlage nicht überfordert werden darf. Regeln und Institutionen dürfen daher nicht an einem auf Nächstenliebe bedachten Menschen abstellen. Moralische Motive wie Sympathie und Altruismus lassen sich beim Einzelnen häufig schon nicht für seine Nächsten, insbesondere aber nicht für eine unbestimmte und unbekannte Vielzahl anderer Menschen einfordern. Abgesehen davon ist der Einzelne häufig aber auch gar nicht in der Lage, das Gemeinwohl mit seinem Handeln zu verfolgen, selbst wenn er das wollte. Denn »gut gemeint« ist bekanntlich häufig das Gegenteil von gut.[10] Diese beiden häufig von der Politik nicht bedachten Aspekte lassen sich plastisch an zwei Beispielen verdeutlichen.

5. Aus diesen Überlegungen ergeben sich wohl auch die entscheidenden Gründe für **Niedergang und Zusammenbruch der Zentralverwaltungswirtschaften** im ehemaligen Ostblock. *Wladimir I. Lenin* (1870–1924), kommunistischem Ideengut verpflichteter Revolutionär und Gründer der Sowjetunion, sah in einer sozialistischen Volkswirtschaft eine große Maschine, die so arbeitet, dass sich Hunderte Millionen Menschen von einem einzigen Plan leiten lassen. Diese Maschine sollte allerdings nicht von egoistischen Menschen, sondern von uneigennützig Handelnden bedient werden, von Menschen also, die sich primär dem Gemeinwohl und dem Gesamtinte-

---

8 D. Budäus/A. Steenbock, 1999, S. 576.
9 Vgl. auch Kapitel 2.2.3. zu den zwei Arten von Moral.
10 »Alle, die jemals vorgaben, ihre Geschäfte dienten dem Wohl der Allgemeinheit, haben meines Wissens niemals etwas Gutes getan«. A. Smith, 1978, S. 371.

resse verpflichtet fühlten.[11] Doch das gigantische Experiment musste scheitern. Auch durch langwierige und vielfältige Erziehungs- und Umerziehungsprozesse ließ sich nicht der neue »sozialistische Mensch« formen, der vor allem gesamtgesellschaftliche Anliegen verfolgt. Es scheiterte aber auch an der Wissensproblematik. In einer modernen Wirtschaft mit Millionen von handelnden Akteuren, Tausenden von Gütern, sich häufig verändernden Bedürfnissen und stetem technischen und organisatorischen Fortschritt lässt sich nun einmal das Wissen nie so zentralisieren und nutzen, dass die gesamte Volkswirtschaft wie eine Oberpostdirektion geleitet werden könnte.

1. Die Parabel vom Brotzauberer

Stellen wir uns vor, eine Gesellschaft befolgte den folgenden »weisen« Rat : Brot ist ein Grundnahrungsmittel und für alle ein lebenswichtiges Gut. Es sollte deshalb nicht für schnödes Geld über den Markt erworben werden. Vielmehr soll ein jeder nach seinem Vermögen dazu beitragen, Korn zu kaufen und die Bäcker zu entlohnen. Was der einzelne an Brot erhält, das soll sich nur nach seinen Bedürfnissen richten. Alle sind begeistert von diesem moralisch anspruchsvollen Vorschlag.

Es werden nun **zwei Behörden** eingerichtet; eine ist dafür zuständig, die Zahlungen des Bürgers nach seinen Vermögensverhältnissen einzuziehen; der zweiten Behörde wird die Verwaltung des Brotes übertragen. Was wird geschehen ?

- Ein jeder **Bürger** wird nun feststellen, dass doch ein richtiger Feinschmecker an ihm verloren gegangen ist. In der Tat schmeckt feines Brot besser als grobes, und große Brote sind den kleinen durchaus vorzuziehen. Auch wird sich zeigen, dass nur Brot von wenigen Stunden Alters so eine richtige Köstlichkeit ist; älteres Brot fällt demgegenüber einfach ab. All diese wirklichen Bedürfnisse werden dem Brotamt mitgeteilt, und das ist nun gehalten, diese Bedürfnisse auch zu befriedigen.
- Auch die **Bäcker** erweisen sich als erfinderisch; wirklich feines Brot wird nun computergesteuert und mit Lasertechnik gebacken.
- Schließlich entwickeln auch die **Bauern** einen hohen Qualitätssinn. Jedes Korn wird nun handverlesen – jedenfalls steht das auf den Rechnungen der Bauern.

Nach kurzer Zeit müssen die Brotbehörden daher feststellen, dass sie immer größere Teile des Einkommens einziehen müssen, um den Brotbedarf der Bevölkerung finanzieren zu können. Unmut regt sich in der Bevölkerung.

Was tun? Man beruft eine **Sachverständigenkommission** ein; diese kommt nach langen Beratungen zu folgenden Ergebnissen:

- Erstens seien die Kornpreise im internationalen Vergleich zu hoch. Es müsste deshalb eine mit weit reichenden Vollmachten ausgestattete Preisüberwachungsstelle eingeführt werden.
- Zweitens zeige sich, dass die Einkommen der Bäcker nach den Unterlagen des Statistischen Bundesamtes stärker steigen als die Einkommen vergleichbarer Berufsgruppen. Es gelte daher, einige Privilegien der Bäcker abzubauen. Eine Überwachungsbehörde soll dafür sorgen, dass die Einkommen der Bäcker künf-

---

11 Vgl. auch C. Watrin, 1999, S. 219.

tig nur mit derselben Rate wachsen wie die Einkommen der restlichen Bevölkerung.

- Schließlich stellt die Kommission fest, dass die Ansprüche der Bevölkerung beim Brot zu hoch seien. Die Brotbehörden sollten deshalb Richtlinien festlegen für die Vergabe des Brotes. Nur noch die Hälfte aller verteilten Brote dürfen künftighin große Brote sein. Weiterhin sollen feine Brote nur noch am Samstag gebacken werden dürfen.

Setze man all diese Vorschläge um, kann man nach Auffassung der Sachverständigen eine Kostendämpfung von 10% erreichen; allerdings gelte es, die Kosten der zusätzlichen Behörden zu berücksichtigen.

Nur ein Minderheit der Sachverständigen schlägt vor, Brot über den freien Markt zu verkaufen. Doch dieser Vorschlag kommt schlecht an. Mehrere Minister erklären im Fernsehen, ein solcher Vorschlag zeuge von weltfremden Modelldenken. Das Leben dürfe doch nicht mit einem Preisetikett versehen werden, deshalb dürften gerade Lebensmittel nicht vermarktet werden. Die Minister erhalten viel Beifall für ihre Auffassung.

Nacherzählt in Anlehnung an H. Bonus, 1978, S. 52 ff.

2. Nahrungsmittelhilfe an Entwicklungsländer

Dass »gut gemeintes«, vermeintlich altruistisches Verhalten häufig das Gegenteil von dem bewirkt, was eigentlich bewirkt werden soll, lässt sich sehr deutlich an Nahrungsmittelhilfe für Entwicklungsländer demonstrieren. Solche Nahrungsmittellieferungen sind sicher kurzfristig bei akuten Notlagen gerechtfertigt, aber auch nur dann, wenn diese bei der notleidenden Bevölkerung ankommen und nicht zur Versorgung der Armee verwendet werden, wie dies in der Presse über Äthiopien berichtet wurde. Dauernde Nahrungsmittellieferungen haben aber selbst, wenn sie an arme Länder gehen, meist problematische Konsequenzen. Sie schaffen einmal negative Anreize für die Selbstversorgung. Nahrungsmittelgeschenke drücken nämlich auf die Preise der Grundnahrungsmittel; die heimischen Bauern werden auf diese Weise entmutigt, denn sie haben nunmehr nur geringen Anreiz zur Belieferung des heimischen Marktes. Zum anderen verändern sich – z.B. durch Belieferung mit Weizen und Milchpulver – die Verbrauchergewohnheiten der Bevölkerung. Einheimische Grundnahrungsmittel sind weniger gefragt und die heimischen Bauern wenden sich der Produktion anderer Güter zu, was den Nahrungsmittelmangel dann u.U. verewigt.

4.3. Freie oder Soziale Marktwirtschaft?

1. Das Modell der Marktwirtschaft basiert auf den sozialphilosophischen und ökonomischen Vorstellungen des klassischen Liberalismus. **Sozialphilosophische Leitidee** des Liberalismus ist es, dem Einzelnen eine Vorrangstellung vor der Gesellschaft einzuräumen. Mithin geht es um die Schaffung einer nichtautoritären gesellschaftlichen Ordnung, für die das Individuum mit seiner wirtschaftlichen und politischen Freiheit das höchste zu schützende Gut darstellt. *Adam Smith* hat hierauf aufbauend die **Grundidee der Marktwirtschaft** herausgearbeitet, die als Legitimationsbasis einer Marktwirtschaft unangreifbar ist. Es ist das **Modell der »unsichtbaren Hand«.**[12]

2. Marktteilnehmer versuchen, ihre Interessen im Marktgeschehen möglichst weitgehend durchzusetzen. Wesentliches **Antriebsmotiv** ist der **Eigennutz**. *A. Smith* hat das sehr plastisch formuliert, indem er schreibt: »Nicht vom Wohlwollen des Metzgers, Brauers oder Bäckers erwarten wir das, was wir zum Essen brauchen, sondern davon, dass sie ihre eigenen Interessen wahrnehmen. Wir wenden uns nicht an ihre Menschen- sondern an ihre Eigenliebe, und wir erwähnen nicht die eigenen Bedürfnisse, sondern sprechen von ihrem Vorteil.«[13] Wenn die Menschen mit Brot – oder anderen wichtigen Gütern – versorgt werden, so geschieht dies nicht deshalb, weil sich die Bäcker primär um die Wünsche der Haushalte bemühen wollen oder eine möglichst gute Versorgung der Bevölkerung im Auge haben. Die Versorgung mit Brot ist auch nicht deshalb gut, weil die Bäcker gemeinsam einen derartigen Beschluss gefasst haben. Ausschlaggebend ist vielmehr, dass die Bäcker im Wettbewerb danach streben, Gewinne zu erzielen. Die Koordination erfolgt also nicht über die **Handlungsmotive**, sondern über die **Handlungsfolgen**.

Im Eigennutz oder Selbstinteresse der Marktakteure sehen die Klassiker nichts Bedenkliches oder Verwerfliches. Versucht ein **Unternehmer** in der eigennützigen Absicht, einen hohen Gewinn zu erzielen, und erzielt er durch Entdeckung einer Marktlücke tatsächlich einen hohen Gewinn, so hat er davon nicht allein einen Vorteil.

- Die **Konsumenten** erzielen eine bessere Marktversorgung, so dass das unternehmerische Selbstinteresse auch ihrem Vorteil dient; sie gelangen in den Besitz preisgünstigerer oder verbesserter Produkte. Da die Nachfrager ja grundsätzlich frei darin sind, ob sie ein Gut kaufen wollen oder nicht,[14] wird der Unternehmer nur dann Erfolg haben, wenn er seine Fähigkeit und Kräfte im Interesse der Mitmenschen einsetzt.
- Zudem sorgen die **Konkurrenten** des vorpreschenden Unternehmens dafür, dass der Wettbewerbsvorsprung nicht von Dauer ist. Sie werden durch die Gewinne angelockt, den erfolgreichen Unternehmer nachzuahmen, seine neue Produktionstechnik zu übernehmen oder ein ähnliches Produkt auf den Markt zu bringen. Das Angebot weitet sich aus, die Preise sinken, die Gewinne werden gleichsam »sozialisiert«.

Die unsichtbare Hand der Konkurrenz sorgt dafür, dass das Eigeninteresse der Marktakteure zugleich dem Gesamtinteresse dient. Markt und Wettbewerb veranlassen die Akteure am Markt, indem sie ihre eigenen Zwecke verfolgen, ohne ihre eigene Absicht zugleich dem Interesse aller zu dienen[15]. Einzelwirtschaftliche Interessenverfolgung führt auf Wettbewerbsmärkten nicht zum Chaos, sondern nach Auffassung des klassischen Liberalismus zu sozialer Harmonie. Es entsteht **spontan** eine »**natürliche Ordnung**« im Sinne eines sich selbst regelnden Systems.

---

12 A. Smith, 1978, (Erstveröffentlichung 1776); vgl. auch E. Hoppmann, 1987, S. 38.
13 A. Smith, 1978, S. 17.
14 Vgl. Kapitel 12.
15 M.E. Streit, 1988, S. 40.

3. Die Durchsetzung liberaler Prinzipien bis zur Mitte des 19. Jahrhunderts – Gewerbefreiheit, Bauernbefreiung, private Eigentumsrechte, Freizügigkeit und Freihandel – waren Voraussetzung für Entstehung und Ausdehnung der modernen Industrie. Die freie Entfaltung unternehmerischer Kräfte hatte eine enorme Steigerung der Produktion zur Folge. In der Geschichte hat keine Gesellschaftsordnung zuvor solche Umwälzungen hervorgebracht wie der Kapitalismus im 19. Jahrhundert, worauf auch die bedeutendsten Kritiker des Kapitalismus, *Karl Marx* (1818–1883) und *Friedrich Engels* (1820–1895), in ihrem »Kommunistischen Manifest« hingewiesen haben.[16] Dennoch waren die negativen Begleiterscheinungen der Entwicklung unübersehbar:

- Es kam zu Massenelend durch Ausbeutung der Arbeiter und durch Massenarbeitslosigkeit; von einer Interessenharmonie zwischen Arbeitern und Unternehmern konnte nicht die Rede sein. Es war insbesondere diese **soziale Frage**, die *K. Marx* und anderen Sozialisten die Feder trieb.
- Es kam zu schweren **wirtschaftlichen Krisen**; massive Ungleichgewichte von Angebot und Nachfrage im industriellen Sektor ließen die Frage aufkommen, wie der Wirtschaftsprozess durch den Staat stabilisiert werden könnte.
- Es kam schließlich zu wirtschaftlicher Konzentration durch Unternehmenszusammenschlüsse und Kartelle. Der freie Wettbewerb wurde von den Unternehmen ausgeschaltet; die **Vermachtung der Wirtschaft** führte zu Behinderung des technischen Fortschritts, zu Monopolkämpfen und zur Ausbeutung der Konsumenten.

Die »Freie Marktwirtschaft« wurde durch diese Missstände diskreditiert. Dies war Anlass, die marktwirtschaftlichen Ideen weiterzuentwickeln. Das Konzept der »Sozialen Marktwirtschaft« kann daher als Antwort auf die Missstände einer freien Marktwirtschaft, eines ungezügelten Kapitalismus angesehen werden.

4. Die Konzeption der »Sozialen Marktwirtschaft«[17] basiert wesentlich auf den wissenschaftlichen Arbeiten der sog. Freiburger Schule, deren wichtigste Vertreter der Nationalökonom *Walter Eucken* (1891–1950) und der Jurist *Franz Böhm* waren. Zu Weiterentwicklung und Verbreitung dieser neoliberalen Ideen haben der langjährige deutsche Wirtschaftsminister *Ludwig Erhard* (1897–1977) und sein Staatssekretär *Alfred Müller-Armack* (1901–1978) maßgeblich beigetragen. *Müller-Armack* hat den Grundgedanken der »Sozialen Marktwirtschaft« in die häufig zitierte Formel gefasst, dass »das Prinzip der Freiheit auf dem Markte mit dem des sozialen Ausgleichs zu verbinden (ist)«.[18] Schon an dieser Formulierung wird deutlich, dass die Verfechter des Leitbildes der »Sozialen Marktwirtschaft« eine **wertverpflichtete Ordnung** anstreben, deren Grundlagen auf ethischen, religiösen wie ökonomischen Auffassungen beruhen. An **drei zentralen Ideen** kann dies gezeigt werden.

a) Die Verfechter einer »**Sozialen Marktwirtschaft**« vertrauen – wie vor ihnen die klassischen Liberalen – grundsätzlich auf eine durch **Wettbewerb** gesteuerte Marktwirtschaft. Wettbewerb ist ein nützliches **Instrument**; er bringt gute ökonomische

---

16 K. Marx/F. Engels, 1976, (Erstveröffentlichung 1848) S. 27 ff.

17 Es ist wichtig, zwischen **Konzeption** und **realisierter Ordnung** zu unterscheiden. Auch wenn sich die Vertreter aller großen Parteien in der Bundesrepublik zur »Sozialen Marktwirtschaft« bekennen, lässt sich doch berechtigterweise die Frage stellen, welche Praxisrelevanz diese Konzeption noch besitzt, ob sie nicht vielfach von interventionistischen, wohlfahrtsstaatlichen Rezepturen verdrängt wurde. Dazu H. Wienert, 1998, S. 19 ff.

18 A. Müller-Armack, 1956, S. 390.

Ergebnisse hervor, denn er sorgt für einen sparsamen Einsatz von Ressourcen und für die Durchsetzung von Neuerungen. Doch zugleich kommt dem Wettbewerb aus liberaler Sicht ein **sozialer** bzw. **ethischer Eigenwert** zu. Er wird deshalb um seiner selbst willen gewünscht. Drei Aspekte können dabei unterschieden werden:

- Wettbewerb auf Märkten führt zu »**Tauschgerechtigkeit**«,[19] denn im Tausch dokumentiert sich die Zustimmung beider Tauschpartner. Sie erreichen durch den Tauschakt einen höheren Nutzen, anderenfalls würden sie ihn nicht vollziehen. Mithin ist der wettbewerblich verfasste Markt »das beste bisher bekannte Mittel zur Verwirklichung der Solidarität aller Menschen.«[20] Im Tausch dokumentiert sich eine »demokratische« Form der Zusammenarbeit.[21] Diese Überlegung gilt für die lokalen Wochenmärkte ebenso wie für die Weltmärkte im Zeichen zunehmender internationaler Arbeitsteilung.

- Wettbewerb verbürgt zudem **Freiheit** und schafft damit die Voraussetzungen für verantwortliches moralisches Handeln, denn er überlässt es jedem Wirtschaftsteilnehmer – als Anbieter oder Nachfrager von Gütern und Produktionsfaktoren – seine **Ziele** frei zu wählen, die ihm zur Verfügung stehenden **Mittel** entsprechend der gewünschten Ziele einzusetzen wie schließlich auch die **Intensität zu bestimmen**, mit der er seine Ziele verfolgt.[22]

- Wettbewerb ist schließlich »das großartigste und genialste **Entmachtungsinstrument** der Geschichte«, wie *Franz Böhm* formuliert hat.[23] Er motiviert zur Disziplinierung und trägt zur Begrenzung von Selbstsucht und Habgier bei, denn er zwingt jeden Marktteilnehmer , seinem Marktpartner in vorteilhafter Weise zu dienen.

b) Durch Freiheit auf dem Markte kann den Forderungen nach **sozialer Sicherheit** noch nicht zureichend Rechnung getragen werden. denn nicht jeder kann den Leistungskriterien des Marktes entsprechen. Nur derjenige kann als Nachfrager am Markt auftreten, der zuvor als Anbieter tätig war. Anders formuliert: Es mag in einer wettbe-

---

19 Vgl. auch Kapitel 5.
20 O. Schlecht,1999, S. 291; K. Homann/F. Blome-Drees, 1992, S. 49, K. Homann, 1999a, S. 15.
21 O. Höffe, 1992, S. 122.
22 Wettbewerb bringt natürlich auch **Zwänge** mit sich, führt zum Ruin von Unternehmen und zu Arbeitslosigkeit. Zwar ist wirtschaftlicher Wettbewerb anders als Wettbewerb im Sport nicht oder zumindest nicht primär darauf gerichtet, einen »Rivalen« niederzuringen oder zu besiegen. Wettbewerb ist zudem kein Nullsummenspiel, bei dem der Gewinn des einen Unternehmers zwingend zu Lasten des anderen geht. Wirtschaftlicher Wettbewerb geht zumeist mit einem Zuwachs an Wohlstand, Beschäftigung und Gewinnen einher. Aber auch dabei sind Verluste und Niederlagen, Konkurs und Arbeitslosigkeit unvermeidliche Begleiterscheinungen marktwirtschaftlicher Dynamik. Innovationen dynamischer Unternehmen führen bei anderen zur Entwertung von Sachkapital und zur »Freisetzung« von Arbeitskräften. So führte die Durchsetzung von Selbstbedienungsläden und des Discounthandels zum Niedergang der kleinen Einzelhandelsgeschäfte und des Fachhandels. Geschultes Fachpersonal wurde entlassen. Dies ist die unvermeidliche Kehrseite von Strukturwandel und Wachstum; diese »Entwertung« von Arbeitskraft und Sachkapital dokumentiert, dass Ressourcen in der bisherigen Verwendungsrichtung aus Sicht der Nachfrager nicht mehr sinnvoll eingesetzt sind und nach neuen Einsatzmöglichkeiten zu suchen ist. Angesichts ungesättigter Bedürfnisse auch in reichen Gesellschaften gibt es grundsätzlich sinnvolle Verwendungen für freigesetzte Ressourcen; hohe Dauerarbeitslosigkeit ist kein unausweichliches Schicksal. Vielmehr funktioniert der skizzierte »Umsetzungsprozess« nicht zureichend.
23 F. Böhm, 1961, S. 22.

werblich verfassten Wirtschaft zwar genug Brot hergestellt werden, doch nicht jeder, der Hunger hat, hat auch Brot.[24] Jedem Menschen soll aber eine angemessene Teilhabe am gesellschaftlichen Zusammenleben ermöglicht werden. Neben dem **Individualprinzip** muss deshalb auch das **Solidarprinzip** zum Tragen kommen, Menschen müssen also auch gegenseitig füreinander einstehen. Um individuelle und kollektive Verantwortlichkeit sorgfältig auszubalancieren, verfechten liberale Ökonomen das aus der katholischen Soziallehre stammende **Subsidiaritätsprinzip**. Es besagt, dass dem Einzelnen nicht das, was er selbst zu leisten vermag, von der Gesellschaft abgenommen werden darf. Jedes Individuum ist für sein Wohlergehen zunächst selbst verantwortlich. Jeder hat die Freiheit, aber auch die Pflicht, für sein Wohlergehen selbst Sorge zu tragen. Es besteht ein prinzipieller **Verantwortungsvorrang des Einzelnen** vor der Gesellschaft. Der Staat oder ein anderes Kollektiv sollen nur dann einstehen, wenn der Einzelne oder seine Familie diese Aufgabe nicht bewältigen können. Die Selbsthilfe des Einzelnen und die Hilfe von kleineren, nicht staatlichen Gemeinschaften sollen Vorrang haben vor der nur subsidiären Hilfe durch die größere soziale Einheit, insbesondere durch den Staat.[25] Auf **instrumentaler Ebene** bedeutet dies für die Sozialpolitik eine primäre Orientierung an der Bedürftigkeit des Einzelnen oder seiner Familie, wie es beispielsweise bei der Sozialhilfe oder beim Wohngeld verwirklicht ist. Eine öffentliche Einrichtung leistet subsidiär Hilfe im Sinne eines letzten Auffangnetzes. Daneben kommt dem Staat nach dieser Konzeption vor allem die Aufgabe zu, einen verbindlichen Handlungsrahmen vorzugeben. Man könnte hier von **sozialer Rahmenpolitik** sprechen. Hierauf wird noch näher einzugehen sein.

c) Die Vertreter einer »Sozialen Marktwirtschaft« glauben nicht an die natürliche Ordnung eines sich selbst regulierenden Marktsystems und fordern deshalb Im Gegensatz zu den klassischen Liberalen einen »**starken« Staat**. Dieser soll einen für alle **gültigen Ordnungsrahmen** schaffen, der Wirtschaftsfreiheit und Wettbewerb auf den Märkten garantiert. Ein »starker Staat« ist kein Gemeinwesen, das allumfassend tätig wird und punktuell in den Wirtschaftsprozess eingreift, um diese oder jene Gruppeninteressen zu schützen oder zu befördern. Ein solch punktueller **Interventionismus** schwächt nicht nur die Leistungsfähigkeit der Wirtschaft, sondern unterhöhlt auch die moralischen wie ökonomischen Grundlagen des Staates.[26] Ein »starker Staat« ist vielmehr ein Staat, der partikulare Sonderinteressen abwehren kann, um einen konsistenten und fairen Ordnungsrahmen für das Wirtschaften zu schaffen. Insbesondere bedeutet dies eine konsequente Wettbewerbspolitik gegen Kartelle und Zusammenschlüsse, um der Vermachtung der Wirtschaft entgegenzuwirken. Dies ist Kern des ordnungspolitischen Anliegens und hierin liegt zugleich der zentrale ethische Gehalt einer marktwirtschaftlichen Ordnung.[27] Dies haben besonders *K. Homann* und *F. Blome-Drees* deutlich formuliert. Ihre grundlegende These lautet: »**Der systematische Ort der Moral in einer Marktwirtschaft ist die Rahmenordnung**«.[28]

---

24 G. Kirsch, 1999, S. 200 f.
25 Vgl. B. Schulin, 1989, S. 15
26 H. Wienert, 1998, S. 6 f.; B. Noll, 1986, S. 38 ff.
27 Vgl. Kapitel 3.2.
28 K. Homann/F. Blome-Drees, 1992, S. 35; K. Homann/I. Pies, 1991, S. 608; I. Pies, 2000, S. 18.

Dieser Gedanke lässt sich eindrücklich in Analogie zum Fußballspiel erläutern. Voraussetzung für das Spiel sind **Spielregeln**, über deren Einhaltung der **Schiedsrichter** in den einzelnen **Zügen des Spieles** zu wachen hat. Entsprechend gilt es für eine Marktwirtschaft zu unterscheiden zwischen der Rahmenordnung, den **Spielregeln,** die nach ethischen Überlegungen aufgebaut werden müssen, und den **Spielzügen**, den Wettbewerbshandlungen, die sich an Effizienzüberlegungen orientieren können und dennoch bei Einhaltung der Spielregeln grundsätzlich[29] ihre moralische Rechtfertigung in sich tragen. Dem Staat kommt die Aufgabe des (unparteiischen) **Schiedsrichters** zu, er überwacht die Einhaltung von Regeln; er sorgt z.B. mit Hilfe der Wettbewerbspolitik für die Begrenzung privater Macht. Moralische Anliegen wie z.B. die Einhaltung von Arbeitnehmerschutzvorschriften oder die Einführung von Umweltschutzeinrichtungen sind also nicht durch moralische Appelle an die Unternehmen einzufordern, sondern auf der Ordnungsebene zu verankern. Nur so wirken die Regeln **wettbewerbsneutral**, können Gefangendilemmata überwunden werden. Ökonomische und moralische Anliegen werden parallel verfolgt.

5. Eine »Soziale Marktwirtschaft« ist also mehr als eine Wohlstandsmaschine, die politisch gewünschte Resultate hervorbringt; sie ist eine **wertgebundene Ordnung**, der wegen ihrer Freiheitsverbürgungen moralische Qualität zugesprochen werden muss. Sie wird von ihren Verfechtern allerdings **nicht** als eine ein für allemal **fertige Ordnung** verstanden; sie ist neuen Herausforderungen wie der ökologischen Krise oder der Globalisierung gegenüber offen und ausbaufähig.[30]

4.4. Der Markt ist auf stabile Moralstandards angewiesen!

Märkte funktionieren nicht voraussetzungslos. Eindeutige und gesicherte Eigentumsrechte, Wettbewerb und ein stabiles Geldwesen sind die wichtigsten, wenn auch nicht alle Funktionsbedingungen. Daneben wird man auf die **Moralstandards** einer Gesellschaft hinweisen müssen, die als **gesellschaftliche Inputs** in den Wirtschaftsprozess eingehen. Tugenden wie Ehrlichkeit, Pünktlichkeit oder Disziplin sind gleichsam gesellschaftliches Kapital, »**Sozialkapital**«, damit sich Spezialisierung, Arbeitsteilung und Tausch durchsetzen können. Nur dann, wenn die große Mehrheit einer Gesellschaft diese moralischen Regeln akzeptiert und lebt, können Märkte befriedigend funktionieren. Der Rechtsstaat kann nur äußerste Grenzen für illegitimes Verhalten markieren, und Polizei und Gerichte als zentrale Institutionen des rechtsschützenden Staates können nur dann ihre Aufgaben erfüllen, wenn die Zahl der aufzugreifenden Fälle verschwindend gering ist.[31] Wäre es anders, wären Vertragsbruch, Korruption und Trittbrettfahrerverhalten an der Tagesordnung, dann müsste das Handeln der Wirtschaftssubjekte auf Schritt und Tritt kontrolliert werden. Die **Transaktionskosten** zur Überwachung und Durchsetzung des erwünschten Verhaltens wären enorm hoch und die **Freiheitsspielräume** der Menschen extrem gering, kaum erträgliche Entwicklungsbedingungen für eine Gesellschaft.

Dementsprechend kann nicht verwundern, dass für manche Transformationsökonomien des ehemaligen Ostblocks der Weg zu einer aufblühenden Volkswirtschaft so schwierig ist. Es fehlt an Sozialkapital, Korruption und Vetternwirtschaft erweisen sich

---

29 Vgl. Kapitel 7 zu wichtigen Ausnahmen von dieser Position.
30 Vgl. auch Kapitel 6.
31 C. Watrin, 1999, S. 242.

als zentrales Entwicklungshemmnis.[32] Allerdings lässt sich zeigen, dass die moralischen Anforderungen für das Funktionieren von Märkten geringer sind als für andere Entscheidungssysteme wie die Demokratie.[33]

4.5. Der Markt – eine moralschaffende Institution?

1. In der hier aufgeworfenen Frage dürfte für viele Menschen eine Provokation stecken, der Markt – eine moralschaffende Institution? Ist der Markt nicht vielmehr ein seelenloser Mechanismus, der allenfalls Effizienzgesichtspunkten Rechnung tragen kann, indem er eine optimale Allokation der Ressourcen bewirkt? Doch darin steckt ein problematisches Verständnis von Märkten. Ein Markt ist eine »gesellschaftliche Einrichtung«.[34] Er stellt einen Interaktionszusammenhang zwischen Individuen und/oder Organisationen her, durch den diese ihre selbstgesetzten Ziele verfolgen und aufeinander abstimmen können.[35] Auch wenn sich im Markt keine stete Harmonie zwischen divergenten Interessenlagen herausbildet, wie es manche klassischen Liberalen annahmen, ist doch zu beachten, dass aus Marktbeziehungen spontan Korrekturen gegen auftretende Missstände erwachsen. Der Markt wirkt nicht nur bei der Güterversorgung, sondern auch **in Sachen Moral** als **selbstregulierende Instanz**. In diesem Sinne ist der Markt eine moralschaffende Einrichtung.

2. Die Grundüberlegung für diese These ist einfach: Ähnlich wie Unternehmen in Produktionsmittel investieren, können sie **in Moral investieren**, wenn sie sich davon eine angemessene Rendite versprechen. Unternehmen setzen Ressourcen zur **Bildung von Vertrauenskapital** ein; dies stabilisiert unsichere Erwartungen von Geschäftspartnern, Mitarbeitern oder der Öffentlichkeit und wirkt auf diese Weise geschäftsfördernd.[36] In diesem Sinne lassen sich viele Entwicklungen interpretieren, die aus Marktprozessen spontan entstanden sind und die Reputation von Unternehmen erhöhen sollen. Einige Beispiele zur Illustration:

* Unternehmen schaffen spezielle Ethik-Stellen oder Abteilungen, um moralische Standards im Unternehmen zu kommunizieren und zu fördern. Handlungsleitend dafür ist die Erkenntnis, dass sich Unternehmensstrategien legitimieren müssen, damit sie eine motivatorische Funktion für die **Beschäftigten** haben. Denn welcher Mitarbeiter möchte sich schon für eine »ökologische Dreckschleuder« betätigen oder für ein Unternehmen, das laufend in Korruptionsfälle verstrickt ist?
* Mit der Übernahme freiwilliger Gewährleistungsregeln bei langlebigen und störanfälligen Gütern wie der Vereinbarung von Franchising-Verträgen, in denen der Konzessionsgeber eine an allen Orten gleiche Qualität der Produkte garantiert und die Einhaltung dieses Versprechens durch Kontrollen der Konzessionnehmer ge-

---

32 Angesichts zunehmender Schwarzarbeit und Steuerhinterziehung wird man fragen müssen, ob es auch bei uns zur allmählichen Moralerosion mit problematischen Folgen für die Entwicklungsfähigkeit unserer Volkswirtschaft kommt.

33 Manche Ökonomen sehen daher eine Minimalmoral als ausreichend an. Vgl. W. Lachmann, 1992, S. 11.

34 Der aus den Naturwissenschaften übernommene Terminus (Markt-)Mechanismus ist daher problematisch.

35 Vgl. zu dieser Sichtweise P. Koslowski, 1982, S. 33.

36 Vgl. Kapitel 7.4. und 9.6.1.

währleistet, investiert der Unternehmer in Vertrauenskapital, um Reputation gegenüber den **Kunden** zu gewinnen.

- Auch **spezialisierte Agenturen**, die auf ihrer Reputation bei der Weitergabe von Informationen aufbauen (Rating-Agenturen, Verbände mit der Vergabe von Gütesiegeln, etc.), wirken als moralschaffende Institutionen in diesem Sinne.[37]

3. Diese Entwicklungen und Phänomene sind für das Funktionieren des Marktsystems wichtig. Doch wird man die Leistung des Marktes als moralschaffende Institution nicht überbewerten dürfen. Umweltanliegen oder gesellschaftspolitische Missstände[38] werden von den Unternehmen nur dann in ihren Überlegungen Berücksichtigung finden, wenn die Öffentlichkeit aufmerksam wird und Konsumenten mit Boykott oder empfindlichen Entzug von Kaufkraft drohen. Eine Berücksichtigung der ethischen Belange von Mitarbeitern wird bei massenhafter Arbeitslosigkeit in manchen Unternehmen schnell wieder vergessen sein. Hieran wird deutlich: **Ethik zahlt sich häufig aus, doch nicht immer!** Die Beachtung ethischer Anliegen entspricht den Eigeninteressen des Unternehmens, wenn das Unternehmen sich gewichtigen anderen Interessen auf dem Markt gegenüber sieht, die ihm über Sanktionen (hohe Fluktuation zuverlässiger Arbeitnehmer, Entzug von Kaufkraft der Konsumenten, höhere Einstandskosten für Vorprodukte, etc.) einen finanziellen Schaden zufügen können.[39] In der Realität ist nicht davon auszugehen, dass stets ein zureichendes »Gleichgewicht« von Interessen existiert oder zumindest Kräfte zum Abbau bestehender Machtgefälle zwischen den Interessen im Gange sind. Die staatliche Rahmenordnung als »Ort der Moral« ist folglich unabdingbar, der Markt kann den Staat als »moralschaffende Instanz« nicht substituieren.

4.6. Ist die Marktwirtschaft ein »Moralvernichter«?

1. Ein Großteil der Kritik am marktwirtschaftlichen Regelsystem macht sich daran fest, dass der Markt die moralischen Wurzeln einer Gesellschaft beschädige oder zerstöre. Dieser Vorwurf ist gewichtig und wird sicher auch nicht, zumindest nicht ganz, auszuräumen sein; dennoch ist eine differenzierte Analyse nötig. Zwei Ansatzpunkte für Kritik sind zu unterscheiden, der erste stellt auf mögliche **moralverzehrende Handlungs- und Interaktionsmuster des Marktes** ab, die zweite Kritik macht sich an den **Folgen marktlicher Prozesse für die Verhaltensdispositionen des Menschen** fest.

2. Märkte eröffnen Freiheitsspielräume für Unternehmen und Haushalte, doch bedingt der Wettbewerb zugleich »anonyme« Zwänge. Gerade diejenigen, die ihre Produkte oder Fähigkeiten am besten »vermarkten« können, die scharf kalkulieren und Gewinn- und Kostenpotentiale konsequent nutzen, werden am Markt erfolgreich sein. Dies gibt Anlass zu der Frage, ob nicht der Markt dafür sorgt, dass häufig diejenigen zum Zuge kommen, die am ungeniertesten die meisten Verheißungen über ihre

---

37 B. Noll, 1993, S. 25.
38 Vgl. dazu auch Kapitel 9.6.
39 U. Thielemann/M.Breuer, 2000, S. 12 sprechen von bestandswichtigen und unproduktiven Stakeholdern; zum Stakeholder-Ansatz vgl. Kapitel 7.

Produkte machen, die ihre Mitarbeiter am konsequentesten »ausbeuten« oder gesellschaftliche Belange am unnachsichtigsten vernachlässigen? Allgemeiner gefragt: **Erzielt man nicht doch gerade dadurch Vorteile am Markt, dass man ein bisschen unmoralischer als andere agiert und entsteht daraus nicht ein Zwang, sich den niedrigeren moralischen Standards anzupassen?** Setzt sich der »Grenzmoralist« auf dem Markt durch, so dass es zur Erosion von Moralstandards kommt? [40]

Das hier entwickelte Argument lässt sich sicher schon deshalb nicht (vollständig) widerlegen, weil sowohl für Befürworter wie Gegner dieser Ansicht gleichermaßen die Schwierigkeit besteht, diese Sachbehauptung sinnvoll zu erfassen und zu messen. Doch mit dem Hinweis auf messtheoretische Schwierigkeiten soll diese schwerwiegende Frage nicht abgetan werden, vielmehr verhilft die ökonomische Analyse zu einer differenzierteren Antwort. Damit soll gezeigt werden, dass die Pauschalität des Arguments nicht überzeugend ist. Zu diesem Zwecke gilt es einmal zu unterscheiden zwischen Tauschhandlungen in kleinen Gruppen und auf großen anonymen Märkten und zum anderen zwischen regelmäßigen und einmaligen Vertragsbeziehungen der Marktpartner.[41] Allerdings besitzen die beiden Differenzierungen eine erhebliche Schnittmenge.

• Tauschhandlungen in **kleinen Gruppen** funktionieren anders als Markttransaktionen auf **großen anonymen Märkten**. In kleinen Gruppen wird die Neigung zum Täuschen und Betrügen gering sein, denn hier treten die Konsequenzen des Handelns offen zutage und können von der Gemeinschaft sanktioniert werden. Es spricht schon das Eigeninteresse des Einzelnen dafür, dass er, um seine Reputation nicht zu verlieren, die Normen der Gruppe akzeptiert. So funktionieren beispielsweise wesentliche Teile des **Diamantenhandels**. Innerhalb der Gemeinschaft der jüdischen Diamantenhändler in New York besteht eine Vertrauenskultur. Enger sozialer Kontakt und kulturelle Gemeinsamkeiten zwischen den Händlern ermöglichen es, dass alle Transaktionen über den »Vertrauensmechanismus« abgewickelt werden können. Reputation ist damit das wertvollste Gut eines Diamantenhändlers, ein einmaliger »Fehltritt« würde sich sofort auf alle Geschäftsbeziehungen eines Händlers negativ auswirken.[42] Anders verhält es sich bei großen, anonymen Märkten; hier stehen sich die Vertragspartner als Fremde gegenüber und opportunistisches Verhalten des Verkäufers kann vom Käufer oder der Gesellschaft nicht sinnvoll überwacht und beschränkt werden. Große anonyme Märkte finden wir z. B. beim **organisierten Wertpapierhandel.** Hier besteht die Gefahr, dass **Insider** aufgrund einer asymmetrischen Informationsverteilung Informationen nutzen, die anderen Marktteilnehmern nicht zur Verfügung stehen. So wissen geschäftsführende Großaktionäre eher als Kleinaktionäre von einem bevorstehenden Konkurs oder einer drohenden Übernahme durch ein anderes Unternehmen. Besteht kein gesetzliches Verbot von Insidergeschäften, wie in der Bundesrepublik vor 1995 der Fall, so besteht die Gefahr, dass auch auf zweifelhaftem Wege erlangtes Wissen zu Kapitaltransaktionen genutzt wird und redliche Anleger sich von den Kapitalmärkten zunehmend zurückziehen.[43]

---

40 Vgl. H. Steinmann/A. Löhr, 1994, S. 27 ff.; J. Hackmann, 1994, S. 256 f.
41 Vgl. B. Noll, 1993, S. 25; C. Watrin, 1999, S. 242.
42 T. Rippberger, 1999, S. 89.
43 Ausführlich hierzu B. Noll, 1997, S. 619 ff.

- Unterschiedlich ist die Gefahr der Erosion moralischer Standards bei **regelmäßigen Vertragsbeziehungen** einerseits und **einmaligen Transaktionen** andererseits zu beurteilen. Bei regelmäßigen Beziehungen ist kaum zu erwarten, dass sich Vertragspartner als moralische Hasardeure verhalten. Ein Anbieter wird nicht nur einmal ein gutes Geschäft machen wollen, sondern wird versuchen, über die Einhaltung von Qualitätsstandards und Liefertreue der Vertragsbeziehung Stabilität zu verleihen, um dauerhaft gute Geschäfte schließen zu können. Insofern hilft das Selbstinteresse zur Stabilisierung moralischer Standards. Anders ist es bei einmaligen Vertragsbeziehungen mit unsicheren Informationen, z. B. beim Kauf von Immobilien, Gebrauchtwagen, bei Gelegenheitskäufen auf Wochenmärkten, etc. Hier können Anbieter ihre überlegene Information nutzen, um sich ungerechtfertigte Vorteile gegenüber der anderen Marktseite zu verschaffen. Die Folge wäre ein allmählicher Moralverfall.

Zusammenfassend lässt sich somit festhalten, dass kein allgemeiner Verfall moralischer Standards auf Märkten zu befürchten ist; allenfalls bei **spezifischen Marktkonstellationen** besteht eine solche Gefahr – bei einmaligen Markttransaktionen auf großen anonymen Märkten. Auch hier ist indes zu beachten, dass der Markt eine selbstregulierende Instanz in moralischen Angelegenheiten ist.[44] Gütesiegel, freiwillige Gewährleistungsregeln, Agenturen, Schiedsstellen, Sachverständigen- und Prüfwesen sind die »spontane Antwort« des Marktes auf einen Verfall moralischer Standards in Einzelmärkten gewesen. So wird ein technisch wenig versierter Pkw-Fahrer bei Anschaffung eines Gebrauchtwagens schon aus Selbstinteresse auf Reputation und Gewährleistungsregeln eines eingesessenen Pkw-Händlers vertrauen, den anonymen Gebrauchtwagenmarkt hingegen meiden. Einer allgemeinen Aufweichung moralischer Normen wird auf diese Weise durch Weiterentwicklungen des Marktsystems – wenn auch nicht ohne Friktionen – teilweise von selbst gelöst.

Dennoch ist hier eine **originäre Funktion des Staates** auszumachen. Der Staat hat durch Verbesserung der allgemeinen Rahmenordnung dafür zu sorgen, dass das Zusammenspiel der Anbieter und Nachfrager in geordneten Bahnen abläuft, der Wettbewerb also nicht verfälscht wird.[45] Beispiele hierfür sind das **Gesetz über Allgemeine Geschäftsbedingungen** zum Schutz des in der Regel schwächeren Kunden gegenüber überraschenden oder ungerechtfertigten Klauseln von Seiten des Handels oder das **Wertpapierhandelsgesetz**, das die Anleger am organisierten Kapitalmarkt vor Insidertransaktionen einzelner informierter Anleger und damit vor Vermögensverlusten schützen will. Ob der Staat dieser Aufgabe zureichend nachkommen kann und/oder Politiker ein zureichendes Interesse an dieser ordnungsschaffenden Aufgabe haben, darauf wird noch zurückzukommen sein.[46]

3. Der zweite Vorwurf ist grundsätzlicher, damit aber auch weniger greifbar. Er lautet, die **Marktwirtschaft befördere Selbstsucht und Materialismus**.[47] Die

---

44 Vgl. Kapitel 4.5.
45 Interessant ist, dass der vermeintlich schwächere Vertragspartner diese Funktion des Staates gar nicht immer akzeptiert, vielleicht, weil der Staat zur Überbetreuung neigt. Man denke beispielsweise an die Regulierung der Kapitalmärkte und die Abwanderung des Kapitals an off-shore-Märkte.
46 Vgl. Kapitel 6.
47 Vgl. auch J. Starbatty, 1980, S. 71 ff.; O. Schlecht, 1999, S. 295.

Marktwirtschaft führe dazu, dass jeder nur an sich selbst denke und glaube, allein materielle Besitztümer brächten Erfüllung und Glück. Nun kann nicht bestritten werden, dass egoistische, materialistische Denkhaltungen in den westlichen Gesellschaften existieren, vermutlich sogar weitverbreitet sind. Doch aus diesem Befund ist für die Fragestellung noch nichts gewonnen. Sie lautet ja: Fördert gerade das Marktsystem egoistische Verhaltensattitüden und materielles Denken? Hier ist Skepsis angezeigt:

- Selbstsucht ist ein Problem, das nicht nur in marktwirtschaftlichen Systemen existiert, sondern auch in traditionellen Gesellschaften wie in den sozialistischen Wirtschaftssystemen des Ostblocks verbreitet war. Selbstsucht ist keine Krankheit, die durch die Marktwirtschaft verursacht wird. Sie ist vielmehr ebenso im Inneren des Menschen angelegt wie die Liebe zum Nächsten. Als Christ ließe sie sich als Folge des menschlichen Sündenfalls interpretieren.[48]

- Es gibt auch keine plausible Begründung dafür, warum Egoismus und Materialismus in einer Marktwirtschaft stärker zur Wucherung gelangen können als in anderen Wirtschaftssystemen. Marktwirtschaften besitzen keine spezifischen »Verstärkermechanismen« für Selbstsucht, Habgier oder Materialismus. Zwar zeigen Laborexperimente,[49] dass Versuchspersonen, die zunächst eine Aufgabe aus Interesse an der Sache oder um ihrer selbst willen ausgeführt haben, also eine intrinsische Motivation besaßen, nach Einführung von monetärer Belohnung (Bezahlung, Subvention) ihre Aktivitäten aufgaben oder sich doch ihre Leistungsmotivation verminderte. Die intrinsische Motivation wird durch extrinsische Motivation zurückgedrängt; anders formuliert: das Marktpreissystem mag Motivation und Engagement im ehrenamtlichen oder karitativen Bereich schmälern oder verdrängen. Insofern ist in marktwirtschaftlichen Systemen eine »Kommerzialisierung« immer weiterer Lebensbereiche zu erkennen, manche werden sagen: zu beklagen. Es wäre indes zu einfach, hieraus unmittelbar auf Förderung von Egoismus, Habgier und Materialismus zu schließen.

- Vielleicht haben die Kritiker marktwirtschaftlicher Systeme primär folgenden Zusammenhang im Sinn: Marktwirtschaften bieten gegenüber anderen Wirtschaftssystemen ungleich größere Freiheitsspielräume, und an diesen Spielräumen wird die Ambivalenz der Freiheit besonders sicht- und greifbar. Freiheit ist Voraussetzung für Moral; nur ein Mensch, der Freiheitsspielräume hat, hat auch Räume für moralisches Handeln. Marktwirtschaften schaffen damit günstige Voraussetzungen, Wohlstand und Glück zu befördern, Gutes zu tun, den moralischen, sorgsamen Umgang mit Ressourcen und Menschen zu pflegen. Marktwirtschaften setzen allerdings zugleich günstige Bedingungen und bieten Räume, Egoismus und Materialismus auszuleben. Das eine ist ohne das andere offensichtlich nicht zu haben! Ein wichtiges, wenn auch nicht ausreichendes Korrektiv für moralisch bedenkliche Verhaltensorientierungen ist im Marktsystem allerdings verankert. Egoistischen, selbstsüchtigen Motiven wird nur in dem Umfange Raum gegeben, wie sie sich in Markttransaktionen niederschlagen, die zugleich für andere vorteilhaft sind.[50] Der Markt fragt

---

48 W. Lachmann, 1992, S. 14; ders., 1998, S. 63; E. Hoppmann, 1990, S. 7.
49 Vgl. B. Frey/G. Kirchgässner, 1994, S. 96, S. 422.
50 Vgl. schon Kapitel 4.3.

zwar nicht nach den **Motiven**, sondern nur nach den **Handlungsfolgen**,[51]. doch selbst Opportunisten, Materialisten oder Nihilisten müssen danach streben, sich in sozial erwünschter Weise zu verhalten, weil die Spielregeln des Marktwettbewerbs sie dazu veranlassen.

---

51 J. Starbatty, 1980, S. 62; T. Rippberger, 1999, S. 68; A. Löhr, 1996, S. 66 spricht treffend von der »Entkopplung von Motiven und Ergebnissen«.

5. Marktwirtschaft und Gerechtigkeit

5.1. Marktwirtschaft und ungleiche Einkommens-verteilung

1. Zentraler Antriebsmotor in einer Marktwirtschaft ist der **Gewinn**. Derjenige Unternehmer, der aus Sicht der Nachfrager einen besonders wertvollen Beitrag erbringt, erzielt einen Leistungs- oder Vorsprungsgewinn. Er entsteht für die erfolgreiche Übernahme und Transformation von Risiken.[1] Gewinne lenken den Produktionsprozess also in die Richtung, die aus Sicht der Konsumenten gewünscht wird und signalisieren dem Unternehmer, mit wie viel Geschick und Glück er im marktwirtschaftlichen Such- und Entdeckungsprozess seine Mittel eingesetzt hat.

Ungleichverteilung der Einkommen ist dem Marktprozess somit **immanent**, denn nicht jeder wird den geschilderten »Markttest« mit gleichem Erfolg bestehen; allerdings sorgt der Wettbewerb immer auch wieder für eine **Erosion der Gewinne**, denn Gewinne sind zugleich Signale für andere Unternehmer (**Imitatoren**), in den Markt einzutreten, wodurch das Angebot ausgeweitet wird, Preise sinken und Vorsprungsgewinne wegkonkurriert werden. Die Selbstregulierung des Systems sorgt dafür, dass es zu einer »**gesellschaftlichen Aneignung privater Leistungserfolge**« kommt.[2] Allerdings mag der marktwirtschaftliche Entdeckungsprozess sogleich in eine neue Runde gehen und wiederum Vorsprungsgewinne produzieren.

2. Ungleichheit resultiert noch aus anderen Gründen, z.B. daraus, dass die **Startchancen** in einer Marktgesellschaft streuen. »Die einen halten den goldenen Löffel in der Hand, die anderen den aus Blech«, auf diese plastische Formel hat es ein beredter Kollege einmal gebracht.[3] Für **mangelnde Startgerechtigkeit** in der Bundesrepublik ist insbesondere auf die **überkommene Vermögenskonzentration** hinzuweisen. Viele der großen Vermögen sind nicht aus besonderer Leistungsfähigkeit im freien Wettbewerb entstanden, sondern Folge von Inflationswirren in und nach den beiden Weltkriegen oder alter staatlicher Privilegien (z.B. des Adels).

3. Eine weitere Quelle von Ungleichheit liegt darin, dass nicht jeder selbst Güter oder Produktionsfaktoren am Markt **anzubieten** hat, so dass ihm eine **angemessene Teilhabe am gesellschaftlichen Leben ermöglicht** wird! Dies gilt z.B. für Kranke oder geistig und körperlich Behinderte. Sie sind in einem Marktsystem vielfältig benachteiligt; sie sind in ihrer Fähigkeit beeinträchtigt, sich ihr Einkommen selbst zu erarbeiten; sie stellen für private Versicherungen, bei denen sie sich gegen die allgemeinen Lebensrisiken absichern könnten, höhere Risiken dar; sie sind nicht in der Lage, selbst bei vorhandenem Einkommen ihre Lebensziele zu realisieren.

---

1 E. Heuß, 1987, S. 10.
2 E. Heuß, 1987, S. 12.
3 W. Hankel zitiert nach A. Jung (1994), S. 10.

4. Einige der Gründe für Ungleichheit werden akzentuiert durch die **Globalisierung**. Mit der weltweiten Marktintegration schlagen auch die **globalen Knappheitsrelationen** auf die **Einkommensstreuung** in den reichen Ländern durch. Kapital und Unternehmertum ist – weltweit gesehen – knapper als in der Bundesrepublik, für wenig qualifizierte Arbeit ist es umgekehrt. Was knapp ist, wird im Preis steigen, was reichlich vorhanden ist, muss im Preis fallen. Die neuen (weltweiten) Knappheitsverhältnisse führen dazu, dass die vom Markt herbeigeführte Einkommensspreizung eher zunimmt.

Dies bedingt eine Verschärfung des »**working poor**«–Problems in reichen Ländern. Für Leichtlohnempfänger entsteht der bislang unauflösbare Konflikt: Fordern sie existenzsichernde Löhne, dann gefährden sie ihren Arbeitsplatz. Lassen sie sich auf geringere, arbeitsplatzerhaltende Löhne ein, dann gefährden sie ihre materielle Existenz. Entwickelte Volkswirtschaften stehen daher vor dem **Dilemma**, entweder mit **hoher Dauerarbeitslosigkeit** geringqualifizierter Arbeitskräfte leben zu müssen oder zwar **Vollbeschäftigung** zu erzielen, wobei manche Arbeitsplätze indes weder zureichende gesellschaftliche Akzeptanz genießen noch das Existenzminimum gewährleisten.[4]

5.2. Gerechtigkeit und Verteilung

5.2.1. Gerechtigkeit – was ist das?

(Materielle) **Ungleichheit** ist nicht gleichbedeutend mit **Ungerechtigkeit**, denn es können gute Gründe für eine ungleiche Einkommens- und Vermögensverteilung sprechen. Dementsprechend bedarf der Wert »Gerechtigkeit« der Präzisierung und Konkretisierung, bevor die aus dem Markt erwachsende Einkommensverteilung beurteilt werden kann. Indes gibt es kaum einen Wert, über den die Menschen so langanhaltende und heftige Debatten führen können wie über die Gerechtigkeit. Dies gilt namentlich für die hier zentrale Frage nach der **sozialen** bzw. **Verteilungsgerechtigkeit**.[5] Daher werden im Folgenden Begrifflichkeiten und Unterscheidungen geklärt, um das Thema schärfer zu fassen:

1. Zunächst ist zu beachten, dass Fragen nach der Gerechtigkeit **normativer** Natur sind.[6] Entsprechend lassen sich nur subjektive Auffassungen darüber generieren, was als gerecht erachtet wird. Es gibt keine unstrittige, gleichsam »objektive« Formel für Gerechtigkeit. Wenn es aber nur subjektive Auffassungen darüber geben kann, was eine gerechte Verteilung ist, dann gibt es auch für eine auf Gerechtigkeitsvorstellungen basierende Umverteilung keine wissenschaftliche Begründung. Der Ökonom *T. Scitowsky* hat das treffend so formuliert: »Das Vorhaben, 100 Dollar von einem Millionär auf einen Bettler zu transferieren, lässt sich nicht anhand wissenschaftlicher Kriterien, sondern nur nach Maßgabe des ›common sense‹ rechtfertigen.«[7] Da es gute Gründe

---

4 Vgl. hierzu die Diskussion um Kombilöhne und Bürgergeld.
5 O.Höffe, 1992, S. 120.
6 Vgl. Kapitel 2.3.1.
7 Zitiert nach H. Leipold, 1989, S. 360.

für Umverteilung gibt, wird man nach Mehrheiten in der Demokratie fragen müssen.[8]

2. Manche Schwierigkeiten resultieren daraus, dass die mit dem Wert Gerechtigkeit in Verbindung gebrachten Vorstellungen auf zwei verschiedenen Ebenen verankert sind. Hier wird die bereits getroffene Unterscheidung nach **Individual- bzw. Tugendethik** und **Institutionen- bzw. Ordnungsethik praktisch**.[9]

- Einmal wird Gerechtigkeit verstanden als **Tugend**, d.h. als **Haltung des einzelnen Menschen**, in seinem Alltag recht zu handeln. Gerecht ist das Handeln dann, wenn es mit den Regeln des (»richtigen«) Rechts übereinstimmt und der Sache im konkreten Falle angemessen ist. Gerechtigkeit wird auf das Verhalten des Individuums bezogen.
- Zum anderen wird Gerechtigkeit als **institutioneller Maßstab** verstanden, nach dem die grundlegenden politischen, wirtschaftlichen und sozialen Einrichtungen der Gesellschaft primär zu beurteilen sind. Diesem Aspekt von Gerechtigkeit ist in der wirtschaftsethischen Debatte systematisch der Vorrang einzuräumen, denn Gerechtigkeit in der Marktwirtschaft ist primär mit der Formulierung der Spielregeln verknüpft, die das Handeln der wirtschaftlichen Akteure auf dem Markt steuern.[10]

Beispiel

1. »1995 waren laut einer Meinungsumfrage 40% der Westdeutschen und 60% der Ostdeutschen der Auffassung, Unternehmer seien Ausbeuter.« S. Baron, WiWo vom 12.10.1995, zitiert nach R. Markwort, Soziale Gerechtigkeit, Oberstufe Religion 1998, Nr. 5, S. 75.
2. »Wahrhaften Gewinn erwirbt, wer Gerechtigkeit sät.« Bibel, Sprüche 11, 18.
3. »Der rechte Gebrauch des Geldes: Erwirb soviel du kannst. Spare soviel du kannst. Gib soviel du kannst«. Predigt von J. Wesley, zitiert nach W. Lachmann, 1990, S. 89.
4. »Eine Reihe von Industrienationen haben eine deutlich geringere Arbeitslosenquote, z.B. Japan, USA, Großbritannien. Steuersenkungen für Unternehmen, Streichungen von Subventionen (Bergbau, Landwirtschaft) und ein Umbau des Sozialsystems zu Lasten der Arbeitnehmer sind aber Rückschritte auf dem Weg zu mehr sozialer Gerechtigkeit und Lebensqualität für alle. Die Rezepte dieser Länder können deshalb nicht als Vorbild dienen.« R. Markwort, Soziale Gerechtigkeit, Oberstufe Religion 1998, Nr. 5, S. 75.

Die ersten drei Thesen sind Ausdruck einer Tugendethik. *These 2* und drei formulieren moralische Anforderungen aus christlicher Perspektive an den Menschen, wobei *These 3* auch aus der Vernunftethik begründbar wäre. *These 1* spricht einer gewissen Personengruppe, den Unternehmern, die Tugendhaftigkeit ab, wobei die Kriterien allerdings nicht offen gelegt werden. *These 4* versteht Gerechtigkeit als Maßstab zur Beurteilung von Institutionen. Hier bestehen offensichtlich gewisse

---

8 Auf die damit verbundenen Probleme geht Kapitel 6 ein.
9 Vgl. Kapitel 3.2.
10 R.Kley, 1993, Sp. 352 f.; P. Koslowski, 1988, S. 125; F. Hengsbach, 1996, S. 29 ff.

Vorstellungen über ein gerechtes Steuersystem oder eine gerechte Wirtschaftsordnung, auch wenn aus dieser These nicht klar wird, von welcher theoretischen Basis und von welchen Wertvorstellungen sie gespeist wird.

3. Eine weitere wichtige Begriffsklärung zielt auf die Unterscheidung nach ausgleichender und austeilender Gerechtigkeit:

- **Ausgleichende** oder **kommutative** Gerechtigkeit kommt zustande, wenn bei einem Tauschakt vertragliche Vereinbarungen eingehalten werden. Jeder erhält das, was er im Tausch vereinbart hat. Die ausgetauschten Güter sind quantitativ und qualitativ äquivalent. Dies kann man als »gerecht« bezeichnen, wenn es unter fairen Bedingungen zustande gekommen ist. Dies erhellt, dass den Spielregeln für das Wirtschaftsgeschehen wie z.B. sichere Eigentumsrechte oder das Kartellverbot für die Realisierung ausgleichender Gerechtigkeit zentrale Bedeutung zukommt. Man spricht daher auch von **Tausch-** oder **Regelgerechtigkeit**.
- Die **austeilende** oder **distributive Gerechtigkeit** orientiert sich an den Ergebnissen des Wirtschaftsprozesses. Hierin kommt das Bemühen zum Ausdruck, Lasten und Vorteile, die den einzelnen Gesellschaftsmitgliedern zukommen oder ihnen von der Gesellschaft zugewiesen werden, »gerecht« zu bemessen. Distributive Gerechtigkeit abstrahiert gerade nicht von subjektiven Unterschieden der Menschen, sondern bemüht sich um »sozialen Ausgleich«. Sie wird daher auch als **Ergebnis-** oder **Verteilungsgerechtigkeit** bezeichnet.

4. Inzwischen wird verstärkt ein Gerechtigkeitsaspekt thematisiert, der lange Zeit in der Diskussion zu kurz gekommen ist. Er lässt sich erfassen mit dem Gegensatzpaar **intragenerative** und **intergenerative Gerechtigkeit.**[11] Das Anliegen ist erstmals von der *Weltkommission für Umwelt und Entwicklung* (sog. *Brundtland*-Kommission) mit ihrer Forderung nach einer dauerhaft tragfähigen Wirtschaftsweise, dem **Konzept des sustainable development**, vorgebracht worden. Danach sollen heutige Generationen zu einer Wirtschaftsweise finden, bei der sie ihre Bedürfnisse befriedigen, ohne die Lebensgrundlagen künftiger Generationen zu gefährden. Die Forderung nach einer dauerhaft tragfähigen Wirtschaftsweise bezieht aus der Überbeanspruchung nicht-regenerierbarer Ressourcen und der dramatischen Umweltverschmutzung ihre gesellschafts- und wirtschaftspolitische Brisanz.[12] Der Missachtung von Nachhaltigkeit begegnet man allerdings nicht nur in der Umweltpolitik; vielmehr ziehen sich entsprechende Defizite fast wie ein roter Faden durch alle wichtigen Politikbereiche. Besonders deutlich wird dies bei der Hinnahme der exzessiven Staatsverschuldung der letzten Jahrzehnte und der Gestaltung der sozialen Rentenversicherung in der Bundesrepublik. Fast immer stehen die momentanen – mehr oder weniger berechtigten – Bedürfnisse und Interessen im Vordergrund, also Fragen der intragenerativen Gerechtigkeit; selten werden hingegen die Anliegen kommender Generationen berücksichtigt. Zentrale politökonomische Fragestellung wird es daher künftig sein, wie Anliegen intergenerativer Gerechtigkeit wirksam in den demokratischen Willensbildungsprozess eingebracht werden können.

---

11 Vgl. B. Noll, 1998.
12 Vgl. R. Kurz, 1995, S. 272 ff.

5.2.2. Begründungsansätze für Umverteilungsaktivitäten

**Wie lassen sich Umverteilungsaktivitäten rechtfertigen? Welche Umvertei-
lung ist erwünscht?** Diese Fragen sind seit eh und je höchst umstritten. Die wichtigsten Begründungs- bzw. Antwortversuche stammen von den Vertretern des **Utilitarismus**, die mit nutzentheoretischen Überlegungen argumentieren, und von Liberalen, die die Denkfigur des **Gesellschaftsvertrages** bemühen, um die Bedingungen
einer effizienten und gerechten Ordnung zu analysieren.

5.2.2.1. Nutzentheoretische Begründung des Utilitarismus

1. Lange Zeit wurden verteilungspolitische Überlegungen von utilitaristischen Vorstellungen dominiert. Die von *J. Bentham* formulierte Maxime vom »größten Glück
der größten Zahl«[13] lässt sich in dem Sinne deuten, die zentrale Aufgabe des Staates
bestehe darin, den Nutzen für alle Gesellschaftsmitglieder zu maximieren.[14] Hierzu
benötigt man eine soziale Wohlfahrtsfunktion, um die verschiedenen individuellen
Nutzen zu einem kollektiven Gesamtnutzen zu addieren. Diese Überlegungen gipfel-
ten bei *Arthur C. Pigou* (1877–1959) in der Empfehlung, »that any transference of in-
come from a relatively rich man to a relatively poor man of similar temperament, sin-
ce it enables more intensive wants to be satisfied at the expense of less intensive wants,
must increase the aggregate sum of satisfaction.«[15]
Die Begründung basiert auf der **Annahme** eines **abnehmenden Grenznutzens**.
Nehmen wir an, zwei Personen, Manfred und Hans, seien in allen Dingen genau
gleich, doch Manfred verdiene 100.000 Euro und Hans verdiene 10 000 Euro. Ein
zusätzliches Einkommen von 100 Euro für Manfred stifte einen geringeren (zusätzlichen!) Nutzen als für Hans. Wenn dem so ist, so sinkt zwar der Gesamtnutzen für
Manfred, wenn man ihm 100 Euro wegnimmt und diesen Betrag Hans zukommen
lässt, aber der Nutzen von Hans steigt stärker an, als er bei Manfred fällt. Der kollektive Gesamtnutzen ist durch Umverteilung angestiegen.

2. Die utilitaristische Position ist in der öffentlichen Diskussion nach wie vor recht
beliebt. Wenn Politiker eine Steuerreform empfehlen, um eine »Gerechtigkeitslücke«
zu schließen, so meinen sie im Regelfalle, dass es eine (stärkere) Umverteilung von
oben nach unten durchzusetzen gelte. Implizit beruft man sich auf den Utilitarismus
und die darauf basierenden nutzentheoretischen Überlegungen. Dennoch sind diese
Überlegungen in verschiedener Hinsicht eine wissenschaftliche Sackgasse:
* Die These vom **abnehmenden Grenznutzen** lässt sich immer nur für *ein* Gut
  postulieren, nicht aber auf das *gesamte* Einkommen beziehen. Insofern steht die
  These vom abnehmenden Grenznutzen auf schwachen Füßen, zumal viele Bedürfnisse (wie das eigene Segelboot oder das Ferienhaus im Grünen) milieu- oder
  schichtenspezifisch sind und daher mit steigendem Einkommen zunehmende Bedeutung erlangen.
* Vor allem aber sind weder eine **kardinale Nutzenmessung** noch ein **interperso-
  neller Nutzenvergleich** möglich. Bedürfnisse sind etwas Subjektives und dem-

---

13 Vgl. Kapitel 2.3.2.1.
14 G. Mankiw, 1998, S. 463.
15 Zitiert nach H. Leipold, 1989, S. 359.

entsprechend die wahrgenommene Intensität der Bedürfnisse. Nutzen lässt sich nicht kardinal bzw. absolut messen. Allenfalls kann mithilfe einer ordinalen bzw. (Rang-)Skala festgestellt werden, ob ein Gut einen höheren, einen gleichen oder einen geringeren Nutzen stiftet. Dies wäre aber Voraussetzung, um zwei Situationen – vor und nach Umverteilung – mit Hilfe wissenschaftlicher Instrumente als »besser« oder »schlechter« bewerten zu können. Damit scheitert auch ein Nutzenvergleich oder eine Verrechnung der Nutzen zwischen mehreren Personen. Der Utilitarismus nimmt also die Verschiedenartigkeit der Menschen nicht ernst.[16]

Auf Manfred und Hans bezogen: welchen Nutzen ein Mitgliedsbeitrag von 1000 Euro für den Golfclub bei Manfred oder von 100 Euro für den Fußballverein von Hans *jeweils* stiftet, können wir weder sinnvoll absolut messen noch gar miteinander vergleichen.

3. Die »Wohlfahrtsökonomie« hat aus dieser Kritik Konsequenzen gezogen und das sog. **Pareto-Kriterium** – benannt zu Ehren des Ökonomen und Soziologen *Vilfredo Pareto* (1848–1923)- entwickelt. Danach lässt sich eine Erhöhung des gesellschaftlichen Wohlstandes nur dann eindeutig feststellen, wenn der Nutzen mindestens eines Individuums angestiegen ist, ohne dass sich der Nutzen anderer verringert. Dieses Kriterium ist für die Verteilungspolitik offensichtlich eine Sackgasse, denn abgesehen von extremen Sonderfällen, bei denen die Umverteilung zugunsten einzelner nicht zu Lasten anderer gehen würde, würde es faktisch Enthaltsamkeit in der Verteilungspolitik fordern, denn Kühe werden nicht im Himmel gefüttert und die Milch auf der Erde verteilt!

5.2.2.2. Das Konsensprinzip der Vertragstheorien: Umverteilung zum gegenseitigen Vorteil?

1. Die Vertragstheorien sind in Auseinandersetzung mit dem Utilitarismus entstanden. Im Unterschied zur utilitaristischen Position orientiert man sich nicht an den **Ergebnissen** des Wirtschaftsprozesses, sondern an der **Zustimmung der betroffenen Individuen** zu gesellschaftlichen Regeln oder Maßnahmen. Es gelten deshalb solche Regeln, Institutionen oder Umverteilungsmaßnahmen als gerecht, die die Zustimmung aller Gesellschaftsmitglieder finden bzw. finden könnten.[17] Die freiwillige Zustimmung ist entscheidendes **normatives Kriterium** dieser Denkansätze (sog. normativer Individualismus). Das Konsens- oder Einstimmigkeitsprinzip macht weitere normative Vorgaben oder ethische Raisonnements des Ökonomen überflüssig, denn indem Personen freiwillig eine Vereinbarung treffen, signalisieren sie ihren Willen zu den Rechten und Pflichten und damit zu den Ergebnissen der Vereinbarung.[18] Die bekanntesten Theorien des Gesellschaftsvertrages, die dezidierte Aussagen zu verteilungspolitischen Fragen machen, stammen von den Sozialphilosophen *Robert Nozick* und *John Rawls*.

---

16 J. Rawls, 1975, S. 45.

17 Zum Kriterium der Zustimmung V. Vanberg, 1999, S. 40 f.; K. Homann, 1999, S. 63.

18 Die Ähnlichkeiten zwischen Markttheorie und Gesellschaftsvertragstheorie sind offensichtlich: So wie der Tausch seine Richtigkeitsgewähr durch die Zustimmung der Marktpartner in sich trägt, so ist die Zustimmung der von einer Regel betroffenen Personen entscheidendes Kriterium für Wünschbarkeit und Effizienz.

2. *Robert Nozick* steht in der Tradition des klassischen Liberalismus. Seine wichtigsten Ideen hat er in seinem Werk »Anarchie, Staat, Utopia«[19] dargelegt.

- Jeder Mensch ist im **Naturzustand** mit **natürlichen Rechten** ausgestattet; dazu gehört das Recht auf Leben und körperliche Unversehrtheit, das persönliche Freiheitsrecht und das Eigentumsrecht. Ein solcher Naturzustand weist Unzulänglichkeiten auf, denn im Naturzustand ist jeder Mensch des anderen Wolf (*T. Hobbes*[20]). Die Menschen sind also bereit, etwas für ihren Schutz zu tun. Auf Grund der im Naturzustand gegebenen natürlichen Rechte und der Konsensbereitschaft der Individuen lässt sich ein Staat legitimieren, dessen Aufgabe darin besteht, Leben, Freiheit und Eigentum der Bürger zu schützen.[21] Ein solcher **Minimalstaat** ist aber auch der weitestgehende Staat, der sich vertragstheoretisch rechtfertigen lässt. »...a minimal state, limited to the narrow function of protection against force, theft, fraud, enforcement of contracts, and so on, is justified; that any more extensive state will violate person's right not to be forced to do certain things, is unjustified.«[22] Ist die Besitzverteilung auf einwandfreie Weise zustande gekommen, also auf Basis von Regeln gerechten Verhaltens, so gibt es kein Argument für einen weitergehenden Staat um der Verteilungsgerechtigkeit willen. Hauptzweck von *Nozicks* Überlegungen ist es also, das **Gerechtigkeit**sproblem von den **Verteilungsergebnissen** zu lösen und mit der **Entstehung der Verteilung** zu verknüpfen. Das Urteil darüber, ob eine Verteilung gerecht ist, hängt mithin davon ab, wie sie zustande gekommen ist.
- *R. Nozick* weist damit auf ein unüberbrückbares **Spannungsverhältnis** zwischen **kommutativer** und **distributiver Gerechtigkeit** hin. Gleichbehandlung oder Gleichheit vor dem Gesetz ist Kern der kommutativen oder auch formalen Gerechtigkeit. Gleichbehandlung aller durch das Recht stellt sicher, dass Möglichkeiten und Grenzen zu eigenverantwortlichem Handeln für alle gleich sind. Das bedeutet jedoch nicht, dass die Wahrnehmung der Rechte zu gleichen oder auch nur ähnlichen Ergebnissen führt. Und hier setzt die distributive bzw. materiale Gerechtigkeitsvorstellung an. Von ihren Verfechtern werden zwar die Regeln formaler Gerechtigkeit anerkannt, aber die (ungeplanten) Ergebnisse nicht. Es werden also die Ergebnisse, die durch gerechtes Verhalten erzielt wurden, (teilweise) als ungerecht bezeichnet. Das Spannungsverhältnis ist offensichtlich, denn wenn Gleichbehandlung zu ungleichen Ergebnissen führt, dann erfordert eine Angleichung in den Ergebnissen, dass von der Gleichbehandlung abgewichen werden muss.[23] *Nozick* ist konsequenter Verfechter kommutativer Gerechtigkeit. Den staatlich organisierten Transfer von Einkommen und Vermögen über eine progressive Besteuerung o.ä. hält er für eine Form von Zwangsarbeit. Die Verankerung von distributiver Gerechtigkeit führe zudem zu ständigen Korrekturen an der marktmäßigen Verteilung und schaffe eine Anspruchshaltung bei Bürgern, ein Teileigentum am Ergebnis anderer zu besitzen. Dies lässt sich nicht vertragstheoretisch legitimieren.

19 R. Nozick, 1976.
20 Vgl. Kapitel 6.1.
21 Vgl. ausführlich Kapitel 6.
22 R. Nozick, 1976, Vorwort.
23 M. Streit, 1988, S. 43.

R. Nozicks Ableitungen sind in sich konsistent, die von ihm skizzierten Gefahren für den Umverteilungsstaat nicht von der Hand zu weisen, doch muss er sich **zwei kritische Einwände** gefallen lassen:

- Er betont, dass es keine Rechtfertigung mehr für eine Umverteilung gibt, wenn die Verteilung auf »einwandfreie Weise" zustande gekommen ist, also auf Regeln gerechten Verhaltens beruht. Gerade hier ist aber das Einfallstor für eine Umverteilungspolitik, denn gewachsene Gesetze oder Institutionen sind immer »unvollkommen«; man denke nur an die zufällige Einkommens- und Vermögensverteilung nach zwei Weltkriegen und zwei Währungsreformen in Deutschland.
- Zum anderen blendet *Nozick* die mit dem demokratischen Mehrheitsprinzip verbundenen Anreize für Politiker vollständig aus. Deswegen kann nicht verwundern, dass keine moderne Demokratie den Idealen des Minimalstaates auch nur halbwegs genügt. Allerorten dominiert der Umverteilungsstaat. Insofern kann man *Nozicks* Gedankengebäude zwar für theoretisch elegant halten, wird ihm indes dem Vorwurf nicht ersparen können, dass es für die entscheidenden Fragestellungen keine Antworten bereit hält.

3. *John Rawls* »Theorie der Gerechtigkeit« hat die größte Aufmerksamkeit von den neuen Vertragstheorien gefunden. Sein Beitrag ist geeignet, eine **aktive staatliche Umverteilungspolitik** zu legitimieren. Insofern lässt sich sein Beitrag als eine **Ethik des Sozialstaates** interpretieren.[24]

- *Rawls* geht bei seiner Begründung einer Umverteilungspolitik von zwei Annahmen aus. Erstens sind im Urzustand alle Menschen annahmegemäß **vernünftig** und **mit gleichen Rechten ausgestattet**. Entsprechend will sich jeder die bestmöglichen Lebenschancen sichern. Zweitens unterstellt er, dass die Menschen ihre Entscheidung hinter einem **Schleier des Unwissens** (veil of ignorance) treffen, also über ihre zukünftigen Partikularinteressen im Unklaren sind. Danach kennt niemand seinen (künftigen) Platz und seinen sozialen Status in der Gesellschaft, ebenso wenig weiß er um seine natürlichen Gaben, seine Intelligenz oder Körperkraft Bescheid. Hierauf aufbauend fragt *Rawls* nun, auf welche Grundsätze sich die Menschen einigen werden.
  - Zum einen wird der Gesellschaftsvertrag das umfangreichste System an Grundfreiheiten vorsehen, das für alle möglich ist.
  - Zum anderen – und für unsere Frage bedeutsamer – sind soziale und wirtschaftliche Ungleichheiten so zu gestalten, dass sich daraus Vorteile für jedermann, insbesondere für die schwächsten Mitglieder der Gesellschaft ergeben. Ungleichheit hinsichtlich Vermögen, Einkommen, Bildung, etc. ist also nur unter der Bedingung gerechtfertigt, dass sie auch dem am schlechtest gestellten Mitgliedern der Gesellschaft nutzt. Diese Regel wird als Maximin-Regel bezeichnet.[25]
- Das **Maximin-Kriterium** fordert die Maximierung des Minimums an gesellschaftlichen Grundgütern. Mit der Wahl dieses Kriteriums unterstellt *Rawls* den Menschen eine recht defensive bzw. risikofeindliche Grundhaltung; sie wird unter dem Schleier des Unwissens eingenommen, weil sich jeder auch in der sozial schlechtesten Position wiederfinden könnte. Diese Perspektive erlaubt es, Einkommensum-

---

24 H. Leipold, 1989, S 375 ff.; H. Leipold, 1987, S. 179 f.; G. Mankiw, 1998, S. 465 ff.
25 In der christlichen Sozialethik findet sich diese sozialphilosophische Konzeption in der »Option für die Armen«.

verteilung als eine Form von Sozialversicherung anzusehen.[26] Einkommensumverteilung ist als Sicherheitsvorkehrung zu verstehen, die letztlich die soziale Akzeptanz einer freien Gesellschaft ungleicher Menschen auch seitens der Benachteiligten sicherstellen kann.

- *Rawls* Position ist in den letzten beiden Jahrzehnten heftig diskutiert worden. **Zwei Einwände** gegen seine Position sind besonders gewichtig.
  - In der Realität sind Menschen nicht gleich, sondern unterscheiden sich in ihren Begabungen, in ihrer Leistungsmotivation und Risikobereitschaft. Dadurch wird die angenommene Akzeptanz der Gerechtigkeitsgrundsätze aber in Frage gestellt. Lassen sich Individuen von einer weniger risikoscheuen Perspektive leiten, dann dürfte die Einigung auf eine *umfassende* Risikoabsicherung und Umverteilung zugunsten der ärmeren Bevölkerungsschichten keineswegs zwingend sein.
  - Vor allem aber dürfte die praktische Durchsetzung seiner Vorschläge **unerwünschte Konsequenzen** nach sich ziehen. Wird die am wenigsten begüterte Gruppe durch eine Umverteilungspolitik begünstigt, so wird bald die nächst schlechter gestellte Gruppe Forderungen anmelden. Konsequenz ist genau das, was wir auch gegenwärtig erleben: Permanente Verteilungs- und Anspruchskonflikte zwischen gewichtigen Interessengruppen sind programmiert.[27]

4. Die Vertragstheorien bieten keine »Patentrezepte« für Verteilungsfragen an; dennoch sind sie wichtige Denkansätze, um Verteilungskonflikte analytisch besser zu durchdringen und Fehlentwicklungen und Hilfestellung für Korrekturen zu geben.

- Wichtig ist ihre Einsicht, dass das Gerechtigkeitsproblem – zumindest primär – auf der Regelebene und nicht durch ständige Interventionen in den Wirtschaftsprozess zu lösen ist. In einer freien Gesellschaft sollten die Regeln und nicht die Prozesse und deren Ergebnisse Gegenstand kollektiver Entscheidungen sein. Die Regeln kommen durch eine bewusste kollektive Entscheidung zustande, die wirtschaftlichen Ergebnisse sind hingegen in einer marktwirtschaftlich verfassten Ordnung prinzipiell nicht plan- oder vorhersehbar; sie sind vielmehr ein ungeplantes, evolutorisches Resultat unzähliger Handlungen zahlloser Akteure. Insofern lässt sich auf dieser Ebene auch keine personale oder kollektive Verantwortung für eine gerechte oder ungerechte Verteilung ausmachen.

  Eine Analogie zum **Fußballspiel** mag das Problem deutlicher machen. Es gibt Spielregeln, nach denen ein Spiel ablaufen soll. Und diese Spielregeln kann man verändern, wenn man erkennt, dass sie (häufig) zu zufälligen Ergebnissen führen, z. B. könnte man den Strafraum verkleinern oder vergrößern, um den Torwart besser zum Zuge kommen zu lassen, oder gewisse Fouls schärfer sanktionieren, um die Verletzungsgefahr der Spieler zu reduzieren. Es kommt hingegen keiner auf die Idee, bei einem 4:0 Rückstand der schlechteren Mannschaft zwei zusätzliche Feldspieler zu gewähren, damit das Ergebnis »ausgeglichener« oder »gerechter« wird.

- Regelkorrekturen sind nicht nur fair, sondern sie sind auch konsensfähiger, denn nachträgliche Verteilungskorrekturen sind in der Regel Nullsummenspiele und deshalb konfliktbehaftet. Zudem beeinträchtigen sie die Anreize für wirtschaftliches Handeln.[28] Man wird zwar nicht ganz ohne ergebnisbezogene Kriterien, ohne Ori-

---

26 Neben dem Versicherungsmotiv wird noch auf das Selbstschutzmotiv hingewiesen. Einer Umverteilung könnten alle unter dem Aspekt der Sicherung vor sozialen Unruhen und vor Kriminalisierung sozialer Randgruppen zustimmen. Vgl. C. B. Blankart, 1991, S. 75.
27 Vgl. Kapitel 5.3.3.
28 Vgl. Kapitel 5.3.1.

entierung am Ziel der distributiven Gerechtigkeit auskommen. Doch bieten die Vertragstheorien mit ihrem Gebot der Konsensfähigkeit ein Kriterium an, um nur gut gemeinte und überzogene Umverteilungsanliegen zur Befriedigung von Partialinteressen zu identifizieren.

5.3. Umsetzungsprobleme zur Erlangung von Verteilungsgerechtigkeit

5.3.1. Unzulängliche Verteilungsnormen: Bedarfs- und Egalitätsprinzip

1. Wenn die Verteilung von Einkommen und Vermögen allein nach der Marktleistung nicht befriedigen kann, wird man fragen müssen, **nach welchen Gerechtigkeitskriterien dann die Einkommensumverteilung erfolgen soll.** Es bedarf neben dem Leistungsprinzip des Marktes ergänzender Verteilungsmaßstäbe, nach denen die staatlich organisierte Zuteilung von Kaufkraft durchgeführt werden soll. Zwei Maßstäbe haben eine lange Tradition: Bedarf und Verdienst.[29]

2. Das Verteilungskriterium **Bedarf** spielt vor allem in **sozialistischen Gesellschaftsentwürfen** eine große Rolle. Besondere Bekanntheit hat die Forderung von *Karl Marx* gefunden: »Jeder nach seinen Fähigkeiten, jedem nach seinen Bedürfnissen«. Diese Forderung ist so unrealistisch wie unbestimmt, so dass sie in dieser Radikalität nicht mehr auf der Tagesordnung steht. Dennoch ist ein beliebter Einwand gegen die Verteilung nach dem Leistungsprinzip, die Marktleistung bestimme sich an der kaufkräftigen Nachfrage und nicht an der Dringlichkeit der Bedürfnisse. Deshalb gelte es Vermögen und Einkommen stärker als bislang umzuschichten, um unbefriedigte Grundbedürfnisse mit Kaufkraft auszustatten.[30]
Die Zustimmung ist solchen Forderungen in egalitär geprägten Gesellschaften gewiss; dennoch ist sie **wenig plausibel.** Schon die Kritik am marktlichen Zuteilungsverfahren verfängt in dieser pauschalen Weise nicht. Das lässt sich am Beispiel der **Versteigerung** eines Gemäldes deutlich machen. Zwar nimmt derjenige mit dem höchsten Gebot das Gut einem anderen potentiellen Nutzer weg. Doch muss der Käufer ja den Versteigerungs- bzw. Knappheitspreis dafür entrichten und in entsprechendem Umfang auf andere Güter verzichten. Er muss folglich seine Bedürfnisse bewerten und in eine Rangfolge bringen. Mit dem höchsten Gebot signalisiert er, dass ihm das Gut diesen Wert verspricht, der Besitz des Gemäldes ihm ein entsprechend großes Bedürfnis darstellt. Für seine Mitbewerber um das Gemälde stellt sich die Entscheidungssituation offensichtlich anders dar; sie messen dem Besitz des Gemäldes einen geringeren Wert bei als anderen Gütern, so dass der Marktpreismechanismus durchaus nach der – subjektiv bewerteten – Dringlichkeit der Bedürfnisse zuteilt.[31]
Es lässt sich einwenden, dass die Nachfrager mit unterschiedlicher Kaufkraft »ausgestattet« sind und daher nicht alle dringlichen Bedürfnisse gleichermaßen beim Marktentscheid berücksichtigt werden. Dies ist zutreffend und vermag daher eine gewisse –

---

29 Vgl. M. Streit, 1988, S. 44 ff.
30 So z. B. F. Hengsbach, 1996, S. 26, S. 40.
31 Ausführlicher dazu H. Bonus, 1980, S. 139.

demokratisch legitimierte – Umverteilung rechtfertigen. Indes gelten bei Konkretisierung des Vorhabens ähnliche Vorbehalte wie bei den nutzentheoretischen Überlegungen des Utilitarismus. In Zeiten von **Hungersnöten** kann man **objektive Kriterien** finden, um den Bedarf an Kalorien, Vitaminen o. ä. festzulegen.[32] Anders ist es in **wirtschaftlichen »Normalsituationen«**, wo das **physische Existenzminimum** nicht in Frage steht. Hier gilt zu beachten, dass **Bedürfnisse** im Wesentlichen subjektiver Natur sind. Auch die häufig vorgebrachten Unterscheidungen in »Grund-« und »Luxusbedürfnisse« oder zwischen »ursprünglichen« und »von der Werbung vermittelten Bedürfnissen« helfen nicht weiter. Ein Wertmaßstab, an dem die Dringlichkeit der Bedürfnisse abgelesen wird, wird deshalb immer ein willkürliches Element in sich bergen.

3. Eher **konservativer Grundhaltung**[33] entspricht es, die Kriterien **Verdienst** oder **Mühe** bei der Einkommensverteilung heranzuziehen. Konservative denken in kleinen Gruppen, in einer ständisch oder gruppenhaft geordneten Gesellschaft und betonen Standesethos, Kollegialität und den »gerechten Preis«. Sie sind skeptisch gegenüber dem Markt, bei dem die Einkommenszuteilung nicht (primär) von der erworbenen Ausbildung, den erbrachten Aufwendungen oder der gegenwärtigen Position abhängt, sondern von der Leistung, wie sie aus Sicht der Marktgegenseite, der Nachfrager, bewertet wird. Wenn Bauern oder Ärzte ihren »gerechten« Anteil am Volkseinkommen oder dessen Zuwachs einfordern, entspricht dies konservativem Denkmuster. Umgekehrt mögen sie sich mit der »hohen« Marktbewertung eines Bill Gates, von Madonna oder Leonardo di Caprio nicht recht anfreunden.
Bei Umsetzung der Verteilungsnormen Verdienst oder Mühe ergeben sich ähnliche Schwierigkeiten wie bei der Orientierung am Bedarf. **Verdienst** als Beitrag zum Volkseinkommen gemessen an der subjektiv aufgewendeten **Mühe** oder am betriebenen Aufwand birgt das Problem, dass Mühe weder sinnvoll messbar noch interpersonell vergleichbar ist. Vor allem aber kann es **kein sinnvolles Ziel** sein, **Mühe** oder Aufwand zu **maximieren**; entscheidend ist in einer Welt knapper Ressourcen vielmehr, die individuellen Bemühungen in die »richtigen« Bahnen zu lenken, so dass deren Ergebnisse einen möglichst großen Wert für andere haben.[34]

5.3.2. Zum Spannungsverhältnis von Markt- und Sozialprinzip

1. In manchen Situationen wird man nicht umhin kommen, Bedarf oder auch Verdienst als Verteilungskriterien anzuwenden.[35] Damit sollen die **Startchancen** benachteiligter Gruppen verbessert oder die **Ergebnisse** des Marktprozesses aneinander angeglichen werden. Bei den Umverteilungsaktivitäten muss allerdings der **enge Zusammenhang von Produktion und Verteilung** beachtet werden. Beide können mithin nicht losgelöst voneinander betrachtet werden, wie dies vielfach geschieht. Es geht also bei Umverteilungsfragen nicht um die Umverteilung eines »gegebenen« Kuchens. Die wirtschaftlichen Akteure übernehmen Risiken und erbringen Produkti-

---

32 H. Bonus (1980), S. 132 ff.
33 Zur Unterscheidung der politischen Grundströmungen Liberalismus, Sozialismus und Konservativismus instruktiv W. Engels, 1974, S. 60 ff.
34 M. Streit, 1988, S. 44 f.
35 M. Streit, 1988, S. 47.

onsleistungen für einen anonymen Markt in Erwartung bestimmter Einkommen. Werden diese Erwartungen enttäuscht, werden sie ihre Bereitschaft zur Risikoübernahme und zur Leistungserbringung einschränken.[36]

2. Es gilt also das **Spannungsverhältnis bei Verknüpfung von Markt- und Sozialprinzip** zu beachten. Die durch den Markt hervorgebrachte Primärverteilung kann durch staatliche Intervention nicht beliebig korrigiert werden. Zwar sind die **Grenzen**, von denen ab Einkommensbelastungen die Leistungsbereitschaft beeinträchtigen oder lähmen, nicht genau bestimmbar; sie variieren nicht nur im Zeitablauf, sondern sind auch von Mensch zu Mensch verschieden. Allerdings gibt es einige **Indikatoren**, wie z. B. anwachsende Schwarzarbeit und Scheinselbständigkeit, zunehmende legale und illegale Steuervermeidung o. ä., die darauf hindeuten, dass diese **Grenzen der Umverteilung erreicht** oder (teilweise) **überschritten** sind. Um beim skizzierten Bild zu bleiben: der Kuchen wird dann nicht oder kleiner gebacken, er wird heimlich oder im Ausland produziert.

3. Eine **Entlohnung** vorrangig **nach** den **Bedürfnissen** oder nach **Verdienst** kann folglich nicht in Frage kommen; dies wäre kaum sinnvoll vollziehbar; vor allem würde es zu **einer rapiden Verminderung der Leistungsanreize** führen. »Gleichheit der Einkommen und Vermögen wird es nur in gleicher Armut geben.«[37]

5.3.3. Zur Praxis der Umverteilungspolitik: Transferillusionen, instabile Verteilungsergebnisse und moralverzehrende Mechanismen

Ein Blick auf die Sozial- und Verteilungspolitik der Bundesrepublik zeigt folgendes: **Umverteilung** hat in unserer Gesellschaft rein **quantitativ** ein **bedeutsames Ausmaß** erreicht. Die Zahl der Anwendungsfälle des Bedarfsprinzips hat massiv zugenommen. Die Sozialausgaben sind lange Jahre schneller als die Einkommen gewachsen und inzwischen wird rund ein Drittel des Volkseinkommens für soziale Zwecke ausgegeben (sog. **Sozialleistungsquote**). Dennoch zeigen Befragungen, dass ein erheblicher Teil der Bevölkerung den weiteren Ausbau der Sozialleistungen für wichtig hält.[38] Dies ist ein vertrackter Befund, denn der Sozial- und Umverteilungsstaat ist dringend reformbedürftig. Er schürt Transferillusionen, bringt viele Ungereimtheiten, Ungerechtigkeiten und Ineffizienzen mit sich und entfaltet moralverzehrende Wirkungen für den Einzelnen wie für wichtige gesellschaftliche Einrichtungen:

1. Es ist eine Binsenweisheit, dass mit Ausweitung der Umverteilung nicht nur die **Zahl der Begünstigten** wächst, sondern auch die Wahrscheinlichkeit, dass die Begünstigten **selbst** wiederum zu vermehrten **Abgaben herangezogen** werden. Am Stammtisch heißt dies: der Fiskus nimmt dem Bürger aus der rechten Tasche, was er ihm in die linke Tasche steckt. Der größte Teil des Umverteilungsprozesses spielt sich daher innerhalb der »Mittelschicht« ab, nicht aber zwischen den besonders begüterten und den besonders armen Schichten. Damit entsteht in der Bevölkerung eine verbrei-

---

36 K. Homann/F. Blome-Drees, 1992, S. 61 ff.; Blankart, 1991, S. 70 ff.
37 ASU, 1991, S. 18.
38 W. Hamm, 1994.

tete **Transferillusion,**[39] die Hoffnung, der Himmel lege bei der Umverteilung noch ein paar Geldscheine dazu. Doch das Gegenteil ist der Fall, da der Umverteilungsprozess etwas von einem **Wassereimer** hat, der ein **Loch** besitzt. Die Begünstigten erhalten erheblich weniger, als den Belasteten genommen werden muss, da es eine Sozialbürokratie zu finanzieren gilt, die die Umverteilung organisiert. Dies zeigen empirische Studien des *Rheinisch-Westfälischen Instituts für Wirtschaftsforschung* aus dem Jahre 1994. Sie kommen zu dem Ergebnis, dass »der Anteil der Erwerbstätigenhaushalte, bei denen die empfangenen Transfers die Abgaben übersteigen... sowohl in den alten wie in den neuen Bundesländern mit 2,5 bzw. drei Prozent überraschend gering (ist).«[40] Über 97 Prozent aller Erwerbstätigenhaushalte, also ohne reine Transferempfänger wie Rentnerhaushalte oder Arbeitslosenhaushalte, finanzierten ihre Leistungstransfers vollständig selbst. Dies lässt nur ein Urteil zu: die öffentlichen Haushalte bewegen gewaltige Finanzmassen mit geringem Wirkungsgrad.

2. Der geringe Wirkungsgrad des Umverteilungsstaates wird durch die hohen Steuer- und Sozialabgaben und damit zusammenhängende **kontraproduktive Verhaltensänderungen** der Bürger akzentuiert. Dies dokumentiert sich in mannigfachen Anstrengungen, sich den Belastungen des Sozial- und Steuerstaates zu entziehen (Schwarzarbeit, Beschäftigung auf 630 DM-Basis, Scheinselbständigkeit, etc.[41]) wie umgekehrt in vielen fragwürdigen Aktivitäten, um in den Genuss staatlicher Leistungen (z.B. Subventionen) zu kommen.

3. Der wachsende Umverteilungsstaat ist damit zugleich ein Stück weit **freiheitsfeindlich**, denn er führt zu wachsender Bevormundung. Er nimmt dem Einzelnen manche Möglichkeit, selbst entsprechende Risikovorsorge zu treffen. So betrug die Grenzabgabenbelastung des Arbeitnehmers mit Steuern und Sozialbeiträgen (inkl. Arbeitgeberbeiträgen) Ende der 90er Jahre bei einem ledigen Arbeitnehmer mit durchschnittlichem Gehalt (rd. 60000 DM) bereits rund zwei Drittel. Ein Unternehmer, der seinem Mitarbeiter mithin eine DM netto mehr zukommen lassen wollte, musste 3 DM dafür aufwenden.[42] Werden dem einzelnen Bürger solch erhebliche Anteile seines Einkommens über Zwangsbeiträge und Steuern entzogen, so fehlen schon die materiellen Voraussetzungen an einer zureichenden selbstbestimmten Absicherung.

4. Folge der Umverteilungspolitik sind manche **Ungereimtheit** und **Ungerechtigkeit**, und zwar schon deshalb, weil angesichts der Vielfalt der Verteilungskorrekturen – von den Zwangsbeiträgen zur Sozialversicherung, vom Erziehungs- und Kindergeld bis zur Rente, vom Steuervorteil beim Bauen über Arbeitnehmersparzulage bis zur Beihilfe für Beamte oder den Zuschüssen zur landwirtschaftlichen Rentenversicherung, etc. – die (Um-)Verteilungswirkungen völlig intransparent sind, sich also kaum zu einem kohärenten Ganzen fügen. Zwei besonders eklatante Beispiele sollen angeführt werden.
- Da ist zum einen der sog. **Umkippeffekt**, wie er sich bei Bafög-Leistungen für Studenten ergeben kann. Eine Arbeitnehmerfamilie hat bei einer Lohnerhöhung u.U. netto weniger in der Haushaltskasse, weil der Wegfall von Bafög-Leistungen

39 M. Streit, 1988, S. 46.
40 Zitiert nach J. Mitschke, 1995, S. 17.
41 Vgl. dazu B. Noll, 1999, S. 26 ff.
42 Vgl. auch O. Issing, 1997, S. 2.

für die studierenden Kinder aufgrund des Überschreitens gewisser Verdienstgrenzen stärker zu Buche schlägt als die Zusatzeinkünfte aus dem Arbeitsverhältnis.

- In der Gesetzlichen Rentenversicherung wird ein Umlageverfahren praktiziert, das angesichts der Überalterung der deutschen Gesellschaft zunehmend zum »Generationendiktat« wird. Die Rentenversicherungsbeiträge müssen weiterhin steigen, ohne dass die künftigen Beitragszahler entsprechende Leistungserwartungen wie die heutigen Rentner damit verknüpfen können. Modellrechnungen zeigen, dass ein (lediger) Rentenversicherter, der im Jahre 2040 in die Rente gehen wird, nach Rechtslage Mitte der 90er Jahre nur rund 0,80 DM für jede Beitragsmark zurückerhalten wird, von einer realen Rendite ganz zu schweigen. Die reale Rendite seiner Rentenzahlungen beträgt mithin −1,4 Prozent. Das Postulat **intergenerativer Gerechtigkeit** wird eklatant missachtet.

5. Es ist offensichtlich, dass solché Unzulänglichkeiten und Fehlentwicklungen für die Stabilitätsbedingungen einer Gesellschaft schädlich sind und zu Moralerosion führen können. An dieser Stelle soll nicht primär auf die vielfach beklagten Tatbestände von **Leistungsmissbrauch** und **Sozialkriminalität** eingegangen werden, auch wenn diese Phänomene zumindest teilweise auf problematische Konstruktionselemente des Sozialstaates rückführbar sind. Wichtiger ist, dass die Entwicklung der letzten Jahrzehnte hin zu einem Wohlfahrtsstaat, der die gesamte Gesellschaft umfassend gegen alle wichtigen Lebensrisiken sichern möchte, die moralischen Grundlagen in einer liberalen Gesellschaft allmählich unterhöhlt. Der Sozialstaat wird in die Rolle des Versicherers von Glück und Lebensqualität gedrängt[43] mit der Folge, dass die Wahrnehmung **individueller Kompetenz** einerseits und **Verantwortung** andererseits zunehmend auseinander zu fallen drohen. Ein stetig anwachsender Teil der Bevölkerung möchte bei Wahrnehmung seiner Lebenschancen den Lebensstil von Individualisten pflegen, sei es im Beruf, im Urlaub, im Sport oder gegenüber der Familie. Die Risiken oder die Verantwortung für diese Lebensweise sollen dagegen möglichst vom Kollektiv getragen werden. *M. Miegel* schreibt daher, dass der ausufernde Sozialstaat »die Sicht-, Empfindungs- und Verhaltensweisen breiter Bevölkerungsschichten deformiert.«[44] Die beschriebenen Veränderungen moralischer Standards stehen im Wechselspiel mit den Einrichtungen und der Funktionsweise der **modernen Demokratie**. Wie im nächsten Kapitel gezeigt wird, werden die Einrichtungen der Demokratie diese Entwicklungen kaum aufhalten oder abbremsen können.

---

43 M. Spieker, 1996, S. 34; ders., 1996a, S. 11.
44 M. Miegel, 1996, S. 9.

6. Wirtschaftspolitik, Demokratie und Moral

6.1. Zum Verhältnis von Markt und Demokratie

1. Der englische Philosoph *Thomas Hobbes (1588–1679)* hat bereits 1651 eindrucksvoll darauf hingewiesen, dass das menschliche Leben ohne die Existenz eines Staates erbärmlich aussehen würde. Es wäre einsam, armselig, roh und kurz; die Menschen würden sich in dem elenden Zustand eines Krieges aller gegen alle befinden.[1] Ein staatenloser Zustand, die Anarchie, wäre weder aus ökonomischen noch aus ethischen Erwägungen heraus wünschenswert. Hier wird der untrennbare Zusammenhang von Ökonomie und Moral besonders deutlich:

- Die **ökonomischen Lebensbedingungen** im »Naturzustand« wären hart und armselig, weil jeder ständig Übergriffe von anderen befürchtete und deshalb seine knappen Ressourcen vor allem in den eigenen Schutz stecken müsste, nicht aber für produktive Tätigkeiten zur Steigerung seines Wohlstandes verwenden könnte. Auf gemeinsame Einrichtungen, Arbeitsteilung, Märkte und Tausch, die zuvorderst für Produktivitätssteigerungen verantwortlich zeichnen, müsste verzichtet werden.
- Auch um den **moralischen Zustand** der Gesellschaft wäre es schlecht bestellt. Fehlt eine staatliche Ordnung, so ist ein menschenwürdiges Leben nicht möglich, denn in einer anarchischen Gesellschaft wäre jede Gewalttat erlaubt und der Ausnutzung des Schwächeren durch den Stärkeren keine Grenzen gesetzt. Jeder Mensch wäre des anderen Menschen Wolf.

2. Zwar ist die düstere Vision des »**Hobbesschen Dschungels**« und dessen Schlussfolgerung, die Staatsgewalt so stark wie möglich zu machen (»**Leviathan**«), verschiedentlich angegriffen worden.[2] Unstrittig ist hingegen, dass mit Schaffung des (Rechts-) Staates wichtige ökonomische und moralische Vorteile verbunden sind. Die Staatstätigkeit führt zur Stabilisierung der Gesellschaft. Gerade dadurch, dass jeder einzelne sich dem Diktat des Staates unterwirft und dabei Freiheitsrechte aufgibt, erweitern sich die Freiheits- und Handlungsspielräume aller.[3] Solche Kollektiventscheidungen beschränken also letztlich nicht individuelle Freiheit, sondern erweitern sie. Es kommt zum Aufbau von Vertrauen und zwischenmenschliche Kooperation wird möglich. Schaffung und Gewährleistung von Freizügigkeit, Vertragsfreiheit und exklusiven Eigentumsrechten an knappen Ressourcen eröffnen die produktivitätssteigernden Wirkungen von Arbeitsteilung und Spezialisierung und die nutzenmehrenden Wirkungen des Tausches über Märkte. Bei diesen klassischen, hoheitlichen Auf-

---

1 Hobbes, zitiert nach C. B. Blankart, 1991, S. 34.
2 Darstellung und Würdigung bei B. Russell, 2000, S. 558 ff.
3 K. R. Popper, 1980, Bd. 2, S.153, spricht plastisch vom »**Paradoxon der Freiheit**«; J. Wieland, 1994, S. 25 weist darauf hin, dass allen konstitutionellen Akten ein ähnliches Grundmuster innewohnt; staatliche Verfassung, Grundvertrag eines Unternehmens oder Verabschiedung von Moralkodizes bedingen Bindung, schaffen Vertrauen und geben neue Handlungsspielräume.

gaben zur Schaffung eines **Rechtsstaates** steht die Legitimität des Staates außer Zweifel, gibt es doch keine oder allenfalls unzulänglich funktionierende Substitute.[4]

3. Doch mit diesem Schritt von der Anarchie zum Rechtsstaat ist das staatliche Handeln heute kaum beschrieben. Dem Staat sind in den westlichen Demokratien im Laufe der letzten Jahrzehnte immer weitere und umfassendere Aufgaben zugewachsen – der Staat ist selbst als Anbieter zahlreicher Güter tätig; er greift mit vielfältigen Instrumenten wie Subventionen oder Vorschriften in das Marktgeschehen ein; er betreibt umfassende Daseinsvorsorge für seine Bürger, etc. Zumeist geht es darum, Arbeitsweise und Ergebnisse der Märkte zu korrigieren, zu ersetzen oder zu unterbinden. Der Staat hat sich zum **Lenkungs-** und **Wohlfahrtsstaat** entwickelt. Theoretische Einsichten wie ein Blick in die Geschichte zeigen allerdings, dass kaum eine Aufgabe dieses Lenkungsstaates jederzeit und vollends als politische Aufgabe begriffen wurde oder begriffen werden müsste. Markt und Staat waren bzw. sind immer (auch) **konkurrierende Regelsysteme** im Hinblick auf die Ressourcenallokation.[5] Damit stellt sich die Frage nach dem angemessenen Verhältnis von Demokratie und Markt als den zentralen Entscheidungsverfahren in einer modernen Gesellschaft. **Welche Güter sollen durch den Staat und welche vom Markt bereit gestellt werden?** Diese Frage ist gleichermaßen von ökonomischer wie ethischer Relevanz, denn ihre Antwort bestimmt wesentlich über den Freiheitsgrad einer Gesellschaft.

4. Die hier aufgeworfene Frage muss politisch entschieden werden.[6] Oberster Souverän ist in der Demokratie der Wähler. Mithin ist der **politische Abstimmungsmechanismus** der **primäre**, der Marktpreismechanismus der sekundäre bzw. daraus abgeleitete. Eine Entscheidung für die Institution Markt ist also demokratisch zu legitimieren. Die Ökonomie als Erfahrungswissenschaft kann diese (Wert-)Frage nicht verbindlich beantworten; sie kann lediglich Hilfestellungen leisten, indem sie Ursache-Wirkungs-Zusammenhänge aufzeigt und auf Nebenwirkungen politischen Handelns hinweist. Und in der Tat gibt es gute sachliche Gründe, bestimmte Aufgaben dem Marktpreissystem und andere Aufgaben politischen Entscheidungsverfahren zu überantworten. Beide Entscheidungssysteme sind für viele Fragen **keine** *sinnvollen* **Alternativen**, die sich gegeneinander ersetzen ließen. Vielmehr werden sich Markt und Staat bei geschicktem Arrangement eher **ergänzen**.[7] Es gilt dann den bestmöglichen **Kompromiss zwischen Politisierung und Ökonomisierung der Gesellschaft** anzustreben.[8]

---

4 M. Tietzel, 1988, S. 81. Man könnte einwenden, dass sich in einem anarchischen Zustand private Armeen, Polizeien und andere Schutzorganisationen herausbilden, doch ob dies zu friedlichem Nebeneinander rivalisierender Gruppen führen würde, kann man bezweifeln.

5 C. Watrin, 1999, S. 246.

6 Dies betonen die Vertragstheoretiker, die die politische Ordnung als Vertrag zwischen allen Gesellschaftsmitgliedern interpretieren. Demokratie ist Herrschaft im Namen aller. Vgl. dazu K. Homann, 1999, S. 65 ff.

7 C. Watrin, 1999, S. 258.

8 M. Tietzel, 1988, S. 81.

6.2. Der Staat als Ordnungs- und Korrekturinstanz

1. Die Aufgabe des Staates als **Ordnungsmacht** ist als dessen **vorrangige Aufgabe** anzusehen. Hierbei geht es nicht nur um Durchsetzung rechtsstaatlicher Prinzipien, vielmehr hat der Staat einen **Ordnungsrahmen** für den **Wirtschaftsprozess** zu setzen und zu gewährleisten. Der Bürger muss vor physischer Beeinträchtigung wie vor Missbrauch ökonomischer Gewalt gleichermaßen geschützt werden.[9] Erwünscht ist ein für alle vorteilhafter, aber niemanden bevorteilender Regelrahmen. Eine gerechte Ordnung ist eine Ordnung, die Freiheitsspielräume eröffnet und schützt, aber keine Partikularinteressen begünstigt oder bevorzugt. Die Regeln sind folglich so zu gestalten, dass Gewinnchancen und Verlustrisiken nicht wie in der Standesgesellschaft von vorneherein ungleich auf die Teilnehmer am Wirtschaftsgeschehen verteilt sind.[10] Einem solchen Anliegen kann nur ein **unparteiischer Staat**[11] nachkommen, dem es gelingt, die Einflussnahme von Verbänden und anderen Interessengruppen auf die Regelsetzung zu begrenzen oder zu verhindern. Anderenfalls besteht die Gefahr, dass die in Kraft gesetzten Regeln »Reflex der Interessen der jeweils Mächtigen« sind.[12]

2. Staatliche Vereinbarungen über Regeln, die das Marktgeschehen steuern sollen, sind unverzichtbar. Das **Marktgeschehen** ist insofern eine **staatliche Veranstaltung**; denn jeder Marktwettbewerb bedarf eines Systems differenzierter Spielregeln. Auf **drei Arten von Spielregeln** soll besonders hingewiesen werden, da ihre ethische Relevanz und Brisanz offensichtlich ist:

- **Wettbewerbspolitik** soll die (Güter-)Märkte vor Vermachtung schützen; dem dienen insbesondere die Regeln über Verbote oder Begrenzung von Kartellen und Zusammenschlüssen. Dauerhafte Machtgebilde sind möglichst zu verhindern, um die Freiheitsspielräume aller Marktakteure zu wahren.
- Fairer Wettbewerb ist nicht in allen Wirtschaftssektoren voraussetzungslos möglich; dies gilt z. B. bei Gütern, für deren Produktion der Zugang zu einem (Monopol-) Netz erforderlich ist, wie es beim Schienennetz der Eisenbahn oder den Versorgungsleitungen der Stromversorger der Fall ist; ähnlich bedarf es im Banken- oder Versicherungswesen **branchenspezifischer Rahmenbedingungen**, weil die finanzielle Solidität der Anbieter von zentraler Bedeutung ist, aber von den Kunden nicht hinreichend beurteilt werden kann. In diesen Fällen bedarf es zur Stabilisierung der Märkte jeweils einer staatlichen **Regulierungspolitik**. Damit sind Mitwettbewerber oder Nachfrager vor Ausbeutung oder Übervorteilung zu schützen.
- Schließlich muss der Staat aus **originären ethischen Erwägungen Grenzen** oder **Verbote für Markttransaktionen formulieren**. Nicht alles, was über Märkte gehandelt werden kann, sollte über Märkte gehandelt werden. Dafür gibt es unterschiedliche Gründe. Manche »bedenklichen« Güter wie Tabak, Branntwein oder Rauschmittel werden aus Gründen der »Volksgesundheit« verteuert oder vollständig verboten; andere »Güter« sollen nicht gehandelt werden, weil dies der Menschen-

---

9 K. R. Popper, 1980, S. 154; vgl. auch Kapitel 4.3.
10 Vgl. G. Kirsch, 1999, S. 199f. und bereits die sehr scharfsinnige Analyse W. Euckens, 1932, S. 307 f.
11 Vgl. Kapitel 4.3.
12 G. Kirsch, 1999, S. 198; K. Lenk, 1991, S. 942 m. w. N.

würde widerspricht (z. B. Menschenhandel,[13] Bezahlung von Leihmüttern, Prostitution?) oder den moralischen Wert der »Güter« mindern würde (z. B. Organhandel, Blutkonserven). Die Existenz mancher Märkte stellt die Grundwerte der Demokratie (z. B. der Kauf von Parlamentssitzen, Stimmenkauf) oder des Rechtsstaats (Kauf von Beamtenposten, Steuereintreiber oder Offizierspatente) in Frage.[14]

3. Neben der Aufgabe der Rahmensetzung für das Wirtschaftsgeschehen findet staatliches Handeln eine Rechtfertigung im »**Marktversagen**«. Staatliche Maßnahmen sollen dann stützend, ergänzend oder ersetzend eingesetzt werden, wenn der Markt keine erwünschten Lösungen hervorbringt. Die Theorie des Marktversagens dient als Rechtfertigung für staatliche Eingriffe in das Marktgeschehen. Zumeist werden **drei Formen von Marktversagen** unterschieden:[15]

- Ein **allokatives Marktversagen** wird beim Auftreten von externen Effekten und bei öffentlichen Gütern vermutet. Über den Markt werden manche Güter in zu geringem oder zu großem Umfange bereit gestellt, weil die individuelle und die gesellschaftliche Kostenrechnung nicht übereinstimmen. Beispielsweise profitieren von Schutzimpfungen gegen ansteckende Krankheiten oder von Forschungsaktivitäten im Grundlagenbereich auch außenstehende Dritte. Um diese sog. **positiven externen Effekte** zu realisieren, müssen solche Aktivitäten durch staatliche Subventionen gefördert werden. Umgekehrt tragen in manchen Fällen die Produzenten oder Nutzer nicht alle Kosten der Herstellung oder des Konsums; so entstehen **negative externe Effekte** bei der Umweltverschmutzung, die durch eine Besteuerung der entsprechenden Aktivitäten vermindert werden sollen. Sog. **öffentliche Güter** wie die Landesverteidigung oder der Hochwasserschutz werden vom Markt überhaupt nicht bereitgestellt, weil auch derjenige davon profitiert, der keinen Kostenbeitrag leistet. Das Ausschlussprinzip gilt nicht, so dass es sich daher für jeden einzelnen lohnt, eine Trittbrettfahrerposition einzunehmen.
- Vom **distributiven Marktversagen** wird gesprochen, weil die Einkommensverteilung als Ergebnis des Marktprozesses (sog. primäre Einkommensverteilung) durch erhebliche Ungleichheit gekennzeichnet ist und nicht den Gerechtigkeitsvorstellungen der Mehrheit in der Gesellschaft entspricht; überdies stattet der Markt nur diejenigen mit Kaufkraft aus, die ihrerseits eine Leistung am Markt anzubieten haben, nicht aber die Kranken oder die zur Leistung Unfähigen. Die wirtschaftlichen Ergebnisse anzugleichen, ist Kern des Sozialstaatsprinzips.[16]
- Ein **stabilitätspolitisches Marktversagen** wird schließlich aus den historischen Erfahrungen (z. B. Weltwirtschaftskrise 1929) gefolgert, als die Selbstheilungskräfte des Marktsystems nicht ausreichten, um eine Wirtschaftskrise ohne größere soziale Verwerfungen wie Massenarbeitslosigkeit und Verarmung breiter Bevölkerungsschichten zu überwinden.

4. Mit der Feststellung eines Marktversagens wird häufig explizit oder implizit die Annahme verbunden, der Staat könne eingreifen und für sinnvolle Abhilfe sorgen. Der Staat wird als **Korrekturinstanz** begriffen. Doch übernimmt der Staat all diese

---

13 Dementsprechend sind die Ablösesummen von Fußballspielern beim Vereinswechsel vom Europäischen Gerichtshof für unzulässig erklärt worden.
14 Vgl. B. Frey/G. Kirchgässner, 1994, S. 95 f.
15 Vgl. z. B. H.-G. Petersen, 1993, S. 36 ff.; C. Watrin, 1999, S. 247 ff.
16 Ausführlich Kapitel 5.2.

Aufgaben, so ist er nicht mehr nur Schiedsrichter, sondern wird zunehmend zum allseits präsenten Mitspieler, der zu Lasten oder zu Gunsten einzelner Gruppen ständig und tiefgreifend in das Wirtschaftsgeschehen eingreift. Damit wird es für Interessengruppen wie einzelne Wirtschaftsakteure interessant, ja lebensnotwendig, auf die Politik einzuwirken, um damit staatliche Interventionen im eigenen Interesse zu beeinflussen. Das **Spannungsverhältnis des Staates als Ordnungs- und Korrekturinstanz** ist offensichtlich, die Aufgabe der Rahmensetzung wird zugunsten der Korrekturaufgaben zurückgedrängt.[17]

5. Arbeitet der Staat also nicht wie ein »guter Hausvater« oder »wohlwollender Diktator«, der nur das Gemeinwohl im Blickfeld hat, sondern ist er vielmehr Inbegriff eines komplexen Zusammenwirkens von eigeninteressierten Politikern, Bürokraten, Verbänden und (eher uninformierten) Wählern, wird man neben die Theorie des Marktversagens eine **Theorie des Staatsversagens** zu stellen haben.[18]

6.3. Die »klassische« Demokratietheorie und die Sichtweise der Neuen Politischen Ökonomie

6.3.1. Die »klassische Lehre« von der Demokratie[19]

In den politischen Wissenschaften herrschte lange Zeit eine ziemlich idealisierende Vorstellung von der Funktionsweise der (repräsentativen) Demokratie. Man könnte deren Modell als **Vertretertheorie** bezeichnen. Davon geht auch das Grundgesetz aus, das in Art. 20 bestimmt: »Alle Staatsgewalt geht vom Volke aus«. Politiker haben danach eine Funktion als Repräsentanten, um die Interessen der Bürger zu vertreten. Es besteht eine Hierarchie in der politischen Entscheidungsfindung, die etwas überzeichnet folgendes Aussehen hat:

Wähler → Politiker → Bürokratie

- Die **Bürger** besitzen eine feststehende und rationale Ansicht über gewichtige politische Fragestellungen.
- Die Wünsche und Interessen der Bürger werden den **Politikern** übermittelt, die, in Parteien organisiert, die Wünsche der Bürger empfangen, sammeln und umsetzen. Am Gesamtinteresse orientierte Politiker und auf das Wählerverhalten reagierende Regierungen realisieren so den »allgemeinen Willen« des Volkes, das »**Gemeinwohl**«.
- Die **Bürokratie** ist die rationale Form legaler Herrschaftsausübung;[20] sie arbeitet präzise, stetig, diszipliniert, straff und verlässlich. Durch Weisungsgebundenheit und Gehorsamspflicht der Beamtenschaft soll sichergestellt sein, dass der Politiker- und damit letztlich der Wählerwille in effizienter Weise umgesetzt wird. Bürokratie ist in dieser Perspektive ein zweckrationales Instrument zur Erreichung politischer Ziele.

---

17 Vgl. G. Kirsch, 1999, S. 202; H. R. Peters, 1992, S. 136.
18 H.-G. Petersen, 1993, S. 38.
19 Grundlegend J. A. Schumpeter, 1975, S. 397 ff.
20 H.-R. Peters, 1992, S. 136 ff. mit Verweis auf M. Weber.

6.3.2. Die Sichtweise der Neuen Politischen Ökonomie

1. Das skizzierte Demokratiemodell hat mit der Realität offensichtlich nicht viel gemein. Ein »realistisches« Demokratieverständnis strebt demgegenüber die von *J. A. Schumpeter* (1883–1950) [21] und *A. Downs*[22] begründete **Ökonomische Theorie der Demokratie** an. Das Instrumentarium der Mikroökonomik wird systematisch auf politische Strukturen und Prozesse übertragen, um wesentliche Analogien zwischen ökonomischem und politischem System herauszuarbeiten. Die **Demokratie** wird dabei als eine Art **politischer Markt** aufgefasst, auf dem sich ein Wettbewerb der politischen Parteien um die staatliche Macht auf Zeit vollzieht. Wesentliche Funktion der »demokratischen Methode« ist es also, ein Verfahren zur Auswahl des staatlichen Führungspersonals zur Verfügung zu stellen.

2. Folgende Aspekte kennzeichnen den »politischen« Markt:
- Dem Nachfrager im Marktsystem entspricht der **Wähler** im politischen System; er tauscht seinen Stimmzettel gegen ihn befriedigende politische Güter oder Wohltaten ein.
- Analog zum gewinnmaximierenden Unternehmer im wirtschaftlichen Bereich fungieren **Politiker** als politische Unternehmer; sie werben mit attraktiven Wahlprogrammen und dem Angebot bestimmter politischer Maßnahmen (z.B. Erhaltungssubventionen, Sozialleistungen, etc.) um die Gunst der Bürger. Sie streben **Wählerstimmenmaximierung** an. Politiker sind eigennutzorientiert, denn mit der Inbesitznahme politischer Ämter streben sie nach Einkommen, Macht oder Prestige.
- Auf dem **politischen Markt** werden die Stimmen der Wähler gegen Programme und Leistungen der Politiker bzw. Parteien getauscht.

3. Mit dieser Sichtweise des politischen Prozesses werden wichtige Positionen der »klassischen« Demokratietheorie relativiert, teilweise umgekehrt:
- Ist das wesentliche Merkmal des demokratischen Prozesses die Konkurrenz von Parteien um Wählerstimmen, so besteht die **Rolle des Volkes** allein darin, eine Regierung bzw. dazwischen geschaltete Institutionen wie das Parlament hervorzubringen. Das »realistische« Demokratieverständnis formuliert eine klare **Arbeitsteilung** zwischen **Wählern** und **gewählten Politikern**. Aufgabe der Bürger ist es nur, im Wahlakt die für die Politik verantwortlichen Personen zu berufen. Die wichtigsten Akteure sind die Politiker; sie haben Gestaltungsmacht, sie regieren. Eine dauernde Mitsprache oder Kontrolle der Bürger könnte sie nur bei der Arbeit stören.[23]
- Folgt man diesem Denkansatz, gibt es auch **kein Gemeinwohl** oder ein übergeordnetes staatliches Interesse. Parteien vertreten politische Zielvorstellungen nicht um ihrer selbst Willen, sondern um damit Wählerstimmen zu erzielen. Ziel ist der politische Machterwerb bzw. -erhalt. Geht es nun der Regierung aber nicht primär darum, die gesellschaftliche Wohlfahrt oder den Nutzen der Bürger zu maximieren, so sorgt doch die **List des demokratischen Wettbewerbs** dafür, dass die Regierung ihren Eigennutz nur dann realisieren kann, wenn sie der gesellschaftlichen

---

21 J. A. Schumpeter, 1975 (Erstveröffentlichung 1942).
22 A. Downs, 1968 (Erstveröffentlichung: 1957).
23 J. A. Schumpeter, 1975, S. 468; A. Downs, 1968, S. 23; K. Lenk, 1991, S. 947.

Wohlfahrt und dem Nutzen der Bürger am ehesten entspricht. Anderenfalls sorgt der Parteienwettbewerb für Wachablösung. Sanktionsmittel sind regelmäßige Wahlen. Die demokratische Methode funktioniert offensichtlich ganz ähnlich wie der ökonomische Marktmechanismus. Auch ein Schokoladenfabrikant produziert Pralinen nicht, weil er Pralinen für wichtig hält oder anderen Leuten eine Freude bereiten will, sondern weil er Gewinne machen will. Ähnlich verhalten sich Parteien wie Produzenten und Wähler wie Konsumenten im »politischen Markt« bei Wettbewerb. Die Vermarktung der Parteien wie Müsliriegel, die Entwicklung des Berufspolitikertums und die Etablierung schlagkräftiger Parteizentralen mögen hierfür als Belege stehen.

4. Auch die Verfechter der Neuen Politischen Ökonomie bestreiten nicht, dass die Durchsetzung des demokratischen Verfassungsstaates das zentrale Projekt der Moderne ist und eine Errungenschaft von hohem moralischen Rang darstellt.[24] Nur in der Demokratie lassen sich individuelle Freiheitsrechte, politische Mitwirkungsrechte und soziale Anspruchsrechte gleichermaßen realisieren. Allerdings weisen sie auf **wichtige Funktionsdefizite** des demokratischen Wettbewerbs hin.

6.3.3. Funktionsdefizite der Demokratie

Die parlamentarische Demokratie hat in der Bundesrepublik durch Spenden- und Korruptionsaffären in letzter Zeit erheblich an Ansehen verloren; auf die Diagnose einer »**Krise der Demokratie**« folgte inzwischen eine Vielzahl von Vorschlägen zur Reform der demokratischen Institutionen. Die unbestritten wichtige Debatte kann hier nicht nachgezeichnet werden; es kann vielmehr nur darum gehen, einige – aus Sicht der Neuen Politischen Ökonomie – grundlegende Schwächen des demokratischen Wettbewerbs in den westlichen »Parteiendemokratien« nachzuzeichnen und die daraus resultierenden Konsequenzen für Effizienz und Moral abzuleiten. Nur auf dieser Basis lässt sich dann die oben aufgeworfene Frage nach einer – ökonomisch wie ethisch sinnvollen – Arbeitsteilung zwischen den Entscheidungsverfahren »Markt« oder »Staat« beantworten.

1. Der Wettbewerb unter den Parteien ist begrenzt!
Im Regelfalle konkurrieren nur wenige Parteien um die Regierungsmacht. Am ausgeprägtesten zeigt sich dies in den angelsächsischen Ländern, wo aufgrund des Mehrheitswahlrechtes nur zwei Parteien die politischen Geschicke eines Landes bestimmen. Aber auch in Ländern mit Verhältniswahlrecht wie in der Bundesrepublik findet sich zumeist eine **enge oligopolistische Anbieterstruktur**, wenige Parteien dominieren das politische Geschehen. Dies reduziert den demokratischen Wettbewerb in zweierlei Hinsicht:
• Die begrenzte Konkurrenz der Parteien wirkt sich auf das **Spektrum der verfolgten politischen Ziele negativ** aus. Dies führt insbesondere in entwickelten Gesellschaften mit starker Mittelschicht dazu, dass die **Wahlprogramme** sich aneinander **annähern**.[25] Nur so können die Parteien den Präferenzen möglichst vieler

---

24 O. Höffe, 2000, S. 14.
25 Die hier entwickelte Argumentation gilt insbesondere in 2-Parteien-Systemen. Eingehend zur
    sog. Konvergenzthese F. Lehner, 1981, S. 30 ff.

Wähler entsprechen. Wohlfeile und konturlose Allgemeinplätze in den Parteiprogrammen und die Orientierung aller Parteien an der »Mitte« dokumentieren dieses Bestreben. Die praktische Sozial-, Wohnungs- und Vermögensbildungspolitik in der Bundesrepublik belegt dies eindrücklich. Diese Politikbereiche sind nicht an Randgruppen orientiert, wie das aufgrund der Einkommens- und Vermögensverhältnisse in einer reichen Gesellschaft gerechtfertigt wäre, sondern zielen vor allem auf die breiten arbeitnehmenden Mittelschichten.[26] **Minderheiten**, nicht notwendig sozial benachteiligte Gruppen, finden demgegenüber ihre Interessen bei der politischen Konsensfindung häufig nicht oder unzulänglich beachtet. Die Mehrheitsregel beinhaltet also die Gefahr, dass Minderheiten **systematisch ausgebeutet** werden.[27] Dies mag für sog. »Besserverdienende« ebenso wie für Familien mit Kindern gelten.[28]

• Die beschränkte Funktionsfähigkeit des Parteienwettbewerbs zeigt sich deutlich in den Aufgabenbereichen, bei denen Politiker Interessenvertreter in eigener Sache sind. Häufig finden sich **kartellartige Absprachen** zwischen Regierungs- und Oppositionsparteien, wenn es um Besetzung hochrangiger Ämter oder um **Politikfinanzierung** geht. **Personalentscheidungen** – die Besetzung des Bundesverfassungsgerichts bis hin zum Leiter einer Dorfschule – werden unverblümt nach Parteienproporz und machtpolitischem Kalkül getroffen. Großzügige steuerfreie Aufwandsentschädigungen für Abgeordnete oder üppige Altersversorgungen von Ministern, die nur kurze Zeit im Amt waren, werden meist von allen Parteien getragen und unter weitgehendem Ausschluss der Öffentlichkeit durchgesetzt. Ähnliches gilt für die staatliche Parteienfinanzierung. Setzt das *Bundesverfassungsgericht* einem zu großzügigen Finanzgebaren Grenzen, hat das zur Folge, dass die Zahlungen an Parlamentsfraktionen und Parteistiftungen kräftig angehoben werden.[29]

2. Der demokratische Wettbewerb wird durch einen ungleichgewichtigen Interessenpluralismus verfälscht!

Zwar gibt es eine Vielzahl von Gruppen und Verbänden auf dem politischen Markt – Arbeitgeberverbände, Gewerkschaften, Umweltschutzverbände, Kirchen, Bürgerinitiativen, etc. Dennoch ist nicht zu erwarten, dass sich die Konkurrenz dieser Interessen gegenseitig »neutralisiert« und zu einem »Machtgleichgewicht« führt,[30] denn gesellschaftliche Interessen sind im demokratischen Diskurs ungleich **organisations- und konfliktfähig**.

• **Kleine Gruppen** lassen sich im Regelfall besser **organisieren** als große Gruppen. Sie können daher eher ein kollektives Gut herstellen oder vom Staat einfordern. Dafür spricht unter anderem, dass mit wachsender Gruppengröße der Anteil am

---

26 So warnt die Grundwertekommission der SPD vor der »Ausrichtung des Wohlfahrtsstaates auf die wirklich Bedürftigen«, weil zu befürchten sei, »der Wohlfahrtstaat würde wichtige, mit einer einflussreichen politischen Stimme ausgestattete Verbündete verlieren«; zitiert nach W. Hamm, 2000, S. 13. Vgl. Kapitel 5.3.3.

27 M. Tietzel, 1988, S. 91.

28 Schon *K. Adenauer* hat die Schaffung einer »Jugendrente« u.a. mit dem Argument abgelehnt, Kinder hätten keine Wählerstimmen. (K. Homann, 1997, S. 16.) Es kann nicht verwundern, dass das Bundesverfassungsgericht den Familienlastenausgleich mehrfach als unzulänglich angeprangert hat, ohne dass das Parlament gesetzgeberisch aktiv wurde.

29 H.H. von Arnim, 1993.

30 Dies ist Grundgedanke der **Konzeption der pluralistischen Gesellschaft**. (T. Ellwein, 1974, S. 489 f.).

Gruppengewinn sinkt sowie die Gefahr des Trittbrettfahrerverhaltens[31] und damit auch die Organisationskosten überproportional steigen; insbesondere können soziale Sanktionen wie in kleinen Gruppen nicht mehr wirken. Zwar gibt es auch große Gruppen, so z.B. die Gewerkschaften, die sich organisieren lassen. Doch funktionieren solche Gruppen im Regelfalle nur dann, wenn den Mitgliedern **spezielle Vorteile** gegenüber Nichtmitgliedern gewährt werden – bei Gewerkschaften wären solch selektive Mechanismen z.B. Rechtsbeistand bei Kündigungen, Schaffung von Stellen für Funktionsträger, Streikgelder oder marktwidrig überhöhte Löhne – oder **Zwang** zur Mitgliedschaft wie bei sog. closed-shop-Systemen ausgeübt wird.[32]

- Zudem hängt die Durchsetzung der Interessen von der **Konfliktfähigkeit** einer Gruppe ab. Konfliktfähigkeit wird durch die **Verfügung über gesellschaftlich wichtige Güter** oder Dienste vermittelt. Die Konfliktfähigkeit zeigt sich beispielsweise daran, dass ein Verband oder ein Unternehmen die Realisierung von Zielsetzungen der staatlichen Wirtschaftspolitik beeinflussen kann, z.B. durch Verlagerung von Unternehmensteilen, Ankündigung von Arbeitsplatzabbau, etc. Dies erhellt zugleich, warum es zu einer systematischen Begünstigung von Produzenten- gegenüber Konsumenteninteressen kommt. Das ausdifferenzierte Lebensmittelrecht in der EU ist hierfür beredtes Zeichen!

Kleine Gruppen sind also gegenüber großen Gruppen im Vorteil und wirtschaftliche Interessen dominieren gegenüber nicht-wirtschaftlichen Interessen. Große Gruppen ohne schlagkräftige ökonomische Interessen wie die Konsumenten, Steuerzahler, Studenten oder Familien werden es daher schwerer haben als kleine Gruppen mit gewichtigen gesellschaftlichen Interessen (Ärzte, Fluglotsen, Unternehmen mit räumlicher Konzentration der Arbeitsplätze). Die unterschiedliche Organisations- und Konfliktfähigkeit bedingt einen **ungleichgewichtigen Interessenpluralismus**; manche Partikularinteressen werden sich im Interessenkampf durchsetzen lassen, andere werden ziemlich ungestraft vernachlässigt.

3. Die Spielräume für eine »schlechte« Politik werden nicht hinreichend begrenzt, denn politische Unwissenheit des Wählers ist rational![33]
Ignoranz in politischen Angelegenheiten ist nicht Folge patriotischer Gleichgültigkeit, sondern rationale Antwort auf die Realität des politischen Lebens in einer Massendemokratie. Wähler werden zwar versuchen, jenen Politikern oder Parteien ihre Stimme zu geben, die ihren eigenen Vorstellungen am ehesten entsprechen. Doch wird sie das nicht veranlassen, sich über eine anstehende Wahl besonders sachverständig zu informieren. Denn während die Informationsbeschaffung **Kosten** verursacht (Zeitung lesen, Wahlveranstaltungen besuchen, etc.), ist der mögliche **Ertrag** daraus gering. Einmal kann der Einzelne mit seiner Stimmabgabe den Wahlausgang nicht entscheiden oder auch nur erheblich beeinflussen. Zum anderen bieten Parteien ein gesamtes Bündel von Vorstellungen in ihren Wahlprogrammen an. Der Bürger wird den einzelnen Zielsetzungen nur mehr oder weniger zustimmen können. Er findet bei jeder Partei Auffassungen, denen er mehr und andere, denen er weniger folgen kann. Dies und die Annäherung der Wahlprogramme der großen Volksparteien machen den

---

31 Man drückt sich davor, einen angemessenen Beitrag zum Gruppenziel zu leisten.
32 Grundlegend M. Olson, 1985.
33 A. Downs, 1968; M. Tietzel, 1988, S. 90.

möglicherweise eintretenden »Verlust« für ihn gering, wenn die seiner Ansicht nach »falsche« Partei das Regierungsmandat erhält.[34] **Informiertheit** über das Anliegen der politischen Parteien hat also **Kollektivgutcharakter** mit einer Gefangenen-Dilemma-Struktur. Alle würden profitieren, wenn die Bürger insgesamt besser informiert wären, weil dann die Handlungsspielräume von Politikern aufgrund der öffentlichen Kontrolle stärker beschränkt werden könnten; der Einzelne, der sich zureichend informiert, erzielt für sich selbst hieraus jedoch nur einen sehr begrenzten Nutzen. *H. H. von Arnim* fasst deshalb den Befund in folgender Weise zusammen: »Die Bürger leiden unter dem Eindruck schlechter Politik und schlechter Politiker und haben das Gefühl, selbst ohne Macht und ohne Einfluss zu sein.«[35]

6.3.4. ... und die Konsequenzen für die Effizienz?

1. Als Grundverständnis dominiert in liberalen Gesellschaften die Auffassung von der Zusammengehörigkeit, der **Komplementarität** von Markt und Demokratie.[36] Beide Entscheidungssysteme kennzeichnet auch eine **Strukturverwandtschaft**.[37] Beide beanspruchen, Entscheidungen nach den **Präferenzen der Individuen** zu fällen, und in beiden Institutionen sind auch **Vorkehrungen zur Begrenzung von Macht** eingebaut; der Machtbegrenzung im wirtschaftlichen Bereich durch Sicherung des Wettbewerbs entspricht die Machtbegrenzung durch zeitlich befristete Vergabe von Amt und Mandat mittels regelmäßig wiederkehrender Wahlen, Rechtsstaatlichkeit und Föderalismus im politischen Bereich.[38] Allerdings zeigt ein Vergleich, dass der **Markt als Entscheidungssystem** bei Lenkung und Nutzung der Ressourcen grundsätzlich **überlegen** ist. Vor allem aber bedingen die angesprochenen **Funktionsdefizite** des demokratischen Entscheidungsprozesses Fehlentwicklungen, die letztlich zur Unterminierung der Marktwirtschaft führen können.

2. Auch wenn Mehrheitsentscheidungen in der Demokratie ausschließlich am Gemeinwohl orientiert wären, führt der Markt aus Sicht der Bürger im Regelfalle zu effizienterer Ressourcenlenkung als der Staat:
• Das Marktsystem erfasst die **Dringlichkeit der Präferenzen** genauer als die Demokratie. Am Markt wird die Intensität eines Bedürfnisses durch die Zahlungsbereitschaft der Haushalte ermittelt, mit Hilfe der Mehrheitsregel in der Demokratie kann allenfalls Zustimmung oder Ablehnung zu einem Gut zum Ausdruck gebracht werden, nicht aber deren Stärke.
• Der Markt hat eine höhere Zielgenauigkeit bei der Versorgung der Bevölkerung auch deshalb, weil er **hinreichende Anreize** für den Einzelnen setzt, seine **Zahlungsbereitschaft zu formulieren und offen zu legen**.[39] Der Nachfrager muss für die Inanspruchnahme des Gutes zahlen und bekommt sie nicht zugeteilt. Sein

---

34 Allerdings stellt sich dann die Frage, warum der einzelne überhaupt wählt.
35 H.H. von Arnim, 1993.
36 Vgl. Kapitel 6.1.
37 P. Koslowski, 1882, S. 52; kritisch G. Schwarz, 1992, S. 65 f.
38 Für K.R. Popper (Bd. 1, S. 170 und Bd. 2, S. 162 ff.) ist dies die zentrale Frage politischer Theorie: »Wie können wir politische Institutionen so organisieren, dass es schlechten und inkompetenten Herrschern unmöglich ist, allzu großen Schaden anzurichten?«
39 Vgl. Kapitel 4.

Eigeninteresse wird ihn dazu anhalten, ein individuelles Kosten-Nutzen-Kalkül an-
zustellen. Lohnt es sich, den Preis für die Nutzung des Gutes zu zahlen? Oder übersteigen die dafür aufgewandten Kosten den Nutzen? Wird ein Gut hingegen vom
Staat finanziert oder subventioniert, so wird der Einzelne viel eher für die Bereitstellung des Gutes (als »Geschenk der Gemeinschaft«) plädieren, da die Kosten nicht
oder zum großen Teil nicht ihn selbst treffen, sondern über die Steuerfinanzierung
auch oder primär unbeteiligte Dritte.

- Der **Markt** arbeitet schließlich **geschmeidiger und flexibler** und erhöht auf diese Weise die »Mitspracherechte« des Nachfragers. Während das Marktsystem einen
  kontinuierlichen Entscheidungsprozess für den Austausch von Gütern eröffnet,
  können über Abstimmungen und Wahlen nur in größeren Abständen Präferenzen
  zum Ausdruck gebracht werden.[40]

Es lässt sich einwenden, dass nicht jeder am Markt ein Einkommen erzielt, das es ihm
erlaubt, seine Bedürfnisse am Markt zu befriedigen.[41] Dies ist richtig, doch legt der
Vergleich der beiden Entscheidungsverfahren nahe, dass direkte Marktinterventionen
– über Mindest-, Höchst oder Festpreise, Subventionen o.ä.– kein sinnvolles Vorgehen sind. Dies ist nicht nur ineffizient, sondern provoziert vielfach erst aus ethischer
Sicht unerwünschte Ergebnisse (leer stehende Wohnungen, Medikamente in Müll-
tonnen, Brot als Hühnerfutter, etc.). **Direkte Transfers** an Bedürftige, die das markt-
liche Entscheidungsverfahren nicht schwächen oder außer Kraft setzen, sind die ange-
messenere Alternative.

3. Bedeutsame Fehlentwicklungen resultieren insbesondere aus den bereits erörterten
Funktionsdefiziten der Demokratie:

- Unzureichender Wettbewerb zwischen den Parteien und mangelnde Kontroll- und
  Sanktionsmöglichkeiten der Wähler bedingen manche fragwürdige Entwicklung
  im öffentlichen Sektor. So finden die Berichte des *Bundes der Steuerzahler* über **Verschwendung** und **Selbstbereicherung** im öffentlichen Sektor zwar Resonanz in
  den Medien, doch damit erschöpft sich deren Wirkung in der Regel.[42] Fehlende
  Kontrollen der Bürokratie und deren Monopolstellung sorgen überdies für manche
  Ineffizienzen staatlicher Produktion, dies dokumentiert sich in der personellen
  Überbesetzung von Behörden, in mangelhaften Beratungsleistungen oder im wenig
  zweckmäßigen Ausschöpfen nicht genutzter Finanzmittel vor Ende des Haushalts-
  jahres (sog. Dezemberfieber).
- Schlagkräftige Interessenorganisationen setzen über lobbyistische Tätigkeit Sonder-
  vorteile zu ihren Gunsten durch. Nicht die Leistungsfähigkeit am Markt, sondern
  das politische »Gewicht« bestimmt dann die Einkommensposition der Mitglieder
  entscheidend mit. Politiker nutzen diesen Zusammenhang; zur Sicherung ihrer
  Wiederwahl **erhöhen** sie die für den Bürger **merklichen Ausgaben** (Subventionen an Unternehmen; Sozialtransfers an private Haushalte) und bauen dafür die
  unmerklichen Einnahmen wie indirekte Steuern (z.B. Umsatzsteuer, Ökosteu-
  er) oder die staatliche Verschuldung aus. Insbesondere öffentliche Kreditaufnahme
  hat für Politiker den verführerischen Vorteil, die Staatsausgaben heute auszuweiten,
  die »Kosten« in Form von Steuererhöhungen aber in die Zukunft zu verlagern, also

---

40 B. Frey/G. Kirchgässner, 1994, S. 87 ff., S. 147 ff.; P. Koslowski, 1982, S. 52 f.
41 Vgl. Kapitel 5.1.
42 Vgl. http://www.steuerzahler.de/oeffentlicheverschwendung.htm

denjenigen aufzubürden, die für die heutige Regierung als Wähler keine Rolle spielen.[43] Anhand empirischer Untersuchungen lässt sich denn auch zeigen, dass die Zahl verabschiedeter Leistungsgesetze jeweils im Wahljahr deutlich ansteigt (»Wahlgeschenke«), zum Teil werden sie rückwirkend in Kraft gesetzt, um Nachzahlungen an gewisse Wählerschichten noch vor der Wahl durchführen zu können.[44]

• Wenn Politiker empfänglich für Forderungen nach Subventionen oder anderen Privilegien sind, dann ist es für Bürger und Unternehmen finanziell einträglich, die Anstrengungen nicht mehr allein auf die Erzielung von Einkünften am Markt zu richten, sondern sich in **Interessengruppen** zu **organisieren** und **staatliche Wohltaten** oder **Regulierungen** (Erhaltungssubventionen, Steuernachlässe, Handelshemmnisse, wettbewerbsrechtliche Ausnahmen, etc.) zu reklamieren. Anderenfalls müsste man sich mangelnde Cleverness vorhalten lassen und würde durch andere Interessengruppen gleichsam »ausgebeutet«.[45] Die **Dilemmasituation** ist offensichtlich, ein Teufelskreislauf entsteht. Es entstehen immer mehr organisierte Sonderinteressen, die sich in Verteilungskoalitionen zusammenschließen, um nach staatlich gewährten Vorteilen zu suchen oder die Wahrung ihrer Besitzstände zu betreiben. Diese gesellschaftlichen Interessen konkurrieren nicht systematisch miteinander. Die Vorteile einer Gruppe – z. B. hohe Subventionen an Wirtschaftszweige wie die Landwirtschaft oder die Kohleindustrie – gehen nicht direkt auf Kosten einer anderen Gruppe, sondern schlagen sich nur in diffus feststellbaren Belastungen aller Steuerzahler nieder. So besteht die Gefahr, dass Umverteilungsaktivitäten und Ausweitung der Produktion öffentlicher Güter zunehmendes Gewicht erlangen. Der **Staatsanteil** wird **ständig ausgebaut**, Steuern und Sozialabgaben werden mehr und mehr erhöht. Politiker setzen dieser Entwicklung aus kurzfristigen Eigeninteressen heraus kaum Widerstand entgegen. Das Verhältnis von marktmäßiger und staatlicher Produktion von Gütern und Verteilung von Ressourcen verliert zunehmend die Balance, die Grundlagen für Innovation, Wachstum und Beschäftigung werden allmählich unterminiert.[46]

4. Angesichts der Unzulänglichkeiten und Defizite demokratischer Entscheidungsprozesse ist die unreflektierte Verknüpfung der Diagnose »Marktversagen« mit dem »Ruf« nach dem Staat wenig überzeugend. Missstände »der« Marktwirtschaft werden angeprangert, ohne die Frage einer Alternative zu prüfen. Indes darf nur Vergleichbares gegenüber gestellt werden. Es ist illegitim, reale »unvollkommene« Marktprozesse mit einem idealen demokratischen Diskurs zu vergleichen.[47] Ökonomen sprechen in diesem Zusammenhang auch von »**nirwana approach**«. Ist der *reale* demokratische Entscheidungsprozess nur ein sehr unzulängliches Substitut für das Marktpreissystem und weist überdies manche Funktionsdefizite auf, so ist große Zurückhaltung gegenüber staatlichen Eingriffen in den Wirtschaftsablauf angezeigt. Diese Überlegung wird bestärkt, wenn man zusätzlich die Frage nach den Konsequenzen für die Moralstandards einer Gesellschaft einbezieht.

---

43 M. Tietzel, 1988, S. 91; W. Schäfer, 2000, S. 14.
44 Zusammenfassend J. Volkert, 1999, S. 162.
45 K. Homann, 1999, S. 81; G. Kirsch, 1999, S. 203
46 M. Olson, 1991, sieht in diesem Entwicklungsmuster den zentralen Erklärungsansatz für Aufstieg und Niedergang von Nationen.
47 W. Lachmann, 1998, S. 64; P. Koslowski, 1982, S. 52.

6.3.5. ... und die Konsequenzen für die Moral?

Es besteht kein Zweifel am hohen moralischen Wert der Demokratie als Herrschaftsform. In der Zustimmung der Bürger ist die einzige legitime Quelle der Souveränität
des Staates zu sehen.[48] Doch ist der unkritischen Annahme entgegenzutreten, es könne gar kein »zu viel« an Demokratie geben, denn demokratische Entscheidungsregeln
seien per se gut, »undemokratisches« Vorgehen per se verabscheuungswürdig. Hier
wird verkannt, dass der Staat nicht »die Verwirklichung der sittlichen Idee« ist, wie
der bekannte Philosoph *G.W.F. Hegel* meinte; und auf demokratischen Mehrheitsentscheidungen beruhendes staatliches Handeln nicht gleichzusetzen ist mit der Realisierung des Gemeinwohls. Daher besitzt die vorurteilsfreie, für viele provozierende
Frage Legitimität, ob nicht gerade die bei uns realisierten **demokratischen Institutionen und Strukturen mit zu Wertewandel und Moralverfall beitragen, Moralerosion** also **politisch induziert** ist.[49] Drei Zusammenhänge verdienen Beachtung:

1. Die Ausweitung des Staatsanteils hat es mit sich gebracht, dass immer mehr Güter
nicht über den Markt, sondern über demokratisch-bürokratische Entscheidungsverfahren verteilt werden. Bei der Zuteilung über diese alternativen Entscheidungssysteme gibt es indes gewichtige Unterschiede. Der Markt teilt die Güter entsprechend
der Zahlungsbereitschaft der Nachfrager zu; der Käufer muss seine Präferenzen offen
legen. Taktische Spiele und geschulte Rhetorik mögen ihm zwar für die Preisfindung
»hilfreich« sein, doch in einer Wettbewerbssituation wird dies keine systematischen
Effekte für die Moral nach sich ziehen.[50]
Bei der Zuteilung knapper Güter bzw. Einkommen im demokratischen Entscheidungsprozess ist dies anders.
• **Politischer Druck** über Sitzstreiks, Blockaden oder öffentliche Drohungen werden genutzt, um mittels Steuervergünstigungen oder Subventionen an Einkom-
  mensverbesserungen zu Lasten der Allgemeinheit zu gelangen.
• Man **übertreibt** bei Darlegung der eigenen Bedürfnisse, wenn es um die Bereitstellung von »Kollektivgütern« geht, die aus öffentlichen Kassen (mit-)finanziert
  werden (subventionierte Theater oder Stadthallen, etc.).
• Man **untertreibt** bei der eigenen Leistungsfähigkeit (z.B. bei den vielfältigen Formen der Steuervermeidung) oder dann, wenn sich eine öffentliche Umlagefinanzie-
  rung nach den eigenen Bedürfnissen richtet (z.B. Anlieger-, Kindergartenbeiträge,
  etc.).

Wer keinen Druck ausübt, wer nicht unter- oder übertreibt, sondern ehrlich, sparsam
oder bescheiden ist, vergibt leichtfertig Chancen im politischen Verteilungskampf.
Anders formuliert: moralisches Verhalten wird bestraft und unmoralisches Verhalten
prämiert. Es ist offensichtlich, dass diese Muster der moralischen Integrität der Bevölkerung nicht förderlich sind.[51] Die **Marktlösung** stellt daher **geringere Anforderungen an die moralische Integrität** als die demokratische Lösung.

---

48 W. Röpke, 1950, S. 23.
49 Vgl. H. Giersch, 1993, S. 20; W. Lachmann, 1994, S. 161.
50 Vgl. Kapitel 4.6.
51 Vgl. W. Lachmann, 1992, S. 3 f.; ders., 1987, S. 134 f.

2. Zahl und Intensität der staatlichen Interventionen in das Wirtschaftsgeschehen wie das Privatleben haben ständig zugenommen. Und damit wird aus der Quantität eine neue Qualität, die zu **wachsender moralischer Beanspruchung aller Beteiligten** führt.[52] Für mehr und mehr Bürger führt dies zu ständiger Überforderung in moralischen Dingen:

- bei der Steuererklärung *sollen* gewissenhaft nur die Aufwendungen angesetzt werden, die tatsächlich angefallen sind;
- in der gesetzlichen Krankenversicherung *sollen* Leistungen nur dem tatsächlichen Bedarf gemäß in Anspruch genommen werden, nicht aber darf aus Egoismus, Sorglosigkeit oder Unachtsamkeit zugegriffen werden;
- Reparaturen am Haus oder am Auto *sollen* über den Markt bezogen und nicht über den Schwarzmarkt beschafft werden;
- Sozialhilfe oder eine Sozialwohnung *sollen* nur dann in Anspruch genommen werden, wenn die aufgestellten bürokratischen Kriterien nicht im eigenen Sinne »gedeutet« werden müssen oder wenn dies vorher keine Einkommens- oder Vermögensverschiebungen innerhalb der Familie zur Voraussetzung hat;
- über organisierte Interessenverbände *sollen* vom Staat nur solche Ansprüche nach Subventionen oder Sozialleistungen eingefordert werden, die legitimerweise allen und insbesondere auch künftigen Generationen zugestanden werden können ...

Diese Liste ließe sich offensichtlich erheblich fortsetzen. Für die Politiker stellt sich die Situation spiegelbildlich dar. Sie müssen sich ständig mit Forderungen nach staatlichen Leistungen auseinander setzen, wohl wissend, dass zwischen den Zielen »Sachgerechtigkeit« und »Erhöhung der Wiederwahlchancen« häufig keine Brücke zu schlagen ist. *F. A. von Hayek* hat diese Entwicklungen mit scharfen Worten gegeißelt, als er von der »**inhärenten Korruption der modernen Demokratie**« sprach. »In jeder allmächtigen Volksvertretung beruhen die Entscheidungen daher auf einem legalisierten Verfahren von Erpressung und Korruption, das seit langem allgemein anerkannt ist und dem sich auch die Besten nicht entziehen können.«[53]

3. Ständige moralische Überforderung bringt schließlich die **Erosion moralischer Standards** mit sich. Individuelles Anspruchsdenken und Gruppenegoismus, Mitnahmementalitäten oder Leistungsunwilligkeit weiten sich aus und geben dem Ehrlichen und Leistungsbereiten immer mehr das Gefühl, er werde zum Dummen dieser Entwicklung. Also wird er sich den niedrigeren Moralstandards anpassen. Diese Entwicklung hält keine Gesellschaft auf Dauer aus. Der moralische Normenbestand, das Sozialkapital der Gesellschaft, schmilzt ab.[54] *R. Herzog* hat dieses Entwicklungsmuster in seiner Berliner Rede in klaren Strichen skizziert: »Vorteilsuche des Einzelnen zu Lasten der Gemeinschaft ist geradezu ein Volkssport geworden. Wie weit sind wir gekommen, wenn derjenige als clever gilt, der das soziale Netz am besten für sich auszunutzen weiß, der Steuern am geschicktesten hinterzieht oder der Subventionen am intelligentesten abzockt?«[55]

Nimmt man die vorgenannten Überlegungen ernst, spricht manches dafür, dass der vielfach diagnostizierte **Wertewandel** nicht oder nicht nur Konsequenz einer auto-

---

52 M. Tietzel, 1988, S. 101.
53 F. A. von Hayek, 1977, S. 11.
54 A. Habisch, 1999, S. 484.
55 R. Herzog, 1997, S. 11.

nomen Entwicklung ist, sondern durchaus aus **der inneren Logik demokratischer Prozesse** zu erklären ist, insofern endogener Natur ist. Die am Wahlzyklus und ihren Eigeninteressen orientierten Politiker formulieren Regeln und Institutionen, die dem Moralkapital der Gesellschaft abträglich sind, denen es an der »Nachhaltigkeit« für eine zuträgliche gesellschaftliche und wirtschaftliche Entwicklung fehlt. Der Moralverfall ist politisch induziert. Manche Ökonomen halten daher Schwarzarbeit und Steuerflucht inzwischen für »moralisch legitime« Formen des Protestes gegen einen unersättlichen, verschwenderischen und ungerechten Steuer- und Sozialstaat.[56]

4. Vielleicht ist daher die vielbeklagte **»soziale Kälte«** des Kapitalismus nicht oder nicht primär Folge einer zunehmenden Dominanz des Ökonomischen, des unaufhaltsamen Siegeszuges des Marktes, sondern eher **Folge einer zunehmenden Dominanz des Politischen.** Hohe Abgabenlast und umfassend angelegte Sozialpolitik machen misstrauisch gegenüber Armen, Ausgegrenzten und Benachteiligten und reduzieren die Bereitschaft zu bürgerlicher Solidarität oder Nächstenliebe. Wenn Hilfe und Daseinsvorsorge mehr und mehr zu einem staatlich einklagbaren Recht wird, dann verkümmert die Nächstenliebe.[57]

Allerdings zeigen empirische Untersuchungen, dass auch der Ausbau von Marktbeziehungen soziale Beziehungen der kleinen Gruppe verdrängen mag, die intrinsische Leistungsbereitschaft, gespeist aus Spaß, Neugier oder Pflichtbewusstsein zur Sache oder zum Nächsten, wird durch extrinsische Motivation, also durch Etablierung von Märkten und Preisen, reduziert.[58]

6.4. Die Begrenzung des demokratischen Konkurrenzmechanismus und Globalisierung

1. Demokratie als Herrschaftsform zieht ihre Legitimation aus dem Glauben an die sittliche Vernunft des Volkswillens.[59] In großen Gesellschaften bedeutet Demokratie faktisch, dass die Mehrheit des Wahlvolkes über gewichtige politische Fragen entscheidet. Das **Mehrheitsprinzip** ist ein **sinnvoller Kompromiss** zwischen Entscheidungsfähigkeit und Verankerung der Entscheidung im Volkswillen, für friedliche Veränderungen politischer Angelegenheiten eine unabdingbare Vorkehrung. Allerdings darf dieses Gestaltungsprinzip nicht verabsolutiert werden. Demokratie bedeutet nicht, dass die Mehrheit über jede Angelegenheit entscheiden darf. Ein souveränes Parlament darf nicht alles anordnen, was die Mehrheit der Abgeordneten für richtig hält, denn eine **unbeschränkte Demokratie** läuft Gefahr, zur **Tyrannei der Mehrheit** zu werden.[60] Dies ist – wie aufgezeigt – weder aus ökonomischen noch ethischen Überlegungen erwünscht.

Die Etablierung »**runder Tische**« oder von »**Bündnissen für Arbeit**«, bei denen gut organisierte Interessengruppen gleichsam mit ins Boot der »politischen Verantwortung« geholt werden, zementiert die skizzierte Entwicklung nur; diese »**korporativen Lösungen**« besitzen keine demokratische Legitimität, denn organisierte Interessen partizipieren an der politischen Macht, ohne

---

56 E. Hamer, 1998, S. 19; D. Schneider, 1997, S. 485 ff.
57 W. Lachmann, 1994, S. 166 f.
58 B. Frey/G. Kirchgässner, 1994, S. 96.
59 Vgl. K. Lenk, 1991, S. 937.
60 E. Hoppmann, 1988, S. 10 ff.; F. A. von Hayek, 1977, S. 11; W. Röpke, 1950, S. 23 f.

entsprechende Verantwortung übernehmen zu müssen; zudem ist nicht ersichtlich, wie der Interessenegoismus auf diese Art reguliert und gemeinwohlverträglich gemacht werden kann, denn mehr als unverbindliche Absichtserklärungen können Funktionäre großer Interessenverbände nicht abgeben; schließlich besteht die Gefahr, dass man sich auf Kompromisse »zu Lasten Dritter« (künftiger Generationen, Steuerzahler, Arbeitsloser o. ä.) verständigt. »Runde Tische« haben daher nur in überschaubaren, auf direkten Sozialbeziehungen beruhenden Gemeinwesen (Kirche, Vereine, Familie) ihre Berechtigung, weil sie eine »Moral der kleinen Gruppe« voraussetzen.[61]

2. Die Notwendigkeit einer Beschränkung der Staatsgewalt entfällt also nicht schon deshalb, weil sie durch die Mehrheit demokratisch legitimiert ist. Dem Interventionsstaat sind vielmehr wirksame Begrenzungen zu setzen. Durch eine **Demokratiepolitik** sind zweckmäßige Rahmenbedingungen für den politischen Wettbewerb zu formulieren. **Welche Regelungen zur Kontrolle politischer Macht können in demokratisch-rechtstaatliche Systeme eingebaut werden?** **Zwei Lösungswege** bieten sich an:

- Zum einen können wirtschaftspolitische **Kompetenzen auf autonome Institutionen verlagert** werden, wodurch Teilbereiche der Wirtschaftspolitik aus dem parteipolitischen Konkurrenzmechanismus ausgegliedert werden. Diesen Weg ist man in der **Geldpolitik** gegangen. So haben die Alliierten 1948 dem neuen deutschen Staat eine **autonome Zentralbank** verordnet, die dem Ziel der Geldwertstabilität verpflichtet sein sollte. Damit sollte den Politikern der Zugang zur »Notenpresse« verwehrt werden, denn dieser Zugriff erlaubte im Ersten und Zweiten Weltkrieg die ebenso verführerische wie unmoralische Möglichkeit zu kreditärer Kriegsfinanzierung bei der Zentralbank. Folge war eine massive Geldentwertung und die Notwendigkeit einer Währungsreform. Die unsolide Kriegsfinanzierung führte zu faktischer Enteignung des geldsparenden Mittelstandes. Zentralbankautonomie kann somit als eine moralische Regel interpretiert werden, mit der Politiker das Versprechen abgeben, die Bevölkerung nicht durch Zugriff auf die Notenpresse und Inflation betrügen oder enteignen zu wollen. Ähnlich hat man die **Wettbewerbspolitik** (weitgehend!) einem unabhängigen Kartellamt übertragen, um alle Wettbewerbsbeschränkungen zu bekämpfen. In diesem Sinne könnte man z. B. Fragen der Besoldung und der Altersversorgung der Politiker wie auch der Parteienfinanzierung regeln.

- Zum anderen können sich Politiker **konstitutionelle Selbstbindungen** auferlegen, indem sie aus weiser Selbstbeschränkung gesetzliche Handlungsgrenzen einführen. *H. Siebert*[62] hat für solches Vorgehen gegen die Kurzfristorientierung in der Politik den Vergleich mit der griechischen Sagengestalt *Odysseus* gebraucht. Dieser wusste um die Gefahren der Sirenenklänge; daher hat er sich vorsorglich von seiner Mannschaft an den Schiffsmast binden lassen, um sein Fahrtziel zu erreichen. Gesetzlich verankerte Selbstbindungen sind dann rational, wenn erkannt wird, dass man künftigen Versuchungen vermutlich nicht zureichend standhalten wird. Politiker könnten sich aus der Erkenntnis der Funktionsdefizite der Demokratie heraus Selbstbindungen auferlegen, z. B. hinsichtlich der Begrenzung der Staatsverschuldung.

---

61 Vgl. Kapitel 2.2.3.
62 Ders., 1997, S. 17.

Europäische Währungsunion und Stabilitätspakt: Die im Maastrichter Vertrag festgelegten Konvergenzkriterien für die Beitrittsländer zur Währungsunion können als solch eine Form von Selbstbindung interpretiert werden. So hat die Festschreibung der Neuverschuldung auf 3% und die Schuldenstandsquote auf 60% des Bruttoinlandsproduktes zu beachtlichen Sparanstrengungen geführt. Im Stabilitätspakt haben sich die Teilnehmerländer der Währungsunion darüber hinaus verpflichtet, von der genannten 3%-Regel auch nach Inkrafttreten der Währungsunion nur bei schweren Rezessionen abzuweichen. Indes zeigte die tatsächliche Überprüfung der Konvergenzkriterien wie auch die erste »Ausnahmegenehmigung« vom Defizitkriterium des Stabilitätspaktes gegenüber Italien, dass solche kollektiven Selbstbeschränkungen nur dann hinreichend funktionieren, wenn wirksame Sanktionen bei Nichtbeachtung der Regel verhängt werden.

3. Können die Handlungsspielräume von Politikern in Demokratien sinnvoll verändert werden, wenn dies den Interessen der gegenwärtigen Amtsinhaber zuwiderläuft? Wie kann z.B. dafür gesorgt werden, dass Politiker bei der Neuaufnahme von Schulden oder bei der Sanierung der Rentenversicherung nicht Lasten in die Zukunft verschieben? Ist mit effektiven Regelungen zur Selbstbindung der Politik zu rechnen, wenn Kurzfristorientierung der Politiker und Unwissenheit und Stimmungsschwankungen der Wähler das politische Geschehen bestimmen?
- Die Antwort ist nicht eindeutig. Einerseits ist ein entscheidender Vorteil der parlamentarischen Demokratie, dass sie von ihrer Konstruktionsidee her jene Flexibilität aufweist, die institutionelle Veränderung zulässt. Und langanhaltende Wachstumsschwäche, hohe Dauerarbeitslosigkeit, anwachsender Staatsanteil und massive Umverteilung mit geringem Wirkungsgrad machen einem großen Teil der Bevölkerung bewusst, dass man von dem umfassenden Interventions- und Sozialstaat vermutlich gar nicht profitieren kann; werden daher nicht mehr und mehr Wahlbürger für eine **Trendumkehr** plädieren?[63] Das wäre der glückliche Schluss, er entspricht dem Prinzip Hoffnung.
- Doch man könnte auch eine skeptische Schlussfolgerung ziehen. Es ist darauf hingewiesen worden, dass im Bereich der demokratischen Politik kein der unsichtbaren Hand analoger Rückkopplungsmechanismus wirkt.[64] Politiker setzen nicht nur die Rahmenbedingungen für Güter- und Faktormärkte, sondern auch für sich selbst. Und gerade diejenigen Politiker, die »Vorleistungen« zur Selbstbeschränkung erbringen, laufen Gefahr, im politischen Konkurrenzkampf gegenüber solchen Politikern zu unterliegen, die weiterhin vielsagende und opulente Versprechungen machen. Ein fortschreitender Niedergang wäre die Folge; hierfür gibt es historische Beispiele. So ist bekanntlich das Römische Reich nicht an äußeren Feinden, sondern an schlechter, unmoralischer Wirtschafts- und Sozialpolitik zugrunde gegangen.[65]

4. Die **Globalisierungstendenzen,** d.h. die zunehmende Vernetzung von Märkten, verändert nun aber das Verhältnis von Politik und Ökonomie; die Spielräume der Wirtschafts- und Sozialpolitik reduzieren sich mit der Ausweitung bzw. Internationalisierung von Wirtschaftsbeziehungen. Mit dem bekannten französischen Soziologen *Pierre Bourdieu* lässt sich dies polemisch in die Frage kleiden, ob künftig die internationalen Kapitalmärkte vorschreiben dürfen, ob Kapitalerträge zu besteuern sind, wie viel Urlaub wir uns genehmigen dürfen und ob der Flächentarifvertrag obsolet wird.[66]

---

63 Vgl. G. Kirsch, 1999, S. 211 und M. Olson, 1985, S. 308 f.
64 C. Watrin, 1999, S. 258.
65 Vgl. W. Lachmann, 1994, S. 169 f.
66 Vgl. dazu H.D. Barbier, 1996, S. 13.

Liberale Ökonomen sehen in der Globalisierung hingegen einen Gewinn, gerade auch im Hinblick auf die Spielräume von Wirtschafts- und Sozialpolitik. Sie erkennen sehr wohl, dass die Souveränität der Staaten um so mehr schwindet, je offener die Welt ist. Globalisierungstendenzen bringen einen intensiven **Standortwettbewerb** von Gemeinden, Regionen und ganzen Volkswirtschaften mit sich, und zwar um Kapital und unternehmerische Initiative, deren Mobilität sich in den letzten Jahrzehnten besonders erhöht hat. Anders formuliert: der Wettbewerb der überwiegend immobil bleibenden Arbeitskräfte um das mit größerer Mobilität ausgestattete Kapital und Unternehmertum verschärft sich. Für die Standortbedingungen aber ist wesentlich die nationale Wirtschafts- und Sozialpolitik verantwortlich, so dass sich Regierungen und Notenbanken stärker als bislang gezwungen sehen, sich dem ökonomischen Urteil der internationalen Finanzmärkte zu stellen.[67]

Damit stellt sich Wettbewerb gleichsam auf einer »höheren Ebene« ein; es kommt zum **Wettbewerb der Systeme.** Setzt der Staat die Rahmenbedingungen für die Unternehmen im Wettbewerb, so werden nun diese Staaten ihrerseits zu im globalen Wettbewerb stehenden »Regionalanbietern« von institutioneller Infrastruktur und öffentlichen Gütern.[68] Dieser Systemwettbewerb zähmt zwar die Regierungen in der Ausweitung staatlicher Aktivitäten, doch führt dies nicht zum ungebremsten Wettlauf der Staaten um den Abbau des Steuer- und Sozialstaates bis hin zum »Kapitalismus pur«, wie vielfach befürchtet wird. Denn etliche staatliche Regulierungen wie eine ausgebaute Infrastruktur sind als Standortvorteil zu interpretieren. Viele sozialpolitische Leistungen erhöhen den sozialen Frieden und tragen auf diese Weise zur Produktivität einer Volkswirtschaft bei. Allerdings wird sich nicht mehr jedes Umverteilungsvorhaben realisieren lassen. Dies ist einerseits zu begrüßen, weil die Betroffenen sich dem teilweise konfiskatorischen Zugriff des Staates durch Abwanderung zu entziehen suchen. Andererseits mag die Globalisierung aber auch einen ökonomisch wie ethisch kaum vertretbaren Wettbewerb bedingen, da es bislang an zureichenden Ordnungsstrukturen auf globaler Ebene fehlt.[69] Zudem mag ein Abbau oder Umbau des Leistungs- und Wohlfahrtsstaates unter dem Druck der Globalisierung zwar insgesamt als vorteilhaft anzusehen sein, doch ist zu befürchten, dass dies unter den Bedingungen des beschränkten Parteienwettbewerbs und des ungleichgewichtigen Interessenpluralismus durchaus unausgewogen und unsozial vonstatten gehen wird.

---

67 Sachverständigenrat, 1997, Tz. 306 ff.; H. Siebert, 1998, S. 51 f.
68 O. Issing, 1998, S. 3; K. Homann, 1999, S. 90 und C. Kirchner, 1999, S. 383.
69 O.Höffe, 2000, S. 14.

7. Unternehmensethik in der Marktwirtschaft

7.1. Warum die Beschäftigung mit Unternehmensethik?

1. Führungskräfte beschäftigen sich in den letzten Jahren zunehmend mit den moralischen Aspekten unternehmerischen Handelns. Dies ist kein Zufall, denn zunehmend werden Unternehmen für kaum übersehbare **Missstände** unserer modernen Wirtschaftsweise verantwortlich gemacht, seien dies nun Massenentlassungen, Korruptionsaffären, Umweltskandale, Waffenlieferungen in Krisengebiete oder Missachtung der Menschenrechte in Entwicklungsländern. Die Bedeutung moralischer Konflikte ist für die Praxis nicht übersehbar. Viele Unternehmen sind moralisch in die Defensive geraten. Unternehmensethik ist somit auch eine **Reaktion auf Krisenerfahrungen**.

2. Allerdings ist mit dieser Einsicht nicht viel gewonnen. Wird Unternehmensethik nur aus reaktiver Orientierung betrieben, dann werden Unternehmen kaum dauerhaft zu ethischer Reflexion und zur Übernahme moralischer Verantwortung bereit sein. Unternehmensethik wäre dann Krisenstrategie in moralischen Konfliktsituationen und häufig Alibi zur Beruhigung der Öffentlichkeit oder des eigenen Gewissens. Jedenfalls wäre kaum ein nachhaltiges Interesse zu erwarten. Doch dies kann kaum das letzte Wort in der Diskussion um die Frage: »Warum Unternehmensethik?« sein. Daher sind Möglichkeit und Funktion einer eigenständigen Unternehmensethik in der Marktwirtschaft genauer zu klären. Es gilt also die **Aufgabe** der Unternehmensethik gegenüber der in den marktwirtschaftlichen Rahmenbedingungen verankerten Ordnungsethik zu bestimmen und abzugrenzen. **Zwei Grundfragen** sind dabei zu beantworten:

- Warum soll einem Unternehmen überhaupt moralische Verantwortung zugewiesen werden, wenn doch moralische Anforderungen zuallererst in der Rahmenordnung verankert sein sollen?[1] Kurz gefragt: **Warum ist Unternehmensethik notwendig?**

Und bei Bejahung stellt sich dann als weitere Frage:

- Kann ein Unternehmen in einem wettbewerblichen Umfeld überhaupt Verantwortung übernehmen, und wenn ja, in welchem Ausmaß und in welchen Situationen kann oder soll es dies? Vereinfacht gefragt: **Ist Unternehmensethik möglich?**

---

1 Vgl. Kapitel 4.3.

7.2. Ist Unternehmensethik überflüssig?
Shareholder Value oder Stakeholder Value

1. Der einflussreiche amerikanische Nationalökonom und Nobelpreisträger *Milton Friedman* ist der Auffassung, in einer Marktwirtschaft gebe es nur eine legitime Forderung an ein Unternehmen, und die heißt **Gewinnmaximierung**. Er schreibt: »In einem freien Wirtschaftssystem gibt es nur eine einzige Verantwortung für die Beteiligten: sie besagt, dass die verfügbaren Mittel möglichst gewinnbringend eingesetzt und Unternehmungen unter dem Gesichtspunkt der größtmöglichen Profitabilität geführt werden müssen ...«[2] Unternehmen sind durch den Druck des Wettbewerbs gezwungen, effizient zu produzieren und Gewinne zu machen. Ihre Aufgabe ist offensichtlich Effektivität und Effizienz, nicht aber Moralität. Selbst wenn moralisch verantwortliches Handeln für Unternehmen möglich wäre, würde dies nur den Wettbewerbsmechanismus schwächen und die Lenkungsmechanik der Preise beeinträchtigen. Aus dieser Perspektive ist **Unternehmensethik überflüssig!**[3]

Diese Auffassung wird in solch apodiktischer Zuspitzung wohl kaum allgemeine Zustimmung erfahren, insofern besteht vermutlich weitgehend Konsens. Der common sense ist indes ein schlechter Ratgeber in ökonomischen wie moralischen Fragen. Deshalb muss grundsätzlicher nachgefragt werden. Zur Klärung hierzu ist der Rückgriff auf die heftig geführte Debatte um »**Shareholder-Value** versus **Stakeholder-Value**« sinnvoll. Unter diesem Gegensatzpaar wird die Frage erörtert, **welchen Zielsetzungen eine Unternehmensführung verpflichtet sein sollte.**

2. Das **Shareholder-Modell** formuliert eine **vertrags- oder kontrakttheoretische Sicht** des Unternehmens.[4] Unternehmen werden als ein Netz von Verträgen interpretiert. Sie sind auf Basis der Vertragsfreiheit entstanden als Institutionen des Privatrechts.

- Ausgangspunkt für die Gründung eines Unternehmens ist die Bereitschaft von Eigenkapitalgebern, ihre Ersparnisse in Haftungskapital (Risikokapital) zu investieren *und* für die Leitung der Geschäfte zu sorgen. **Grundvertrag** des Unternehmens für die Klärung dieser Fragen ist der **Gesellschaftsvertrag**.
- Darauf aufbauend schließen die Unternehmen mit **Arbeitnehmern** Verträge auf Zeit gegen eine zumeist fixe Entlohnung ab. Auch andere **Vertragspartner** wie z.B. Lieferanten, Kreditgeber, Immobilieneigentümer erhalten für ihre Leistung im Regelfalle ebenfalls ein **Kontrakteinkommen** (Kaufpreis, Zins, Pacht).

Diese Überlegung erhellt zugleich, dass Unternehmertum mit **Risiken** behaftet ist. Sind die für ein Unternehmen am Markt erzielbaren **Umsätze** mehr oder weniger ungewiss, so sind die **Kosten** für den Einsatz der benötigten Produktionsfaktoren aufgrund fixierter Vertragsversprechen gewiss. Eigenkapitalgeber haben mit ihrem Kapitaleinsatz auch für eventuell eintretende Verluste einzustehen und können nicht wie Fremdkapitalgeber oder Arbeitnehmer vertraglich fixierte Einkommensansprüche geltend machen. Unternehmer haben nur Anspruch auf ein unsicheres Einkommen, den erwirtschafteten Überschuss (= **Residualeinkommen)**, dies ist der **Gewinn**. Aus dieser Sicht ist bei allen unternehmerischen Entscheidungen legitimes Ziel die

---

2 M. Friedman, 1984, S. 175.
3 Vgl. B. Noll, 1993, S. 3 f.; P. Koslowski, 1988, S. 209.
4 R. Strätling, 1997, S. 3 f.

Maximierung der Gewinne; es ist gleichsam »Überlebensaufforderung« für im Wettbewerb stehende Unternehmen, und zwar unabhängig von ihren Eigentumsverhältnissen.[5]

3. Hier setzt die Kritik der Verfechter des **Stakeholder-Konzepts** an. Sie sehen die Shareholder-Value-Doktrin als ungerechtfertigt oder unmoralisch an, weil berechtigte Interessen nicht ausreichend berücksichtigt würden. Unternehmen werden nach diesem Denkansatz als »gesellschaftliche Veranstaltungen«, als »quasi-öffentliche Institutionen« interpretiert.[6] Grundlage hierfür ist die **Koalitionstheorie der Unternehmung**; im Unternehmen findet sich eine Koalition unterschiedlicher Interessengruppen zusammen, die **Leistungen** oder **Beiträge**[7] für das Unternehmen erbringen und dementsprechend Ansprüche stellen. Wichtige Koalitionäre sind Geschäftsführung, Arbeitnehmer, Aktionäre, Gläubiger, Zulieferer, Kunden, Staat und Kommunen, mögen aber im Einzelfalle auch Nachbarn, Verbände oder umwelt- oder entwicklungspolitische Gruppen sein.[8] Diese »Stakeholder«, also von dem unternehmerischen

	Shareholder-Ansatz	**Stakeholder-Ansatz**
Denkansatz	»A firm is a set of contracts«	Unternehmen ist eine Koalition von Interessengruppen
theoretische Basis	Vertragstheorie: • EK-Geber schließen Gesellschaftsvertrag • Vertragspartner mit fixierten Vertragsversprechen (=Kontrakteinkommen)	Koalitionstheorie: • Kapitalgeber, Arbeitnehmer, Management, Lieferanten, Kunden, Kommune bilden Koalition • Beiträge ↔ Ansprüche • Management als Moderator
Zielfunktion	Maximierung der Gewinne (=Residualeinkommen)	komplexes Zielbündel: angemessene Gewinne, hohe Löhne, Arbeitsplatzsicherheit, hohes Steueraufkommen, etc.
Realisation	eher in USA	eher in BRD (z.B. Mitbestimmungs- u. Aktiengesetz; Arbeitsrecht)
Kritik / Gefahren	Überschätzung der Kontroverse	
	ungerecht, weil Bevorzugung der Kapitalgeber?	Politisierung der Unternehmen
		Unternehmensrenditen stehen im globalen Wettbewerb

Abb. 4: Stakeholder- oder Shareholder-Ansatz

---

5 H. Steinmann, 1998, S. 11. In engerer Fassung bezieht sich der Shareholder-Ansatz nur auf Unternehmen, die als Aktiengesellschaft firmieren; dementsprechend versteht man dann unter Shareholder Value eine Geschäftspolitik, die auf Steigerung des Aktionärsvermögens ausgerichtet ist. Vgl. E. Wenger/L. Knoll, 1999, S. 433.

6 Vehementester Verfechter dieser Position ist P. Ulrich; vgl. z.B. ders., 1997a, S. 3 ff. und 1998, S. 3 ff.; dazu H.-U. Küpper/A. Picot, 1999, S. 140 und I. Pies/F. Blome-Drees, 1993, S. 750 f.

7 Beiträge müssen also in einem sehr weiten Sinne verstanden werden.

8 Zu den verschiedenen Stakeholder-Gruppen K. M. Leisinger, 1997, S. 97 ff.; M. Schüz, 1999, S. 25 ff.

Agieren »Betroffenen«, sind im vorhinein nicht trennscharf abgrenzbar. Dem **Management** kommt eine Moderatorenfunktion zu; es muss versuchen, die sich teilweise widersprechenden **Ansprüche** der verschiedenen Interessengruppen (z.B. hohe Löhne, langfristige Arbeitsplatzsicherheit, hohe Gewinne, hohes Steueraufkommen, dauerhafter Verbleib an einem Standort, etc.) zum Ausgleich zu bringen und dabei möglichst **weitgehend zu befriedigen** suchen. Wert- und Interessenkonflikte sind im Idealfalle jeweils unter Beteiligung aller Betroffenen zu lösen.

Aus Gründen der »**Verteilungsgerechtigkeit**« wird die Forderung nach Gewinnmaximierung zu Gunsten einer **multidimensionalen Zielfunktion** zurückgewiesen. Das Gewinninteresse der Kapitalgeber wird vielmehr nur als ein legitimes Interesse neben anderen angesehen. Begründet wird dies damit, dass Anteilseigner – wie andere Stakeholder auch – nur einen Produktionsfaktor bereitstellen und lediglich ein finanzielles Risiko bzw. ein Vermögensrisiko tragen. Im Vergleich dazu wird z.B. das Arbeitsplatzrisiko als ungleich bedeutsamer eingestuft.[9]

4. Die beiden skizzierten **idealtypischen Konzeptionen** sind in keiner Rechtsordnung in Reinkultur verwirklicht; allerdings ist der bundesdeutsche Gesetzgeber lange Zeit eher dem Stakeholder-Ansatz gefolgt; dementsprechend haben wir im Aktienrecht, Mitbestimmungsrecht und vor allem im Tarif- und Arbeitsrecht Regelungen realisiert, die den Einfluss der Kapitalgeber zu Gunsten anderer Interessengruppen, vor allem der Gewerkschaften und der Arbeitnehmer, teilweise auch der Banken und der öffentlichen Hände, zurückzudrängen suchen. Dies dokumentiert sich beispielsweise

- in den **Gewinnverwendungsregeln** der Aktiengesellschaft (§§ 58 ff. Aktiengesetz), die der Verwaltung (= Aufsichtsrat und Vorstand) vorab gegenüber den Aktionären ein weitgehendes Gewinnverwendungsrecht zugestehen;
- in weitgehenden **Mitspracherechten des Betriebsrats** bei Personalentscheidungen wie Entlassungen oder Neueinstellungen oder neuerdings auch gesellschaftspolitischen Belangen wie der Förderung des Umweltschutzes oder der Bekämpfung des Rassismus;
- in dem Vorrang der **Tarifbindung** bei der Lohnfindung, die das gewerkschaftliche Bestandsinteresse selbst vor das individuelle Interesse des Arbeitnehmers an die Erhaltung seines Arbeitsplatzes stellt.[10]

5. Eine **Würdigung** der beiden Ansätze hat folgende Überlegungen zu beachten:
- Es ist ein Missverständnis über die Funktionsweise von Marktwirtschaften, wenn dem Shareholder-Ansatz vorgeworfen wird, das Gewinninteresse habe hier einseitig Vorrang vor anderen Interessen, namentlich dem Arbeitnehmerinteresse. Alle Vertragspartner des Unternehmens – seien es nun Arbeitnehmer, Lieferanten oder Kreditgeber – werden durch die herrschende Rechtsordnung geschützt; ihre vertraglich fixierten Einkommen sind zu erfüllen, *bevor* die Anteilseigner Anspruch auf das

---

9 R. Strätling, 1997, S. 3.
10 *Burda* hatte nach dramatischem Preisverfall mit jedem Mitarbeiter einen Einzelvertrag geschlossen, der den Beschäftigten gewisse Konzessionen bei tarifvertraglich vereinbarten Zuschlägen und Zulagen abverlangte, dafür aber eine Beschäftigungsgarantie vorsah. Die IG-Medien hat diese Arrangements mit Hilfe der Gerichte durch Verweis auf ihre Koalitionsfreiheit verhindern können. Vgl. umfassend U. Wagner, 2000, S. 19 ff.

Residuum haben. Die **Maximierung des Shareholder-Value** kann somit nur **unter gewichtigen Restriktionen** stattfinden.[11]

• Auch wenn nicht bestritten werden kann, dass die Shareholder nach der Rechtsordnung den gewichtigsten Einfluss auf das Zielsystem ausüben, wird ein Unternehmen nur erfolgreich sein, wenn es die Interessen von Mitarbeitern, Kunden, Lieferanten, etc. zureichend beachtet. Gute Beziehungen zahlen sich aus, denn unmotivierte Mitarbeiter werden schlampig, verärgerte Kunden bleiben aus und verprellte Zulieferer werden nachlässig. Diese **Interessen** werden also jeweils durch den **Wettbewerb** an den Güter-, Arbeits- und Kapitalmärkten **geschützt**. Damit gewinnen Stakeholder **faktisch** Einfluss auf unternehmenspolitische Entscheidungen.[12] Insofern **konvergieren** Shareholder- und Stakeholder-Ansatz bei richtigem Verständnis.[13] Die Orientierung am Shareholder-Value bedingt auch keinen Turbokapitalismus, wie vielfach behauptet wird; so gibt es viele **sozialpolitische und arbeitsrechtliche Errungenschaften**, die gleichermaßen im Interesse der Arbeitnehmer wie der Unternehmer liegen und von daher freiwillig vereinbart würden. So ist es auch im Interesse der Arbeitgeberseite, wenn Kündigungsfristen eingehalten, Fort- und Weiterbildung oder Urlaub finanziert werden, Mitbestimmungs- oder Gewinnbeteiligungsrechte gewährt werden. Zum Beispiel ist unternehmensfinanzierte Fortbildung häufig für beide Vertragspartner eine lohnende humanspezifische Investition, die aber dann eine beidseitige Selbstbindung über längere Kündigungsfristen notwendig macht. Oder Unternehmen beteiligen ihre Mitarbeiter über Aktienoptionen, Prämien oder Investivlöhne an unternehmerischen Entscheidungen auch finanziell, um Identifikation und Motivation für das Unternehmen zu fördern.

• Würde man hingegen die Legitimität des Gewinnmaximierungszieles grundsätzlich in Frage stellen und jeder Stakeholder-Gruppe eine Veto-Position einräumen – wie das von manchen Vertretern des Stakeholder-Ansatzes propagiert wird –, um dann den unternehmerischen Zielfindungsprozess durch einen jeweiligen Diskurs aller Interessengruppen zu ermitteln, müssten **ständig Grundsatzdiskussionen** zwischen allen Betroffenen geführt werden.[14] Es entstünde ein »moralischer Dauerbegründungsstress« und die entlastende Funktion allgemeiner Regeln,[15] in der moralische Konflikte grundsätzlich gelöst werden können, würde nicht genutzt. Auf eine sinnvolle Arbeitsteilung zwischen den verschiedenen Ebenen einer Wirtschaftsethik

---

11 Vgl. E. Wenger/L. Knoll, 1999, S. 436 f. Es soll nicht bestritten werden, dass unter dem Schlagwort »Shareholder-Value« manch fragwürdige Auswüchse der Sanierung oder Zerschlagung von Unternehmen stattgefunden haben (vgl. M. Schüz, 1999, S. 10), doch spricht nichts dafür, dass das Management bei rationalem Verhalten und angemessenen Rahmenbedingungen nur die **kurzfristige Mehrung der Gewinne** bei Vernachlässigung aller anderen berechtigten Interessen im Kopf haben sollte (ausführlich dazu U. Immenga/B. Noll, 1990, S. 79 ff.) Es ist daher nicht legitim, eine sinnvolle Konzeption mit Fragwürdigkeiten, die in ihrem Namen begangen werden, zu diskreditieren. Auch das Autofahren wird nicht verboten, weil es Autofahrer gibt, die durch zu schnelles Fahren zur systematischen Selbstschädigung und zur Schädigung Dritter beitragen.

12 H.-U. Küpper, 1999, S. 55.

13 Das Stakeholder-Modell hat eine wichtige heuristische Funktion, weil es für mögliche Entscheidungskonflikte sensibilisiert; vgl. Kapitel 8.2.

14 I. Pies/F. Blome-Drees, 1993, S. 763; K. Homann/F. Blome-Drees, 1992, S. 126.

15 Z.B. Unternehmensleitlinien, vgl. dazu Kapitel 9.1.

würde verzichtet. Unternehmen haben indes primär andere Aufgaben, als ständig Grundsatzdiskussionen zu führen.

- Weitere unerwünschte Folgewirkungen sind zu erwarten; werden die Gewinninteressen zu Gunsten anderer Anspruchsgruppen geschmälert, so werden zugleich die **Freiräume des Managements erhöht**. Je mehr Gruppen Ansprüche an die Unternehmenspolitik stellen können, um so unbestimmter werden die daraus erwachsenden Zielvorgaben für die Unternehmensleitung, um so schwieriger wird aber auch eine Kontrolle des Managements.[16] Es spricht manches dafür, dass der Strukturwandel in Deutschland aufgrund dieses Sachverhaltes lange Zeit verzögert wurde.[17]

- Für **Eigenkapitalgeber** ist dies eine wenig verlockende Perspektive. Werden ihre Kontrollkosten gegenüber dem Management erhöht und ihre residualen Ansprüche durch Mitspracherechte anderer Koalitionäre ausgehöhlt, so wird sie dies zu geringerem unternehmerischen Engagement veranlassen. Vermögen in Risikokapital zu verwandeln und damit Arbeitsplätze zu schaffen, steht bekanntlich im **Wettbewerb** zu anderen Anlageformen (z.B. festverzinslichen Wertpapieren) und zu Direktinvestitionen im Ausland. Anders formuliert: hält man die Ansprüche anderer Interessengruppen als die der Anteilseigner für so bedeutsam, dass man ihnen definitive Mitentscheidungs- oder Veto-Rechte zugesteht, so werden **Kapitalgeber höhere Risikoprämien** fordern und/oder ihre **investiven Engagements reduzieren**.

6. Für das Gewinnprinzip spricht zunächst durchaus eine **ethische »Richtigkeitsvermutung«**[18]. Das Gewinnstreben eines Unternehmens soll durch die marktwirtschaftliche Rahmenordnung in solche Bahnen gelenkt werden, die es ethisch legitim erscheinen lassen. Allerdings steht dieses Ergebnis unter der Prämisse, dass in der **marktwirtschaftlichen Rahmenordnung** die berechtigten moralischen Anliegen aller Anspruchsgruppen in einer Gesellschaft erfasst und zum Ausgleich gebracht werden.[19] Dies ist indes kaum zu erwarten.

7.3. Gründe für eine eigenständige Unternehmensethik

1. Für Unternehmen wäre es wünschenswert, wenn ihr Verhalten bei Beachtung der bestehenden gesetzlichen Vorschriften in jedem Falle moralisch legitim wäre. Doch wäre das nur der Fall, wenn moralische Ansprüche immer schon durch den Markt und die Rahmenbedingungen erfolgreich durchgesetzt würden. Nur dann würden **gesetzliche Legalität** und **moralische Legitimität** zusammenfallen; für eine eigenständige Unternehmensethik wäre kein Bedarf und kein Raum. Jedoch gibt es manche Gründe dafür, dass die politisch gesetzte Rahmenordnung ethische Forderungen unzureichend erfasst und daher unvollkommen bzw. defizitär ist. Vier wichtige **Gründe** für Defizite in der Rahmenordnung besitzen Relevanz: [20]

---

16 E. Wenger/L. Knoll, 1999, S. 442.
17 R. Strätling, 1997, S. 6.
18 H. Steinmann/A. Löhr, 1994, S. 132.
19 K. Homann/F. Blome-Drees, 1992, S. 114; J. Wieland, 1994a, S. 217.
20 Zusammenfassend K. Homann/F. Blome-Drees, 1992, S. 114 ff; B. Noll, 1993, S. 34.

- Zum einen setzen Gesetze und Verordnungen immer nur **äußere Grenzen** für wirtschaftliches Handeln. Regeln sollen zur Erhaltung der Freiheitsspielräume aller gewisse Verhaltensweisen untersagen oder gebieten.[21] Sie determinieren Verhalten zumeist nicht. Selbst bei Durchsetzung effizienter und gerechter Rahmenregeln verbleiben Handlungsspielräume, die auch für moralisch fragwürdiges Verhalten genutzt werden können.[22] Dies zeigt beispielsweise die Diskussion um geschmacklose oder aggressive **Werbestrategien von Unternehmen.**

- Die Unvollständigkeit der Rahmenordnung ist zudem unvermeidlich, weil sich die Gesellschaft in einer dynamischen Welt fortlaufend **neuen wirtschaftlichen Problemen** ausgesetzt sieht wie sich auch die **moralischen Bewertungen von Problemlagen** dauernd verändern. Der **gesetzliche Rahmen** muss daher ständig **fortentwickelt** werden; der Gesetzgeber wird dies stets erst mit **zeitlicher Verzögerung** in Angriff nehmen können. Dies zeigte sich beispielsweise am **Umweltschutz.** Ökologische Anliegen gelangten erst Ende der 60er/Anfang der 70er Jahre allmählich ins Bewusstsein der Bevölkerung und besitzen auch erst seitdem moralische, ökonomische und gesellschaftliche Relevanz. Entsprechende Umweltvorschriften wurden daher auch erst allmählich ein Thema der Rechtsetzung. In jüngerer Zeit stellen die neuen Entwicklungen im Bereich von **Gentechnik** und **Biotechnologie** die Gesellschaft vor neue Herausforderungen, deren moralische und ökonomische Konsequenzen noch nicht hinreichend absehbar sind.[23]

- Weiterhin ist zu beachten, dass **Politiker** der Aufgabe, eine **effiziente und gerechte Rahmenordnung** zu formulieren, aufgrund der Eigengesetzlichkeiten der Demokratie **nicht zureichend nachkommen.** So sorgt insbesondere der **ungleichgewichtige Interessenpluralismus** dafür, dass manche schlagkräftigen Interessengruppen den Inhalt staatlicher Regelungen einseitig zu ihren Gunsten beeinflussen können, während die berechtigten Anliegen schlecht organisierbarer Gruppen unberücksichtigt bleiben.[24] Ein solches Ungleichgewicht wird man z.B. bei den Produzenteninteressen der Chemie oder der Landwirtschaft im Verhältnis zu den auf politischer Ebene wenig durchsetzungsfähigen Verbraucherinteressen feststellen können. Die immer wieder in den Medien präsentierten Affären und Skandale über den Einsatz chemischer Gefahrenstoffe, die Tierhaltungs- und Fütterungspraktiken in der Landwirtschaft oder die Verarbeitungsmethoden der Ernährungsindustrie stehen als **Symptome** für strukturelle Mängel unserer Demokratie, die **Verbraucherschutz** systematisch zu kurz kommen lassen. Hier sind es vielfach Unternehmen und ihre Lobbyisten, die über ihre Einflussnahme für Defizite in der Rahmenordnung sorgen.

- Schließlich wächst die Welt im Zeitalter der **Globalisierung** – ökonomisch gesehen – immer stärker zusammen. Allerdings ist eine **Weltwirtschaftsordnung**, wie sie seit langem gefordert wird, nicht in Sicht. Vielmehr werden wichtige Interessen wie die der Verbraucher oder der Arbeitnehmer in verschiedenen Gegenden der Welt ganz unterschiedlich geschützt. Ein Produktionsverfahren, dass aufgrund von Gesundheitsgefahren oder Sicherheitsmängeln in der EU schon lange verboten ist, kann in einem Entwicklungsland durchaus weiterhin erlaubt sein. Damit geraten

---

21 Vgl. Kapitel 2.2.2.
22 H.-U. Küpper/A. Picot, 199, S. 137.
23 Instruktiv dazu E.-L. Winnacker, 2001, S. 14.
24 Vgl. Kapitel 6.3.3.

Unternehmen offensichtlich in Versuchung, ihre Produktion ins Ausland zu verlagern und von dort den heimischen Markt zu beliefern.[25]

2. In all den genannten Fällen ist die staatliche Rahmenordnung offensichtlich unzulänglich. Sie will und kann nur äußere Grenzen setzen, sie ist im nationalen wie internationalen Rahmen aufgrund neuer Entwicklungen unvollständig und wegen mannigfacher Funktionsdefizite im politischen Prozess fehlerhaft. Unternehmen können sich dann nicht auf die in den staatlichen Rahmenbedingungen innewohnende Moral berufen. Hier ist der **systematische Ansatzpunkt der Unternehmensethik**. Es besteht ein **Verantwortungsvakuum**, das von den Unternehmen schon aus **Selbstinteresse** gefüllt werden muss. Unternehmen müssen sich in solchen Situationen um eine eigenständige moralische Rechtfertigung ihrer unternehmerischen Aktivitäten bemühen. Anderenfalls sind sie gegen ein solches Debakel, wie es *Shell* bei der beabsichtigten Versenkung der Brent Spar erlebte, nicht gefeit, auch wenn das Recht auf der Seite des Unternehmens stand und die Gegenseite (*Greenpeace*) mit durchaus problematischen Argumenten in der Öffentlichkeit auftrat.

3. Aus den hier entwickelten Überlegungen resultiert ein **zweistufiges Legitimationskonzept**.[26] Primärer Ort wirtschaftsethischer Bemühungen sollten die sanktionierten Rahmenbedingungen sein; nur bei Defiziten auf der Ordnungsebene sind – gleichsam auf zweiter Stufe – eigenständige unternehmensethische Überlegungen und Anstrengungen notwendig. Unternehmensethik findet damit seine Begründung zunächst als **situative Ethik**; sie wird notwendig je nach der besonderen Ausgangssituation. Allerdings sind zwei Einschränkungen zu beachten:

- **Empirisch** ist festzustellen, dass das hier angedeutete **Regel-Ausnahme-Verhältnis** der zwei Stufen ethischen Bemühens in Veränderung begriffen ist, sich eher umkehrt. Es ist zu vermuten, dass **Unternehmensethik** in einem durch Dynamik, schnellen Fortschritt und Globalisierung geprägten Umfeld zunehmend zum Kernthema von Wirtschaftsethik wird; Unternehmen müssen sich zu den entscheidenden moralischen Akteuren entwickeln. Hierauf deuten jedenfalls Vielzahl und Gewichtigkeit der Defizite in der Rahmenordnung hin.
- Aber auch **konzeptionell** ist die strikte Trennung von Ordnungs- und Unternehmensethik kaum gegeben, denn Unternehmen wirken auf verschiedenen Wegen – z.B. Einflussnahme auf Gesetzgebungsvorhaben, Schaffung von Branchenkodizes, etc. – auf die Ordnungsebene und damit die konkrete Ausformung ordnungsethischer Grundsätze zurück.

7.4. Ist Unternehmensethik überhaupt möglich?

1. Zentral für jede Ethik ist das Verhältnis von **Sollen** und **Können**. Jedes Sollen setzt ein Können voraus. Passt die Forderung nach Unternehmensethik in eine Wettbewerbswirtschaft, d.h. ist es den Unternehmen unter den Zwängen des Wettbewerbs **möglich**, unternehmensethische Anliegen zu erfüllen? Anderenfalls besteht die Gefahr, dass Utopien entwickelt werden, die an der Realität scheitern und damit dem

---

25 K. Homann/F. Blome-Drees, 1992, S. 116; vgl. auch 7.5.
26 H. Steinmann/A. Löhr, 1994, S. 103 ff.; K. Homann/F. Blome-Drees, 1992, S. 126 f.

gesamten Projekt der Wirtschaftsethik schaden, weil sie den Kritikern und Zynikern Oberwasser bieten.[27]

2. Manche Vertreter der Wirtschaftsethik meinen, dass ein einzelnes Unternehmen unter Wettbewerbsbedingungen keine ethischen Vor- und Mehrleistungen erbringen kann. Anderenfalls sieht es sich einem **unauflöslichen Dilemma** ausgesetzt: entweder sucht es neben ökonomischen auch moralische Anliegen zu realisieren, dann hat es aber gegenüber den Wettbewerbern u.U. gravierende Wettbewerbsnachteile und muss eventuell aus dem Markt ausscheiden, oder aber es ignoriert den moralischen Anspruch und ist im Wettbewerb erfolgreich. Unternehmensethik ist allenfalls ein Luxus für Zeiten guter Konjunktur oder für solche Unternehmen, die durch staatliche Marktzugangsschranken vor Wettbewerb dauerhaft geschützt sind.

Das Grundproblem lässt sich an folgendem **Beispiel** aus dem Bereich des **Umweltschutzes** verdeutlichen. Ein Unternehmen stehe annahmegemäß vor der Frage, **freiwillig eine teure Filteranlage für Schadstoffemissionen** einzubauen; eine solche Anlage ist bisher weder gesetzlich vorgeschrieben noch gibt es sonstige zwingende Reinhaltungsvorschriften. Das Unternehmen weiß zwar, dass es die Umwelt mit einer solchen Filteranlage entlasten kann. Dennoch wird es die Anlage nicht einbauen, denn das Kosten-Nutzen-Kalkül spricht dagegen: Die **Kosten** sind hoch und beeinträchtigen seine Wettbewerbsfähigkeit gegenüber anderen Anbietern, die diese Filteranlage vermutlich auch nicht freiwillig einbauen. Während die Kosten der Anlage dem Unternehmen angelastet werden, kann es hieraus jedoch kaum einen Nutzen für sich ziehen. Denn der **Nutzen** aus einer saubereren Luft oder einem weniger verschmutzten Gewässer kommt zum ganz überwiegenden Teil der gesamten Bevölkerung zugute. Das Unternehmen profitiert also nur zu einem ganz geringen Teil selbst von dieser Umweltschutzinvestition. Zudem verbessert sich die Luft- oder Wasserqualität auch nur wenig, wenn es allein eine Filteranlage einbaut, die anderen aber die Umwelt weiter verschmutzen. Also produziert das Unternehmen weiter ohne Filteranlage und verursacht durch die Verschmutzung der Umwelt negative externe Effekte. Da alle in Konkurrenz zueinander stehenden Unternehmer ein ähnliches Kosten-Nutzen-Kalkül anstellen, unterbleiben aufgrund der skizzierten Dilemma-Situation freiwillig im Gesamtinteresse liegende Handlungsweisen. Diese Dilemma-Struktur ist typisch für moralisch schwierige unternehmerische Entscheidungen, z.B.

- **Schmiergeldzahlungen an einen korrupten Einkäufer:** entweder der Unternehmer handelt unmoralisch und zahlt die Bestechungsgelder, um weiterhin als Anbieter im Wettbewerb mithalten zu können; oder aber er wählt den moralischen Weg und verzichtet auf entsprechende Zahlungen, ist dann aber aus dem Wettbewerb ausgeschieden, weil die Mitkonkurrenten vermutlich Bestechungsgelder bezahlen werden.[28]
- **Waffenlieferungen in Krisengebiete:** entweder ist der Produzent bereit, das Waffengeschäft unter Hintanstellung moralischer Bedenken zu tätigen, dann ist dies ökonomisch einträglich und sichert heimische Arbeitsplätze; oder aber er verzichtet aus moralischen Erwägungen auf dieses Geschäft, muss aber befürchten, dass ein mit weniger Skrupeln ausgestatteter Waffenproduzent diese Situation ausnutzt und das Geschäft abschließt und sich auf diesem Wege Wettbewerbsvorteile verschafft.

---

27 A. Löhr, 1996, S. 52 f., S. 60 ff.
28 Vgl. Kapitel 11.3.

Aufgrund dieser Dilemma-Strukturen sollten solche moralischen Anliegen grundsätzlich **wettbewerbsneutral** auf der Ordnungsebene gelöst werden. Anderenfalls hat bei solchen Situationen wechselseitiger strategischer Abhängigkeit ein einziger »bad guy« die Macht, alle anderen »good guys« in die Knie zu zwingen. Nur bei einer Lösung auf der Ordnungsebene ist gewährleistet, dass der Moralische nicht der Dumme ist. [29] In den skizzierten Fällen würde das bedeuten, eine für alle Unternehmen verbindliche Fixierung von Umweltstandards, klar abgegrenzte und mit Sanktionen ausgestattete Verbote bei Bestechung oder Exporte in Krisengebiete kann die Dilemma-Situation überwinden.

4. Die Verortung dieser Anliegen in der Rahmenordnung zu verlangen, ist zwar richtig, doch ist mit dieser Erkenntnis **kurzfristig** ein moralischer **Entscheidungskonflikt** kaum zu lösen. Da die »Mühlen« des Gesetzgebers langsam arbeiten, ist über staatliche Ordnungspolitik in einer konkreten Situation kaum Abhilfe zu erwarten. Zudem wäre die eigene Untätigkeit mit dem Verweis auf die bestehenden Gesetze für öffentliche Meinung wie auch manche Stakeholder schon deshalb wenig glaubwürdig, weil es häufig gerade die Unternehmen selbst sind, die über ihre Verbände Einfluss auf den parlamentarischen Entscheidungsprozess nehmen, um klare und eindeutige Regeln für moralisch sensible Aktivitäten zu verhindern. So wird sich ein großer Waffenproduzent – will er seine Reputation bewahren – kaum auf die unklare Rechtslage zurückziehen können, wenn durch die Medien ein vermeintliches »Skandalgeschäft« aufgedeckt wird.

5. Unabhängig davon ist aber auch kritisch nach dem **Wettbewerbsverständnis** zu fragen, das der hier formulierten »**Sachzwanglehre**« zu Grunde liegt. Ist die Wettbewerbswirtschaft wirklich angemessen umschrieben, wenn für die Anbieter grundsätzlich eine dem Gefangenendilemma ähnliche Situation unterstellt wird?[30] Wettbewerb ist ein offener, komplexer Prozess, in dem sich »Einzelmärkte« in ständiger Entwicklung befinden; Pionierunternehmer kreieren neue Märkte, durch das Auftreten von Imitatoren weiten sich Märkte aus, demgegenüber stagnieren alte Märkte und verschwinden gar. Man hat versucht, diesen Prozess mit Hilfe von Marktstrukturfaktoren (Anzahl der Marktteilnehmer, Art des Produktes, Marktphase o. ä.) näher zu beschreiben, um daraus auf Verhaltensweisen und Ergebnisse zu schließen. Doch negieren all diese Denkansätze, dass zwischen unternehmerischen Verhalten und Marktstrukturen eine wechselseitige Kausalität besteht.[31] Ist man nun aber der Meinung, Unternehmen befänden sich bei Wettbewerb grundsätzlich in einer dem Gefangenendilemma ähnlichen Situation, so rekurriert man offensichtlich auf einen durch bestimmte Marktstrukturen gekennzeichneten theoretischen Grenzfall, bei dem der Handlungsspielraum der Unternehmen gegen Null tendiert. Nur bei stagnierenden oder rückläufigen Industriegütermärkten mit einfachen, standardisierten Produkten und intensivem internationalem Wettbewerb mag der Handlungsspielraum der Anbieter einer Gefangenendilemmasituation annähernd vergleichbar sein.[32]

---

29 Vgl. Kapitel 3.2.
30 So z.B. K. Homann/F. Blome-Drees, 1992, S. 29 ff.; I. Pies, 2000, S. 19.
31 Vgl. B. Noll, 1986, S. 79 ff. und pass.
32 Grundlegend P. Oberender, 1984 und ders., 1989, pass.

6. Für die Unternehmen bestehen – wenn auch durch den Wettbewerb in unterschiedlicher Weise begrenzte – **Spielräume** bzw. **Ressourcen** für moralisches Handeln.[33] Unternehmen verfügen aufgrund ihrer besondern **Sachkenntnisse** zudem über besondere **Kompetenzen**, die sich auch für den kreativen Einsatz moralischer Anliegen nutzen lassen. Moralische Konflikte entstehen ja häufig zuallererst im Unternehmen, werden hier zur Sprache gebracht und es wird über mögliche Lösungen nachgedacht. Zur Weiterentwicklung moralischer Standards und zweckmäßiger Verfahren zur Durchsetzung »moralischer Neuerungen« ist daher gerade auch mit dem »Entdeckungs- und Problemlösungsverfahren Wettbewerb« zu rechnen.

Neben eher defensiven, reaktiven Begründungen gibt es somit auch eine positive, offensive Begründung für die Befassung mit Unternehmensethik. Dies hat mit der Einsicht zu tun, dass Moral stets auch ökonomische Folgen haben wird. Die Beachtung moralischer Anliegen mag zwar kurzfristig vermehrt Kosten verursachen, sich aber **langfristig** vielfach als ökonomisch erfolgreiche Strategie herausstellen. Setzung, Einhaltung und konsequente Verfolgung moralischer Standards schafft Vertrauen; dies reduziert Transaktionskosten bei Vertragsabschlüssen mit Arbeitnehmern, Abnehmern, Lieferanten, Arbeitnehmern und Kapitalgebern und erleichtert die Kommunikation im Unternehmen und mit den Marktpartnern, ist also auch ökonomisch vernünftig.[34] **Ethik** ist aus dieser Perspektive eine **Investition** in den **künftigen unternehmerischen Erfolg,** in eine nachhaltig erfolgreiche Geschäftspolitik.[35] Wettbewerb als Entdeckungsverfahren generiert also nicht nur Produkt- und Verfahrensinnovationen, sondern lässt sich auch zur Weiterentwicklung moralischer Standards oder zweckmäßiger Verfahren zur Durchsetzung moralischer Neuerungen nutzen. Somit gibt es **zwei** unterschiedliche **Begründungen** für die **Unternehmensethik**:

- eine defensive, reaktive Antwort auf Defizite in der Rahmenordnung, weshalb die Legitimität des Handelns von den Unternehmen hergestellt werden muss;
- eine offensive Antwort, die Moral als eine produktiv nutzbare unternehmerische Ressource auffasst, die Kommunikation und Interaktion im Unternehmen und mit anderen erleichtert und verbessert.

Wettbewerb und Moral stehen mithin in einem spannungsreichen, aber vielfältigen Verhältnis. **Wettbewerb** mag Gefangenendilemmasituationen produzieren und **Handlungsspielräume** von Unternehmen **einengen**, umgekehrt mag aber auch eine von strikten moralischen Orientierungen geprägte Unternehmenspolitik **neue Handlungsspielräume** für ein Unternehmen im Wettbewerb eröffnen.[36]

7. Vermutlich wird das hier skizzierte **»Projekt« Unternehmensethik** vielen sensiblen Zeitgenossen unzulänglich erscheinen und für zu leicht befunden; aus Sicht eines »allwissenden, omnipotenten Diktators« oder eines »aufgeklärten Wirtschaftsethikers« mögen manche ethische Anliegen unerfüllt bleiben. So ist der Hinweis durchaus richtig, dass dabei berechtigte moralische Ansprüche unter den Tisch fallen können, wenn sie nicht mit einem entsprechenden Machtpotential aufwarten können (z.B. die Inte-

---

33 H.-U. Küpper/A. Picot, 1999, S. 132 f..
34 Vgl. die kritische Reflexion der These: Ethik zahlt sich langfristig aus? bei U. Thielemann/M. Breuer, 2000, S. 8 f.
35 K. Homann, 1999b, S. 10.
36 In diesem Sinne ist der Ansatz von J. Wieland zu interpretieren; vgl. z.B. ders. 1994, S. 27; ders. 1994a, S. 217, S. 236 f. und 1999, S. 32.

ressen künftiger Generationen). Und es ist nicht auszuschließen, dass manche Unternehmen ihre moralischen Bemühungen in Zeiten großer Arbeitslosigkeit weniger wichtig nehmen als bei angespannten Arbeitsmärkten.[37] Doch dies wird man nicht als Versagen von Unternehmensethik interpretieren können, sondern allenfalls dahingehend, dass Unternehmensethik kein Allheilmittel gegen alle Fehler, Dummheiten oder Ungerechtigkeiten auf der Welt sein kann. Daher soll abschließend an zwei konkreten Problemfeldern gezeigt werden, was Unternehmensethik leisten kann und was nicht.

7.5. Haben multinationale Unternehmen eine besondere moralische Verantwortung?

1. **Multinationalen Unternehmen** kommt eine Schlüsselstellung im Globalisierungsprozess zu. Der Zusammenhang ist wechselseitig. Einerseits sind die weltweit agierenden Unternehmen die wichtigsten Akteure, die die internationale Verflechtung der Märkte vorantreiben. Umgekehrt sind Fusionen, Joint Ventures, strategische Allianzen, etc. als unternehmenspolitische Antwort auf die mit der Globalisierung verbundenen wettbewerblichen Herausforderungen zu verstehen. Unternehmen sind treibende Kräfte wie aber auch Getriebene in diesem Prozess. Als Ergebnis stellt sich ein, dass multinationale Unternehmen wie *IBM, Microsoft, Siemens* oder *DaimlerChrysler* nicht mehr als amerikanische oder deutsche Unternehmen angesehen werden können: ihr **Kapital** ist international und ihre **Teams** sind über viele Gegenden der Erde verteilt; sie zerlegen ihre Wertschöpfungsketten, um die **Produktion** von einem zum anderen Standort verlagern zu können, und ihr **Absatzmarkt** ist der »Weltmarkt«.[38]

2. Die Globalisierung bringt eine beachtliche **Verschiebung der Machtspielräume** mit sich. Einerseits reduzieren sich die vormals bestehenden monopolistischen Handlungsspielräume nationalstaatlicher Politik, denn Standorte oder Staaten geraten mit ihrer Infrastruktur und ihrem Angebot an öffentlichen Gütern in Konkurrenz um mobile Ressourcen. Das staatliche Politikmonopol weicht zunehmend dem Wettbewerb der Systeme. Umgekehrt wachsen den **mobilen Produktionsfaktoren** (Kapital, Unternehmertum, qualifizierte Arbeitskräfte) neue und differenzierte Abwanderungsoptionen zu. Man kann dank Internet, E-Commerce und Telekommunikation hier wohnen, dort arbeiten, anderswo einkaufen und wiederum andernorts Kapital anlegen.[39] Ein Machtzuwachs ist insbesondere für **multinationale Unternehmen** zu vermerken; sie können fortan nationalstaatlichen Reglements durch Standortverlagerungen in viel stärkerem Umfange als zuvor entgehen.

3. In diesen Sachverhalten wird häufig eine besonders schwerwiegende **moralische Herausforderung** gesehen. Sie resultiert daraus, dass in vielen **Schwellen- und Entwicklungsländern** Rahmenbedingungen gelten, die den Schutz von Arbeitnehmern, Umwelt und Wettbewerb nur sehr unzulänglich gewährleisten. Löhne unterhalb des Existenzminimums, Kinderarbeit, Diskriminierung von Minderheiten,

---

37 U. Thielemann/M. Breuer, 2000, S. 12
38 B. Noll, 1999a, S. 39 ff.
39 Vgl. Kapitel 6.4. und W. Schäfer, 2001, S. 30 f.

fehlende Arbeitsicherheits- und Umweltschutzvorrichtungen, vermachtete Wirtschaftstrukturen und korrupte Bürokratien sind an der Tagesordnung. Insbesondere schwache oder fehlende Arbeits- und Umweltschutzregelungen können spezifische Anreize für die Standortwahl von Produktionsstätten bilden, da Unternehmen ständig auf der Suche nach den kostengünstigsten Produktionsbedingungen sein müssen. Eine internationale Rahmenordnung, eine Weltwirtschaftsordnung wird auch in absehbarer Zukunft kein wirksames Korrektiv bilden; sie existiert erst in Ansätzen, ihre Umwelt- und Sozialstandards sind unzulänglich und es fehlt an einem wirksamen Sanktionspotential, um Regelverstöße zu ahnden.[40] Besteht damit die **Gefahr** eines allgemeinen Moralverfalls, **einer Abwärtsspirale bei der Einhaltung allgemeiner Moralstandards**, eines »race to the bottom«? Anders formuliert: ist zu befürchten, dass ein immer größerer Teil der weltwirtschaftlichen Produktion sich unter fragwürdigen Arbeits- und Umweltschutzbedingungen vollzieht, weil multinationale Unternehmen sich auf die Politik des gegenseitigen Unterbietens von Sozial- und Umweltstandards und die Steuergeschenke der Gastländer einlassen?[41]

4. Die angesprochene Frage kann nicht allgemeingültig beantwortet werden, denn sie ist mit einer Grundsatzfrage der internationalen Unternehmensethik verknüpft, die bislang ungelöst ist.[42] Globalisierung bedingt das Aufeinandertreffen verschiedener Wirtschaftssysteme und Kulturen. Wie geht ein multinationales Unternehmen mit unterschiedlichen, vielleicht gar unvereinbaren moralischen Traditionen um? Soll es den **lokalen Werterelativismus** akzeptieren? Gilt also die Regel: Andere Länder, andere Sitten? Oder soll es einen **globalen Werteuniversalismus** durchzusetzen suchen? Sollen bestimmte Werte und Normen also prinzipiell für jeden Menschen in jedem Land gelten?

• In vielen Fällen des alltäglichen Geschäftes wird man einen **moralischen Relativismus akzeptieren** können; Moral- und Gerechtigkeitsvorstellungen haben ihren Ursprung in unterschiedlichen kulturellen und moralischen Traditionen, die es aus dem Gebot der Toleranz zu respektieren gilt.[43] Umgangs- oder Begrüßungsformen oder auch das » laxe Zeitmanagement« in vielen afrikanischen Ländern sind jeweils Ausdruck lokaler Traditionen und von begrenzter moralischer Relevanz. In diesem Sinne wird man auch die Vergabe von Führungspositionen eher nach »Seniorität« als nach »Leistung« in einem südamerikanischen Land akzeptieren können, wenn dies ein Teil gelebter und allseits akzeptierter Kultur ist. Schwierig wird es hingegen schon, die vielerorts praktizierte Loyalität zur eigenen Familie oder zur ethnischen Gruppe zu akzeptieren, insbesondere bei wichtigen Kauf-, Personal- oder Standortentscheidungen. Hier werden die Grenzen zu Korruption und Vetternwirtschaft fließend.[44]

• Allerdings gibt es aus Sicht des westlichen Wertekanons **Grenzen** des lokalen Werterelativismus. Die **Wahrung der Menschenrechte** ist nicht disponibel. Rassisch gerechtfertigte Unterdrückung von Minderheiten, die religiös begründete Diskri-

---

40 Wichtig sind die Internationale Handelsorganisation (WTO), Internationaler Währungsfonds (IWF) und Weltbank sowie die Internationale Arbeitsorganisation (ILO).
41 Vgl. A. G. Scherer, 1997, S. 11 f.
42 Grundsätzlich J. Wieland, 1999, S. 106 ff.
43 Ausführlich K. M. Leisinger, 1997, S. 57 f.
44 Vgl. Kapitel 11.2.

minierung von Frauen oder die in manchen Ländern tradierte Kinderarbeit ist nicht zu legitimieren.
- Gleichwohl ist bei solcherart von Menschenrechtsverletzungen eine angemessene unternehmerische Entscheidungen schwer zu treffen, weil häufig ein gravierender moralischer Konfliktfall besteht; dies wird an dem Versuch der weltweiten Durchsetzung eines **Verbots von Kinderarbeit** deutlich. Man mag den Vorwurf von Politikern aus Entwicklungsländern noch hinnehmen, hier würden Europäer und Amerikaner eine neue Form von Imperialismus betreiben, bei dem westliche Werte über andere, insbesondere asiatische kulturelle Vorstellungen dominieren sollen.[45] Schließlich kann von niemanden bestritten werden, dass Kinderarbeit die geistige und körperliche Entwicklung von Kindern behindert. Ungleich gewichtiger ist, dass der Geschäftsabbruch und Rückzug aus Ländern mit verbreiteter Kinderarbeit ähnlich unerträgliche Konsequenzen für die »betroffenen« Kinder und ihre Familie haben kann wie die Beibehaltung der Kinderarbeit. Das aus der Beschäftigung fließende Einkommen ist zumeist unverzichtbare Bedingung zum Überleben. Beschäftigungslos mögen diese Kinder dann zu Prostitution oder kriminellen Handlungen gezwungen sein, moralisch kaum erträglichere Alternativen.

5. Allerdings sprechen auch gewichtige Gründe gegen die These von einem langanhaltenden, allgemeinen Sittenverfall. Insbesondere haben viele multinationale Unternehmen durchaus Anlass, ihre Rolle als moralische Akteure ernst zu nehmen. Inzwischen wirken einige Textil- und Sportartikelhersteller (*Nike, Reebok, Levi Strauss*) als Vorreiter bei der Durchsetzung der Menschenrechte.[46] Die Durchsetzung ethischer Standards im internationalen Geschäft ist ihre Antwort auf wichtige **Kontrollen**, denen sie durchaus auch als international operierende Unternehmen unterliegen.[47] Drei Aspekte seien erwähnt:
- Weltweit agierende Unternehmen sind keine monolithischen Einheiten. Sie sind eher als Netzwerke weitgehend autonomer Betriebsteile organisiert, um den besonderen lokalen Bedingungen jeweils angemessen zu entsprechen.[48] Als Integrationsmittel bedürfen solch dezentralisierte Unternehmen einer starken und einheitlichen **Unternehmenskultur**. Eine **gespaltene Moral** mit hohen moralischen Standards in den reichen westlichen Gesellschaften und niedrigen Standards in Ländern der Dritten Welt stößt auf **Akzeptanzprobleme** bei Mitarbeitern wie Kapitalgebern. Sie ist mit der in westlichen Ländern vorherrschenden Vorstellung von der universellen Gültigkeit grundlegender moralischer Werte, einem globalen Werteuniversalismus, nicht vereinbar.[49]
- Aber auch die **Verbraucher**, eine von den **Medien** vermittelte kritische Öffentlichkeit und weltweit agierende **NGOs** wie *Greenpeace* oder *World Wildlife Fund* wirken als Kontrollmechanismen. Um die Reputation ihrer Marken oder ihr Firmenimage zu bewahren und dem Vorwurf von Opportunismus oder der Missachtung der Menschenrechte zu entgehen, werden sie auf strikte Einhaltung morali-

---

45 Beispiele bei A. G. Scherer, 1997, S. 11
46 A. G. Scherer, 1997, S. 12; vgl. auch Kapitel 9.6.1.
47 K. Homann/F. Blome-Drees, 1992, S. 116, sprechen daher davon, dass der Moralarbitrage durch Ausnutzung fehlender Arbeitsschutz- und Umweltschutzregelungen auch eine umgekehrte Moralarbitrage gegenüber steht.
48 F. Hengsbach, 1997, S. 7.
49 K. Homann, 1999 b, S. 9; J. Wieland, 1999, S. 108.

scher Normen achten. *Robert Haas*, Chief Executive Officer von *Levi Strauss* bringt dies auf den Punkt, wenn er meint, dass für ein Unternehmen wie das seine, das auf besondere Markentreue der Endverbraucher angewiesen ist und jährlich Millionen Dollars für Werbung ausgibt, diese Investitionen komplett abschreiben kann, wenn in einem Fernsehspot von einer Minute Dauer gezeigt wird, dass in Produktionsstätten von *Levi Strauss* Kinderarbeit oder Frauendiskriminierung geschieht.[50] Diese Argumentation ist allerdings von einem renommierten, ertragstarken Konsumgüterhersteller nicht ohne weiteres auf eine Minengesellschaft oder eine Rüstungsfirma zu übertragen.

• Schließlich sind Entwicklung, wirtschaftliches Wachstum und Produktivitätssteigerungen grundlegende Voraussetzungen für den Aufbau von Sozial- und Umweltstandards. Es geht kaum umgekehrt, wie die Erfahrungen aus der Wirtschaftsgeschichte Westeuropas im 19. Jahrhundert nahe legen. Auch hier gab es eine »soziale Frage« mit Kinderarbeit, fehlenden Arbeitsschutznormen und anderen sozialen Auswüchsen. Und nur der beispiellose Wohlstandszuwachs im 20. Jahrhundert hat den Abbau sozialer Missstände und den beispiellosen Ausbau der Sozialstandards ermöglicht. Vor dieser Überlegung erhält der Verbleib von multinationalen Unternehmen auch in Ländern, die Menschenrechtsdefizite aufweisen, eine gewisse Rechtfertigung, weil dies zu allmählich steigendem Wohlstand und zum Abbau von Ungerechtigkeiten und Unterdrückung führen kann. Allerdings ist dieser Wirkmechanismus unsicher und eher von langfristiger Relevanz.

6. Multinationale Unternehmen wachsen mit der Verschiebung der Machtverhältnisse im Zuge der Globalisierung neue Aufgaben zu. Unternehmen wird im weltweiten Wettbewerb vermehrt eine Rolle als »**moralischer Akteur**« zuerkannt oder auch zugemutet. Sie müssen verstärkt in Moral investieren, denn sie sind auf die positive Grundeinstellung ihrer Umgebung angewiesen. Sie müssen eine Kultur der Begründbarkeit pflegen; so mögen sie in schwierigen moralischen Entscheidungskonflikten wie bei der Kinderarbeit die Weiterbeschäftigung in gewissen Rahmen weiterhin akzeptieren, sie mögen den Geschäftsabbruch betreiben oder auch Ausbildungsprogramme für die ehedem von ihnen beschäftigten Kinder durchführen, entscheidend wird jeweils sein, dass sie ihr Handeln ausreichend reflektiert haben und nach außen angemessen kommunizieren können.

7.6. Steigende Gewinne und zunehmende Arbeitslosigkeit: kommen die Unternehmen ihrer moralischen Verantwortung nach?

1. Seit mehr als 25 Jahren muss die Bundesrepublik mit hoher Arbeitslosigkeit leben. Besonders bedrohlich erscheint das Muster, das sich bei Betrachtung der Arbeitsmarktstatistiken zeigt.[51] In jeder Wirtschaftskrise steigt die Zahl der Arbeitslosen kräftiger an, als sie in Zeiten guter konjunktureller Situation zurück geht; dement-

---

50 Zitiert nach K. Homann, 1999b, S. 8.
51 Vgl. Sachverständigenrat, verschiedene Jahrgänge, Anhangtabelle: Bevölkerung, Erwerbstätigkeit und Arbeitslosigkeit, 1996 ff.

sprechend übersteigen die Arbeitslosenzahlen mit jeder Krise neue traurige Rekord-marken. Werden dann in Krisenzeiten wie Mitte der 90er Jahre Meldungen über Rekordgewinne und steigende Aktienkurse für deutsche Großunternehmen in der Presse veröffentlicht, zugleich aber von diesen Unternehmen die Absicht bekannt ge-geben, Arbeitsplätze abzubauen, dann ist der Schuldige für die Arbeitsmarktprobleme der deutschen Volkswirtschaft schnell ausgemacht. *Dieter Schulte*, DGB-Vorsitzender, bringt diese Position in einem Interview im Jahre 1997 in folgender Weise auf den Punkt: »Glänzende Unternehmensgewinne und die gleichzeitige Ankündigung eines weiteren Arbeitsplatzabbaus werden von den Gewerkschaften, aber auch von der Ge-sellschaft nicht mehr akzeptiert und verstanden«.[52] Übersetzt in wirtschaftsethische Sprachmuster soll das heißen: die Unternehmen kommen ihrer sozialen bzw. morali-schen Verantwortung nicht nach. Verantwortliche moralische Akteure für einen ho-hen Beschäftigungsstand sind die Unternehmen, die aufgrund des Beharrens auf ihrer eigennützigen Motivation aus gesamtgesellschaftlicher Sicht »versagen«.

Allerdings trägt diese moralisch verbrämte Kritik wenig zur sachverständigen Diskus-sion um die Beschäftigungsprobleme des Standortes Deutschland bei. Eine solch »per-sonale« Zuschreibung von Verantwortlichkeiten ignoriert sowohl die Eigengesetzlich-keiten von marktwirtschaftlichen Systemen als auch verkennt sie die Funktion verschiedener Verantwortungsebenen, die aus Sicht der Wirtschaftsethik zu unter-scheiden sind.

2. Es kann **nicht primäres Anliegen** eines Unternehmens in einer Marktwirtschaft sein, **Arbeitsplätze zu schaffen**; Unternehmen haben vielmehr die Aufgabe, gute und preisgünstige Produkte nach den Wünschen der Verbraucher zu erstellen. Sie sol-len die Ressourcen so kombinieren, dass sie wettbewerbsfähige Produkte anbieten können. Die Wettbewerbsfähigkeit der Unternehmen bemisst sich also an ihrem **Output**. Würde man den Unternehmen zur Auflage machen, mehr Arbeitskräfte ein-zustellen als sie benötigen, so hätten sie – auch wenn sie keinen nennenswerten Bei-trag zum Abbau der Arbeitslosigkeit leisten könnten – höhere Kosten und wären we-niger wettbewerbsfähig. Dann bestünde die Gefahr, dass auch andere Arbeitsplätze im Unternehmen in Gefahr gerieten. Das Unternehmen käme seiner moralischen Ver-antwortung noch weniger nach.

3. Vollbeschäftigung ist offensichtlich ein zentrales **gesellschaftspolitisches** wie **ordnungsethisches**, aber kein einzelwirtschaftliches Anliegen. Der Staat hat daher die Aufgabe, über die Veränderung der Rahmenbedingungen, insbesondere im Ar-beits-, Sozial und Steuerrecht, unternehmerisches Engagement attraktiver zu machen und die Schaffung von Arbeitsplätzen zu erleichtern. Dieser Aufgabe ist er in den ver-gangenen Jahrzehnten nicht zureichend nachgekommen. Man verwischt die **Verant-wortlichkeitsebenen**, wenn man den Unternehmen genuin öffentliche Aufgaben zuweisen wollte, die keinen engen unternehmerischen Bezug haben und an denen sie systematisch scheitern müssten.[53] Auch einem Großunternehmen kann folglich nicht die Aufgabe zugewiesen werden, für Vollbeschäftigung oder ein Mehr an Beschäfti-gung zu sorgen. Würde man dies dennoch tun, wären sie gleichsam gesellschaftliche

---

52 Zitiert nach W. Lachmann, 1997, S. 3.
53 Genauso könnte man die Unternehmen für beliebig andere gesellschaftspolitische Defizite he-ranziehen, z.B. das öffentliche Schulwesen zu sanieren oder für eine Verbreitung religiöser Ein-stellungen zu sorgen.

Institutionen mit öffentlicher Verantwortung, denen dann aber im Zweifel auch eine öffentliche Bestandsgarantie beim Scheitern gewährt werden müsste. Dies wäre aber der Weg in eine andere wirtschaftliche Ordnung.

4. Auch der Verweis auf **hohe Gewinne** einzelner Unternehmen gibt keine sinnvolle Begründung für eine besondere Beschäftigungsverantwortung für Unternehmen. Florierende Unternehmen werden sicher bei Verfolgung ihres wohlverstandenen Eigeninteresses Arbeitsteilzeitmodelle statt oder neben Entlassungen praktizieren,[54] innovative Arbeitsmarktprojekte unterstützen o.ä. Darüber hinausgehendes Engagement allein der Beschäftigung wegen kann man auch bei guter Gewinnsituation legitimerweise nicht erwarten. Sollten Unternehmen in manchen Branchen dauerhaft hohe Gewinne erzielen, dann sind sie offensichtlich nicht hinreichend dem **Wettbewerb** ausgesetzt. Hier wäre also eine **stringente Wettbewerbspolitik** oder eine **Öffnung der Märkte** für internationalen Güteraustausch die richtige ordnungspolitische Antwort. Die Verbraucherpreise könnten sinken, die Realeinkommen der Haushalte würden steigen, womit Kaufkraft für neue Produkte und damit neue Beschäftigungsmöglichkeiten in anderen Feldern geschaffen werden könnten.[55]

---

54 Wie z.B. bei *Volkswagen* in Wolfsburg Anfang der 90er Jahre nach einem Einbruch beim Neuwagenverkauf.
55 W. Lachmann, 1997, S. 3.

8. Unternehmensethik: Gegenstand und Aufgabenfelder

8.1. Begriff und Abgrenzung

Unternehmensethik ist noch kein klar gefasster und abgegrenzter Wissenschaftsbereich. Dies hängt vor allem damit zusammen, dass in der Wissenschaft wie in der öffentlichen Diskussion unterschiedliche ethische Positionen vertreten werden, die sich dann auch in unterschiedlichen Charakterisierungen der Unternehmensethik niederschlagen. An dieser Stelle sollen diese Fragen nicht vertieft werden, da sie wenig zur Erhellung praxisrelevanter Problemstellungen beitragen.[1] Hier soll daher eine möglichst weite und offene Kennzeichnung festgehalten werden: **Unternehmensethik** ist ein **Teilbereich der Wirtschaftsethik** und bezieht sich auf die **Organisation Unternehmung**. Sie soll Aufschluss über die moralischen Orientierungen geben, die bei der Bewältigung unternehmensspezifischer Aufgaben notwendig werden.[2] Unternehmensethik thematisiert also **moralische Fragestellungen des wirtschaftlichen Handelns** von Unternehmen. Das übergreifende Anliegen dokumentiert sich in der Frage, wie moralische Normen und Ideale unter den Bedingungen der modernen Wirtschaft von Unternehmen entwickelt und implementiert werden können. **Allgemeines gesellschaftspolitisches Engagement** der Unternehmen ist hingegen kein Gegenstand der Unternehmensethik; so mögen Spenden für karitative Zwecke durchaus Ausdruck ethischen Bemühens sein, dennoch ist hiermit kein spezifisches unternehmensethisches Anliegen benannt.

8.2. Ethik-Management als Moralcontrolling

(1) Das unternehmensethische Anliegen lässt sich mit Hilfe eines Falles deutlicher fassen. 1989 wurde vom *Bundeskartellamt* der bis dato größte Kartellfall aufgedeckt. Die Zementhersteller im süddeutschen Raum hatten über lange Jahre illegale Preis- und Quotenabsprachen getroffen. Der Vorstandsvorsitzende eines dieser Hersteller meinte nach Verhängung eines hohen Bußgeldes gegenüber seiner Firma: »Wir achten die Gesetze und wollen am Kartellrecht auch nichts ändern«. Er führte dann aber den Fall auf »**übertriebenen Buchhaltereifer im eigenen Hause**« und auf »**irrige Schlüsse**« der Kartellbehörden zurück.[3]

Der Vorstandsvorsitzende machte es sich mit der moralischen Verantwortung für das Versagen seines Unternehmens offensichtlich recht einfach, denn

- da ist ein kleiner **übereifriger Mitarbeiter auf nachgeordneter Ebene** schuld; es fehlt also an der Tugendhaftigkeit eines Mitarbeiters, während das Unternehmen

---

1 Vgl. H.-U. Küpper, 1999, S. 134 ff..
2 H. Steinmann/A. Zerfass, 1993, Sp. 1115.
3 Zitiert nach H. Lenk/M. Maring, 1996, S. 16 f.

ansonsten moralisch unfehlbar handelt; hier wird bewusst die typische Fehlvorstellung genutzt, dass allein **Personen** für moralisches Fehlverhalten in Organisationen verantwortlich sind;[4]

- und da ist eine **weltfremde Behörde** (also eine außenstehende Dritte!) verantwortlich, die (auch bei nachgewiesenem Vergehen!) »irrige Schlüsse« getroffen hat.

2. So einfach wird sich ein Unternehmen bei schweren Rechtsverstößen oder moralischen Dilemmasituationen kaum mehr aus der Affäre ziehen können. Zwar sind es letztlich immer **Personen**, die eine moralisch verwerfliche Handlung veranlasst haben. Dennoch wird man daraus nicht schlussfolgern dürfen, es gehe jeweils (nur) um Fragen der **Individualethik**. Das gilt selbst bei scheinbar eindeutigen Fallkonstellationen wie dem Diebstahl. Die Entwendung von Firmeneigentum ist zwar primär eine moralisch verwerfliche Handlung des einzelnen Mitarbeiters, für die es grundsätzlich keine Entschuldigung gibt. Dennoch ist zu beachten, dass der Diebstahl häufig nicht nur Folge der kriminellen Handlungsbereitschaft des Mitarbeiters ist. Werden die dem Unternehmen gehörenden Gegenstände nie kontrolliert, benutzen auch die Vorgesetzten den Arbeitsplatz als Selbstbedienungsladen, wird der Mitarbeiter in seiner Würde nicht angemessen gewürdigt und zureichend bezahlt, gibt es überdies keine klaren Regelungen, was erlaubt ist und was nicht, dann wird das moralische Fehlverhalten des Mitarbeiters damit zwar nicht gerechtfertigt, aber es wird verständlich(er). Nicht zufällig heißt eine alte Volksweisheit »Gelegenheit macht Diebe.« Der **organisatorische Kontext** gewinnt also für die Moralität oder Unmoralität der Mitarbeiter ein eigenständiges Gewicht.[5]

3. Diese Problematik haben viele Unternehmen inzwischen erkannt und fragen nach einem angemessenen **Ethik–Management**. Diesem muss es darum gehen, zielgerichtet, systematisch und aufeinander abgestimmt verbindliche ethische Handlungsmaßstäbe in alle unternehmerischen Entscheidungsprozesse einzubauen.[6] Als Ethik-Management wird man daher die Gesamtheit der Bemühungen interpretieren können, mit denen moralische Anliegen **intern** zwischen Mitarbeitern und Abteilungen wie auch in der **externen** Kommunikation gegenüber Markt und Öffentlichkeit zur Geltung gebracht werden sollen. Es hat dabei die Funktion eines **Moralcontrolling**. So wie die Controllingfunktion im Unternehmen zur Unterstützung und Koordination der erfolgsorientierten Unternehmensführung dient, sorgt das Ethik-Management für die **Koordination einer werteorientierten Unternehmensführung**.[7]

---

4 Einen »Bösewicht« zu finden, ist offenbar eine beliebte Strategie. Damit ist jeder andere der moralischen Verantwortung enthoben. So lag auch der Fall des 28-jährigen Bankangestellten *Nick Leeson*, der durch seine Finanztransaktionen im Derivatehandel Milliardenverluste anhäufte und damit den Bankrott der Barings Bank verursachte. Der britische Finanzminister kommentierte: »... a specific incident unique to Barings centered on one rogue dealer to Singapore« (M. Kaptein, 1998, S. 38, S. 41). Es ist richtig, dass *Leeson* für sein Handeln verurteilt wurde, aber auch jeder ökonomische Laie wird sich bei der geschilderten Sachlage fragen, ob nicht auch die organisatorischen Rahmenbedingungen grob fehlerhaft gewesen sein müssen, wenn **eine** Person einen Verlust in dieser Höhe verursachen konnte.

5 Ausführlich Kapitel 9.4.

6 grundlegend M. Kaptein, 1998, S. 42; H. Steinmann/B. Kustermann, 1999, S. 210.

7 D. Matten, 1998, S. 24, S. 26.; J. Wieland, 1994a, S. 228.

8.3. Ethik-Management dient der Selbstbindung

Die zentrale **Funktion** eines solchen Ethik-Managements wird man in der **Selbstbindung** bzw. **Selbstverpflichtung** sehen können. Ethik-Management bedeutet danach Formulierung und Durchsetzung moralischer Standards (z.B. durch Unternehmens- oder Branchenkodizes[8]) und ihre Umsetzung und Kommunikation nach innen wie nach außen. Das Management wie auch alle anderen Mitarbeiter haben somit eine **weitere handlungsbeschränkende Variable** zu beachten; die Leistungserstellung muss nicht nur technisch machbar, organisatorisch erreichbar und wirtschaftlich vertretbar, rechtlich zulässig, sondern auch moralisch angemessen sein.[9] Solche Selbstbindung mittels moralischer Werte und Normen tritt insbesondere zu den vorgegebenen **Rechtsnormen** in ein **vielfältiges und spannungsreiches Verhältnis**:[10] sie kann das Unternehmen verpflichten,

- als legitim erkanntes geltendes Recht **einzuhalten**, auch wenn keine Sanktionen zu befürchten sind, z.B. bei der Einhaltung von gewissen steuer- oder gewerberechtlichen Vorgaben;
- staatliche Vorschriften um eigene Normierungen zu **ergänzen**, die weitergehende Sicherheitsstandards oder verschärfte Umweltschutzauflagen als die staatlichen Regeln vorsehen;
- mittels seiner Möglichkeiten staatliches Recht zu **verändern helfen** oder im Extremfall auch zu **missachten**, falls das Recht Lücken aufweist (z.B. beim Export militärisch sensibler Güter in Krisenregionen) oder Legalität und Legitimität auseinander fallen (z.B. bei der Diskriminierung bestimmter Bevölkerungsgruppen[11]).

Die unternehmerische Selbstbindung über moralische Regeln generiert informelle Handlungsbeschränkungen und kann als »**vertrauensbildende Maßnahme**« gegenüber den verschiedenen internen und externen Bezugsgruppen wirken. Sie wirkt gerade auch in solchen Situationen, in denen rechtliche Regelungen und ökonomische Anreize nicht hinreichen oder versagen. Bedenkt man, dass alle Wirtschaftsakteure über unvollkommene und unsichere Informationen verfügen, so sind viele Transaktionen – ob Tauschakte oder Kooperationen – eine prekäre Angelegenheit. Die Einhaltung moralischer Normen reduziert diese Unsicherheiten und Ungewissheiten, stabilisiert somit Handlungserwartungen und trägt dazu bei, dass der Aufwand von Geld, Zeit und Mühe beim Zustandekommen von Transaktionen sinkt.

8.4. Ethik-Management hat Relevanz für Entscheidungsprozesse auf allen unternehmerischen Ebenen

Ethik-Management verlangt ein »Wertemanagement«, das auf **allen Ebenen unternehmerischer Entscheidungsprozesse** zum Tragen kommt.

---

8 Vgl. ausführlich Kapitel 9.1.
9 Vgl. J. Wieland, 1999, S. 33.
10 Ähnlich H. Steinmann/A. Zerfass, 1993, Sp. 1119.
11 So hat *BMW* während Geltung der Apartheid in Südafrika Farbige in Führungspositionen beschäftigt, obwohl dies gegen südafrikanische Vorschriften verstieß; vgl. G.K. Haueisen, 2000, S. 41.

- Es ist eine zentrale Aufgabe des Managements, durch Innovationen oder Imitationen Marktstrukturen (mit-)zu gestalten, um Gewinne am Markt zu erzielen; dementsprechend werden ethische Aspekte schon bei der **Wahl des Produktprogramms** wie bei der **Selektion der zu bedienenden Märkte** eine Rolle spielen, wenn die dauerhafte Akzeptanz des Unternehmens gesichert sein soll. So kann entschieden werden, dass auf die Produktion von Suchtmitteln verzichtet wird. Oder es stellt sich die Frage, ob ein Produkt weiterhin hergestellt und vertrieben werden soll, auch wenn Sicherheitsmängel oder Gesundheitsgefahren festgestellt wurden;[12] es mag zu entscheiden sein, ob die Produkte auch in solchen Ländern vertrieben werden sollen, in denen es zu Verletzungen der Menschenrechte kommt.[13] Unternehmensethische Fragestellungen sind somit auf der Ebene der **strategischen Entscheidungen** und **Zielsetzungen des Unternehmens** einzubinden.
- Unternehmerische Entscheidungen müssen darauf aufbauend bei der Wahl über den Einsatz geeigneter **Instrumente** bzw. **Mittel** getroffen werden. Auch hier eröffnen sich den Unternehmen Handlungsspielräume, die ethischen Reflexion zugänglich sind. Unternehmen stehen zur Zielerreichung in der Regel mehrere Mittel oder Wege zur Verfügung, die zumeist unterschiedliche – auch moralisch zu beurteilende Nebenwirkungen – aufweisen. Dies wird deutlich am Einsatz gewisser Anlagen oder an der Emission von Schadstoffen, die zur Gefährdung von Arbeitnehmern oder Anliegern führen können, wie aus Störfällen in der Chemieindustrie bekannt ist.
- Schließlich sind bei allen Entscheidungen der Unternehmensführung, die **organisatorische Strukturen** oder Personalfragen betreffen, ethische Aspekte stets mit zu bedenken.[14]
- Um Missverständnissen vorzubeugen: Ethik-Management ist nicht eine exklusive Aufgabe der Geschäftsführung oder der obersten Führungsebenen. Ihnen kommt zwar – nicht zuletzt aufgrund ihrer größeren Entscheidungskompetenzen und ihrer Vorbildfunktion – eine besondere Bedeutung zu. Doch nur dann wird ein Unternehmen in einer komplexen und turbulenten Umwelt verantwortlich agieren, wenn Mitarbeiter aller Hierarchieebenen mitdenken und moralische Verantwortung wahrnehmen.[15]

8.5. Ethik-Management hat Relevanz für alle unternehmerischen Aufgabenfelder

Um die skizzierte Funktion des Ethik-Managements für die Durchsetzung ethischer Anliegen zu verdeutlichen, soll im Folgenden dessen **Aufgaben- bzw. Problemspektrum** näher herausgearbeitet werden; es geht also darum, typische Konfliktfelder für Unternehmen zu erkennen, denen sich Ethik-Management zu stellen hat. In der unternehmerischen Praxis werden Wertkonflikte zwischen ökonomischen und ethi-

---

12 Beispielsweise sei auf die Einrichtungskette *IKEA* verwiesen, die ein den Sicherheitsstandards entsprechendes Holzspielzeug kurzfristig vom Markt nahm, nachdem ein Kleinkind eines der Holzteile verschluckt hatte.
13 Beispiele dazu in Kapitel 9.6.3.
14 Vgl. Kapitel 9.4. und 9.5. sowie H. Steinmann/S. Wurche, 1993, Sp. 1125 ff.
15 In diesem Sinne M. Kaptein, 1998, S. 42 f.

schen Normen[16] zumeist in **konkreten Entscheidungsproblemen** praktisch, denn verschiedene Handlungsalternativen bauen zumeist implizit oder explizit auf voneinander abweichenden Werten und Normen auf.[17] Die Etablierung eines Ethik-Managementsystems muss somit vom Bewusstsein relevanter Entscheidungskonflikte mit und zwischen verschiedenen Stakeholdergruppen ausgehen. Eine Analyse der Entscheidungskonflikte beinhaltet folglich, dass Entscheidungsprobleme erkannt, systematisiert und auf ihre Konfliktträchtigkeit hin untersucht werden. Zur Unterscheidung **verschiedener Konfliktformen** dient die Frage, inwieweit derartige Konflikte bei einer oder zwischen verschiedenen Personen und Institutionen auftreten:[18]

- **intrapersonelle Konflikte** als Wertkonflikte einer Person;
- **innerorganisatorische Konflikte** bzw. **intra-firm-Konflikte** als Konflikte innerhalb des Unternehmens;
- Konflikte zwischen dem Unternehmen und Marktpartnern, also zumeist aus **inter-firm-Beziehungen** erwachsende Konflikte;
- Konflikte zwischen dem Unternehmen und der Gesellschaft (**extra-firm-Konflikte**).

8.5.1. Intrapersonelle Konflikte

Hierunter sind Konflikte zu verstehen, die das Individuum mit sich selbst austrägt. Sie resultieren daraus, dass aus Sicht des Mitarbeiters Erwartungen oder Interessen aufeinander treffen, die nicht miteinander vereinbar sind. Sollen gewisse Sicherheitsvorschriften oder ökologische Konsequenzen des Handelns bedacht werden oder muss der Loyalität gegenüber dem Unternehmen Rechnung getragen werden, das dadurch in größere finanzielle Schwierigkeiten geraten könnte? Darf man sich den opportunistischen Gepflogenheiten (z. B. bei Abrechnung von Spesen oder Stundensätzen gegenüber dem Kunden) innerhalb einer Abteilung anpassen, auch wenn moralische Anliegen wie Ehrlichkeit oder Fairness gegenüber dem Kunden »auf der Strecke« bleiben? Es ist offensichtlich, dass solche moralische Dilemmasituationen das psychische Gleichgewicht stören, zu Unzufriedenheit, Leistungsabfall bis zu öffentlichen Widerspruch (**whistle blowing**[19]) und Kündigung führen können. Auf den ersten Blick mögen intrapersonelle Konflikte ausschließlich als **individualethisches Problem** aufgefasst werden, so dass nur das Individuum direkt die Konfliktlösung angehen kann. Doch würde diese Sicht verkennen, dass solche Konflikte häufig Konsequenz problematischer **organisationsstruktureller Vorgaben** oder **unternehmenskultureller Werthaltungen** sind und damit unternehmensethische Relevanz besitzen.

---

16 Letztlich wird man Konflikte zwischen ethischen und ökonomischen Normen immer als Wertkonflikte interpretieren können, denn die Verfolgung ökonomischer Normen kann – wenn auch vielleicht im falsch oder missbräuchlich verstandenen Sinne – letztlich als Ausdruck einer Werthaltung angesehen werden, z. B. das Gewinnprinzip im Sinne eines eigenverantwortlichen Einkommenserwerbs als Ausdruck des sozialethischen Subsidiaritätsprinzips. Vgl. dazu H. Kreikebaum, 1996, S. 181.
17 Instruktiv dazu die Analyse des ethischen Prozesses bei M. T. Brown, 1999, S. 6 ff.
18 Ähnliche Unterscheidungen treffen H.-U. Küpper/A. Picot, 1999, S. 144; H. Kreikebaum, 1996, S. 199 ff., S. 229 ff.
19 Ausführlich Kapitel 10.

8.5.2. Innerorganisatorische Konflikte

Innerorganisatorische Konflikte bieten einen Schwerpunkt für das Ethik-Management. Eine Vielzahl von Fragestellungen ist hier angesprochen, die die Zusammenarbeit der **internen Stakeholdergruppen** – Management, Mitarbeiter (und Kapitalgeber) – miteinander und untereinander betreffen.

- Das Verhältnis des Managements zu den Mitarbeitern wird wesentlich durch die **Personalpolitik** bzw. das **Personalmanagement** bestimmt, das sich mit Rekrutierung, Einsatz und Entwicklung wie dem Ausscheiden der Mitarbeiter befasst. Personalmanagement weist eine **breite Palette ethisch relevanter Handlungsfelder** auf, denn mit dem **Arbeitsverhältnis** werden nicht nur langfristige Vertragsbeziehungen hergestellt, die von beiden Seiten Ausbeutungs- und Missbrauchsgefahren unterliegen, sondern auch umfassende gemeinschaftliche Beziehungen begründen. Arbeitnehmer werden daher humane Arbeitsbedingungen und den Schutz ihrer psychischen und physischen Unantastbarkeit, den Schutz ihrer Privatsphäre und das Recht auf Chancengleichheit und soziale Gerechtigkeit von ihrem Unternehmen einfordern. Offensichtlich sind hiermit eine Vielzahl moralisch sensibler Themenbereiche angesprochen, die von der Einhaltung von Arbeitsschutz- und Umweltschutznormen, über den sorgfältigen Umgang mit personenbezogenen Daten, die Sicherstellung angemessener Chancen zur personellen Entfaltung am Arbeitsplatz bis zur Fort- und Weiterbildung und zur »gerechten« Entlohnung reichen können. Umgekehrt müssen sich Unternehmen vor opportunistischer Leistungserbringung der Arbeitnehmer wie unzureichender Arbeitsleistung oder unbegründetem Fehlen am Arbeitsplatz schützen können.
Personalmanagement schließt zugleich die Aufgabe ein, sich mit **interpersonellen Konflikten innerhalb des Unternehmens** auseinander zu setzen. Solche Konflikte mehrerer Personen (wie aber auch Abteilungen) können den Leistungserstellungsprozess betreffen wie z.B. die Art des Produktprogramms oder die Sicherheit einzelner Produkte. Sie mögen aber auch allein aus dem Umgang der Beteiligten miteinander erwachsen. Die wichtigsten Themen[20] dieser Konfliktform stellen **Diskriminierung von Frauen**, **sexuelle Belästigung** oder **Mobbing** dar, bei dem zumeist mehrere Mitarbeiter einen Kollegen mittels verschiedener Formen von Aggressionen (»Psychoterror«) wie Beleidigungen, Nötigungen oder Diffamierungen aus dem Arbeitsteam herauszudrängen suchen. Im Zuge des rapiden ökonomischen und technischen Wandels und der Globalisierung muss eine von Werten und Normen gesteuerte Personalpolitik an Bedeutung erlangen, denn es entstehen damit zunehmend **virtuelle**, **multinationale Teams** mit nur **temporären Mitgliedschaften**; deren Bindekräfte sind gering, wenn man die vermutlich geringe »gemeinsame Wertebasis« solcher Teams beachtet.[21]

- Informationsasymmetrien bilden das zentrale ökonomische Konfliktpotential zwischen **Kapitaleigentümern** und **Management**, und zwar vor allem dann, wenn wie in den Aktiengesellschaften beide Funktionen getrennt sind. Hier sind Vorkeh-

---

20 Darauf lassen empirische Untersuchungen schließen, wonach Anfang der 90er Jahre ein erheblicher Teil der Arbeitnehmer über ein mäßiges bis schlechtes Betriebsklima klagten und viele Menschen hierin krankmachende Faktoren sah. Rund 1,5 Mio. Arbeitnehmer klagten nach diesen Einschätzungen gar über Mobbing. Vgl. dazu M. Schüz, 1999, S. 188 f.
21 Eindrucksvoll hierzu R. Sennett, 1998, S. 27 ff.

rungen zu schaffen, um eine Vertrauensbasis herzustellen.[22] Manche Anliegen haben inzwischen eine rechtliche Kodifizierung erhalten; regelmäßige Rechenschaftslegungen und unabhängige Wirtschaftsprüfungen gehören dazu. Auch das im Wertpapierhandelsgesetz statuierte **Verbot von Insider Trading** ist in diesem Sinne zu interpretieren; zentrales Ziel dieses Gesetzes ist es zu verhindern, dass Informationsvorteile von Managern oder Großaktionären einseitig zur Nutzung von Aktienkäufen oder –verkäufen genutzt werden, um sich ungerechtfertigte Vermögensvorteile zu verschaffen.[23] Andere Konfliktlagen – wie z. B. Verhaltensrichtlinien für das Management bei einer öffentlichen Übernahme durch ein anderes Unternehmen – wurden bislang über freiwillige Kodizes geregelt.

8.5.3. Inter-firm-Konflikte

Inter-firm-Konflikte gehören ebenfalls zum Kernbereich des Ethik-Managements; es geht um Konfliktlagen, die zwischen einem Unternehmen und **externen Stakeholdergruppen** bestehen. Hierzu gehören Fremdkapitalgeber, Zulieferer, Kunden und Wettbewerber. Damit sind Beziehungen angesprochen, die über **Märkte** vermittelt werden. Übergreifendes Anliegen des Ethik-Managements wird es sein, stabile Beziehungen und Partnerschaften zu entwickeln.
• Technischer Fortschritt in Kommunikation und Verkehrstechnik und Globalisierung der Märkte haben auch die Beziehungen bzw. Kooperationsformen zwischen **Zulieferern** und Herstellern sowie zwischen **Wettbewerbern**, also Unternehmen der gleichen Marktstufe, verändert; die Nutzung von Just-in-Time-Konzepten zur Minimierung von Lagerhaltungskosten und die Aufspaltung von Wertschöpfungsketten zur Nutzung von Vorteilen intensiver Arbeitsteilung erhöhen zugleich die wechselseitigen Abhängigkeiten der Beteiligten voneinander. Häufig sind langfristige Kooperationen notwendig, denn nur dann wird man für diese Beziehung **spezifische Investitionen** tätigen wollen.
• Dies gilt, zum Teil allerdings mit anderer Begründung, auch für die Beziehung von Herstellern zu **Kunden**. Diese wollen sicher sein, dass sie keine schlechte Ware angeboten bekommen und keine versteckten Qualitätsmängel hinnehmen müssen; sie wollen bei komplexen, langfristigen Beziehungen zudem darauf bauen, dass Kooperationsbeziehungen bei unvorhergesehenen Entwicklungen angemessen weiter entwickelt werden und sie »nicht über den Tisch gezogen« werden.
Ethik-Management kann hierzu in verschiedener Weise beitragen:
• Es muss sicherstellen, dass das Unternehmen sich an die von der Rahmenordnung vorgegebenen Regeln hält, z. B. keine Bestechungen vorkommen oder die Spielregeln des Wettbewerbs eingehalten werden und kein Kartell praktiziert wird.
• Es kann zudem über organisationsstrukturelle Vorkehrungen und über Maßnahmen zur Entwicklung der Unternehmenskultur zum Aufbau von Vertrauen und Reputation beitragen, um den Marktpartnern Beständigkeit und Verlässlichkeit der Beziehungen zu signalisieren.

---

22 Hierin wird man die zentrale Aufgabe von Investor Relations-Abteilungen sehen, die von manchen Großunternehmen installiert wurden.
23 Überblick bei B. Noll, 1997, S. 618 ff.

- Schließlich wird es manchmal unumgänglich oder zumindest zweckmäßig sein, über das Unternehmen hinaus bei Kooperationspartnern oder wichtigen Wettbewerbern um eine Annäherung der Wertvorstellungen zu werben oder gemeinsame Initiativen zu entwickeln, um die Kooperationsbeziehungen zu verbessern oder das Reputationspotential der gesamten Branche gemeinsam zu erhöhen. In diesem Sinne ist die Initiative einiger bayerischer Bauunternehmer zur Schaffung eines gemeinsamen **EthikManagementSystems für die Bauwirtschaft**[24] wie auch die gemeinsame Finanzierung eines **Fonds zur Entschädigung der Zwangsarbeiter im Nationalsozialismus** zu verstehen. Damit werden die Grenzen zur Bearbeitung von **Extra-Team-Konflikten** fließend.

8.5.4. Extra-Firm-Konflikte

Mit der heftigen öffentlichen Diskussion zwischen *Shell* und *Greenpeace* um die Versenkung der Ölplattform Brent Spar dürfte das Bewusstsein in den Führungsetagen der Unternehmen dafür gewachsen sein, dass nicht allein der Erfolg am Markt, sondern auch die allgemeine Akzeptanz des **gesellschaftlichen Umfeldes** entscheidenden Einfluss für die Zukunft des Unternehmens besitzen können. Offensichtlich gibt es **weitere externe Stakeholder** wie Gewerkschaften, Menschenrechts- und Umweltschutzgruppen, Medien, Kommunen, Staat, etc.; diese Gruppen können Ansprüche an das Unternehmen formulieren, auch wenn sie in keiner Marktbeziehung zum Unternehmen stehen. Entsprechend ergibt sich hieraus ein Potential für **extra-firm-Konflikte.**

J. Wieland[25] hat **vier Konfliktfelder** unterschieden, um diesen recht weiten und heterogenen Bereich unternehmensethischer Aufgaben genauer auszuloten:

- Unter **moralisch sensiblen Produkten** können Zigaretten, Alkohol, Kernenergie, Wehrtechnik und gentechnisch erzeugte Lebensmittel verstanden werden. Bei all diesen Produkten muss der Hersteller nicht nur garantieren, dass sein Produkt die Qualitäts- und Preisvorstellungen seiner Nachfrager trifft; er muss auch die moralische Legitimität trotz negativer externer Effekte (Krankheit, Förderung von Suchtgefahren, etc.) nachweisen können.[26]
- **Moralisch sensible Produktionsmethoden** sind ohne weiteres in der **Landwirtschaft, Pelzverarbeitung** oder der **Kosmetikindustrie** zu entdecken, die verantwortlich dafür zeichnen, dass Tiere unter moralisch angreifbaren Bedingungen benutzt oder gehalten werden. Es gibt aber auch – weniger offensichtlich – in anderen Bereichen wie dem **Banken-** oder **Versicherungssektor** moralisch sensible Produktionsmethoden. Banken als Kreditgeber für Kernkraftwerke und Versicherer als (Teil-)Risikoträger für das Risiko eines großen Tankerunglücks müssen sich fragen lassen, ob sie bei Schadensfällen durch ihr Engagement moralische Mitverantwortung zu tragen haben.
- Von **moralisch sensiblen Transaktionen** kann man dann sprechen, wenn es um Geschäftsbeziehungen zu Unternehmen in solchen Ländern geht, die die Menschenrechte missachten oder grundlegende Umweltstandards umgehen. Hierauf

---

24 Vgl. Kapitel 9.6.2.
25 Ders., 1996, S. 14 ff.
26 Zahlreiche Beispiele bei K. P. Kaas, 1999, S. 247.

fußen dann die Vorwürfe von **Ökodumping** und **Sozialdumping**. Allerdings sind die unternehmensethischen Entscheidungen –wie die Diskussion um die **Kinderarbeit** deutlich gemacht hat [27] – meist komplexer und schwieriger, als es zunächst den Anschein hat.

- Auch bei **moralisch sensiblen Standortentscheidungen** werden unterschiedliche Sozial- und Umweltstandards in verschiedenen Ländern häufig die moralische Brisanz der Entscheidung ausmachen. Hinzu kommen allerdings zumeist weitere moralische Fragen, die sich beispielsweise aus der Verlagerung von Arbeitsplätzen oder der Unvereinbarkeit unterschiedlicher Werthaltungen und Organisationskulturen unter einem Unternehmensdach ergeben.

8.6. Schritte zur Etablierung eines Ethik-Management-Systems

Aus den vorgenannten Überlegungen lassen sich folgende **Aufgaben** bei Etablierung eines Ethik-Management-Systems ableiten:[28]

- Ausgangspunkt ist die **Formulierung von unternehmensethischen Grundsätzen** als Orientierungs- und Handlungsleitlinien. Sie formen die Identität des Unternehmens mit und geben Entscheidungshilfen. Allein die Formulierung von Grundsätzen reicht jedoch für ihre Durchsetzung nicht aus; sie werden erst wirksam, wenn zusätzlich gewisse Prozesse initiiert und Organisationsstrukturen geschaffen werden. Dies wirft die Frage nach der **Implementierung** auf.
- Ethik-Management wird daher verschiedene Prozesse anstoßen müssen. So verlangt die Vermittlung von ethischen Inhalten nach **Kommunikation**. In kommunikativen Prozessen müssen die Unternehmenswerte in das Unternehmen hinein wie nach außen verbreitet werden, um Einfluss auf Unternehmenskultur und Reputation der Unternehmung zu nehmen. **Diskussionen** und **Trainings** können Hilfestellung leisten, abstrakte Leitlinien für den einzelnen Mitarbeiter in konkrete Alltagssituationen umzusetzen und Wertkonflikte zu erkennen und zu bearbeiten, den Umgang mit den Leitlinien also selbstverständlich zu machen. **Kontrollen** und **Sanktionen** sind unverzichtbar, um die Ernsthaftigkeit des Ethik-Managements zu dokumentieren.
- Schließlich bedarf es der Verankerung in der **Organisation des Unternehmens**. Werteorientierung und Vertrauenskultur lassen sich im Unternehmen nur durchsetzen, wenn partizipative und offene organisatorische Strukturen geschaffen werden.[29] Darüber hinaus werden sinnvollerweise eigenständige Stellen und/oder Abteilungen einzurichten sein, um dafür zu sorgen, dass unternehmensethische Grundsätze nicht nur formuliert, sondern auch gelebt werden (können).

---

27 Vgl. Kapitel 7.5.
28 Ähnliche Vorschläge bei J. Wieland, 1999, S. 91 ff.; M. Schüz, 1999, S. 193 ff.
29 Vgl. H. Steinmann/B. Gerhard, 1992, S. 163 und H. Kreikebaum, 1996, S. 191.

9. Ethik-Management: Kodizes, Strategien und Instrumente

Im letzten Kapitel wurden die konzeptionellen Grundlagen für ein Ethik-Management-System entwickelt. Es basiert auf folgenden Elementen:

- am Beginn steht die **Formulierung eines Leitbildes**;
- hierauf bauen grundlegende **strategische Weichenstellungen** auf;
- diese gilt es *im* Unternehmen mit **organisationsstrukturellen Lösungen**
- und mit Beeinflussung der **Unternehmenskultur** umzusetzen
- und durch entsprechendes unternehmerische Strategien **nach außen** den Marktpartnern wie der Öffentlichkeit zu **kommunizieren**;
- die Bemühungen des Ethik-Managements gilt es über **Audits** zu kontrollieren

Damit ist der Handlungsrahmen für ein Ethik-Programm und zugleich der »rote Faden« für die folgenden Überlegungen abgesteckt.

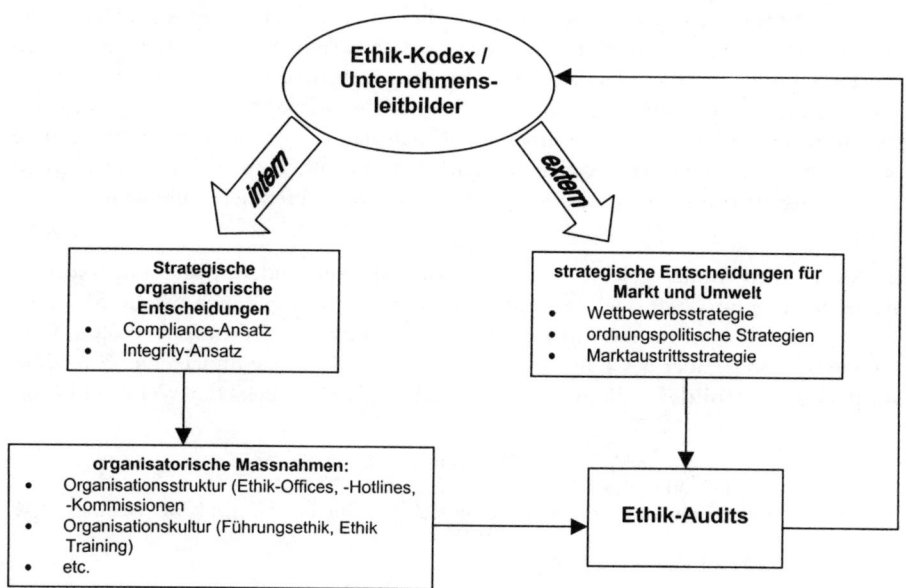

Abb. 5: Ethik-Management-Programm

9.1. Ethik-Kodizes als Ausgangspunkt des Ethik-Managements

1. Ethik-Kodizes (Codes of Ethics, Codes of Conduct), im deutschsprachigen Raum auch als **Unternehmensleitsätze** bezeichnet, sind inzwischen ein verbreitetes Instrument, mit dem Unternehmen aus eigener Initiative ihr Wertesystem beschreiben und kodifizieren. Sie betonen darin zumeist die gesellschaftliche Einbindung des Unternehmens sowie ihr Anliegen, den verschiedenen externen wie internen Stakeholder-Gruppen soweit wie möglich gerecht zu werden. Beispielhaft hierzu das Unternehmensleitbild von *Hewlett Packard*: »Als ein Unternehmensverband, der in vielen verschiedenen Staaten und Gemeinwesen der ganzen Welt tätig ist, müssen wir sicherstellen, dass wir zu deren Wohl beitragen. Dies bedeutet, dass wir unsere Interessen mit denjenigen des jeweiligen Gemeinwesens in Übereinstimmung bringen müssen. Es bedeutet außerdem, dass wir uns gegenüber Einzelpersonen und Gruppen moralisch einwandfrei verhalten ...«[1]
Empirische Untersuchungen zeigen, dass in den USA inzwischen mehr als 90% aller Großunternehmen über solche Verhaltenskodices verfügen,[2] aber auch in Deutschland gewinnt das Instrument an Bedeutung. Allerdings fallen diese Dokumente in ihrem Aussehen, in Inhalt, Anspruch, Umfang und Detailliertheit, sehr unterschiedlich aus.[3] Manche Unternehmen beschränken sich darin, wenige Grundprinzipien ihrer Philosophie zu notieren. So sind es bei *Levi Strauss* sechs Werte, die bei Entscheidungen in Konfliktsituationen höchste Priorität besitzen: »Ehrlichkeit, Einhalten von Versprechungen, Fairness, Respekt vor anderen, Mitgefühl und Integrität sollen die Diskussion mit internen und externen Interessengruppen leiten.«[4] Noch grundsätzlicher der Herrenausstatter *SØR Rusche*, der speziell auf die Diskursethik[5] als Ausgangspunkt aller seiner Überlegungen hinweist, wenn er in der Präambel seines Kodexes schreibt: »*SØR* wählt nur solche unternehmensethischen Normen, die eine Annäherung der realen Kommunikationsverhältnisse unserer erfolgsverpflichteten Unternehmung an die Bedingungen der idealen Kommunikationsgemeinschaft ermöglichen«[6]. Andere Unternehmen wiederum erläutern detailliert und in konkreten Handlungsvorgaben ihr Werteverständnis, erstellen umfassende Regelkataloge der »dos and don'ts«. Häufig werden auch ökonomische Anliegen (Marktführerschaft, Rentabilität) und ethische Zielsetzungen (Ehrlichkeit, Zuverlässigkeit, Rechtschaffenheit) miteinander verknüpft.

2. Moral wird immer gelebt, auch wenn die entsprechenden Werte und Normen häufig unausgesprochen oder gar unbewusst bleiben. Dies gilt auch für die Moral im Unternehmen, die dann etwa in einer Geschäftspolitik des »Gewinn über alles«, »Der Kunde ist König« oder des »Hire and Fire« ihren Niederschlag findet.[7] Die **Entwicklung eines Leitbildes** stellt einen Prozess dar, in dem die gelebten Werte und Nor-

---

1 Zitiert nach H. Steinmann/A. Löhr/B. Kustermann, 1996, S. 2.
2 J. Wieland, 1993, S. 30 f.; ders. 1994, S. 12; B. Palazzo, 2000, S. 212.
3 Etliche Leitsätze von Großunternehmen sind abgedruckt bei H. Lenk/M. Maring, 1992, S. 353 ff.
4 R.D. Haas, 1994, S. 2.
5 Vgl. Kapitel 2.4.2.3.
6 Der Kodex ist abgedruckt bei P. Ulrich, 1997, S. 460 f.
7 Vgl. M. Schüz, 1999, S. 190.

men offen gelegt, reflektiert und gegebenenfalls revidiert werden. Hierfür sprechen vor allem **drei Gründe**:[8]

- Unternehmensleitsätze haben eine **Orientierungsfunktion**. Sie formulieren Verhaltenserwartungen und setzen moralische Mindeststandards. Die Wertebasis des Unternehmens wird für Führungskräfte wie Mitarbeiter transparent gemacht. Ein solcher Verhaltenskodex nimmt zu ethisch sensiblen Themen Stellung und erleichtert damit in mehrdeutigen Situationen die Entscheidung. Auch wenn davon keine verbindlichen Handlungsanweisungen für moralische Grenzsituationen zu erwarten sind, können doch spontane und willkürliche Ad-hoc-Entscheidungen eher vermieden oder zumindest reduziert werden. Solche Richtlinien sind vor allem für international tätige Unternehmen wichtig, da in ihnen Mitarbeiter aus verschiedenen Ländern zu funktionsfähigen Teams zu integrieren sind, die häufig keinen gemeinsamen Wertehintergrund besitzen.
- Eine **Motivationsfunktion** übernehmen Leitbilder bzw. Ethik-Kodizes dann, wenn sie die Mitarbeiter auf die Verfolgung gemeinsamer Ziele hin inspirieren können. Das Unternehmen gewinnt oder schärft Identität und Profil, um sich von den Konkurrenten zu unterscheiden. Mitarbeiter werden sich insbesondere dann mit den Zielsetzungen, Strategien und der Arbeitsweise »ihres« Unternehmens identifizieren und für es »einstehen« können, wenn das Leitbild die von ihnen gewollten Werte repräsentiert.
- Leitbilder erfüllen schließlich eine **Legitimationsfunktion**. Mit der Entwicklung eines Verhaltenskodexes dokumentieren Unternehmen ihre Bereitschaft zur Verantwortungsübernahme. Sie stellen damit gegenüber Mitarbeitern und Öffentlichkeit explizit klar, dass das Unternehmen *selbst* moralischer Akteur ist. Zugleich kann diese Form von Selbstbindung verstärkter staatlicher Regulierung vorbeugen, denn gehäuftes Auftreten unmoralischer Geschäftspraktiken provoziert staatliche Interventionen.

3. Es gibt keinen verbindlichen und abschließenden Kanon an Anforderungen zur Erstellung guter Unternehmensrichtlinien. Doch zeigen praktische Erfahrungen, dass es Sinn macht, gewisse Regeln bei der **Entstehung**, der **inhaltlichen Formulierung** wie im alltäglichen **Umgang** mit einem Verhaltenskodex einzuhalten.

- Unternehmensrichtlinien sind nur dann wirksam, wenn sie mit einer möglichst umfassenden Beteiligung und nach gründlicher Diskussion verabschiedet werden. Nur dann ist auf Einsicht und Verständnis zu hoffen, wenn das Regelwerk nicht »von oben« dekretiert wird, sondern auf Basis von **Partizipation der Beschäftigten** entsteht.[9] Auch wenn eine Mitarbeit aller aus Praktikabilitätsgründen ausscheiden wird, sollte mit der Ausarbeitung nicht nur die Führungsspitze befasst werden, die den Kodex dann qua Organisationserlass verkündet.
- Gleichfalls von großer Bedeutung für die Akzeptanz solcher Richtlinien ist, dass sie **klar** und **eindeutig** formuliert sind, dass sie **keine Tabus** kennen, sondern gerade auch diejenigen Themen ansprechen, die die größten Kontroversen innerhalb wie außerhalb des Unternehmens auslösen können, und dass sie **ehrlich gemeint** sind, also keine Versprechungen enthalten, die im Alltagsgeschäft nicht eingehalten werden können. Unterschiedliche Auffassungen existieren in der Praxis bislang darüber,

---

8 Vgl. K. M. Leisinger, 1997, S. 115 ff.; D. Dietzfelbinger, 1999, S. 163 ff.
9 W. M. Hoffman, 1998, S. 55; H. Steinmann/A. Löhr/B. Kustermann, 1996, S. 3.

wie detailliert ein Ethik-Kodex angelegt sein sollte. Hier sind die Erfahrungen von *Levi Strauss* aufschlussreich. Ursprünglich war man bemüht, möglichst vollständige Kataloge mit einer Vielzahl konkreter Regeln zur Vermeidung unmoralischer Verhaltensweisen zu formulieren. Doch erwiesen sich diese Normenkataloge als zu inflexibel. »We became buried in paperwork, and anytime we faced a unique ethical issue, another rule or regulation was born."[10] Neben der fehlenden Flexibilität gibt es noch gewichtigere **Einwände** gegen eine **zu große Detailliertheit**. Ein Ethik-Kodex will den Mitarbeitern Hilfe bei Entscheidungen bieten, ohne den Entscheidungsspielraum über Gebühr einzuschränken. Ein Code, der aber sehr enge und detaillierte Regelkataloge enthält, wird von engagierten, eigenständig handelnden Mitarbeitern schnell als Instrument der Bevormundung angesehen und stiftet dann mehr Schaden als Nutzen.[11] Umgekehrt spiegelt ein solches Regelwerk »autoritätsgläubigen« Menschen eine Sicherheit im Umgang mit ethischen Dilemmasituationen vor, die ein solches Instrument nicht bieten kann, sieht man von konkreten Verboten ab. Denn immer dort, wo ein ethisches Thema »konkret« wird, gibt es häufig keine eindeutige und glatte Antwort.[12]

• Kodizes sind freiwillige Selbstverpflichtungen, mit denen Unternehmen ihre Handlungsspielräume eigenverantwortlich gestalten und begrenzen. Sie sind grundsätzlich **nicht rechtsverbindlich**, denn sie sollen als Orientierungshilfe und nicht als Zwangsinstrument dienen. Damit stellt sich die Frage nach dem sorgsamen Umgang mit solchen Leitbildern. Sie haben nur dann eine positive Funktion, wenn sie eingehalten werden; sind sie hingegen nicht wirklich gewollt und werden vom Management nicht befolgt, werden sie schnell Gegenstand abfälliger oder zynischer Kommentare. Um Glaubwürdigkeit und Ernsthaftigkeit zu dokumentieren, ist es unabdingbar, Verstöße zu sanktionieren. Dies wird von amerikanischen Unternehmen zunehmend erkannt, die deshalb Ethik-Standards häufig zum Bestandteil von Arbeitsverträgen bei ihren Top-Managern machen und Verstöße mit negativen Konsequenzen bis hin zur Entlassung ahnden.[13]

4. Ethikkodizes bzw. Unternehmensleitbilder sind umstritten. Es sind insbesondere **zwei Kritikpunkte**, die Ernst zu nehmen sind:

• Die Inhalte solcher Leitbilder wirken häufig banal und flach, unverbindlich und nichtssagend, als **Ansammlung von Allgemeinplätzen**; dies mag in vielen Fällen durchaus so scheinen, dennoch verkennt diese Kritik wesentlich die Aufgabe eines solchen Instruments. Entwickelt werden allgemeine Standards, die als gemeinsame Wertebasis für den Einzelfall Hilfestellungen leisten sollen, nicht aber Entscheidungen vorwegnehmen oder ersetzen wollen.[14] Insofern bedürfen sie immer zusätzlicher Präzisierung und Konkretisierung. Dies ist jedoch kein Spezifikum von Unternehmenskodizes, sondern von Regeln generell. Zudem kann ein recht allgemein gehaltener Ethik-Code Ausgangspunkt für weitere unternehmensinterne Dialoge sein, in denen konkrete Verhaltensrichtlinien für Teilbereiche des Unternehmens festgelegt werden, z. B. für den Einkauf oder die Finanzen.[15] Entscheidend ist

---

10 R. D. Haas, 1994, S. 2.
11 B. Palazzo, 2000, S. 213.
12 K. M. Leisinger, 1997, S. 119.
13 B. Palazzo, 2000, S. S. 215 f.; N. E. Bowie, 1992, S. 340.
14 N. E. Bowie, 1992, S. 345 ff.
15 Zum Umgang mit Geschenken ausführlicher Kapitel 11.2.

schließlich nicht unbedingt das in den Richtlinien enthaltene Ergebnis, sondern der Prozess hin zu einem solchen Leitbild. Mit der Erstellung kann ein wichtiger Kommunikationsprozess angestoßen werden, der einen offeneren und faireren Umgang im Unternehmen initiiert. Dies meint auch der damalige Personalleiter von *BMW*, *L. Reichart*, wenn er über seine Erfahrungen mit Führungsgrundsätzen schreibt: »Wir wissen heute, dass solche Leitsätze nur vorübergehende Notierungen sein können, deren Bedeutung in dem Prozess liegt, den sie anstoßen und kanalisieren.«[16]

- Leitbilder werden darüber hinaus häufig als **Public Relations-** oder **Marketinginstrument** genutzt. Dennoch ist auch dies kein durchschlagendes Gegenargument. Die Missachtung grundlegender moralischer Normen wird von Mitarbeitern, Kunden oder anderen Bezugsgruppen aggressiver und schmerzlicher empfunden, wenn schriftlich niedergelegte Regeln bestehen. Und das Management eines Unternehmens wird sich genau überlegen müssen, ob es den damit verbundenen Image- und Reputationsverlust hinnehmen kann und will, denn der Wert eines Verhaltenskodexes wird sich für die Bezugsgruppen in der Krise, nicht aber in »Schönwetterperioden« erweisen. Immerhin wird an dieser Kritik deutlich, dass die Verabschiedung solcher Ethik-Kodizes nur ein notwendiger, aber noch kein hinreichender Schritt auf dem Weg zu einer ethisch sensibilisierten Unternehmung sein kann; anderenfalls besteht in der Tat die Gefahr, dass er zum Marketinginstrument verkommt.

9.2. Compliance- oder Integrity-Ansatz: eine strategische Grundsatzentscheidung

1. Die Regeln eines Ethik-Kodexes sind im Regelfalle noch zu allgemein und vage, um in unmittelbare Handlungsempfehlungen münden zu können. Daher bedarf es weiterer strategischer, d.h. langfristiger und grundsätzlicher Entscheidungen, um ein erfolgversprechendes Ethik-Management zu implementieren. Als Basis dafür kann die von *L. Sharp-Paine* vorgenommene idealtypische Gegenüberstellung von zwei Modellen dienen, die einer jeweils anderen Steuerungsphilosophie folgen.[17] Sie unterscheidet bei der Verankerung von Ethik in Organisationen zwischen **Compliance-** und **Integrity-Programmen**.

2. Zentrales Anliegen des **Compliance-Ansatzes** ist es, diskretionäre Handlungsspielräume der Mitarbeiter zu begrenzen, um **opportunistisches (Fehl-)Verhalten** so weit wie möglich zu **verhindern**. Opportunistisches Verhalten meint, dass nicht alle Mitarbeiter bzw. Vertragspartner ihre vertraglichen Pflichten ordnungsgemäß einhalten, sondern strategisch nach individuellem Vorteil streben, die Vertragsbeziehungen durch Unehrlichkeit, Unordentlichkeit, Faulheit o.ä. ausbeuten. Den Mitarbeitern müssen demgemäß möglichst detaillierte Verhaltensrichtlinien zur Orientierung vorgegeben werden, die über Schulungen und Kontrollmechanismen abgesichert werden. Der Schwerpunkt der Ethik-Aktivitäten ist also in Schaffung und Durchset-

---

16 L. Reichart, 1991, S. 416.
17 L. Sharp-Paine, 1994, S. 106 ff.; vgl. auch D. Matten, 1998, S. 23; H. Steinmann/B. Kustermann, 1999, S. 211 ff.

zung klarer Rahmenbedingungen und damit verbundener **Anreiz- und Kontroll-Strukturen** zu sehen, das heißt, es gilt

• Überwachungsstandards zu definieren,
• geeignete Mechanismen der Fremdkontrolle zu entwickeln,
• Sanktionsmaßnahmen zu installieren.

Dieser Denkansatz geht von einem eher **skeptischen, passiven Menschenbild** aus. Tugendhaftigkeit wird zwar nicht ausgeschlossen, und es wird auch betont, dass deren Vorhandensein Interaktionen erleichtere, aber man wird hierauf nicht primär ein Ethik-Management aufbauen können. Jedenfalls wird nicht die Tugendhaftigkeit des Mitarbeiters erwartet, sondern eher der worst case, das **opportunistische Verhalten**. Man rechnet nicht mit Akteursmoral, sondern setzt auf Organisationsmoral.[18] Der Compliance-Ansatz baut damit auf äußere Anreize, auf Belohnungen und Bestrafungen, um moralisch angemessenes Verhalten sicherzustellen. Er betrachtet **Motivation** als **extrinsisches** Phänomen.

Der Compliance-Ansatz kommt eher **traditionellen** (tayloristischen) **Management-** bzw. **Führungsmodellen** nahe, für die eine weitgehende Trennung zwischen Managementaufgaben (Planung, Erstellen eines Werte- und Normengerüstes) und den ausführenden Tätigkeiten charakteristisch ist. Er ist eher in einem wettbewerblichen Umfeld angemessen, das durch hohe Stabilität und geringe Komplexität gekennzeichnet ist.[19]

3. Der **Integrity-Ansatz** folgt konträren Denkmustern. Ethik-Management soll nicht so sehr darauf bedacht sein, Fehlverhalten zu vermeiden, sondern **moralisch verantwortungsvolles Verhalten** zu **stützen**. Integrity-Programme wollen die Mitarbeiter für im Unternehmensinteresse liegende Werthaltungen sensibilisieren und sie über die Schaffung entsprechender organisationsstruktureller und –kultureller Maßnahmen unterstützen, Eigenverantwortung zu übernehmen. Entsprechend sollen die Mitarbeiter an der Formulierung und Umsetzung der Ethik-Standards beteiligt werden. Einer solchen Strategie muss es zuallererst darum gehen, über den Führungsstil, die Beeinflussung der Unternehmenskultur und durch Maßnahmen der Personalentwicklung ein vertrauensvolles Klima, eine »**Vertrauenskultur**«, zu schaffen.

Der Integrity-Ansatz baut auf einem anderen **Menschenbild** als der Compliance-Ansatz auf; neben dem Eigennutzstreben werden **Werte und Ideale der Individuen** als Anknüpfungspunkte moralischen Handelns mit berücksichtigt; der Mitarbeiter ist an den Belangen des Unternehmens interessiert, ist moralisch integer und lernfähig und will selbstverantwortlich handeln. Man setzt mithin auf die **intrinsische Motivation** der Mitarbeiter, weil diese auch um der Sache selbst willen handeln.

Dieser Ansatz kommt neueren Managementmodellen entgegen und besitzt für Unternehmen Relevanz, die sich einer hohen Umweltdynamik ausgesetzt sehen. Strategische Unternehmensführung muss bei **hoher Ungewissheit** über die Zukunft und einem **komplexen Umfeld** darauf bedacht sein, die Potentiale der Mitarbeiter möglichst umfassend zu nutzen. Wird die schnelle und kompetente Informationsgewinnung und -bearbeitung zum Erfolgsfaktor für Unternehmen, so ist nur auf diese Wei-

---

18 Vgl. J. Wieland, 1994, S. 20; D. Matten, 1998, S. 24.
19 Grundlegend H. Steinmann/B. Kustermann, 1999, S. 216 ff.

se zu erwarten, dass neue Probleme schnell erkannt, bearbeitet und sinnvoll beurteilt werden. Diesem Führungsmodell angemessen sind Integrity-Programme, die – anders als Compliance-Programme – eher der **Selbst-** als der Fremd**steuerung des Mitarbeiters** dienen.

	Compliance-Ansatz	**Integrity-Ansatz**
Zielsetzung	Konformität mit externen Verhaltensstandards herstellen	»Selbststeuerung« des Mitarbeiters
Steuerungsphilosophie	Begrenzung diskretionärer Handlungsspielräume	Ermöglichung moralischen Verhaltens
Verhaltensannahme, Menschenbild	vom materiellen Eigeninteresse geprägtes Wesen (extrinsische Motivation); opportunistisches Verhalten	von eigenen und sozialen Interessen geprägtes Wesen (intrinsische Motivation), verantwortungsbewusstes, lernfähiges Verhalten
Maßnahmen	Misstrauenskultur: Überwachung, Fremdkontrolle, Sanktionsmaßnahmen	Vertrauenskultur: Freiräume für Eigenverantwortung schaffen

Abb. 6: Merkmale des Compliance- und Integrity-Ansatzes

4. Beide Denkansätze benennen gewissermaßen die **Eckpunkte** für die konzeptionelle Ausgestaltung des Ethik-Managements: Fremdsteuerung über Compliance-Programme oder Selbststeuerung über Integrity-Programme. Zumeist wird die Antwort für ein Unternehmen nicht »entweder – oder«, sondern »sowohl als auch« lauten. Auch bei Verfolgung des Integrity-Ansatzes muss die Erreichung ethischer Zielsetzungen durch formale Verhaltensstandards, durch Kontrollen und Strafen gestützt werden. Opportunistisches Verhalten wird sich nie ausschließen lassen, so dass entsprechende Vorkehrungen in jedem Unternehmen getroffen werden müssen. Daher versteht sich der Integrity-Ansatz auch nicht notwendigerweise als antinomisches Gegenstück zum Compliance-Ansatz, sondern eher als Erweiterung, die wichtigste Aspekte des Compliance-Ansatzes mit einbezieht.

Ob eher dem Compliance- oder mehr dem Integrity-Ansatz gefolgt werden sollte, wird zuallererst von der **konkreten Situation** abhängen, in der sich ein Unternehmen befindet. Es gibt insoweit keine allgemein gültige Aussage. Im Compliance-Ansatz ist der wichtige Gedanke enthalten, Handlungsspielräume zu begrenzen, um damit eine Entlastung der Mitarbeiter von (möglicherweise zu viel) eigenständiger ethischer Reflexion zu erreichen. Daher spielen Compliance-Programme zur Verhinderung von Wirtschaftskriminalität eine sinnvolle Rolle. Doch dies wird nur der Ausgangspunkt der Überlegungen sein können; verändern sich die Herausforderungen aus Umwelt und Märkten rapide oder ist ein Unternehmen international aktiv und beschäftigt Mitarbeiter mit unterschiedlichem Wertehintergrund, dann wird man die konservative Steuerungsphilosophie des Compliance-Ansatzes verlassen müssen. Auch ausgeklügelte Anreiz- und Kontrollmechanismen reichen mit zunehmender Offenheit und Turbulenz der Unternehmensumwelt nicht aus. Ein Unternehmen kommt dann nicht umhin, **offene, partizipative Organisationsstrukturen** zu schaffen, um die Unternehmensprozesse über Beeinflussung der Unternehmenskultur und über Werteprogramme zu steuern.[20] Dies ist sicher der langwierigere und schwierigere Weg, aber auch der erfolgversprechendere. Dies formuliert *R. Haas*, wenn er über seine Erfahrungen bei *Levi Strauss* berichtet: »Wir mussten begreifen, dass man ethisches Verhalten nicht per Zwang in eine Organisation einpflanzen kann. Ethisches Verhalten hängt nämlich von den gemeinsam geteilten Grundeinstellungen der Mitarbeiter ab.«[21]

9.3. Die Unternehmensorganisation als Ansatzpunkt ethischer Sensibilisierung

Die moralische Glaubwürdigkeit eines Unternehmens resultiert aus den Verhaltensweisen der Mitarbeiter; diese prägen durch ihr Handeln das wahrgenommene Bild in der Öffentlichkeit. Jeder Mitarbeiter, der in Kontakt mit externen Stakeholdergruppen kommt, kann das Vertrauen in die Glaubwürdigkeit des Unternehmens mit seinem Handeln fördern, beschädigen oder zerstören.[22] Anders formuliert: moralisch bedenkliche Handlungen müssen von Personen initiiert, entschieden und umgesetzt werden. Doch kann daraus nicht gefolgert werden, die Gründe für unmoralisches Verhalten lägen stets in moralischen Defiziten und Unzulänglichkeiten der handelnden Akteure. Das ist zwar möglich, doch vermutlich nicht die wichtigste Ursache. Unmoralisches Verhalten im Geschäftsleben ist stattdessen meist ein systematisches Problem. Es ist das Verhalten anständiger Menschen, die normalerweise nicht daran denken würden, etwas Illegales oder Unmoralisches machen zu wollen. Aber sie sehen sich durch besondere Umstände im Unternehmen dazu veranlasst.[23] *J. A. Waters* schreibt daher plastisch: Statt zu fragen: »Was geht in den Leuten vor, dass sie auf diese Weise handeln«, sollten wir fragen: »Was geht in der Organisation vor, dass sie Menschen veranlasst, in dieser Weise zu handeln?«[24] Für diese Überlegung spricht schon, dass es im Normalfall gar keine sinnvolle Begründung für eine generelle Personalisierung unternehmerischen Fehlverhaltens gibt, denn in Unternehmen agieren Menschen mit normalen moralischen Stärken und Schwächen wie in anderen Lebensbereichen auch.[25]

Unmoralisches Verhalten reflektiert also vielfach die **Deformationen** oder **Defizite** der **Unternehmensorganisation**. Dabei ist zwischen Organisationsstruktur und Organisationskultur zu unterscheiden.

- Als **Organisationsstruktur** können alle generellen Regelungen im Betrieb interpretiert werden, die zur Differenzierung (Arbeitsteilung) und Integration (Arbeitssynthese) der Aufgaben im Unternehmen beitragen. Sie wird teilweise durch staatliche Vorschriften geregelt, die die Unternehmensverfassung vorgeben (z.B. Regeln

---

20 Vgl. J. Wieland, 1996, S. 9.
21 R.D. Haas, zitiert nach H. Steinmann/A. Löhr/B. Kustermann, 1996, S. 3.
22 M. Kaptein, 1998, S. 36 f.
23 M. G. Velasquez, 1990, p. 230
24 J. A. Waters, 1991, S. 283 f.; eigene Übersetzung.
25 J. A. Waters, 1991, S. 282. Dies legen auch empirische Studien nahe; Nachweise bei M. Kaptein, 1998, S. 40 f.

zur Geschäftsführung, zur Mitbestimmung, etc); daneben dokumentieren sich organisatorisch-strukturelle Vorgaben in von den Unternehmen selbst entwickelten Stellenbeschreibungen, Arbeitsverträgen, Verwaltungsvorschriften, etc.

• Jedes Unternehmen stellt zugleich eine **historisch gewachsene Gemeinschaft** dar, in der sich **gemeinsame Werthaltungen** herausbilden. Dies offenbart sich in typischen Denkmustern, Handlungsweisen, Symbolen und Ritualen. Zusammenfassend kann man diese gemeinsame Wertorientierung mit **Unternehmenskultur** bezeichnen.

Sowohl strukturelle als auch kulturelle Aspekte einer Organisation können verantwortliches Verhalten fördern oder hemmen.

9.4. Organisationsstrukturen

9.4.1. Organisationsstrukturen als Quelle unmoralischen Handelns

1. Da die Mitarbeiter eines Unternehmens nicht auf spontane Weise zielgerichtet und verantwortungsvoll zusammen handeln, müssen die unternehmerischen Prozesse organisiert werden. Stellenbeschreibungen, Weisungsbefugnisse, Nutzungsregeln wie auch andere Vorschriften sind für die Zusammenarbeit in jeder komplexen Organisation unabdingbar. Sie schaffen Stabilität, machen Verhalten voraussehbar, sorgen damit für Klarheit im Umgang mit anderen und für Entlastung in vielen Konfliktsituationen. Damit bedingen sie zugleich – wie alle anderen Normen – ein unauflösbares **Dilemma**.[26] **Regeln** bedeuten einerseits **Stabilität** und **Erwartungssicherheit**, zugleich aber auch **Fixierung** und **Selektion**. Organisatorische Regelungen können daher als Barrieren für moralisches Handeln wirken, weil sie nicht für die Handhabung aller künftigen Fälle gerechtfertigt sein mögen oder aber Mitarbeiter veranlassen, die ethische Reflexion über ihr Handeln auszublenden. Deutlich wird dies an typischen Äußerungen von Mitarbeitern in moralischen Konfliktsituationen: »Ich tue nur meine Pflicht!« oder »Ich handele genau nach den Vorschriften!« oder »Das geht mich nichts an, denn es liegt außerhalb meines Verantwortungsbereichs!«

2. Allerdings besitzen manche organisatorisch-strukturellen Regelungen ein geringeres, andere ein größeres Gefahrenpotential. Nur diese Erkenntnis erlaubt es, über die »ethische Sensibilisierung« der Unternehmensstrukturen bzw. eine »ethikfreundliche Organisationsstruktur« nachzudenken. Auf diese Zusammenhänge hat der amerikanische Sozialwissenschaftler *J. A. Waters*[27] 1978 in einem wegweisenden Aufsatz hingewiesen. Er identifizierte auf Basis einer Auswertung wirtschaftskrimineller Praktiken typische »**organizational blocks**«, die in Anlehnung an *H. Steinmann/A. Löhr* in organisationsstrukturelle und -kulturelle Barrieren für moralisches Handeln unterteilt werden.[28] Wichtige **organisationsstrukturelle Barrieren** sind:

26 Vgl. bereits Kapitel 2.2.2.
27 J. A. Waters, (1978) 1991, S. 283 f.

a) Die **klassische Befehlshierarchie** der Ein-Linien- oder Stab-Linien-Organisation kann als eine der bedeutsamsten Barrieren für moralisches Handeln angesehen werden. Dieses Organisationsmodell basiert auf strikter Anweisung und Unterordnung, auf Befehl und Gehorsam, und birgt damit verschiedene Gefahren in sich.

- Zum einen könne **Informationsverzerrungen** und **–blockaden** entstehen. »Kritische« oder »schlechte« Informationen werden übergeordneten Instanzen nur beschönigt zugeleitet, nicht rechtzeitig weitergegeben oder ganz unterdrückt, so dass die oberen Führungsebenen sich moralischer Dilemmasituationen nicht ausreichend bewusst werden.
- Zudem werden **ethische Reflexionen** auf den operativen Ebenen des Unternehmens systematisch **ausgeblendet**, denn erwartet wird bei hierarchischen Befehlsstrukturen von den »untergeordneten« Mitarbeitern scheinbar kein selbständiges, sondern nur ein den Anweisungen entsprechendes Handeln.
- Selbst wenn ein Mitarbeiter gegen unmoralische oder illegale Praktiken vorgehen möchte, steckt er zumeist in **ausweglosen Zwängen.** Verweigert er Anordnungen, wird der Vorgesetzte seine Vorstellungen über Manipulation oder Druck durchzusetzen suchen. Macht der Mitarbeiter die Praktiken hingegen öffentlich, läuft er Gefahr, als Verräter oder Denunziant stigmatisiert zu werden.[29] Wenn der Chefarzt seine Ärzte dazu drängt, nicht erbrachte Leistungen an Patienten abzurechnen, oder der Manager seine Mitarbeiter veranlasst, Arbeiten zu privaten Zwecken auszuführen, so kann sich ein einzelner Mitarbeiter in einem stark hierarchisch geführten Unternehmen selten erfolgreich gegen solche Formen von Unmoral durchsetzen.

b) Weitere Quellen für unmoralisches Handeln sind mit der **weitgetriebenen Arbeitsteilung** in Unternehmen verknüpft; sie werden vor allem unter den Stichworten **Ressortdenken** und **Expertenmacht** diskutiert.

- Vielfach ist es einzelnen Beschäftigten bei ausgeprägter Arbeitsteilung kaum möglich, unmoralische oder kriminelle Praktiken überhaupt zu erkennen. Hochgradige Spezialisierung auf wenige Teilaufgaben verstellt den Blick auf den Gesamtzusammenhang. Keiner kennt mehr die Auswirkungen seines Handelns auf das Ganze.
- Unmoralische Praktiken werden aber auch dann nicht moniert, wenn sie erkannt werden, weil sie nicht in den eigenen Zuständigkeits- und Verantwortungsbereich hineingehören. Der Mitarbeiter fühlt sich für sein Ressort, nicht aber für das Ganze verantwortlich. Zudem antizipiert er Schwierigkeiten und Konflikte, die bis zur Beseitigung des Missstands auszustehen wären, und verharrt deshalb lieber in Passivität. Zu Ende gedacht ist dann aber unausweichliche Konsequenz, dass Verantwortung diffundiert; niemand ist verantwortlich für unerwünschte Ergebnisse oder unmoralische Praktiken, es herrscht »**organisierte Unverantwortlichkeit.**«
- Ein Anprangern erkannter unmoralischer Praktiken verspricht nicht notwendig Abhilfe. Die Arbeitsabläufe können in stark ausdifferenzierten Unternehmen so umorganisiert werden, dass der »kritische« Mitarbeiter isoliert oder neutralisiert wird. Diese Erfahrung schildert der medizinische Direktor des U.S.-amerikanischen

---

28 Vgl. zum folgenden J. A. Waters, 1991, S. 284 ff. und H. Steinmann/A. Löhr, 1992, S. 29 ff.
29 Vgl. zum **Whistle blowing** Kapitel 10.3.

Pharmakonzerns *E. R. Squibb* eindrucksvoll. Er weigerte sich, einen zu positiv geratenen Bericht des Versuchslabors über ein gesundheitsgefährdendes Medikament zu unterschreiben. Das Produkt sollte über ein Tochterunternehmen in einem südamerikanischen Land vertrieben werden. Die Kollegen mieden die offene Auseinandersetzung mit ihm, ernannten aber stattdessen für die Konzerntochter einen weiteren medizinischen Direktor, der eigenständige Entscheidungen treffen durfte.[30]

- Mit dem Stichwort »**Expertenmacht**« ist das Zusammenwirken von Spezialisten und Managern in Stab-Linien-Organisationen angesprochen. Experten in eigenständigen Stabsabteilungen oder als Mitarbeiter der Forschungs- und Entwicklungsabteilung können strategische Entscheidungen aufgrund von Wissensvorsprüngen zwar wesentlich beeinflussen, aber nicht selbst treffen. Sie sind sich dann wegen ihrer mangelnden Entscheidungskompetenz der mit der Verantwortung verbundenen Entscheidung häufig nicht hinreichend bewusst oder verniedlichen gar die Gefahren, mit denen sie alltäglich umgehen. Umgekehrt entwickeln die formalen Entscheidungsträger, die Linienmanager, dann kein kritisches Verantwortungsbewusstsein, wenn sie unter Zeitdruck stehen und auf Basis mangelhaften Fachwissens entscheiden müssen.

c) Wichtige organisatorische Barrieren für moralisches Handeln können auch im Unternehmen installierte Anreiz- und Kontrollsysteme sein.[31] Insbesondere die **Vorgabe eindimensionaler, quantitativer Anreiz- und Bewertungssysteme** birgt die Gefahr, dass Maßnahmen ergriffen werden, die eher kurzfristigen Nützlichkeitserwägungen als dem langfristigen Unternehmensinteresse entsprechen. Das Problem stellt sich auf allen Unternehmensebenen.

- Orientieren sich Anteilseigner nur an **Quartalsergebnissen** oder **Aktienkursen**, dann können Geschäftsführung oder Vorstand häufig keine langfristig lohnenden Investitionen in den Aufbau von Reputation und Integrität (wie z.B. manche Umweltschutzinvestition) vornehmen.
- Ähnliches gilt für das Verhältnis von Unternehmensleitung zu Konzerntöchtern oder für die Beziehung zwischen Vorgesetzten und Mitarbeitern. Dies gilt besonders für **ergebnisorientierte Managementtechniken** wie das Profitcenterkonzept oder konkrete Gewinn- und Marktanteilsvorgaben beim Management by Objectives für Vertriebsmitarbeiter; diese »zwingen« häufig dazu, ethisch bedenkliche Handlungen zu praktizieren. Quantitative Zielvorgaben überlassen den nachgeordneten Managern oder Mitarbeitern nur die Mittelwahl, während das von »oben« vorgegebene Ziel nicht zur Disposition gestellt werden darf. Wenn dann solche »leistungsstimulierende« Vorgaben auch bei aller Anstrengung nicht oder kaum erreichbar sind, ist die hieraus resultierende Gefahr offensichtlich. Mitarbeiter handeln nach der Maxime »Der Zweck heiligt die Mittel«. Dies kann bedeuten, dass »angemessene« Auftragsakquisitionen nur unter massiven Einsatz von Schmiergeldzahlungen, wie gelegentlich in der Bauwirtschaft, oder unter dem Einsatz problematischer Versprechungen wie bei manchen Finanzdienstleistern, erreicht werden.
- Auch **Kontrollsysteme** sind angemessen zu gestalten, um Moralverfall zu verhindern; sind beispielsweise zur Einhaltung von Gesundheits- oder Sicherheitsstan-

---

30 J. A. Waters, 1991, S. 290.
31 Vgl. auch K. M. Leisinger, 1997, S. 172 ff.

dards für die Mitarbeiter umständliche und zeitaufwändige Vorkehrungen (z. B. als Lärmschutz) notwendig, so muss die Einhaltung kontrolliert werden, um damit die Ernsthaftigkeit des Anliegens zu dokumentieren.

3. Dem klassischen Typ bürokratischer Organisation mit seinen Merkmalen »ausgebaute Arbeitsteilung«, »stark zentralisierte Entscheidungsstrukturen« und »Orientierung an eindimensionalen ökonomischen Kennziffern« wohnen Gefährdungen inne; er ist Quelle für unmoralisches Handeln und organisierte Unverantwortlichkeit. Auch wenn dieses Organisationsmodell kaum mehr in Reinkultur zu finden ist, können einzelne Strukturelemente durchschlagende Faktoren für moralische Dilemmasituationen sein.

9.4.2. »Ethikfreundliche« Organisationsstrukturen

Wie lassen sich ethisch sensibilisierte Unternehmensstrukturen schaffen? Vorsichtiger gefragt: welche organisatorisch-strukturellen Regelungen bieten eher Gewähr dafür, unmoralische Konsequenzen zu vermeiden? Stark vereinfacht lassen sich **zwei Ansatzpunkte** finden, die sich allerdings gegenseitig eher ergänzen als ausschließen:

1. Zum einen kann ethische Sensibilisierung über die **Umgestaltung bestehender Organisationsstrukturen** verfolgt werden. Es geht also darum, die gesamte Organisation stärker für ethische Problemstellungen zu öffnen. Befehlshierarchien und -Arbeitsteilung lassen sich zwar nicht abschaffen. Die diskutierten organisatorischen Strukturen sind für effiziente unternehmerische Prozesse unabdingbar. Doch ist man sich der möglichen unethischen Effekte bürokratisch-hierarchischer Organisationsstrukturen bewusst, wird man sie nach Möglichkeit durch offenere, partizipative Strukturen ersetzen oder ergänzen, Strukturen also, die Reflexion und Kommunikation über ethische Fragen ermöglichen. Dies harmoniert mit modernen Managementmodellen und entspricht den Grundüberlegungen des Integrity-Ansatzes.[32] Wichtige Elemente sind

- Dezentralisierung von Entscheidungsprozessen zur Förderung von Eigeninitiative und **Motivation**,
- Förderung von Informations- und Gruppenprozessen, um die **Entscheidungsqualität** zu verbessern,
- Vorrang der Eigen- vor der Fremdkontrolle, um **Vertrauen** in zwischenmenschlichen Beziehungen zu stärken.

2. Zum anderen können **neue, zusätzliche Strukturen** geschaffen werden. Spezielle Stellen, Abteilungen oder andere organisatorische Maßnahmen können installiert werden, um aktives Ethik-Management zu betreiben. Diesen Weg sind inzwischen viele US-amerikanische Unternehmen gegangen. Im Rahmen von Ethik-Programmen haben sie neben Ethikkodizes auch Ethics Committees of the Board of Directors, Ethics Offices und Ethics Hotlines etabliert.[33] Deutsche Unternehmen haben sich hingegen bislang eher zurückgehalten. Dies zeigen jedenfalls die Ergebnisse einer breit angelegten Befragung von Führungskräften deutscher und schweizerischer

---

32 Vgl. Kapitel 9.2.
33 Vgl. insbesondere M. W. Hoffman, 1998, S. 50 ff.; J. Wieland, 1993, S. 28 ff.; ders., 1994, S. 11 ff.

Großunternehmen Mitte der 90er Jahre.[34] Sie scheinen eher einen informellen Umgang mit moralischen Themen zu bevorzugen; dies hängt vermutlich nicht zuletzt mit der noch verbreiteten Auffassung zusammen, Moral sei eine Frage des persönlichen Gewissens. Einzig Unternehmensleitlinien finden in deutschen Unternehmen inzwischen zunehmende Verbreitung. Die wichtigsten organisatorisch-strukturellen Maßnahmen sollen im Folgenden näher dargestellt werden.

9.4.2.1. Ethik-Direktoren, Ethik-Beauftragte und Ombudsmänner

Die institutionelle Verankerung des Ethik-Managements innerhalb der bestehenden Strukturen eines Unternehmens kann auf verschiedene Weise erfolgen. Vor allem die folgenden **vier organisatorischen Formen** sind verbreitet und haben sich bewährt:[35]

1. Um nach innen wie nach außen die Bedeutung des ethischen Anliegens herauszustellen, haben etliche amerikanische Firmen einen Ethikdirektor oder ein **Ethics Committee of the Board of Directors** bestellt.[36] Das Ethik-Komitee besteht zumeist aus einem internem und einem externen Direktor sowie einem Ethics-Officer. Eine solche Verankerung des Ethik-Managements auf oberster Führungsebene hat verschiedene Vorteile. Zum einen wird allen Mitarbeitern deutlich gemacht, dass moralische Fragen von der Unternehmensführung ernst genommen werden und somit auch für jeden Beschäftigten im Unternehmen Relevanz besitzen müssen. Zum anderen sind bei moralischen Konflikten häufig besonders schwierige Entscheidungen zu treffen; solche Konflikte können aber nur von Instanzen gelöst werden, die über ein hinreichendes Machtpotential verfügen. Mitarbeiter in untergeordneten Positionen können solche Aufgaben kaum verbindlich lösen. Ethikdirektoren werden allerdings keine ausschließliche Zuständigkeit für ethische Anliegen reklamieren. Sie verstehen sich eher als »letzte Instanz«, haben daher neben der Kommunikation der ethischen Ansprüche an die verschiedenen Stakeholdergruppen vor allem die Aufgabe, den Ethik-Kodex zu interpretieren und das hierauf basierende Anreiz- und Sanktionssystem anzuwenden.

2. Zur Unterstützung des Ethikdirektors oder Komitees wirken **Ethikbeauftragte** bzw. **Ethics Officers** (EO), eventuell auch ganze Abteilungen (Ethics Offices). Ethics Officers wirken im Auftrag der Geschäftsführung und sind grundsätzlich für **sämtliche** im Unternehmensalltag **anfallenden ethischen Fragestellungen** zuständig; sie sorgen für Umsetzung des Leitbildes bzw. Codes auf allen unternehmerischen Ebenen und müssen daher in der Unternehmenshierarchie weit oben angesiedelt sein. Im Regelfalle sind sie dem Ethik-Komitee unterstellt, und der Ethics Officer ist Mitglied dieses Gremiums. Zu den Tätigkeitsbereichen gehören insbesondere:
• Ansprechpartner für Mitarbeiter bei wahrgenommenen ethischen Problemstellungen;

---

34 Über deren Ergebnisse berichten P. Ulrich/Y. Lunau, 1997, S. 59 ff.
35 Vgl. insbesondere J. Wieland, 1993, S. 28 ff.; ders., 1994, S. 13 ff.; P. Ulrich/Y. Lunau, 1997, S. 55; B. Palazzo, 2000, S. 216 ff.
36 In einer Umfrage des U.S.-amerikanischen Forschungsinstituts *Center of Business Ethics* gaben zu Beginn der 90er Jahre insgesamt 32% der jeweils 500 Größten in der Industrie und im Dienstleistungssektor an, ein solches »ethics committee« installiert zu haben. W. M. Hoffman, 1998, S. 51.

- Kontrolle und Aufdeckung ethisch bedenklicher Aktivitäten oder Arbeitsbereiche im Unternehmen;
- Entwicklung und Durchführung von Ethikschulungen und Trainingsprogrammen;
- Entwicklung und Durchführung von Kontrollen und Audits.

Diese vielfältigen Tätigkeiten erschweren die klare Abgrenzung des Aufgabenfeldes eines Ethikbeauftragten. Sie sind vielfach Beichtvater, Seelsorger und das »Firmengewissen«, aber auch Sozialpädagoge, Detektiv und Anwalt in einer Person. Um ihren Aufgabenkreis stärker zu konturieren, haben sich die Ethics Officers in den USA seit Anfang der 90er Jahre in einem eigenen Berufsverband, der **Ethics Officer Association** (EOA) organisiert.[37]

3. Der Funktion des Ethikbeauftragten durchaus ähnlich kann die Position eines **Ombudsmannes** sein. Während der Ethikbeauftragte primär im Auftrag der Geschäftsleitung agiert, ist der Ombudsmann eher eine neutrale Person, deren Arbeit schwerpunktmäßig auf eine Vermittlerrolle ausgerichtet ist. Der Ombudsmann ist Anlaufstelle für bestimmte Personengruppen, z.B. für Arbeitnehmer (Vertrauensleute) oder für Kunden (Verbraucherschutzabteilungen); er soll den Dialog mit diesen Gruppen befördern, um möglichst frühzeitig Wertkonflikte zu erkennen.

4. Bekannt aus U.S.-amerikanischen Unternehmen (z.B. *Texas Instruments*, *Boeing*) ist schließlich die sog. **Ethics-Hotline**. Dies ist eine innerbetriebliche, gebührenfreie Telefonnummer, bei welcher die Mitarbeiter anonym vermutete moralische oder rechtliche Unregelmäßigkeiten zur Anzeige bringen und Beratung in moralischen Konfliktsituationen erhalten können. Erfahrungen zeigen, dass die über Hotlines angesprochenen Themen vor allem das Gebiet der Arbeitssorgfalt, den Missbrauch der Arbeitszeit, das Angebot von Bestechungszahlungen oder Fragen der Produktsicherheit betreffen. Häufig wurden Bedenken geäußert, solche Hotlines könnten als Denunziationsinstrument missbraucht werden; dies hat sich in der Praxis bislang nicht bestätigt, ist bei sensiblem Umgang mit diesem Instrument auch nicht zu erwarten.

5. Die Schaffung solch **spezieller unternehmensinterner Strukturen** ist **umstritten**. So wird die Gefahr gesehen, dass die Ethikaktivitäten im Unternehmen zu Public-Relation-Maßnahmen verkommen oder zu einer zusätzlichen Bürokratisierung führen können. Weiterhin wird daraufhin verwiesen, dass man Ethik-Themen nicht in sozialtechnologischer Manier auf einzelne Stellen oder Abteilungen delegieren könne, vielmehr müssten Mitarbeiter auf allen Ebenen – vom Topmanager bis zum Mitarbeiter auf der operativen Ebene – angehalten werden, ihr Tun ethisch zu reflektieren. In der Tat sind die vorgestellten Formen der Institutionalisierung des Ethik-Managements **ambivalent** zu beurteilen:

- **Vorteilhaft** ist, dass moralische Konfliktsituationen sogleich an eine »richtige Adresse« gelangen und betroffenen Entscheidungsträgern kompetent Verbesserungsvorschläge gemacht werden können; zudem können bei solch klaren Zuständigkeitsregeln andere Mitarbeiter von zeitraubenden Argumentationsprozessen entlastet werden.
- In dieser Spezialisierung liegt aber zugleich die **Gefahr**, dass in anderen Bereichen der Organisation von ethischen Belangen wenig Notiz genommen wird, weil man

---

37 Vgl. auch W. M. Hoffman, 1998, S. 56; B. Palazzo, 2000, S. 218; M. Kaptein, 1998, S. 164 ff.

sie gut verortet in der Ethik-Abteilung weiß; überdies können ethische Verbesserungsvorschläge leicht in überkommenen Machtstrukturen unterdrückt werden. Mangels ethischer Sensibilität wird dann auch eine Früherkennung moralisch heikler Situationen nicht möglich sein.

Dies zeigt, dass es keinen Königsweg gibt. Dennoch ist es sinnvoll, solche neuen institutionellen Arrangements auszuprobieren und in einem trial and error-Prozess herauszufinden, ob sich die favorisierten Strukturen und Einrichtungen bewähren. Das heißt nicht, dass es nicht andere Wege gibt, um moralisch sensible Themen zu erkennen und zu bearbeiten. Im übrigen darf man die skeptischen Stimmen nicht überbewerten; es kann durchaus darauf vertraut werden, dass schon die Schaffung spezieller Strukturen mit ethischem Auftrag innerhalb des bestehenden Machtgefüges manche Impulse für ein neues Denken setzt. Für besonders gravierende ethische Probleme mag es hingegen sinnvoll sein, Gremien zu schaffen, die außerhalb der unternehmensinternen Hierarchie angesiedelt sind.

9.4.2.2. Ethik-Kommissionen

1. Die Wirksamkeit der Arbeit von Ethics-Officers, Ethics-Hotlines und anderen Einrichtungen hängt wesentlich davon ab, wie offen und selbstkritisch ein Unternehmen ist. Diese Eigenschaften sind in einem Unternehmen nicht ohne weiteres zu erwarten. Veränderungen sind in Unternehmen häufig nicht durchsetzbar, wenn die wesentlichen Impulse dafür von nachgeordneten Abteilungen oder Personen kommen. Die Einbindung externer Unternehmensberater erweist sich dann zumeist als hilfreich. Übertragen auf den Bereich des Ethik-Managements heißt dies, es werden spezielle Gremien geschaffen, um für schwerwiegende ethische Probleme nach Lösungen zu suchen. Das ist der Grundgedanke der Ethik-Kommission.[38] Es sind insbesondere **zwei Konstruktionselemente**, die Voraussetzung dafür sind, »neuen Wind« in die Ethikdebatten eines Unternehmens hineinzubringen:

• Die Ethik-Kommission steht **außerhalb der Unternehmenshierarchie**; sie ist ein spezielles Gremium, dass dem Druck der etablierten Machtstrukturen entzogen ist. Eine solche Kommission ist dann nicht sogleich mit dem Vorbehalt behaftet, verlängerter Arm der Unternehmensführung zu sein. Dies ist wichtige Voraussetzung für die Akzeptanz der von ihr generierten Lösungsvorschläge.

• Das Gremium ist aber auch **intern ohne Hierarchie**. Dies ermöglicht einen offenen Dialog, also eine Auseinandersetzung im Sinne der oben entwickelten Diskursethik,[39] die innerhalb regulärer Organisationsstrukturen kaum zu erwarten ist. Es zählt allein das bessere Argument, so dass überzeugende, sachkompetente Lösungsvorschläge zu erwarten sind. Der offene Dialog kann noch an Qualität und Intensität gewinnen, wenn neben Vertretern des Unternehmens **externe Personen** hinzugezogen werden. Dies können öffentliche Kritiker und/oder den Dialog inhaltlich oder moderierend begleitende Experten sein. Mit diesen Vorkehrungen wird einer Einwegkommunikation vorgebeugt, wie sie dem traditionellen PR-Verständnis zugrunde liegt.[40]

---

38 Vgl. H. Steinmann/A. Löhr, 1991, S. 269 ff.; dies., 1994, S. 150 ff.
39 Vgl. Kapitel 2.4.2.3.
40 A. Löhr, 1996, S. 72.

2. Verschiedene Unternehmen sind diesen Weg schon gegangen:
- Besondere Bekanntheit hat die sog. *Muskie*-Kommission (benannt nach dem Vorsitzenden der Kommission, dem ehemaligen US-Senator *Edmund Muskie*) erlangt; sie wurde von der Firma *Nestle* Anfang der 80er Jahre eingerichtet, nachdem sich das Unternehmen mit dem Vorwurf konfrontiert sah, durch aggressive Vermarktung von Babynahrung in Entwicklungsländern hätte sich dort die Säuglingssterblichkeit erhöht.[41] Mütter von Kleinkindern würden vom Stillen ab- und zur Nutzung von Muttermilch-Ersatzprodukten angehalten, obwohl es an den hygienischen und finanziellen Voraussetzungen fehle. Unterernährung und Infektionskrankheiten seien damit unausweichliche Folgen. Nach langjähriger heftiger Konfrontation zwischen *Nestle* einerseits und Menschenrechtsgruppen und Kirchen andererseits gelang es der Kommission, die widerstreitenden und z.T. feindlichen Interessenlager zu einem aufrichtigen Dialog »an einen Tisch zu bringen.« Ergebnis war die Zustimmung zu einem **Verhaltenskodex**, der die Vermarktungsstrategien des Lebensmittelkonzerns für Muttermilch-Ersatzprodukte in einer für alle Betroffenen zufriedenstellenden Weise regelt. Die Boykottorganisation konnte 1984 erklären:»Nestle hat Fortschritte gemacht und ist zum Beispiel für die gesamte Industrie geworden; ein Beispiel, das neue Normen für das Unternehmens-Verhalten geschaffen hat.«[42] Der erfolgreiche Abschluss dieser langanhaltenden Auseinandersetzungen hat *Nestle* allerdings nicht davon abgehalten, wenige Jahre später erneut in alte Muster zu verfallen und durch aggressive Vermarktung von Säuglingsprodukten Proteststürme und Boykotte in den USA zu provozieren.[43]
- Unter Anleitung moderierender Experten (Mediatoren) nutzte der Chemiekonzern *Procter & Gamble* Anfang der 90er Jahre den Unternehmensdialog, um sich mit öffentlichen Angriffen von Kritikergruppen auseinander zu setzen.[44] Gegenstand der Kritik war die Selbstmedikation von Erkältungskrankheiten mit nichtrezeptpflichtigen Pharmaprodukten wie Hustensäften und Schnupfenmitteln. Diese Produktgruppe gehört zum Kerngeschäft einer Konzerntochter. Eingeladen wurden Repräsentanten wichtiger Interessengruppen wie Ärzte, Apotheker, Verbraucher, Pharmakologen, etc. Die gemeinsame Suche nach Lösungen brachte wichtige Ergebnisse hervor, und zwar **prozessuale Regeln** für die Zusammenarbeit von Verbraucherverbänden und Arzneimittelherstellern bei der Gestaltung von Beipackzetteln und **inhaltliche Regeln** wie die Aufteilung des Beipackzettels in einen Pflichttext und einen anwendungsbezogenen Laientext.
- In ähnlicher Weise organisierte der Warenhauskonzern *Hertie* Ende der 80er Jahre einen Dialog; *Hertie* verpflichtete Mitarbeiter des *BUND*, um gemeinsam das Sortiment auf Umweltverträglichkeit hin zu überprüfen.[45]

3. Ethik-Kommissionen sind für Unternehmen ein Instrument, um einen Dialog zu institutionalisieren. Bei Beachtung der dafür notwendigen Spielregeln besteht die Chance, dass ein unvoreingenommener Wettbewerb sachverständiger Argumente zustande kommt. Dies bietet die Chance, partikulare Interessenstandpunkte zu über-

---

41 Eingehende Schilderung des Falles bei H. Steinmann/A. Löhr, 1989, S. 87 ff.; aus Sicht des Unternehmens H. Maucher, 1991, S. 408 ff.
42 Zitat nach M. Schüz, 1999, S. 140 f.
43 M. Schüz, 1999, S. 141.
44 Ausführliche Schilderung bei A. Löhr, 1996, S. 73 ff.
45 Vgl. K. Homann/F. Blome-Drees, 1992, S. 128.

winden. Unternehmen können so mit externen Bezugsgruppen ins Gespräch kommen, um gemeinsam nach Lösungen für aufgetretene ethische Konflikte zu suchen. Die damit verbundenen Chancen liegen für das Unternehmen in einem Gewinn an Glaubwürdigkeit, Reputation und Akzeptanz. Allerdings ist die Installation einer solchen Ethik-Kommission eine aufwendige Angelegenheit; sie ist mit erheblichem Zeit- und Kostenaufwand verbunden, den ein Unternehmen wohl nur in außergewöhnlichen ethischen Dilemmasituationen auf sich nehmen wird.

9.5. Organisationskultur

9.5.1. Was ist Unternehmenskultur?

1. Unternehmenskultur bezeichnet die Gesamtheit der gemeinsam geteilten Wertvorstellungen, die das Denken und Handeln in einem Unternehmen prägen. In Bezug genommen sind also die **faktisch geltenden Normen, Werte** und **Orientierungsmuster**; diese müssen nicht mit den Normen und Werten übereinstimmen, die in den Unternehmensleitlinien niedergelegt sind oder von Vorständen in Sonntagsreden verkündet werden.[46] Die gemeinsam geteilten Orientierungen sorgen für eine mehr oder weniger ausgeprägte kulturelle Identität, die dann in gewissen Redewendungen (»Ich schaff beim Daimler«), in Kleidungsvorschriften (z. B. bei Banken oder Fast-Food-Ketten), in Legenden, Mythen oder eingängigen Geschichten (z. B. ein Firmenstart in der Garage wie bei *Apple*; ein Unternehmensgründer mit abgebrochenem Informatikstudium als Konzernchef wie *Bill Gates* bei *Microsoft*) zum Ausdruck kommen.

2. Unternehmenskulturen sind **gewachsen**; sie haben sich in der Unternehmensgeschichte als erfolgreiche Lösungen bewährt und werden deshalb an neue Generationen von Mitarbeitern weitergegeben.[47] Gleichwohl bleiben sie in **steter Veränderung**, denn Unternehmenskulturen werden durch das gesellschaftliche und ökonomische Umfeld (mit-)geprägt. Mitarbeiter werden die in der Gesellschaft vorherrschenden Wertvorstellungen, Umgangsformen und Lebensstile in die Unternehmenskultur hineintragen. Ebenso wird sich eine Organisation an den Märkten und dem dort herrschenden Zeitgeist häufig anpassen müssen.[48]

3. Unternehmenskulturen sind **schwer fassbar**, denn sie sind eine Konstruktion der Wirklichkeit, die nur in den Köpfen der Organisationsmitglieder existiert. Gemeinsam getragene Werthaltungen können nicht unmittelbar beobachtet werden, ja sie werden selbst den Beteiligten nicht einmal immer bewusst sein. Beobachten lassen sich demgegenüber nur äußerliche Merkmale wie Sprache, Symbole, Rituale oder Kleidung, von denen auf bestimmte Unternehmenskulturen geschlossen werden kann.[49] Allerdings ist hier Vorsicht geboten; solche Kennzeichen oder Merkmale sind wieder interpretationsfähig, und der Interpretierende muss sich dabei bewusst bleiben,

---

46 M. Michael, 2000, S. 496, S. 498; umfassend dazu K. Berkel/R. Herzog, 1997, S. 10 ff.
47 Vgl. M. Schüz, 1999, S. 191.
48 Vgl. auch K. Berkel, 1998, S. 122.
49 M. Osterloh, 1991, S. 153 ff.; dies., 1993, Sp. 1139 ff.

dass er seine eigene »kulturell vorgeformte Brille« dabei nutzt, also die eigenen Vorurteile und Maßstäbe mit einbringt.

4. Auch wenn Unternehmenskulturen schwer erfassbar und abgrenzbar sind, besitzen sie zum Teil eine hohe **normative Orientierungskraft**. Dies mag die Zusammenarbeit erleichtern, weil damit eine hohe Identifikation und Loyalität der Mitarbeiter verbunden ist. Andererseits können ausgeprägte Unternehmenskulturen als **Barrieren für moralisches Verhalten** wirken. Führen verfestigte Unternehmenskulturen dazu, dass abweichende oder neue Wahrnehmungen und Einstellungen gefiltert, ausgeblendet oder unterdrückt werden, so werden überholte oder einseitige Werthaltungen nicht mehr in Frage gestellt. Unmoralisches Verhalten wird nicht erkannt oder reflektiert. Es stellt sich daher die Frage, **welche Organisationskulturen oder Facetten von Unternehmenskulturen unmoralisches Verhalten fördern und wie Ethik-Management dagegen vorgehen kann**. Dies ist Gegenstand der nachfolgenden Überlegungen.

9.5.2. Organisationskulturen als Quelle unmoralischen Handelns

J. A. Waters hat bei seiner Analyse von »**organizational blocks**« für moralisches Verhalten nicht nur auf unternehmensstrukturelle,[50] sondern auch auf **unternehmenskulturelle Barrieren** hingewiesen. **Vier Aspekte** können in dieser Weise eingeordnet werden:

1. Unternehmenskulturen können sich durch **strenge Rollenerwartungen** auszeichnen. Besondere Bedeutung kommt dabei der Internalisierung und Einübung entsprechender Werthaltungen bei der **Eingliederung neuer Mitarbeiter** zu. In der Startphase erfolgt die entscheidende unternehmensbezogene Sozialisierung. Wollen neue Mitarbeiter nicht zu Außenseitern werden, müssen sie Werte und Normen der Abteilung oder des Vorgesetzten häufig bedingungslos übernehmen. Sie beginnen dann zunehmend – wenn auch sicher in unterschiedlicher Varietät – die Realität so zu sehen und zu bewerten, wie es Vorgesetzte oder Kollegen tun. So werden zugleich sinnvolle und moralische wie illegale und unethische Praktiken übernommen. Ein neuer Kollege wird gebräuchliche illegale Handlungsweisen wie z.B. Preisabsprachen als »normal« empfinden, weil er die gesetzlichen Regeln nicht (hinreichend) kennt. Oder seine Bedenken gegen korrupte Praktiken wie die Annahme oder Vergabe von Geschenken werden zerstreut, weil auch andere Mitarbeiter ähnlich denken und handeln. Die bestehende unethische Organisationskultur »neutralisiert« gleichsam moralische Bedenken und erfährt in der Sozialisierung des neuen Kollegen zugleich eine weitere Verfestigung.

2. Auch eine **hohe Gruppenkohäsion** in Arbeitsgruppen mit ähnlichen Werthaltungen der Beteiligten kann als unternehmenskulturelle Barriere wirken. Der enge Zusammenhalt einer Arbeitsgruppe erleichtert zwar die Zusammenarbeit innerhalb der Gruppe, mag aber Kommunikations- und Kooperationsbereitschaft zu außenstehenden Gruppen schwächen. Dadurch können sich unmoralische Praktiken einschleifen und verfestigen. Gruppenloyalität wird zur höchsten Form von Moralität

---

50 Vgl. Kapitel 9.4.1.

stilisiert und verhindert Kritik von innen. Rivalitäten und Kontaktschwierigkeiten zu anderen Abteilungen oder Bezugsgruppen immunisieren gegen moralische Einwände von außen oder stärken den Zusammenhalt gegen eine »feindliche Umwelt« noch.[51] Unabhängiges kritisches Denken wird durch »**Groupthink**« (*I. Janis*) ersetzt. Dies kann in unmoralischen, irrationalen oder gar entmenschlichenden Handlungen gegenüber außenstehenden Personen oder Gruppen enden. Wie groß die Gehorsamsbereitschaft der Menschen gegenüber Autoritäten sein kann, haben die Experimente des Psychologen *Stanley Milgram* eindrucksvoll belegt.[52] Case studies zu den großen Katastrophen der vergangenen Jahrzehnte wie das Unglück der *Challenger*-Raumfähre oder das *Exxon-Valdes-Desaster* zeigen die große Bedeutung dieser moralischen Barriere. Jeweils schon zuvor hatte es kritische Stimmen und mahnende Hinweise auf die später zutage getretenen Schwachstellen und Unglücksursachen gegeben, aber die Mahner konnten sich nicht gegen Gruppenzwänge durchsetzen.

Solche fatalen Folgen muss »Groupthink« zwar nicht immer besitzen. Dennoch mag es zu ernsthaften Mängeln in der Geschäftspolitik führen; so wurde z.B. dem Vorstand der *Deutschen Bank* »Groupthink« anlässlich der *Schneider*-Pleite attestiert. Die Bank hatte nicht zureichend erkannt, welche Kreditrisiken sich aus dem fragwürdigen Geschäftsgebaren des Baukonzerns für sie selbst wie für manche kleinen Handwerker ergaben.

»Aus psychologischer Sicht weise die *Deutsche Bank* Strukturmerkmale auf, die sich allesamt negativ auf qualitativ gute Gruppenentscheidungen auswirken und die sich in der Summe noch potenzieren: Homogenität, Suche nach völligem Konsens, keine formale Abstimmung, ein Höchstmaß an struktureller Verantwortungsdiffusion und Sorglosigkeit durch vorangegangene Erfolge. Gruppendenken führe dazu, dass hochrangige Expertengremien, die sich von der Umwelt abschotten, die zudem direktiv durch Verhaltensregeln geführt werden und sich aus Mitgliedern gleicher Denkrichtung zusammensetzen …, sich trotz aller fachlichen Kompetenz vor kontroversen argumentativen Auseinandersetzungen scheuen … Im Vorstand der *Deutschen Bank* wurde nicht abgestimmt, sondern auf völlige Einstimmigkeit gedrungen. Entscheidungen wurden von allen Vorstandsmitgliedern mitgetragen, die Verantwortung für die Konsequenzen wird also auf alle gleichermaßen verteilt. Der so entstehende Gruppendruck gegenüber Minoritätsmeinungen führe dazu, dass potentielle Alarm- und Warnsignale untergewichtet oder sogar ignoriert werden. Auch werde aus Karriereinteressen vielfach geschwiegen. Erfolge machten arrogant[53] und blind und führten zu gelernter Sorglosigkeit. Gerade aber im *Schneider*-Fall wurde von der Bank gesagt, dass personelle Konsequenzen nur dann gezogen werden, wenn Mitarbeiter … tatsächlich Fehler begangen haben, doch das sei schwierig, da zu viele Vorstände für dasselbe Geschäft zuständig seien.«[54]

3. (Bewusst) **unklare oder widersprüchliche Vorgaben** der Unternehmensleitung sind ebenfalls häufig Quelle unmoralischen Verhaltens von Mitarbeitern. So werden zwar Unternehmensleitlinien oder Führungsgrundsätze formuliert, in denen die Ein-

---

51 J. A. Waters, 1991, S. 286 f.

52 S. Milgram, 1974, hat gezeigt, dass Versuchspersonen (»Lehrer«)in strikten Befehlssituationen bereit waren, andere Versuchspersonen (»Schüler«) bei Fehlverhalten mit Elektroschocks zu bestrafen. Eine Vielzahl von Versuchspersonen war sogar bereit, so starke Stromstöße zu verabreichen, dass dem »Schüler« schwere körperliche Schmerzen oder gar der Tod zugefügt worden wäre. Diese Experimente haben wiederum eine Diskussion über die Ethik der experimentalpsychologischen Forschung ausgelöst.

53 Der Vorstandsvorsitzende der *Deutschen Bank* bezeichnete nach bekannt werden der *Schneider*-Pleite die ausstehenden Forderungen von Handwerkern in Höhe von 50 Mio. DM öffentlich als »Peanuts«.

54 Die Fallschilderung erfolgt nach H. Lenk/M. Maring, 1998, S. 19 f., die Bezug auf einen Bericht aus *Die Zeit* nehmen.

haltung der Gesetze (keine Korruption! keine Preisabsprachen! etc.) oder ein klares Wertemanagement vorgegeben werden, zugleich macht die Unternehmensleitung durch ihr Verhalten aber unmissverständlich klar, dass die ökonomischen Erfolgskriterien keinesfalls hintan gestellt werden dürfen. Der Mitarbeiter sieht sich dann u.U. unversöhnlichen Forderungen ausgesetzt. Häufig wird er die »harten«, klar messbaren Erfolgsziele wie Rentabilität, Umsätze oder Kosten zu Lasten der qualitativ formulierten ethischen Handlungsanforderungen vorziehen. Karriereziele werden vor moralische Integrität gesetzt. Gelangt dann die entsprechende Praxis in die öffentliche Kritik, kann die Unternehmensleitung ihr Versagen bequem auf moralische Defizite einzelner Mitarbeiter schieben.

4. Schließlich kann **zurückhaltende Informationspolitik** von Unternehmensleitungen als Quelle unmoralischen Verhaltens angesehen werden; eine unzulängliche und unvollständige Informationslage von Mitarbeitern wie der Öffentlichkeit erschwert es, moralische Aspekte der Unternehmenspolitik zu thematisieren. Unternehmen versuchen damit, sich gegen ethische Interventionen von innen oder außen abzuschirmen.

Die Gestaltung der Informationspolitik und die Steuerung von Informationsströmen hat in den letzten Jahren erheblich an ethischer Relevanz gewonnen. Hierfür sorgen der sprunghafte Anstieg des Informationsvolumens wie die weltweite Informationsvernetzung, so dass die schnelle und zureichende Information zur entscheidenden Ressource für strategische Entscheidungen im Wettbewerb wird. Die Entwicklungen in der Informations- und Kommunikationstechnik dürften zwar tendenziell selektive oder restriktive Informationspolitiken hierarchisch organisierter Unternehmen unterminieren. Der technische Fortschritt bietet neue Möglichkeiten für Informationsproduktion und -verteilung; diese erschweren es, Informationspolitik als Macht- und Kontrollinstrument zu nutzen.[55] Doch ist dies nur die eine Seite der rasanten Entwicklung. Die Kehrseite zeigt sich in der unabänderlichen Tatsache, dass das selbst erworbene und beherrschbare Wissen abnimmt. Der Einzelne muss sich mehr und mehr auf Wissen verlassen, das er selbst nicht mehr kontrollieren kann. Er muss es ungeprüft übernehmen. Dies macht ihn anfälliger für Fehl- und Desinformationen
- durch gezielte Veränderung der Inhalte von Information (Verzerrung),
- durch Zurückhaltung oder gezielte Auswahl der Information (Selektion),
- durch Art und Umfang der Darstellung (Präsentation),
- wie auch durch den Zeitpunkt der Informationsweitergabe(zeitliche Platzierung).

Das ursprünglich aus zurückhaltender Informationspolitik der Geschäftsführung resultierende moralische Risiko beginnt sich im Informations- und Kommunikationszeitalter zu vervielfachen, vielleicht zu potenzieren. Die Organisation des Informationssystems wird zur zentralen strategischen Aufgabe: die zeit- und ortsgerechte Versorgung mit der richtigen und sorgsam aufbereiteten Information, um allfälligen Informationsasymmetrien und damit verbundenen Manipulationspotentialen zu begegnen.[56]

---

55 Zudem schaffen sie Raum für neue komplexere Organisationsformen, z.B. für netzwerkartige Organisationsstrukturen.
56 Vgl. S. Klein/R. A. Teubner, 1999, S. 424 ff.

5. Aus ethischer Perspektive bedenkliche Organisationskulturen lassen sich **nicht** ohne weiteres mit einem **typischen Organisationsmodell** in Verbindung bringen. Streng bürokratisch organisierte Unternehmen sind zwar besonders anfällig für moralisch fragwürdige Praktiken wie widersprüchliche Zielvorgaben oder selektive Informationspolitik; strenge Rollenerwartungen und hoher Gruppendruck als Quelle unmoralischen Verhaltens sind jedoch auch in kollegial geführten Unternehmen zu finden.

9.5.3. Schaffung ethikfreundlicher Organisationskulturen: ein sinnvolles Anliegen für Ethik-Management?

Gibt es Unternehmenskulturen, die eine ethische sensible Unternehmenspolitik gewährleisten? Gibt es »optimale« Unternehmenskulturen? Und wenn ja, können Unternehmenskulturen gezielt vom Management beeinflusst oder gestaltet werden? Sind Kulturen »machbar«? Die Antworten auf die gestellten Fragen sind so schwierig wie wichtig. Sind nämlich Unternehmenskulturen »unwägbar, unfassbar, aber alles durchdringend«,[57] dann werden manche gut gemeinten Ethikmaßnahmen verpuffen, wenn die Organisation und die sich darin verfestigten Werthaltungen nicht mitspielen.

Ein Blick auf die Debatte um die **Unternehmenskultur**[58] seit Mitte der 70er Jahre zeigt, dass es zu den aufgeworfenen Fragen erhebliche Meinungsunterschiede gibt. Sie lassen sich nicht mit einem klaren »ja« oder »nein« beantworten.

1. Es gibt keine optimale Organisationskultur,[59] so wie es keine optimalen Führungsstrukturen oder optimalen Unternehmensleitlinien gibt. Allenfalls gibt es gewisse **identifizierbare Eigenschaften**, die für eine intakte und ethischen Anliegen gegenüber sensible Kultur sprechen, und es gibt andere Merkmale, für die das eher nicht gilt. Auf zwei wesentliche Ausprägungen von Merkmalen soll im Folgenden eingegangen werden:

- Befördern **starke** oder eher schwache Kulturen das ethische Anliegen?
- Benötigen ethikorientierte Unternehmen eine **offene, partizipative** oder eine **geschlossene, autoritäre** oder **charismatische Unternehmens- und Führungskultur**?

a) Häufig werden »**starke**« **Unternehmenskulturen**, d.h. bei den Beschäftigten aller Unternehmensebenen fest verankerte und deutlich erkennbare gemeinsame Werthaltungen, als Voraussetzung hoher Moralstandards angesehen. Die dahinter steckende Hypothese ist einfach: Je mehr Konformität mit den in Unternehmensleitbildern festgeschriebenen Wertorientierungen, desto höher ist der Moralstandard![60] Allerdings bringt eine zu weitgehende Konformität mit organisatorischen Werten **Gefahren** mit sich. So ist zu beachten, dass mögliche Subkulturen im Unternehmen existieren. Mit-

---

57 de Coulon, zitiert nach K. Berkel/R. Herzog, 1997, S. 13.
58 Einen Überblick vermittelt M. Osterloh, 1991, S. 154 ff.
59 Pragmatischer sind amerikanische Autoren wie z.B. J. W. Weiss, der von »high ethics« cultures spricht und sie bei Firmen wie Motorola, Cadbury oder Schweppes feststellen will; ders., 1996, S. 261.
60 Zu solchen Positionen vgl. K. Berkel/R. Herzog, 1997, S. 113 ff.

arbeiter in der Forschungs- und Entwicklungsabteilung werden eine andere Kultur als Beschäftigte in der Montageabteilung leben. Zudem trägt eine turbulente, komplexe Umwelt ständig neue moralische Fragestellungen an ein Unternehmen heran. Konsequenz sind häufige Wertkonflikte, die in einer auf starke Konformität angelegten Kultur nicht zureichend wahrgenommen und ausgetragen werden können. Vielmehr sind festgefahrene Orientierungen zu erwarten. Damit gelten auch hier die gleichen Vorbehalte wie bei zu stark kohäsiven Arbeitsgruppen. Andererseits sind aber auch **schwach ausgeprägte Kulturen** nicht wünschenswert, da sie mit einem Mangel an Kommunikation und Verständigung verbunden sind.[61] Anstrebenswert sind daher Unternehmenskulturen, die auf **Konsens bei wenigen grundlegenden Werten** aufbauen, ansonsten aber Raum für unterschiedliche Subkulturen wie Werthaltungen lassen.[62]

b) Die Diskussion um organisationsstrukturelle wie -kulturelle Barrieren hat bereits gezeigt, dass **offene, partizipative Organisationskulturen** wünschenswert sind. Unternehmenskulturen sollen schon aus elementarem Überlebensinteresse des Unternehmens Möglichkeiten der Erneuerung zulassen. Dies beinhaltet auch Offenheit für Innovationen in Fragen des Ethik-Managements. Das bedeutet:
- jeder Beschäftigte, der ein moralisches Dilemma erkennt, kann dies in den unternehmerischen Diskussionsprozess einbringen;
- es wird gewährleistet, dass auch die Kommunikation und Diskussion über ethische Dilemmata möglich ist;
- auch einmal eingefahrene Praktiken dürfen immer wieder hinterfragt werden, so dass Fehler korrigiert werden können.

Solche Möglichkeiten der Partizipation fördern Motivation, Bewusstsein und Verantwortung für die ethischen Belange des Unternehmens. Allerdings lässt sich die Idee der offenen, partizipativen Organisation **nicht** beliebig **verallgemeinern**.[63] Die verschiedentlich formulierte These, je offener eine Unternehmenskultur, um so eher sei mit der Beachtung moralischer Anliegen zu rechnen, ist zu einfach. Hier wird der Gedanke der offenen, pluralistischen Gesellschaft unreflektiert aus dem politisch-gesellschaftlichen Raum auf Unternehmen übertragen. Private Unternehmen wurden von den Eigentümern konkrete Zielsetzungen und spezifische Effizienzerwartungen vorgegeben, die nicht mehr verhandelbar sind. Pluralität und Interessenvielfalt mag dann zwar in bestimmten Bereichen – so z.B. bei Projektteams oder in Forschungsabteilungen – erwünscht sein und bewusst gefördert werden. Umgekehrt werden aber in anderen Teilbereichen aus Effizienzüberlegungen ebenso bewusst hierarchische Strukturen installiert. Wenn daher vorgeschlagen wird, Mitarbeitern müssten Mitspracherechte bei Gestaltung ihrer Arbeitsinhalte und -bedingungen eingeräumt werden,[64] so ist dies als unkonditionierte Forderung nicht akzeptabel. Anderenfalls wäre der betriebliche Alltag mühselig und mit hohen Transaktionskosten belastet: ständige Begründungszwänge, langwierige Entscheidungsprozeduren und die Suche nach Kompromissen wären die Folge. Unternehmen haben indes andere Aufgaben, als

---

61 Dies übersehen H. Steinmann/B. Gerhard, 1992, S. 171, wenn sie eine »schwache« Unternehmenskultur fordern.
62 Ähnlich K. Berkel/R. Herzog, 1997, S. 115 f.
63 D. Gebert, 1998, S. 154, S. 159 f.
64 Dazu auch P. Ulrich, 1999, S. 240.

dauernd Grundsatzdiskussionen zu führen.[65] Unternehmen sehen sich damit einem grundlegenden Dilemma gegenüber: Zentralisierungsbestrebungen gehen einher mit erhöhter Koordinationseffizienz, aber abnehmender Motivationseffizienz; umgekehrt geht mit Öffnungsanstrengungen bzw. Dezentralisierung eine erhöhte Motivations-, aber eine geringere Koordinationseffizienz einher.[66]

2. Unternehmenskulturen lassen sich **nicht** einfach »**machen**« oder beliebig manipulieren,[67] sie sind nur langfristig und vermutlich auch nur in engen Grenzen veränderbar.[68]

a) Dementsprechend muss vor einfachen Rezepten gewarnt werden. Dies gilt beispielsweise für ein »**Kulturmanagement**«, das ein erfolgreiches Vorbild anderer Unternehmen zu kopieren sucht. Solch ein Vorgehen muss mit ziemlicher Gewissheit schief gehen, denn Organisationskulturen sind gegenüber externen Einflüssen offene, über lange Zeiträume gewachsene und hochkomplexe Sinnsysteme, die in ihrer Summe nicht einmal zureichend erfass- und interpretierbar sind. Wie sollten sie dann in deterministischer Weise manipulierbar sein? Und dies ist auch gut so, denn ein solcher »Macher-Ansatz« möchte den »ganzen« Mitarbeiter vereinnahmen, und das in einer für ihn kaum erkennbaren Weise. Solche Konzepte sehen im Mitarbeiter eher ein manipulierbares Objekt denn ein autonomes Subjekt.

Instruktiv ist in diesem Zusammenhang die Aussage eines amerikanischen Arbeiters, der ursprünglich am Fließband mit der Produktion von Autos beschäftigt war. Sein Unternehmen führte dann Teamproduktion ein, um eine »**Kultur der Kooperation**« zu schaffen. Nach enthusiastischer Anfangsphase sagte der Arbeiter folgendes: »Ich dachte, hier wär's anders, mit dem Teamkonzept und so weiter, aber das Management versucht bloß, soviel wie möglich aus den Leuten rauszuholen«.[69]

b) Statt eines »**Kulturmanagements**« bedarf es also eines »**kulturbewussten Managements**«. Nach diesem Denkverständnis werden keine Kulturrevolutionen angestrebt, sondern es geht um behutsame Kurskorrekturen, die die Beschäftigten als autonome Subjekte ernst nehmen.[70] Solche Prozesse organisatorischen Lernens mit Hilfe entsprechender Bildungs- und Ausbildungsmaßnahmen werden allerdings langfristig und schwierig sein, denn Menschen besitzen in der Regel großes Beharrungsvermögen bei erlernten Verhaltensmustern. Wie kann jemand im Team arbeiten, der über Jahre hinweg als Einzelkämpfer aufgetreten ist? Oder wie kann jemand Eigenverantwortung übernehmen und Selbstorganisation praktizieren, dem bisher alles vorgegeben war?[71]

9.5.4. Gestaltungsmöglichkeiten der Unternehmenskultur

1. Wo und wie kann ein kulturbewusstes Management ansetzen? Hier sind vor allem **zwei Themenbereiche** genauer in den Blick zu nehmen:

---

65 Vgl. Kapitel 7.2.
66 D. Gebert, 1998, S. 161.
67 Der Macher-Ansatz wird heute mit Skepsis betrachtet; M. Osterloh zu verschiedenen Ansätzen
68 M. Schüz, 1999, S. 190 f.
69 Zitiert nach R. Sennett, 1998, S. 151
70 M. Osterloh, 1991, S. 164; dies., 1992, Sp. 1142.
71 Vgl. auch M. Schüz, 1999, S. 190 f.

- Zum einen ist hier das Thema **Führungsethik** anzusprechen. Über Führungsmaß-nahmen werden Über- und Unterordnungsverhältnisse etabliert, um unternehme-rische Prozesse zu steuern. Hierarchische Abhängigkeitsverhältnisse *selbst* bedürfen in einer demokratisch verfassten Gesellschaft besonderer Legitimation. Führungs-ethik wird sich daher mit den Grenzen und Gefährdungen von Führung aus-einander setzen. Zudem ist es zentrale Aufgabe einer **Führungsethik,** normative Orientierungen für den Umgang der Unternehmensmitglieder untereinander zu entwerfen und umzusetzen. Mit der Klärung darüber, wie die Beziehungen zwi-schen Vorgesetzten und Mitarbeitern sowie der Mitarbeiter untereinander fair und angemessen zu gestalten sind, wird zugleich die **Unternehmenskultur** in zentraler Weise bestimmt.[72]
- Zweiter Ansatzpunkt sind die **individuellen Werthaltungen**. Unternehmenskul-turen werden durch die im Unternehmen beschäftigten Menschen, durch deren Werte, Normen, Glaubensorientierungen, etc. geprägt. Will Ethik-Management Kulturentwicklung betreiben, wird sie an diesen individuellen Werthaltungen der Mitarbeiter ansetzen müssen; dies ist das Anliegen von **Ethik-Trainings**. Der Zusammenhang zwischen Organisations- und Personalentwicklung ist offenkun-dig.[73]

2. Um Missverständnisse zu vermeiden, ist die hier formulierte Perspektive genau zu beachten: Es ist die **Perspektive der Organisation**, des Unternehmens. Was sollen die agierenden Personen wollen? Wie sollen sich Vorgesetzte und Mitarbeiter verhal-ten wollen? Dieses Sollen bestimmt sich aus der Sicht der Institution »Unternehmen« und findet ihre Rechtfertigung darin, dass Menschen im Unternehmen kooperieren, um gemeinsam relevante Ziele und Werte zu realisieren.

Die Beschäftigten erfüllen in einem Unternehmen nur *eine* Rolle. Sie sind vorrangig Personen und als solche Subjekte mit eigener Zwecksetzung und Würde; so finden sie sich auch als Bürger einer freiheitlichen Gesellschaft, als Familienvater, Mitglied einer Kirchengemeinde und in vielen anderen Rollen wieder. Beschäftigte sind im-mer auch außenstehende Individuen, bisweilen gar Widerpart zum Unternehmen. Damit kommen Fragen ins Spiel, die nicht Gegenstand der Unternehmensethik, son-dern der **Individualethik** sind. Individualethik thematisiert die **Perspektive des In-dividuums**: Wie soll ich mich in der Organisation verhalten? Wie soll ich meine Rolle als Vorgesetzter oder Mitarbeiter ausfüllen? Hier geht es also darum, was der Einzelne aus seiner Sicht will oder soll. Damit sind Fragen nach den selbst gewählten Haltungen, nach Führungsethos und Tugenden aufgeworfen. Die beiden herausgear-beiteten Blickwinkel sind analytisch sauber voneinander zu trennen. Die individual-ethische Perspektive wird im Kapitel 10 behandelt.

9.5.4.1. Führung und Führungsethik

Die Forderung nach einer eigenständigen Führungsethik im Unternehmen findet **zwei unterschiedliche** Ausgangspunkte.

---

72 Ausführlicher dazu P. Ulrich, 1999, S. 230.
73 Die Förderung individueller Werthaltungen der Mitarbeiter ist zentrales Thema der **Personal-entwicklung**. Sie ist damit »individuelle Kehrseite« der institutionellen Aufgabe der Organisa-tionsentwicklung. Beide Bereiche sind aufgrund wechselseitiger Verschränkung essentiell auf-einander angewiesen. H. Steinmann/A. Löhr, 1994, S. 162 f.

1. Originärer Ausgangspunkt ist ein **führungsethisches Grundproblem**.[74] Zentral für die neuzeitliche Ethik ist die allgemeine und unbedingte wechselseitige Anerkennung anderer Personen als »Wesen gleicher Würde« (*O. Höffe*). Unternehmen sind jedoch aus Effizienzgründen hierarchisch organisiert; dadurch besteht eine asymmetrische Rollen- und Machtverteilung zwischen Vorgesetzten und Mitarbeitern. Diese Machtverteilung wird durch entsprechende **Führungsstile** teilweise abgemildert, zum Teil noch akzentuiert. Ein autoritärer Führungsstil bspw., bei dem der Vorgesetzte alle Entscheidungen allein trifft und die unterstellten Mitarbeiter zum Vollzug anweist, verstärkt die soziale Distanz zwischen Führungspersonal und Mitarbeitern und fördert das angesprochene Machtgefälle.[75] Lässt sich in einer freiheitlich-demokratischen Gesellschaft hierarchische Unterordnung vieler unter die Weisungen weniger Personen überhaupt rechtfertigen? Ist **Führung** im Zusammenwirken von »Wesen gleicher Würde« **moralisch legitim**? Sie ist es dann, wenn auch der von den Führungsmaßnahmen betroffene Mitarbeiter den Weisungen zustimmen kann. Führung legitimiert sich durch den **Konsens aller Beteiligten**. Gleichwohl bestehen für den Weisungsunterworfenen erhöhte Schutzbedürfnisse, und zwar insbesondere dann, wenn das Effizienzprinzip mit moralischen Normen in Konflikt gerät. Sinnvoll ist daher ein Pflichten- oder Prinzipienkatalog, der dem Vorgesetzten eine Lösung solcher Fälle von Normenkonkurrenzen erleichtert. Auf die moralisch sensiblen Themenbereiche aus Sicht des Mitarbeiters – Einhaltung von Menschen- und Bürgerrechten, Beachtung von Arbeits- und Datenschutzrechten – wurde bereits hingewiesen.[76]

In manchen Unternehmen sind daher Grundsätze für die Ausgestaltung der Beziehungen zwischen Vorgesetzten und Mitarbeitern schriftlich fixiert worden; so formulieren die Leitsätze zur »Führung und Zusammenarbeit« bei *Daimler Benz* bzw. *DaimlerChrysler* folgende Überlegungen:[77]

(Auszug 1979): Der *Vorgesetzte* erarbeitet gemeinsam mit den Mitarbeitern deren Arbeitsziele und legt diese im Rahmen der allgemein vorgegebenen Aufgaben ihrer Stelle fest. – Von den *Mitarbeitern* wird erwartet, dass sie die festgelegten Ziele mittragen und sich dafür einsetzen, sie zu erreichen.

Der *Vorgesetzte* informiert die Mitarbeiter rechtzeitig und umfassend über die Ereignisse und Entwicklungen, die für ihr Aufgabengebiet von Bedeutung sind. ... Von den *Mitarbeitern* wird erwartet, dass sie die für die Erledigung ihrer Aufgaben erforderlichen Informationen – soweit es ihnen möglich ist – auch selbst beschaffen.

Der *Vorgesetzte* informiert die Mitarbeiter darüber, wie er ihre Leistungen und ihr Arbeitsverhalten beurteilt. – Von den *Mitarbeitern* wird erwartet, dass sie sich mit der Beurteilung auseinander setzen, dazu offen ihre Meinung äußern und berechtigte Kritik akzeptieren.

(Auszug 2001): Der Führungsprozess wird auf allen Ebenen betrieblicher Zusammenarbeit durch personalpolitische Instrumente unterstützt. Dabei stellt das Mitarbeiter-Feedback einen Weg dar, die im Bereich ge- und erlebten Werte und Leistungsmaßstäbe besprechbar zu machen. Es liefert einen methodischen Rahmen, um mit einer größeren Kontinuität Absprachen für die Verbesserung von Führung und Zusammenarbeit zu treffen. Vorgesetzte und Mitarbeiter reflektieren dabei anhand konkreter Beispiele die Führungssituation und die Zusammenarbeit im Tagesgeschäft.

2. Ein anderer Ausgangspunkt für führungsethische Fragen ist breiter, umfassender; er umschließt bei entsprechender Interpretation den ersten Denkansatz. Er geht nicht –

---

74 Pointiert dargestellt von P. Ulrich, 1999, S. 233 ff.
75 Vgl. G. Schreyögg, 1993, Sp. 226 f.
76 Vgl. Kapitel 8.5.2.
77 Zitiert nach K. Berkel/R. Herzog, 1997, S. 74 und DaimlerChrysler, 2001.

wie eben – von einem **engen Führungsbegriff** aus, der weitgehend mit Personalführung gleichzusetzen ist und den Umgang mit den unterstellten Mitarbeitern zum Gegenstand hat. Vielmehr geht es um einen **weiten Führungsbegriff**, der sich auf alle Steuerungsaufgaben in einer arbeitsteiligen sozialen Organisation bezieht.[78] Solch umfassendere führungsethische Problemstellung ergibt sich, wenn mit einem »kulturbewussten Management«, wie es oben beschrieben wurde, gemeinsam geteilte Wertüberzeugungen im Unternehmen gefördert oder verändert werden sollen. Dies heißt in Kurzform: es gilt ein Wertemanagement zu betreiben, d.h., für Werte sensibilisieren, Werte klären und abwägen, wichtige Werte festigen.[79] Hier sollen **drei idealtypische Schritte** unterschieden werden:

a) Der erste Schritt zur Beeinflussung der Unternehmenskultur besteht in der **Sensibilisierung** für die im Unternehmen anzutreffenden handlungsleitenden Wertvorstellungen. Die Sensibilisierung beim einzelnen Mitarbeiter oder der Gruppe soll ein Bewusstsein für die »moralische Qualität« der im Unternehmen ablaufenden Prozesse schaffen, entscheidende Voraussetzung für jede Veränderung der Organisationskultur. Dies wird nicht einfach sein, denn Werte und Normen sind den Beteiligten vielfach nicht bewusst und sind auch nicht von außen unmittelbar beobachtbar.[80] Am ehesten wird sich die gelebte Kultur an offen ausgetragenen wie verdeckt gehaltenen Konflikten aufzeigen lassen.[81]

b) Steht beim ersten Schritt die Frage im Mittelpunkt: »Auf welcher Wertebasis handeln wir bislang?«, so stellt sich im zweiten Schritt die Leitfrage: »Welche Werte sollen dem gemeinsamen Handeln künftig zugrunde liegen?« Diesen Schritt kann man mit **Klärung** überschreiben: Werte sind ins Bewusstsein zu heben, zu präzisieren, abzuwägen und Wertkonflikte aufzudecken. Mitarbeitern müssen die Werte also klar und plausibel gemacht werden. Einige **Beispiele** zur Illustration.

- So dürfen den Mitarbeitern nicht nur die technischen Schritte und Abläufe des Qualitätsmanagements vermittelt werden. Das Management muss vielmehr den Mitarbeitern auch unabhängig von Zertifizierungsaktivitäten (ISO 9000) deutlich machen, dass **Qualität** an sich ein ethisch verpflichtender Wert für ihr Unternehmen ist.
- Wenn sich das Unternehmen öffentlich zum Wert **Ehrlichkeit** im Umgang mit seinen Vertragspartnern bekennt, muss das Management sich auch mit der Reichweite dieses Wertes auseinander setzen. Ehrlichkeit bedeutet nicht nur, Kunden bewusst keine Lügen über die Qualität eines Produktes aufzutischen, sondern es verbietet weitgehend (?) jegliches »taktische Verhältnis zur Wahrheit«. Zwar wird der Vorgesetzte nicht dem gerade entlassenen Mitarbeiter mitteilen müssen, dass er ihn für völlig unfähig hält, auch wenn er das denkt. Umgekehrt darf aber die Unternehmensleitung nicht öffentlich Restrukturierungsprogramme einer Konzerntochter verkünden, während intern längst der Arbeitsplatzabbau oder der Verkauf des Tochterunternehmens feststeht.
- Schließlich ist in diesem Zusammenhang noch eine spezifische **Eigenheit von Werten** zu beachten, die **Abwägungsprozesse** notwendig macht. Während das

---

78 Zu den beiden Führungsbegriffen vgl. G. Schreyögg, 1993, Sp. 226 f.
79 Dazu auch K. Berkel, 1998, S. 122 ff.; K. Berkel/R. Herzog, 1997, S. 79 ff.
80 Vgl. dazu oben unter 9.5.1.
81 Vgl. Kapitel 8.5. zur Systematisierung der **Konfliktformen**.

Denken in Zielen zumeist **linear** angelegt ist, d.h. je mehr realisiert wird, desto höher ist der Zielerreichungsgrad, ist das Denken in Werten **polar** strukturiert. Ein Mehr kann durchaus auch ein Weniger sein, weil der Wert in einen Unwert umschlägt. Dieser Gedanke findet sich schon in der griechischen Philosophie, bei *Platon* (427–347 v. Chr.) und in entwickelter Form bei *Aristoteles*. Nach *Aristoteles* ist die Tapferkeit die Mitte zwischen Tollkühnheit und Feigheit, die Freigebigkeit zwischen Verschwendung und Knauserigkeit. Eine solche Wertebalance ist auch für alle diejenigen Werte zu finden, die dem Unternehmen wichtig sind. Das zeigt sich beispielsweise für den Wert **Vertrauen**.[82] Es wurde bereits diskutiert, dass eine »**Vertrauenskultur**« im Unternehmen ethische wie ökonomische Anliegen befördert.[83] Einer Vertrauenskultur ist sicher abträglich, wenn die Sekretärin ständig ihrem Chef darüber Bericht erstatten muss, wie sie Zeiten der Abwesenheit von ihrem Schreibtisch verbracht hat. Dadurch entstünde eine »**Misstrauens- oder Argwohnskultur**«. Umgekehrt muss Vertrauen immer auch mit Vorsicht korrespondieren. Ermittelt der Vorgesetzte nie, wie Mitarbeiter ihre Arbeitszeit außerhalb ihres Büros verbringen, darf er sich nicht wundern, wenn leichtfertig mit Arbeitszeit umgegangen wird. Aus einer Vertrauenskultur wird dann eine »**Vertrauensseligkeitskultur**«. Werte sind daher in eine richtige Balance zu bringen.

• Schließlich gilt es, **Wertkonflikte** zu **erkennen** und zu **lösen**. Dürfen Schmiergelder gezahlt werden, um an einen Auftrag zu gelangen? Oder ist davon auch dann Abstand zu nehmen, wenn dies zu schweren Geschäftseinbußen und Entlassungen führt? Solche Fragen sind von so grundsätzlicher und weitreichender Bedeutung, dass sie nur von der Geschäftsführung zu klären sind.[84]

Für die angesprochenen führungsethischen Fragestellungen stehen die bereits angesprochenen **Instrumente** zur Verfügung. Die Klärung eines verbindlichen Wertekanons kann beispielsweise ein Leitbildprozess sein, in dem ein Ethik-Kodex für das Unternehmen entwickelt wird. Ethik-Kommissionen mögen bei grundsätzlichen und schweren Wertkonflikten Lösungen generieren. Allerdings gilt es im Auge zu behalten, dass die Auseinandersetzung mit Werten – die Präzisierung, Abwägung, Konfliktlösung, etc. – Daueraufgabe für Führungskräfte eines Unternehmen ist und nicht mit der Schaffung einer Stelle oder eines Dokuments abgeschlossen werden kann.

c) Im dritten Schritt geht es um die **Festigung der Werte**. Dies ist der eigentliche und langwierigste Teil der Kulturentwicklung, weil überkommene Wertorientierungen und eingefahrene Verhaltensmuster zu überwinden sind. Neue Werthaltungen sind nur dann erfolgreich, wenn sie sich im Tun realisieren. Die organisationsstrukturellen Maßnahmen (Ethik-Beauftragte, Hotlines, etc.) können als »Stützkorsett« wirken. Ausreichend sind sie nicht; es bedarf ergänzend Ausbildungs- und Trainingsprogramme, um damit Werthaltungen und typische Verhaltensweisen der Beschäftigten zu beeinflussen.

---

82 Hierzu K. Berkel/R. Herzog,1997, S. 97.
83 Vgl. Kapitel 9.2.
84 Vgl. Kapitel 9.8.3.

9.5.4.2. Ethik-Training[85]

1. Mit Ethik-Trainings sollen die im Unternehmen dominierenden Werthaltungen verbessert werden. Zentrale Zielsetzung ist also die **Förderung der Wertekompetenz** der Beschäftigten, damit das Unternehmen als Organisation dem in ihrem Unternehmensleitbild festgeschriebenen Wertekanon möglichst nahe kommt. Das Anliegen umfasst einen Wissens- und einen Willensaspekt:

- Die **Wissenskomponente** bezieht sich auf die Förderung des Wissens über ethische Denkansätze und den Umgang mit typischen moralischen Dilemma-Situationen. Solche Schulungen bauen auf der Einsicht der Sozialpsychologie auf, dass der Mensch im Laufe seiner Sozialisierung verschiedene Stufen der Moralentwicklung durchlaufen muss. Für viele anspruchsvolle Tätigkeiten im Unternehmen ist eine kritische, selbstreflexive Grundeinstellung ein »Muss«; diese kann ein Mitarbeiter jedoch nur dann einnehmen, wenn er eine – wie oben beschrieben – »**postkonventionelle Ebene«** der Moralentwicklung im Sinne *L. Kohlbergs* erreicht.[86] Vereinfacht gesagt geht es darum, dass die Beschäftigten differenzierter zwischen Gebotenem und Verbotenem zu unterscheiden lernen.

- Hinzu kommt die Förderung des **Willensaspektes.** Die Erfahrung zeigt, dass Mitarbeiter bei Konflikten zumeist den Weg »des geringsten Widerstandes« gehen und eher nachgeben als widersprechen. Dies gilt insbesondere in hierarchisch strukturierten Organisationen. Ethik-Trainings sollen daher auch gruppendynamische Prozesse initiieren, um Kritikfähigkeit und Kritikbereitschaft zu fördern.

2. Trainingsprogramme werden aus **drei Anlässen** heraus eingesetzt:

- zur **allgemeine Sensibilisierung** für ethische Dilemma-Situationen; sie dienen der Grundausbildung in Fragen ethischen Wissens; das können **prozedurale** (Gestaltung von Diskursen; Kreativitäts- und Moderationstechniken; Techniken der Konfliktbearbeitung[87]), aber auch **inhaltlich-materielle Themenbereiche** (ethische Begründungsansätze; Wertemanagement, etc.) sein;

- zur Klärung **moralischer Grauzonen**; solche tauchen beispielsweise bei Abgrenzung von Geschenken und Korruption oder bei den Grenzen von legitimer Differenzierung zur Diskriminierung von Minderheiten (Behinderte, Frauen, etc.) auf;

- zur **Integration neuer Mitarbeiter**, um sie mit den moralischen Standards des Unternehmens vertraut zu machen.

3. Die in der Praxis genutzten **Methoden** sind vielfältig. Gespräche, Vorträge, Seminare, Workshops, Videoeinspielungen, case studies und Rollenspiele kommen zur Anwendung. Interaktive Trainingsformen – wie z.B. **case studies**[88] – stehen im Vordergrund. Sie basieren auf einem fiktiven oder tatsächlichen Problem, für das die Teilnehmer Lösungen finden sollen. Eine gutgeführte Diskussion vermag die Standpunkte der Beteiligten zu schärfen und besser zu fundieren. Der Verbreiterung ethischen Wissens dient es zudem, wenn aus konkreten Falllösungen allgemeine Regeln entwickelt werden. Wird die Veranstaltung als »collective event« einer Arbeitsgruppe oder Abteilung organisiert, können die ablaufenden gruppendynamischen Prozesse zu-

---

85 Vgl. B. Palazzo, 2000, S. 210 f.; M. Kaptein, 19998, S. 166 ff.
86 Vgl. Kapitel 2.5. und P. Ulrich/Y. Lunau, 1997, S. 51 S. 63
87 Hier ergeben sich enge Bezüge zur Personalentwicklung; vgl. M. Michael, 2000, S. 499 ff.
88 Vgl. M. Kaptein, 1998, S. 166 ff.

gleich zur Stärkung der Kritikbereitschaft führen. Diese Überlegung ist auch für die Durchführung von **Rollenspielen** wichtig. Die Teilnehmer nehmen dabei verschiedene Positionen ein, um einen Wertekonflikt aus verschiedenen Perspektiven wahrnehmen zu können.

Interessant ist das »**Colleagues Consultation System**« als Dilemma-Training. Ein Teilnehmer präsentiert das ethische Dilemma zwei weiteren Teilnehmern. Diese beiden assistieren ihrem Kollegen dabei, nach Lösungsmöglichkeiten und dem Pro und Contra jeder Lösung zu suchen. Der Rest der Gruppe beobachtet die Diskussion zwischen den drei Personen und gibt von Zeit zu Zeit ein feed back über ihre Vorgehensweise.[89]

4. Zum Teil wird vorgeschlagen, solche Veranstaltungen nicht von externen Trainern oder Stabsmitarbeitern, sondern von Mitgliedern des eigenen Managements durchführen zu lassen. Die Unternehmensleitung könnte damit die Bedeutung des ethischen Anliegens gegenüber den Mitarbeitern dokumentieren; zudem müssten sich die Führungskräfte dann mit den moralischen Konfliktlagen im Unternehmen intensiv auseinander setzen. Allerdings gibt es gegen dieses Vorgehen gewichtige Einwände; sind die Manager selbst Teil des »moralischen Problems«, wird sich keine unbefangene, offene Diskussion über Dilemma-Situationen einstellen. Zudem binden solche Veranstaltungen durch Vorbereitung und Durchführung knappe Management-Ressourcen. Daher ist es sinnvoller, **externe Trainer** oder **Mitarbeiter** der hausinternen Ethik-Abteilung einzusetzen.

5. Verschiedene Skandale haben den Flugzeugkonzern *Boeing* sehr frühzeitig veranlasst, ein umfassendes Ethik-Programm zu installieren. Wichtiger Teil dieses Programms ist ein **Ethik-Training**, das im Normalfall drei Stufen umfasst:[90]
- Für neue Mitarbeiter ist eine Orientierung über die moralischen Ansprüche und Standards von *Boeing* durch die Personalabteilung und ein entsprechendes Gespräch mit dem direkten Vorgesetzten auf Abteilungsebene obligatorisch.
- Im Verlauf der ersten beiden Jahre ist zudem ein »Ethics Basic Training« für jeden Mitarbeiter verpflichtend. Es wird dezentral auf Abteilungsebene von einem Mitglied des Ethics Office durchgeführt und kann jedes Jahr aufgefrischt werden. Gewöhnlich werden diese Schulungen mit einem Video über die Geschichte der Unternehmensethik bei *Boeing* und mit einer aufgezeichneten Ansprache des Chairman zu den Wertvorstellungen der Firma eingeleitet. In den Schulungen werden folgende Punkte behandelt: Ethisches Verhalten allgemein, Preis- und Abrechnungspolitik, Marketing, Offerierung und Annahme von Werbegeschenken, Produktqualität, Beziehungen zu Lieferanten, Interessenkonflikte, Umgang mit Firmeneigentum.
- Zusätzlich gibt es ein »**High contact Training**« für Mitarbeiter, die in besonders sensiblen Bereichen tätig sind, z.B. Verhandlungen mit in- und ausländischen Regierungsstellen oder mit Kunden in der Dritten Welt führen müssen.

Als Ergänzung bietet die Firma schließlich ein »**Ethics Challenge**« an, bei dem die Mitarbeiter mittels Fragebogen und vorgegebenen Antwortmöglichkeiten ihr Ethik-Wissen jederzeit trainieren und testen können.[91]

---

89 M. Kaptein, 1998, S. 167.
90 Vgl. die Darstellung bei J. Wieland, 1993, S. 41 f.; geringfügige Neuerungen ergeben sich aus Boeing, 2001.
91 Der Fragebogen ist über Internet frei zugänglich; vgl. Boeing, 2001.

6. In den USA sind Ethikseminare und Workshops in vielen Großunternehmen seit längerem etabliert, während in der Bundesrepublik eher der Beginn eines rapiden Aufschwungs zu konstatieren ist. Ethik-Tagungen, Seminare, Workshops und Dilemma-Trainings erleben gegenwärtig große Nachfrage. Neben weitblickenden Firmen (z. B. *Gerling, Siemens*) entdecken Fachethiker, Unternehmensberatungsfirmen wie *KPMG* und Jesuitenpater die Wachstumschancen dieses Marktsegments und bieten entsprechende Programme an. Kann mit solchen Veranstaltungen die Wertekompetenz der Teilnehmer erhöht werden? Wie steht es um den »Erfolg« solcher Aktivitäten?

Inzwischen gibt es einige **empirische Studien**, die Bildungs- und Ausbildungsmaßnahmen auf ihre Tauglichkeit zur Förderung sozial-moralischer Kompetenz untersuchen.[92] Die Ergebnisse der ausgewerteten Programme weisen auf einen positiven Zusammenhang hin: sozial-moralische Kompetenz ist lehr- und lernbar! Dies wurde für Trainingsmaßnahmen bei Lehrlingen und Facharbeitern gezeigt. Zu positiven Ergebnissen kommen auch empirische Untersuchungen in den USA über Business-Ethics-Kurse für Studenten in BWL-Studiengängen. Es konnten signifikante Einstellungsänderungen bei Studenten festgestellt werden, die an solchen Veranstaltungen teilgenommen haben. Die letztlich entscheidende Frage ist allerdings, ob sich der Einstellungswandel im betrieblichen Entscheidungsverhalten niederschlägt. Diese Frage ist kaum zu beantworten, denn hierzu wären Längsschnittanalysen notwendig, die große methodische Schwierigkeiten aufweisen. Überdies ist zu bedenken, dass das Verhalten des einzelnen Beschäftigten nicht nur durch seine moralische Grundhaltung, sondern auch durch den organisatorischen Kontext bestimmt wird, indem er sich bewegt. Hieran wird wiederum der wechselseitige Zusammenhang von Personal- und Organisationsentwicklung erkennbar. Dies gibt grundsätzlich Anlass, für betriebsinterne Ethik-Trainings und nicht für externe Veranstaltungen zu plädieren, da nur bei Ingangsetzung interner Kommunikationsprozesse zu erwarten ist, dass sich die ethische Sensibilisierung des einzelnen Beschäftigten und seiner Arbeitsgruppe »in die gleiche Richtung« bewegen.

9.6. Strategien auf moralische Herausforderungen aus Markt und Umwelt

Ethik-Management muss moralische Anliegen nicht nur intern zwischen Mitarbeitern und Abteilungen, sondern auch extern gegenüber Markt und Öffentlichkeit zur Geltung bringen. Entsprechendes Handeln ist jeweils dann notwendig, wenn Interessenkonflikte zwischen dem Unternehmen und Marktpartnern (Lieferanten, Kunden, Kapitalgebern, etc.) oder gesellschaftlichen Interessen bestehen. Die möglichen Konfliktlagen wurden bereits beschrieben.[93] Die Grundproblematik ist jeweils, dass betriebswirtschaftliche Rationalität nicht mit moralischen Anforderungen externer Stakeholder-Gruppen übereinstimmt. Wie soll das Unternehmen auf solche morali-

---

92 Zumeist in Anlehnung an das in 2.5. dargestellte Stufenmodell *L. Kohlbergs*; Überblick bei H. Steinmann/A. Löhr, 1994, S. 175; S. 190; zu methodischen Fragen vgl. A. Löhr, 1998, S. 189 ff.

93 Vgl. Kapitel 8.5.3. und 8.5.4.

sche Dilemmasituationen reagieren? Grundsätzlich stehen **drei unternehmenspolitische Strategien** zur Verfügung.[94]

9.6.1. Wettbewerbsstrategie

1. In einer Marktwirtschaft werden Unternehmen zunächst die Möglichkeiten einer wettbewerbspolitischen Strategie prüfen. Unternehmen versuchen, moralischen Ansprüchen durch die Suche nach innovativen Produkten oder Produktionsmethoden zu entsprechen. Sie können umweltverträglichere Produkte entwickeln, Produktionsverfahren nutzen, die höheren Arbeitsschutz- oder Sicherheitsstandards entsprechen, etc. Aus dem Blickwinkel der Unternehmensethik kann man von »**moralischen Innovationen**« sprechen.

2. Das Gewinninteresse als Antriebsmotiv der Marktwirtschaft dient zugleich moralischen Anliegen. Unternehmen versuchen, durch ihre Orientierung an der Moral Wettbewerbsvorteile zu erlangen. Bei allen Varianten dieser Strategie ist handlungsleitende Idee, die Reputation des Unternehmens aus der Perspektive der Nachfrager zu erhöhen. Das Unternehmen muss dementsprechend seine moralischen Werte **öffentlich kommunizieren** gemäß dem Grundsatz: »Tue Gutes und rede darüber«[95].

3. Zwei Beispiele sollen die Wettbewerbsstrategie illustrieren:
- Das mittelständische Unternehmen *Werner & Mertz* beschritt seit Mitte der 80er Jahre mit der Einführung seiner Frosch-Produkte einen Weg, der gleichsam als Modellfall der Wettbewerbsstrategie anzusehen ist. Absatzkrisen und ein verlorener Prozess wegen eines gesundheitsschädlichen Ledersprays bewirkten bei der Geschäftsführung ein radikales Umdenken hin zur Herstellung umweltverträglicher Produkte. Aggressive Substanzen wie Chlor und Phosphate wurden zum Tabu erklärt. Auf PVC als Verpackungsmaterial wurde verzichtet. Die zündende Idee hatte zu tun mit der Erkenntnis, dass sich die gesellschaftliche Rolle der Frau verändert hatte. Nicht mehr das Heimchen am Herd, sondern die gutausgebildete und umweltbewusste Frau bestimmt das Bild. Dieser Verbraucherin hatte die Putzmittelbranche bis dato nichts zu bieten. Mit geringem Werbeaufwand und attraktiven Preisen wurden Froschprodukte innerhalb weniger Jahre zur umsatzstärksten Marke im Putz- und Reinigungsmittelgeschäft. Die Reaktion der Konkurrenten blieb nicht lange aus; hatten sie ihre Positionierung lange Zeit auf Sauberkeit ausgerichtet, folgten sie nun ebenfalls dem Umwelttrend.[96]
- *Levi Strauss* formuliert in seinem Ethik-Kodex als zentrale Werte für Entscheidungen in moralischen Dilemma-Situationen »Respekt vor anderen« und »Mitgefühl«. Die Herausforderung für das Management liegt darin, wie es in einer konkreten Situation zur Verwirklichung dieser Werte beiträgt. Bei Überprüfung der Zulieferer in Entwicklungsländern wurden Fälle von Kinderarbeit aufgedeckt, was nach den Einkaufsrichtlinien der Firma verboten war. Hätte man die Geschäftsbeziehungen abgebrochen oder die Lieferanten gezwungen, die Minderjährigen zu entlassen, so wäre häufig der einzige Lohn für deren Familie entfallen. *Levi Strauss* fand deswe-

---

94 Vgl. K. Homann/F. Blome-Drees, 1992, S. 131 ff.; I. Pies/F. Blome-Drees, 1993, S. 751 ff.; D. Aufderheide, 1995, S. 191 ff.
95 K. Homann/F. Blome-Drees, 1992, S. 137.
96 Die Darstellung folgt G. Duffner, 1993, S. 84 und H. Majer, 1995, S. 106 ff.

gen folgenden Weg aus dem Dilemma. Die Kinder gehen bis zur Erreichung des gesetzlichen Mindestalters in die Schule, wobei *Levi Strauss* für Schulgeld, Bücher und Uniformen aufkommt. Die Zulieferer verpflichteten sich, den Lohn für die Minderjährigen weiterhin zu zahlen. *Levi Strauss* erhielt sich dadurch seine Zulieferer, konnte intern seinen Werten folgen und extern sein Markenimage schützen.[97]

4. Bei der Wettbewerbsstrategie erbringen die Unternehmen jeweils »moralische Vorleistungen«. Sie investieren in ihre Reputation in der Erwartung, dass sich die damit verbundenen Kosten langfristig »auszahlen« – in Form höherer Zahlungsbereitschaft der Kunden, verbesserter Leistungsmotivation der Mitarbeiter, geringeren Risikoprämien der Kapitalgeber, etc. Ob solche Investitionen erfolgreich sind, muss sich an den Märkten erweisen. Die Wettbewerbsstrategie wird nicht in allen moralischen Konfliktsituationen sinnvoll sein, insbesondere dann nicht, wenn die Gefahr besteht, dass Konkurrenten die Situation für sich ausbeuten können. Verzichtet ein Unternehmen beispielsweise freiwillig auf Waffenlieferungen in Krisengebiete oder auf Zahlung von Bestechungsgeldern, dann muss es davon ausgehen, dass Konkurrenten aus diesen Geschäften Profit ziehen; weniger moralische Unternehmen würden letztlich von der individuellen Selbstbindung des moralischen Unternehmens profitieren. Zur Überwindung dieser Dilemma-Situation können nur ordnungspolitische Strategien erfolgreich sein.

9.6.2. Ordnungspolitische Strategie

1. Im Rahmen einer ordnungspolitischen Strategie kann versucht werden, die unzulängliche marktwirtschaftliche Rahmenordnung zu ergänzen oder weiterzuentwickeln. Diese Strategie ist dann sinnvoll, wenn es einzelnen Unternehmen nicht gelingt, die erwünschte Vereinbarkeit von Moral und Gewinn durch eigenes Handeln zu erreichen, wie es bei typischen Dilemmasituationen der Fall ist. Hat die Wettbewerbsstrategie die individuelle Selbstbindung zum Ziel, so geht es bei der ordnungspolitischen Strategie um **kollektive Selbstbindung** aller Unternehmen, die Wettbewerbsneutralität der Maßnahme herstellt.

2. Die ordnungspolitische Strategie kann auf **zwei Wegen** realisiert werden. Unternehmen können durch **politisches Engagement** auf Veränderung gesetzlicher Regeln hinwirken. Dies ist über Verbandspolitik oder – für große Unternehmen – über lobbyistische Aktivitäten möglich. Allerdings ist dies zumeist ein langwieriger und beschwerlicher Weg, durch den schnelle und flexible Abhilfe nicht erwartet werden kann. Sie können Defizite in der gesetzlichen Rahmenordnung auch zu kompensieren suchen, indem sie durch Branchenvereinbarungen oder Standeskodices staatliche **Ordnungspolitik substituieren**.

3. Einflussnahme auf **politischer Ebene** im positiven wie im negativen Sinne lässt sich an zwei Fällen großer Automobilkonzerne zeigen.
• *Opel* gestaltete Mitte der 90er Jahre eine Werbekampagne als offenen Brief an den damaligen Umweltminister *Töpfer*. Darin hieß es u.a.: »Opel begrüßt die Initiative der Bundesregierung, die steuerliche Förderung von Automobilen zu prüfen, die

---

97 Falldarstellung bei R. D. Haas, 1994, S. 2.

schon heute die strenge EG '96-Abgasnorm erfüllen. ... Der neue Opel Omega ist das erste deutsche Automobil, dessen Benzinmotoren komplett bereits heute den strengen EG-Abgasnormen von 1996 entsprechen. ... Wir versprechen Ihnen heute, sehr geehrter Herr *Töpfer*, dass Opel ab sofort alle neuen Modelle ausschließlich mit Motoren anbieten wird, die über diese fortschrittliche Umwelttechnik verfügen.«

- Als extremes Negativbeispiel, das der amerikanischen Business Ethics-Bewegung starke Impulse verliehen hat, gilt der *Ford Pinto*-Skandal; über ihn wird berichtet: »Der *Ford Pinto* war ein amerikanischer Kleinwagen, der wegen der Volkswagen-Konkurrenz sehr schnell und billig entwickelt wurde. Bei Auffahrunfällen von hinten bestand das Risiko, dass der Benzintank relativ leicht beschädigt werden konnte, und es wegen des dann auslaufenden Benzins zu einem Fahrzeugbrand kommen würde. Die Firma unternahm es jedoch nicht, durch den Einbau einer Plastikpufferung Sicherheit zu gewährleisten, weil ihre Kosten-Nutzen-Analyse ergeben hatte, dass Schadensbegleichung und Prozesskosten bei Zugrundelegung von jährlich durchschnittlich 180 Toten und einer entsprechenden Anzahl von Brandverletzten weit billiger waren als der Aufwand von 11 US-\$ pro Fahrzeug. Es gelang der Firma zudem, das Inkrafttreten der entsprechenden staatlichen Sicherheitsvorschriften bezüglich Auffahrunfällen durch *Verzögerungs- und Ablenkungsstrategien* um acht Jahre hinauszuziehen. Aus der Perspektive rein ökonomischer Bilanzierung war die *Ford-Pinto*-Produktion ein großer Erfolg: bis 1977 wurden fast 20 Millionen Stück verkauft. Für die Menschen jedoch, die dieses Fahrzeug benutzten und das Pech hatten, von hinten gerammt zu werden, erschienen auf der Bilanz andere Größen: *9000 Todesopfer infolge Verbrennung durch Auffahrunfälle in vier Jahren.*«[98]

4. Kollektive Selbstbindungen auf **Branchenebene** finden sich in der **Chemischen Industrie**; hier gibt es Vereinbarungen zum Umgang mit gefährlichen Produkten oder Substanzen (z.B. Holzschutzmittel, Altstoffe, etc.). Die **bayerische Bauwirtschaft**, deren Image durch Korruptionsaffären und Kartellbildungen stark beschädigt war, hat ein Ethik-Management-System eingeführt, mit dem solche Praktiken kollektiv unterbunden werden sollen. Von **Teppichimporteuren** wurde ein Label eingeführt, aus dem hervorgeht, dass die Produkte ohne Kinderarbeit hergestellt wurden.[99] Auch für **Berufsgruppen** finden sich Kodizes bzw. Selbstverpflichtungen. Die Internationale Vereinigung der **Wirtschaftsprüfer** hat 1992 einen Ethik-Kodex für Angehörige der rechnungslegenden Berufe verabschiedet, der zur Eindämmung von Rollen- und Interessenkonflikten beitragen soll. Der **Deutsche Werberat** dient der Selbstkontrolle der Werbewirtschaft. An ihn kann sich jeder mit einer Beschwerde über eine Werbemaßnahme wenden, z.B. wenn sie religiöse Empfindungen oder die Menschenwürde verletzen.[100]

5. Branchen- oder Berufskodizes erfreuen sich zunehmender Beliebtheit, da sie ein flexibel einsetzbares und schnell handhabbares Instrument darstellen. Zudem kann der kritischen Öffentlichkeit und Politikern dokumentiert werden, dass man freiwillig ethische Maßstäbe setzt. Allerdings sind auch die Grenzen solcher Abkommen nicht zu übersehen:[101]

---

98 M. Wörz, 1994, S. 21.
99 A. Scherer, 1997, S. 13.
100 H.-P. Kaas, 1999, S. 259.
101 Vgl. N. E. Bowie, 1992, S. 342; H.-P. Kaas, 1999, S. 269.

- Selbstverpflichtungen für eine ganze Branche sind stets durch **Außenseiter** und **Newcomer** gefährdet, denn für Unternehmen ist es ökonomisch um so interessanter, eine Außenseiterposition einzunehmen und sich nicht am Branchenkodex zu beteiligen, je mehr Konkurrenten sich an die Übereinkunft halten. Sie profitieren dann von der Reputation der Branche, ohne sich zu beteiligen, und beschädigen oder ruinieren u.U. durch unmoralische Praktiken deren Image. Insbesondere bei Sektoren, die im internationalen Wettbewerb stehen, werden freiwillige Branchenkodizes wenig Schlagkraft besitzen.
- Selbstbindungen sind freiwillige Verhaltensbindungen, ohne dass eine direkte externe Erzwingungsmöglichkeit existiert. Da einschneidende **Sanktionsmöglichkeiten fehlen**, ist die Durchsetzung des Kodexes unter den beteiligten Unternehmen stets gefährdet. Allenfalls kann ein regeluntreues Unternehmen bloßgestellt werden, um sozialen Druck auszuüben.
- Branchenbezogenen Vereinbarungen sind schließlich durch das **Kartellverbot** Grenzen gesetzt; die Absprachen dürfen nicht dazu führen, den Wettbewerb der Beteiligten untereinander zu unterbinden.

9.6.3. Marktaustrittsstrategie

1. Der Marktaustritt ist angezeigt, wenn unternehmerisches Handeln moralischen Ansprüchen **auf Dauer** nicht genügt. Dann besteht die Gefahr, dass fehlende moralische Akzeptanz eines Produktes auf Rentabilität und Image des gesamten Unternehmens zurückwirken. Dies wird z.B. bei gesundheitsgefährdenden Produkten der Fall sein.

2. Der Rückzug kann sich auf einzelne **Produktmärkte** oder auf bestimmte **geographische Märkte** beziehen.
- Die Chemiefirma *Henkel* hat 1999 freiwillig lösemittelhaltige Kleber vom Markt genommen, da Lösemittel rauschähnliche Zustände bewirken können und bekannt geworden war, dass Kinder den Klebstoff kauften, um sich einen »billigen« Rausch zu verschaffen. *Henkel* musste allerdings Marktanteilsverluste hinnehmen, da lösemittelfreie Kleber, die stattdessen angeboten werden, qualitativ schlechter sind.
- Zahlreiche US-amerikanische Unternehmen (u.a. *Coca Cola*) zogen sich in den 80er Jahren aus Südafrika zurück, um gegen die Apartheid-Politik des dortigen Regimes zu protestieren. Und *Levi Strauss* hat 1993 medienwirksam ihre Jeans-Produktion in China aufgegeben; Grund dafür waren anhaltende Menschenrechtsverletzungen in diesem Land, insbesondere in Form von Kinder- und Zwangsarbeit.
- Eine besonders fragwürdige Marktaustrittsstrategie praktizierte der amerikanische Großkonzern *Manville*. Das Hauptprodukt des Unternehmens war Asbest. Schon in den 50er Jahren entdeckte ein Betriebsarzt des Unternehmens, dass das Einatmen von Asbeststaub schwere Lungenerkrankungen mit tödlichem Verlauf nach sich ziehen kann. Das Unternehmen unterband jedoch weitere Forschungen und ließ auch seine Mitarbeiter über viele Jahre im Unklaren. *Manville* sah sich daher mit 50000 bis 120000 Schadensersatzklagen und Forderungen von zwei bis 5 Mrd $ konfrontiert. Das Unternehmen leitete ein Konkursverfahren ein, um so einen erheblichen Teil dieser Ansprüche abzuwehren und das Management vor weiteren Nachforschungen über sein Verhalten zu schützen. Allerdings hat *Manville* inzwischen 80%

ihres Eigenkapitals einem Fonds zur Befriedigung von Schadenersatzansprüchen zur Verfügung gestellt.[102]

3. Der Marktaustritt ist mit schwerwiegenden Konsequenzen verknüpft; der Entscheidung werden daher lange und schwierige Abwägungsprozesse vorausgehen. Besonders deutlich wurde dies an der Rücknahme des Präparats Lipobay durch die Herstellerfirma *Bayer*. In diesem Marktaustritt dokumentiert sich eine schwierige Dilemmasituation, die für Pharmamärkte typisch ist. Sie erschließt sich mit Hilfe der Unterscheidung von Interessenkonflikten und konkurrierenden Interessen.[103]

- Die Auflösung eines **Interessenkonflikts** erfordert, dass nur ein Interesse erfüllt wird und andere Interessen zurückstehen müssen. Produziert Firma X einen Schreibtischstuhl, der bei bestimmungsgemäßer Nutzung schädliche Nebenfolgen haben kann, die ein gleichwertiger Stuhl eines anderen Herstellers nicht hat, so ist der Marktaustritt notwendig. Das Interesse des Verbrauchers daran, keine gesundheitlichen Schäden zu erleiden, hat Vorrang vor finanziellen Interessen. Kein Unternehmen darf Verbraucher einem *vermeidbaren* Schaden aussetzen. Mit einer teleologischen Begründung wird man Gesundheitsrisiken ein höheres Gewicht als entgangenem Gewinn beimessen. Bei Anwendung deontologischer Ethik kommt man zu dem Ergebnis, dass grundsätzlich niemand befugt ist, die Gesundheit eines anderen ohne dessen Einwilligung zu schädigen.
- **Konkurrierende Interessen** stellen demgegenüber gleichermaßen legitime Interessen dar; eine Auflösung des Konflikts ist nur durch eine Abwägung der Interessen möglich. So gab es auch im Fall Lipobay konkurrierende Interessen. Lipobay gilt als gut wirksames Mittel zur Senkung eines erhöhten Cholesterinspiegels; zudem konnte bei Patienten mit erhöhtem Risiko für Herz-Kreislauf-Erkrankungen eine lebensverlängernde Wirkung nachgewiesen werden. Dem stehen die gleichfalls legitimen Interessen weniger anderer Patienten gegenüber, die bei Einnahme des Produktes sehr schwerwiegende Nebenwirkungen an der Muskulatur hinnehmen müssen. Es muss also der Schaden derjenigen Verbraucher, wenn das Medikament *produziert* wird, abgewogen werden mit dem Schaden, der entsteht, wenn das Produkt *nicht* mehr *produziert* wird.

9.7. Ethik-Audits

1. Ethik-Management hat dafür zu sorgen, dass moralische Anliegen im Unternehmen berücksichtigt werden. Es hat die Funktion eines **Moralcontrolling**.[104] Allen Controlling-Ansätzen liegt der Gedanke des Regelkreises zugrunde, so auch hier. In Ethik-Kodizes sind die Werte festgehalten, denen in Konfliktsituationen zu folgen ist. Ethik-Beauftragte, Ethik-Hotlines und Ethik-Trainings, etc. sind Instrumente, um moralische Ansprüche in Organisationsstrukturen und Unternehmenskulturen zu verankern. Damit nun diese Aktivitäten nicht zu purem Aktionismus verkommen, müssen Effizienz und Effektivität der praktizierten Maßnahmen überprüft werden. Macht Ethik-Management das Richtige? Und macht es das Richtige richtig? Ethik-Audits sollen auf diese Fragen Antwort geben. Sie liefern **Instrumente** (Berichte, Bilanzen,

---

102 Fallschilderung bei M. Schüz, 1999, S. 168 f.
103 N. Bowie, 1992, S. 345 ff.
104 Vgl. Kapitel 8.2.

Statistiken o.ä.), die über die »**ethische Qualität**« des Unternehmens **informieren** und diese **beurteilen** sollen. Ethik-Audits sind aus diesem Verständnis integraler Teil des Controllingprozesses, unterstützen ihn durch Bereitstellung interner Mess- und Kontrollinstrumente.

Daneben gibt es eine weitere Funktion, die sich aus den Interessen externer Anspruchsgruppen, z.B. kritischer Kapitalanleger oder Konsumenten, herleitet. Anleger schauen zunehmend nicht nur auf erzielbare Renditen, sondern wollen zugleich »ethisches Investment« betreiben; Konsumenten suchen nicht nur den eigenen ökonomischen Vorteil, sondern wollen mit ihrer Kaufentscheidung zugleich Verantwortung für die ökologischen und sozialen Bedingungen des Produktionsprozesses übernehmen. Für **externe Anspruchsgruppen** ist eine **Unternehmensbewertung nach ethischen Kriterien** als Orientierungshilfe für ihre Anlage- oder Kaufentscheidungen wichtig. Sie dienen als Gütesiegel. Mit Ethik-Audits werden mithin zwei ganz unterschiedliche Zwecksetzungen verknüpft:

- Für **unternehmensinterne Zwecke** werden flexible, an den besonderen Bedürfnissen des Ethik-Managements ausgerichtete Informations- und Kontrollsysteme benötigt.
- Zur Befriedigung **externe Stakeholderinteressen** sind Audits die Basis für Zertifizierungsprozesse, wie sie aus dem Qualitätsmanagement (ISO 9000) bekannt sind. Unternehmen können Außenstehenden ihre Werteorientierung nur glaubhaft versichern, wenn sie sich von externen, unabhängigen Auditoren nach klaren und allgemein bekannten Regeln überprüfen lassen.

2. Die Diskussion um Ethik-Audits steckt noch in den Anfängen, und vor zu weit gesteckten Erwartungen in dieses Instrumentarium muss gewarnt werden. Dies hat weniger damit zu tun, dass Audits unterschiedlichen Zwecken dienen sollen. Das Problem ist grundsätzlicher und hängt damit zusammen, dass es ein verbindliches Ethikverständnis nicht gibt und auch nicht geben kann. Die Unternehmen versuchen daher auf sehr unterschiedliche Weise, sich dem Thema zu stellen. **Drei unterschiedliche Vorgehensweisen** mit spezifischen Vor- und Nachteilen verdienen Aufmerksamkeit:

- Eher **pragmatischem Denkmuster** folgen Ethik-Audits in amerikanischen Großunternehmen. Sie dienen dazu, die Firmenaktivitäten in besonders sensiblen Teilbereichen zu analysieren, zu kontrollieren und Verbesserungsvorschläge zu machen. Entsprechende Untersuchungen sollen also den Schwachpunkten im Unternehmen nachspüren, die zu unmoralischen Praktiken führen könnten. Mit diesem Grundverständnis arbeiten auch die meisten Ethics Officers in amerikanischen Unternehmen. Neben der Identifikation sensibler Bereiche und Prozesse sehen sie ihre Aufgabe demzufolge vor allem darin, Indikatoren zu entwickeln, die zeigen, wie erfolgreich ihre Anstrengungen waren, Ethik in Unternehmen zu verankern.[105] Einen intelligenten Frühwarnindikator hat beispielsweise *Boeing* mit einem »**Ethics-Barometer**« entwickelt.[106] Der Flugzeugkonzern hat dafür eine Befragungstechnik entwickelt, mit der Wahrnehmungen und Einstellungen der Mitarbeiter durch verschiedene Befragungstypen erhoben, über quantitative Verfahren ausgewertet und zu einem Indikator, dem Barometer, verdichtet werden. Fällt das Barometer, so

---

105 Vgl. W. M. Hoffman, 1998, S. 60; M. Kaptein, 1998, S. 48 ff.
106 J. Wieland, 1993, S. 42; ders., 1994, S. 15.

heißt das noch nicht, dass etwas Unmoralisches oder Ungesetzliches in der betreffenden Abteilung passiert ist. Es zeigt aber, dass sich das »moralische Klima« verschlechtert hat und Verletzungen des Ethik-Codes wahrscheinlicher werden. Das Ethik-Management reagiert dann mit zusätzlichen Trainingsmaßnahmen. Solche Audits sind sicher hilfreich, doch konzedieren auch seine Befürworter, dass sich aus solch isolierten Indikatoren – wie z. B. die Anzahl der Frauen in Führungspositionen oder einem Ethik-Barometer – noch kein zureichendes Bild über die moralische Integrität einer Gesamtorganisation ermitteln lässt.[107]

- Einen prinzipiell anderen Zugang zur Auditierung verfechten Vertreter eines normativ gewendeten **Stakeholder-Modells**.[108] Danach ist von einer ethisch orientierten Unternehmensführung auszugehen, wenn die legitimen Interessen aller betroffenen Anspruchsgruppen jeweils in zumutbarer Weise berücksichtigt werden. Gedankliches Ideal ist somit, dass sich das Unternehmen der »unbegrenzten kritischen Öffentlichkeit« für Diskurse stellt und keine (berechtigten?) Ansprüche externer Anspruchgruppen übergeht. Ein externes, unabhängiges Audit soll dementsprechend alle Stakeholderbeziehungen überprüfen, um dem Unternehmen im positiven Falle die »ethische Integrität« zu testieren. In Großbritannien gehen einige Unternehmen diesen Weg, so der Kosmetikhersteller *Body Shop* oder die *Cooperative Bank*. Die Unternehmen versuchen, »relevante« Anspruchsgruppen zu identifizieren und in einem Ethik- oder Sozialbericht darauf einzugehen, ob sie diesen Partnern und ihren Interessen gerecht geworden sind. Es gibt allerdings berechtigte Zweifel, ob dieser Weg erfolgversprechend ist. Schon das dahinter stehende Ethikverständnis wirft Fragen auf; Unternehmen können sich, um handlungsfähig zu bleiben, nicht ständig Diskursen öffnen wollen; sie sind keine quasi-öffentlichen Einrichtungen, sondern von risikobereiten Unternehmern zur Erzielung von Gewinnen gegründet worden. Aber auch auf operationaler Ebene stellen sich dem Ansatz vermutlich viele Mess- und Interpretationsprobleme. Ob und in welchem Umfange die Wertanliegen von Kunden, Kommunen oder künftigen Generationen in der Unternehmenspolitik beachtet werden, darüber wird man vermutlich endlos streiten können. So besteht daher die Gefahr, dass Unternehmen Ethik-Berichte als Public-Relations- oder Marketing-Instrument nutzen. Zertifizierungen lassen sich darauf sicher kaum aufbauen.

- Erfolgversprechender ist eher ein dritter Ansatz, der – ähnlich wie die Qualitätsmanagementsysteme nach ISO 9000 – **Managementprozesse** zum **Gegenstand von Ethik-Audits** macht. Grundgedanke ist, dass die Unternehmen standardisierte Ethik-Managementprogramme installieren. Das Vorhandensein der einzelnen Elemente dieses Managementsystems und dessen Wirksamkeit werden dann von einem externen Auditor überprüft und zertifiziert. Beispielhaft für diesen Weg ist die Zertifizierungsinitiative **Social Accountability** (SA 8000), die von einer amerikanischen Verbraucherorganisation und führenden Handelsunternehmen, so z.B. in Deutschland vom *Otto Versand*, ins Leben gerufen wurden. Ihre Zielsetzung ist es, dafür zu sorgen, dass weltweit soziale Mindeststandards bei der Produktion eingehalten werden (Verbot von Kinder- und Zwangsarbeit; Arbeitsschutz; Diskriminierungsverbote, etc.).[109] Ein ähnliches Auditierungs- und Zertifizierungssystem wurde

107 B. Waxenberger, 1999, S. 1.
108 B. Waxenberger, 1999; kritisch J. Wieland/S. Grüninger, 2000, S. 161.
109 J. Merck, 1998, S. 7 ff.

inzwischen für die bayerische Bauindustrie entwickelt, um zu ermitteln, ob und wie das installierte Ethik-Managementsystem zur Bekämpfung illegitimer Praktiken umgesetzt worden ist.[110] In beiden Initiativen wird das Managementsystem als »formales Gerüst« **auditiert**. Deshalb wird als Einwand vorgebracht, dass man nur die **Eignung der Instrumente** teste, aber nicht, ob die erklärten (materiellen) Ziele auch tatsächlich erreicht würden. Eine ethische Bewertung des Unternehmens erfolge nicht. Die Kritik ist zwar prinzipiell richtig. Doch spricht manches für die Erwartung, dass mit der Einführung solcher Ethikprogramme Diskussionsprozesse im Unternehmen über dessen ethische Qualität einsetzen. Damit geraten auch Führungsverhalten, Organisationsstrukturen, etc. auf den Prüfstand. Und genau das ist gewollt.

---

110 Vgl. Kapitel 9.6.2. und J. Wieland/S. Grüninger, 2000, S. 167 ff.

10. Individualethik: Die Verantwortung des Einzelnen im Unternehmen

10.1. Wie viel Individualethik – wie viel Institutionenethik?

1. Weitgehende Einigkeit besteht in der wirtschaftsethischen Diskussion darüber, dass individualethischen Überlegungen für Entscheiden und Handeln im Wirtschaftsgeschehen nicht mehr das gleiche Gewicht zuerkannt werden kann wie früher.[1] Daher ist die gerade unter Führungskräften vielfach vorfindbare Ansicht, Ethik sei Gewissenssache und habe sich vorrangig um so etwas wie »Tugendsicherung« zu kümmern, nicht mehr angemessen.[2] Die Gründe dafür sind bereits angesprochen worden und lassen sich kurz in folgender Weise zusammenfassen:[3] Vormoderne Gesellschaften waren primär **werte–integriert**. Das Verhalten innerhalb überschaubarer, stabiler Gruppen wurde über individuelle Moralvorstellungen und das Gewissen des Einzelnen gesteuert. Es dominierte die Moral der kleinen Gruppe. In anonymen, komplexen Großgesellschaften muss das Verhalten wegen zunehmender Interdependenzen und Kontrollprobleme primär über allgemeine Regeln und Institutionen gesteuert werden, es ist **regel–integriert**.[4] Diese beiden Integrationsmuster korrespondieren der Sache nach mit der Unterscheidung *Max Webers* zwischen formaler und materialer Ethik.[5] Die formale Ethik ist eine **Institutionenethik**; sie setzt und begrenzt das Verhalten über die Regeln des Marktes und der Demokratie; die Handlungsbedingungen bestimmen die Anreize der Akteure. Die **Individualethik** baut demgegenüber auf den **Handlungsmotiven** des Einzelnen auf. Sie begegnet uns in der traditionellen abendländischen **Tugendethik**, wie sie durch Antike, Christentum und Aufklärung in der westlichen Zivilisation verankert sind.

2. Doch diese Verhältnisbestimmung besagt **keineswegs**, dass **Individualethik als irrelevant** anzusehen ist. Es geht vielmehr um das adäquate Zusammenspiel von Institutionen- und Individualethik. Das wird an folgenden Überlegungen deutlich.[6]
• Gesellschaftliche Institutionen funktionieren nur dann, wenn ein moralischer Minimalkonsens unter den Beteiligten existiert. Die **Einhaltung moralischer Standards** muss im Durchschnitt erwartet werden können, auch wenn keine Sanktionen drohen. Dies ist für die Funktionsweise von Marktprozessen bereits eingehend dargestellt worden.[7] Ohne allgemeingültige Werthaltungen, ohne Bereitschaft gro-

---

1 K. Homann/H. Hesse u.a., 1988, S. 12.
2 Zu entsprechenden empirischen Untersuchungen P. Ulrich/Y. Lunau, 1997, S. 62.
3 Vgl. Kapitel 2.2.3., 2.4.1. und 4.2.
4 Zu dieser Unterscheidung I. Pies., 2000, S. 16 und K. Homann, 1994, S. 15 ff.
5 Vgl. Kapitel 2.4.1.
6 Vgl. K. Homann/H. Hesse u.a., 1988, S. 25; K. Wilsberg, 2000, S. 494.
7 Vgl. Kapitel 4.4.

ßer Teile der Bevölkerung, Werte wie Treue, Ehrlichkeit, Pünktlichkeit und Disziplin als für sich verbindlich anzusehen, können sich Spezialisierung, Arbeitsteilung
und Tausch kaum entwickeln. Nur dann, wenn die ganz überwiegende Mehrheit
einer Gesellschaft diese Tugenden teilt und die Werte und Normen der Gesellschaft
akzeptiert und lebt, können Märkte befriedigend funktionieren. Anderenfalls müsste man bei Sicherung und Kontrolle von Verträgen und Eigentum auf Gerichte,
Polizei und Militär setzen; dabei entstünden schnell prohibitive Transaktionskosten.
Auch wenn man sich nicht allein auf die Tugendhaftigkeit von Menschen in der
Großgesellschaft verlassen kann, ermöglicht sie doch andererseits erst Kooperation
und Wettbewerb.

- Auch zur **Veränderung von Regeln** bedarf es des moralischen Minimalkonsenses.
Moralische Werte sind ja in der Konzeption der Institutionenethik nicht ver-
schwunden, sondern in das System gleichsam integriert. Mithin bedarf es eines po-
litischen Willens wie gefestigter moralischer Grundsätze der Bürger, Regeln und
Institutionen für »gutes« oder »gerechtes Verhalten« zu schaffen. Anders formuliert:
Eine gemeinsame Wertbasis kann nicht (oder allenfalls begrenzt)[8] durch politische
Verfassungen, durch Gesetze oder durch Institutionen künstlich erzeugt werden.
Vielmehr gilt umgekehrt: die Schaffung »guter« Institutionen oder ihre Verbesserung bedarf gemeinsamer moralischer Anstrengung der Bürger.
- Schließlich sorgen Wissbegier und Experimentierfreude des Menschen ständig für
einen Strom neuer Ideen und Entwicklungen. Neue Kenntnisse als solche sind weder moralisch noch unmoralisch. Doch mit der Entdeckung neuen Wissens entwickelt sich immer auch ein ökonomisches Verwertungsinteresse, denn die Durchsetzung von Innovationen am Markt verspricht Vorsprungsgewinne. Und hier wird
die Moral möglichen Missbrauchsgefahren entgegentreten müssen; korrespondie-
rend zu Marktinnovationen werden **moralische Innovationen** notwendig; es
müssen aus **individualethischen Überlegungen** neue und differenziertere Vorstellungen über Moralität und Ethos entwickelt werden. Das zeigt die heftige bioethische Debatte um den Themenbereich von Genetik und Menschenwürde. Erst
der wissenschaftliche und technische Fortschritt im Bereich der Präimplantationsdi-
agnostik und des therapeutischen Klonens stellt beispielsweise die zentrale ethische
Frage nach dem Beginn menschlichen Lebens und dessen Schutz in ein grelles
Licht. Und hierfür kann die bioethische Diskussion nur aus der Weiterentwicklung
individualethischer Einsichten moralisch verbindliche Antworten finden.

3. Die Frage nach dem Verhältnis von Institutionen- zur Individualethik durchzieht
die **verschiedensten Lebensbereiche**. Sie stellt sich nicht nur im Bereich der Wirtschaft, sondern auch in der Politik, im Umweltschutz, beim Sport, etc. Für den Bereich der Wirtschaft stellt sie sich gleich auf mehreren Handlungsebenen. Für das
Wirtschaftsgeschehen am Markt taucht sie bei Bestimmung einer sinnvollen »Arbeitsteilung« zwischen **Ordnungsethik** und **Verantwortlichkeit des einzelnen Markt-
teilnehmers** auf. Im folgenden steht der Mitarbeiter im Unternehmen im Mittelpunkt. Und damit gilt es herauszuarbeiten, welche Bedeutung den Tugenden der Beschäftigten für einen gelingenden unternehmerischen Prozess zukommt. Es ist
offensichtlich, dass alle noch so guten Absichten eines Ethik-Managements scheitern
müssen, wenn die Mitarbeiter, zumal in Führungspositionen, moralische Defizite auf-

---

8 Vgl. Kapitel 4.5.

weisen. Daher lautet die Leitfrage für das Kapitel: **Welche Rolle spielt das persönliche Ethos von Mitarbeitern und Führungskräften für die »moralische Qualität« des Unternehmens?**[9]

10.2. Tugenden und das persönliche Ethos des Mitarbeiters

1. Der Begriff **Tugend**[10] scheint abgestanden, nicht mehr zeitgemäß und wird daher heute selten verwandt. Dennoch steckt darin etwas Positives, das dem Menschen zutiefst zu eigen ist; es gibt daher auch keinen triftigen Grund, das Wort »Tugend« zu meiden.[11] Es steht für eine **positive innere Haltung** zu Werten und Normen. Mit dem Erwerb von Tugenden ist die Fähigkeit verbunden, das sittlich Gebotene zu tun. Tugenden sind somit innere **Einstellungen**, die das **Verhalten** prägen.

Eng verbunden mit den Tugenden ist das **Ethos** eines Menschen; häufig wird zwischen Tugend und Ethos nicht unterschieden. Hier soll als Ethos einer Person (oder einer Gruppe: Berufsethos) die Summe aller als verbindlich anerkannten normativen Grundüberzeugungen oder Tugenden bezeichnet werden.[12] Es ist also das subjektive Selbstverständnis eines Menschen, die sittliche Grundhaltung des Menschen, die in seinem Denken und Handeln zum Ausdruck kommt.

Tugenden (bzw. das Ethos) geben dem Einzelnen in den Widrigkeiten des Lebens Orientierung und Entscheidungshilfe. Dies gilt für private wie berufliche Entscheidungs- und Konfliktlagen, denn auch zu den Werten, die ein Unternehmen anstrebt, muss der Mitarbeiter Stellung beziehen. Die von Unternehmen in Leitbildern formulierten Werte sollen die Mitarbeiter in ihrem Unternehmensalltag beachten oder – besser noch – verinnerlichen. Insofern verlangen Unternehmen eine positive innere Grundhaltung. Zuweilen wird deshalb von Ethos für einen bestimmten Lebensbereich oder für gewisse charakterprägende Merkmale gesprochen, so z.B. vom - **Arbeits-** oder **Leistungsethos**. Ein solches Ethos soll den Mitarbeiter befähigen, bedeutsame Ziele zum Wohl anderer wie auch seiner selbst beharrlich anzustreben und zu erreichen.

Aus dem Alltagsverständnis sind zahlreiche **Tugenden** geläufig. Einige Beispiele:
- Der Mitarbeiter, der das Angebot eines außenstehenden Dritten ablehnt, betriebsinterne Informationen preiszugeben, verhält sich tugendhaft; er praktiziert **Treue** gegenüber seinem Arbeitgeber.
- Kann der Vorgesetzte die erbrachte Arbeitszeit des Mitarbeiters nicht überprüfen und missbraucht dieser dennoch seine Freiräume nicht, so wird man ihm **Ehrlichkeit**, **Disziplin** oder **Ordnungsliebe** bescheinigen können.
- Ähnlich besitzt der Unternehmer, der bei Einstellung eines neuen Arbeitnehmers frühzeitig darauf hinweist, dass er für eine langfristige Beschäftigung nicht garantieren kann, die Tugend **Integrität oder Lauterkeit**.

---

9 In den angesprochenen Themenbereichen erschöpfen sich individualethische Fragestellungen nicht; auch Konsumenten, Kapitalanleger oder Immobilienbesitzer befinden sich vielfach in grundlegenden moralischen Dilemma-Situationen.
10 Vgl. W. Schwoerbel/H. Frericks/W. Vollmar, 1994, S. 153 ff.
11 Manche Autoren würden die hier vorgestellten Überlegungen unter »soft skills« abhandeln.
12 Vgl. 2.2.3.

2. Für die Wirtschaftsethik stellt sich die Frage, **welche Tugenden für Mitarbeiter im Unternehmen bedeutsam sind.** Ein Blick in die Philosophiegeschichte zeigt, dass immer wieder neue Tugendlehren entwickelt worden sind. Tugendkataloge wurden erstellt, in denen jeweils andere Einzeltugenden wie die Weisheit, die Gerechtigkeit oder die Nächstenliebe eine herausgehobene Rolle spielten.[13] Daneben gibt es verschiedene Kategorisierungen oder Systematisierungen von Tugenden, wie die bereits erwähnte nach **Kardinaltugenden** und **kommunikativen Tugenden.**[14] Für die folgenden Überlegungen hilfreich ist die Unterscheidung nach **Pflicht- bzw. Akzeptanzwerten** und **Selbstentfaltungswerten.**[15]

- In den **Pflichtwerten** dokumentieren sich die »klassischen« Tugenden wie Disziplin, Präzision, Fleiß, Pünktlichkeit, Selbstbeherrschung, Treue und Ehrlichkeit. Sie repräsentieren die seit jeher in hierarchischen Organisationen eingeforderten Tugenden. In den letzten Jahrzehnten sind sie häufig als »(spieß)bürgerliche Tugenden« denunziert worden; vor dem Hintergrund deutscher Sozialgeschichte wird dies zwar ein Stück nachvollziehbar, weil sie in der bürgerlichen Gesellschaft des 19. Jahrhunderts häufig absolut gesetzt wurden und nicht erkannt wurde, dass Tugenden wie Pünktlichkeit, Gehorsam oder Ordnungssinn für den Menschen da sind und nicht umgekehrt. Sie erhalten ihre Legitimation erst im Hinblick auf sittlich erstrebenswerte Ziele, anderenfalls könnte man auch *Rudolf Höss*, dem Lagerkommandanten von Auschwitz, Tugendhaftigkeit bescheinigen; er war ordnungsliebend, pflichtbewusst, tierliebend und naturverbunden. Diese Tugenden aber pauschal als sekundär zu klassifizieren und mit Geringschätzung zu beäugen, ist unangebracht, denn für jedes Unternehmen ist die Akzeptanz solcher Pflichtwerte unerlässlich.

- In den **Selbstentfaltungswerten** dokumentieren sich die »neuen« oder **kommunikativen** Tugenden; es sind Tugenden des autonomen, emanzipierten Individuums, wie sie insbesondere für das Funktionieren einer streitbaren Demokratie unverzichtbar sind. Zu ihnen gehören Autonomie, Selbstverwirklichung, Gleichheit, Partizipation, Offenheit, Kreativität, Ausleben emotionaler Bedürfnisse, etc. Es sind die Werte, die nach Meinungsumfragen von der jüngeren Generation gut ausgebildeter Arbeitskräfte betont werden.[16]

Keine der beiden Wertreihen darf vom Unternehmen oder vom einzelnen Beschäftigten absolut gesetzt werden. Beschäftigte, die ausschließlich an den Werten Selbstentfaltung, Kreativität und Abwechslung orientiert sind, werden neue Projekte beginnen, aber nicht mit Konsequenz und Stringenz durchführen können. Umgekehrt ist bei zu starker Dominanz von Pflichtwerten keine hinreichende Veränderungs- und Innovationsbereitschaft vorhanden. Unternehmen sind mithin auf die »klassischen« wie die »neuen« Tugenden ihrer Mitarbeiter angewiesen. Es ist die Aufgabe der Unternehmensführung, diese komplementären Tugenden zu stimulieren und zu fördern und dabei **Extreme zu vermeiden.** Dieser zentrale Gedanke liegt – wie gezeigt – bereits der Tugendlehre des *Aristoteles* zugrunde, wonach jede Tugend das Mittelmaß zwischen zwei Extremen ist, zwischen einem Zuviel und einem Zuwenig.[17] Füh-

---

13 Überblick bei W. Schwoerbel/H. Frericks/W. Vollmar, 1994, S. 156 ff.
14 Vgl. Kapitel 3.2.
15 Zu ähnlichen Differenzierungen K. Berkel, 1998, S. 133.
16 H. Kreikebaum, 1999, S. 50 f.
17 Vgl. Kapitel 9.5.4.1.

rungskräfte deutscher Konzerne scheinen diese Mitte nicht immer im Visier zu haben. Wenn *Jürgen Schrempp*, Sprecher des *DaimlerChryler*-Vorstands, gegenüber der größten Boulevardzeitung der Bundesrepublik die Trennung von seiner Ehefrau in folgender Weise kommentiert haben soll: »Ich stand vor der Alternative: Arbeit oder Ehe. Und ich habe bemerkt: Die Herausforderung der neuen Aufgabe bedeutet mir mehr als alles andere auf der Welt«[18], dann hat er offensichtlich ein überholtes Arbeits- und Unternehmerethos verabsolutiert.

3. Ethisch bedenkliche Handlungen werden immer von Personen initiiert, entschieden und umgesetzt. Insofern haben moralische Dilemmasituationen im Unternehmen unabdingbar eine personale Komponente. Neben dem Unternehmen selbst sind daher immer auch die im Unternehmen Beschäftigten moralische Akteure. Dies führt zu der Tugend, die heute zumeist als zentral und alles umgreifend angesehen wird: **Verantwortlichkeit**.[19] Der Grund für die herausgehobene Bedeutung liegt in der heutigen Dominanz der **Verantwortungsethik**, wonach ein jeder für die voraussehbaren Folgen seines Handelns einzustehen hat[20]. Diese Verantwortungszuschreibung dürfte mit dem Bedürfnis des Menschen zusammenhängen, sich in einer »rationalen, technizistischen« Welt mehr und mehr selbst als Herr über seine Geschicke zu begreifen. Wenn aber weder Gott noch anderen unentrinnbaren Schicksalsmächten Verantwortung zukommt, dann kann es nur der Mensch selbst sein![21]
Verantwortung heißt, einzustehen *für* die Befolgung oder Übertretung moralischer Normen. Die sich zu verantwortende Person muss »Rede und Antwort« stehen für die ihm zurechenbaren Handlungen wie deren positive und negative Folgen. Sie kann diese Einstandspflicht *gegenüber* sich bzw. ihrem Gewissen oder Gott, aber auch gegenüber externen Instanzen wie der Geschäftsführung oder den Kapitalgebern haben. Das Verantwortungskonzept wirft viele Fragen auf, insbesondere die nach Art, Umfang und Grenzen der Verantwortung. Die Zurechnung von **Verantwortung** für das Verhalten des einzelnen Beschäftigten im Unternehmen bedarf in verschiedener Hinsicht der **Präzisierung** und **Konturierung**.[22]

a) Die Fähigkeit zur Verantwortungsübernahme setzt beim Handelnden zunächst gewisse **kognitive Fähigkeiten**, genauer: sozial-moralische Kompetenzen, voraus; das Kleinkind oder der Debile sind nicht zurechnungsfähig, weil ihnen das erforderliche Grundwissen über moralische Regeln und empirische Handlungsfolgen fehlt. Verantwortlichkeit wird mithin wie jede tugendhafte Haltung in Sozialisationsprozessen **erlernt**, der Mensch wird nicht tugendhaft geboren. Erziehung und Ausbildung fördern den moralischen Entwicklungsprozess, so dass der Mitarbeiter beim Eintritt in die Arbeitswelt bereits moralische Orientierungen mitbringt. Lernprozesse in der beruflichen Alltagspraxis wie auch spezifische Trainingsmaßnahmen können die moralische Urteilsfähigkeit erhöhen bzw. differenzieren. Beschäftigte besitzen mit solchen ethischen Kenntnissen zwar kein handhabares **Verfügungswissen** und keine eingängi-

---

18 Zitiert bei A. Braig/U. Renz, 2001, S. 125.
19 Aus Sicht des Unternehmens wird man Verantwortlichkeit auch als institutionelle Tugend ansehen können; vgl. K. Berkel/R. Herzog, 1997, S. 77. In diesem Kapitel wird hingegen die Perspektive des Beschäftigten thematisiert: wie sieht sich der Einzelne als Mitarbeiter in der Verantwortung gegenüber Unternehmen und Gesellschaft?
20 Vgl. M. Weber und Kapitel 2.3.2.3.
21 Zur geistesgeschichtlichen Entwicklung G. Nunner-Winkler, 1993, Sp. 1189.
22 G. Nunner-Winkler, 1993, Sp. 1187.

gen Rezepte für fertige Urteile in moralischen Dilemma-Situationen, aber ein **Orientierungswissen**, dass die Beurteilung von Dilemma-Situationen erleichtert.

b) Verantwortung zeigen kann jemand nur dann, wenn er Freiräume für die Verfolgung von Interessen hat. Dementsprechend kann der Beschäftigte nur verantwortlich handeln, wenn er entsprechende **Spielräume zur Verantwortungsübernahme** im Unternehmen hat. Offensichtlich kann der Arbeiter am Fließband in einem strikt hierarchisch organisierten Unternehmen nicht für Qualitätssicherung oder Liefertreue verantwortlich gemacht werden. Auf die Frage nach den organisatorischen Rahmenbedingungen für Verantwortungsübernahme des Beschäftigten wurde bereits eingegangen.[23] Diese Überlegungen haben gezeigt, dass ein Mitarbeiter Verantwortlichkeit vor allem dann zeigen kann, wenn im Unternehmen eine **Vertrauenskultur** gelebt wird, er sich einer offenen, partizipativen **Organisationskultur** gegenüber sieht.

c) Von besonderer Bedeutung ist schließlich, für **welches Tun** der Mensch verantwortlich ist. Was ist dem Einzelnen zurechenbar? Diese Frage ist zur Zentralfrage der Philosophie schlechthin geworden. Wesentlich hat der Philosoph *Hans Jonas* mit seinem 1979 erschienenen Buch »Das Prinzip Verantwortung« zu dieser Diskussion beigetragen. Darin zeigt er auf, dass sich in der Moderne das Verhältnis des Menschen zur außermenschlichen Welt entscheidend verändert hat, denn »die moderne Technik hat Handlungen von so neuer Größenordnung, mit so neuartigen Objekten und so neuartigen Folgen eingeführt, dass der Rahmen früherer Ethik sie nicht mehr fassen kann.«[24] Die Verletzbarkeit der Natur und unser beschränktes Wissen über die Folgen unseres Tuns lassen die Frage nach dem sittlichen Eigenwert der Natur und der Verantwortlichkeit des Menschen in neuem Licht erscheinen. Neuzeitliche Ethik fordert demgemäß drei grundlegende ethische Bestimmungen des Menschen. Diese **drei Dimensionen** beziehen sich auf die Verantwortung des Menschen für **sich selbst**, für seine **soziale Mitwelt** sowie für seine **natürliche Umwelt**.[25] Vor allem die beiden ersten Bestimmungen werden für Beschäftigte − seien es nun Mitarbeiter oder Führungskräfte − in Unternehmen praktisch und sollen genauer betrachtet werden.

10.3. Die Verantwortung des Einzelnen für sich selbst

Der Einzelne trägt Verantwortung für sich selbst, für seine moralische Integrität wie für sein Wohlergehen insgesamt. Besonders plastisch wird dies in moralischen Dilemma-Situationen, in denen er widerstreitenden Interessen oder Anforderungen gerecht zu werden sucht. Die private Inanspruchnahme von Unternehmenseigentum oder die Verquickung privater und Unternehmensinteressen bilden wichtige Konstellationen für solche **intrapersonalen Konflikte**.[26] Ein typischer Fall lässt sich in die folgende Frage kleiden:

---

23 Vgl. Kapitel 9.4.
24 H. Jonas, 1979, S. 26.
25 Vgl. z.B. K.-P. Kaas, 1999, S. 233 unter Bezugnahme auf W. Korff
26 Vgl. Kapitel 8.5.
27 G. Platter, 2000, S. 488 und oben Kapitel 2.3.2.

Darf ich am Arbeitsplatz für mich ohne Wissen des Arbeitgebers private Kopien erstellen?[27]

- **Ausgangspunkt** für den Einzelnen wird die **Pflicht-** oder **deontologische Ethik** sein. Sie orientiert sich am Pflichtgemäßsein einer Handlung. »Darf ich das?« wäre daher die Ausgangsfrage. Hier hilft der kategorische Imperativ *Immanuel Kants* weiter, der fordert, dass unsere Handlungsmaxime auch als allgemeines Gesetz anerkannt werden könnte. Umgangssprachlich formuliert kann man fragen: »Was wäre, wenn jeder für sich privat ohne Wissen des Arbeitgebers Kopien anfertigt?« Können wir das wollen? Nein, denn dies würde die Grundlagen für das Vertrauen in Arbeitsbeziehungen und Eigentumsverhältnisse nachhaltig stören. Also darf ich prinzipiell nicht für private Zwecke kopieren. Der kategorische Imperativ liefert dasselbe Ergebnis wie das Gebot der Bibel, »Du sollst nicht stehlen«[28]. Allerdings hat diese Lösung den Vorteil, dass sie auf die Vernunft des Einzelnen gründet. Die Bezugnahme auf das biblische Gebot würde voraussetzen, dass jemand an Gott glaubt und ihn als Moralprinzip akzeptiert. Das ist heute bekanntlich nicht zwingend der Fall.

- Nun gibt es gegen diesen Lösungsansatz zwei mögliche **Einwände**. Zum einen werden sich viele Beschäftigte bei kleinen Übergriffen mit einer »**moralischen Bagatellklausel**« behelfen. »Diese fünf Kopien, die ich für private Zwecke anfertige, sind doch nicht so schlimm«. Die Schwäche dieser Rechtfertigung wird deutlich, wenn das Argumentationsmuster auf andere Bereiche übertragen wird. »*Ein* Betrug oder *ein* Mord, das wird ja nicht so schlimm sein.« Anders formuliert, da gewisse vertretbare Höchstmengen an privaten Kopien nur willkürlich festlegbar wären, fehlt es dem Argument an Verallgemeinerungsfähigkeit.

- Gravierender ist der Einwand der **Pflichtenkollision**; so wie es berechtigte Gründe für eine Notlüge oder gar einen gezielten Todesschuss gibt, obwohl lügen und töten den moralischen Regeln widersprechen, mag es auch wichtige Pflichten und Lebensumstände geben – z. B. ein wichtiges Versprechen einzuhalten –, die Abwägungsprozesse notwendig machen. Es muss nach den **Wirkungen** oder **Konsequenzen** des auf deontologischer Basis als unmoralisch qualifizierten Handelns gefragt werden.

- Dies führt zur **teleologischen Ethik**, die nach den **Handlungseffekten** fragt. Hier könnte man fragen: »Nützt mir das?« Sicher stiftet das Kopieren am Arbeitsplatz einen individuellen Nutzen; doch allein aus meiner Interessenverfolgung wird die Handlung nicht zu einer moralischen. Das wäre purer Egoismus. Der Utilitarismus als wichtigste Folgenethik stellt daher auf die Gesamtheit der Konsequenzen ab, und zwar bei **allen, die von der Handlung betroffen** sind. Mit dem Utilitarismus müssen wir daher formulieren: Kann durch das Erstellen privater Kopien am Arbeitsplatz ohne Wissen des Arbeitgebers der Nutzen aller Beteiligten vermehrt werden? Diese Frage ist aus methodischen Gründen nicht sauber zu beantworten, denn Nutzen ist weder kardinal messbar noch ist ein Nutzenvergleich zwischen zwei Personen möglich.[29] Sieht man über diese Schwächen hinweg und erstellt in Anlehnung an *G. Platter* eine »**Nutzenbilanz**«, um die Struktur des Problems zu erkennen, so zeigt sich, dass die negati-

---

28 Deuteronium 5, 19.
29 Vgl. Kapitel 5.2.2.1.

ven Wirkungen im Normalfalle überwiegen, wenn auch die mittelbaren Wirkungen des unmoralischen Handelns beachtet werden. Auch die Argumentation auf Basis einer teleologischen Ethik führt zu dem Ergebnis, dass privates Kopieren am Arbeitsplatz grundsätzlich als unmoralische Handlung zu bewerten ist.

• Nun mag es zwar in besonderen Situationen triftige Gründe für privates Kopieren geben, die die Nutzenbilanz verändern. Doch wird man hier die Pflichtenkollision wieder auflösen können, indem man den Arbeitgeber nachträglich informiert. Vermutlich ist ein Unternehmen allerdings gut beraten, wenn es in seinen Unternehmensrichtlinien klare und lebensnahe Regeln über die private Nutzung von Firmeneigentum (Nutzung von Kopierern, Telefonanlagen, firmeneigenen Pkws, etc.) vorgibt, so dass die hier geschilderte moralische Konfliktlage erst gar nicht entsteht.

Nutzenbilanz					
Kopierender	Arbeitgeber	Gesellschaft	Kopiercenter um die Ecke	Kollegen	Bewertung
+ 7					UF/ MF
	− 7	− 3	− 10	− 1	UL / ML
+ 7	− 7	− 3	− 10	− 1	Nutzenbilanz

M = mittelbar; U = unmittelbar; F = Freude; L = Leid

Abb. 7: Nutzenbilanz »Privates Kopieren am Arbeitsplatz«;
Quelle: G. Platter, 2000, S. 486 ff.

10.4. Zum Umgang mit unethischen Zumutungen

1. Die Frage, ob man als Mitarbeiter ohne Wissen seines Arbeitgebers Kopien für private Zwecke anfertigen darf, muss jeder durch Befragung seines Gewissens für sich selbst lösen. Für viele andere Konflikte gilt dies nicht; sie entstehen aus der Kooperation mit anderen und müssen in irgendeiner Form zwischen den Beteiligten ausgetragen werden. Nun sind Konflikte und Meinungsverschiedenheiten über Normen und Werte zwar durchaus **vorteilhaft**; sie können uns die Grenzen unserer Wertbasis oder unseres Erfahrungswissens bewusst machen und damit weiteres Nachdenken oder Diskussionsprozesse in Gang setzen, durch die wir vor Fehlern bewahrt werden. Andererseits sind Auseinandersetzungen zugleich mit **Nachteilen** verbunden, sie gefährden die Zusammenarbeit und produzieren häufig Gewinner und Verlierer. Stark vereinfacht kann man behaupten, dass sich die Vorteile auf der rationalen oder Sachebene bewegen, die Nachteile jedoch vielfach auf der emotionalen oder Beziehungsebene.[30] Viele Menschen empfinden daher Konflikte als unangenehm. Sie scheuen die Auseinandersetzung, weil sie ihre Ruhe haben wollen, und empfinden umgekehrt jede Meinungsverschiedenheit als persönlichen Angriff, weil sie eine produktive Streitkultur nicht kennen. Vor diesem Hintergrund mag es für jeden Mitarbeiter klug sein,

---

30 Vgl. M. Brown, 1999, S. 13 f.

sich zu überlegen, welches Repertoire an Verhaltensmöglichkeiten für schwierige Situationen zur Verfügung steht und wie ein Einsatz wirkt. Präziser gefragt: **welche Reaktionen für den Einzelnen auf unethische Zumutungen sind möglich? Und welche sind sinnvoll?**

2. An typischen Beispielen aus dem unternehmerischen Alltag soll die Bandbreite möglicher Konfliktlagen skizziert werden, deshalb **vier Fälle** zur Illustration:

- Sie waren mit einem Kollegen auf Geschäftsreisen. Zufällig entdecken Sie, dass Ihr Kollege bei der Abrechnung der Reisespesen nicht nur großzügig vorgeht, sondern dabei auch Abrechnungsbelege fälscht. Sie sind sich jedenfalls ganz sicher, dass Kosten in der von ihm angegebenen Höhe nicht angefallen sein können (**Spesen-Fall**).
- Sie sind gerade Assistent des Einkaufsleiters eines größeren Unternehmens geworden. Sie sind bemüht, Ihre Arbeit so gut wie möglich zu machen, vergleichen daher die Angebote möglicher Lieferanten sorgfältig nach betriebswirtschaftlichen Kriterien wie Kosten, Qualität, etc. Nach einiger Zeit werden Sie zusammen mit Ihrem Chef zu einem großzügigen Essen von einem der Lieferanten eingeladen. Kurze Zeit später unterbreitet Ihnen dieser Lieferant ein Angebot, dass Sie jedoch nach eingehender Prüfung ablehnen müssen. Dies veranlasst Ihren Chef, Ihnen gegenüber recht eindeutig zu bedeuten, dass für ihn nur das Angebot des besagten Lieferanten in Betracht komme. Zudem weist er darauf hin, dass Sie noch in der Probezeit seien und nicht über ausreichende Erfahrungen verfügten (**Einkäufer-Fall**[31]).
- Sie arbeiten seit kurzem als Entwicklungsingenieur bei einem Unternehmen, das Flugzeugräder und -bremsen herstellt. Die Geschäftsleitung hat in einem Vertrag gegenüber einem Flugzeughersteller zugesagt, eine völlig neuartige, leichtere Bremse zu liefern. Sie möchte diesen Liefervertrag aus vitalen Geschäftsinteressen erfüllen. Als nun die ersten Versuchsreihen zum Testen der Bremse anlaufen, merken Sie schnell, dass dieses Versprechen unmöglich eingehalten werden kann. Die Bremsen werden bei dieser Dimensionierung versagen. Sie teilen dies mehreren Vorgesetzten bis hin zur Geschäftsleitung mit, doch niemand will Ihre »schlechten Nachrichten« hören. Stattdessen fordert man von Ihnen, die schriftlich zu erstellenden Versuchsberichte entsprechend zu »glätten« (**Goodrich-Fall**[32]).
- In Ihrem Unternehmen, das Kosmetika produziert, werden Tierversuche zu Forschungszwecken vorgenommen. Die Tierversuche entsprechen zwar den Richtlinien des deutschen Tierschutzgesetzes, doch Sie finden es aus grundsätzlichen Erwägungen illegitim, dass Tiere zu Forschungszwecken genutzt werden. Sie sind daher der Auffassung, dass Sie etwas gegen die Tierversuche unternehmen sollten. (**Kosmetik-Fall**)

3. Wie kann man auf die geschilderten Herausforderungen reagieren? *Richard Nielsen*[33] hat **zehn Reaktionsmöglichkeiten** auf unethische Zumutungen zusammengetragen und kritisch daraufhin überprüft, ob sie zur Lösung ethischer Konflikte beitragen können:

[1]   das Unternehmen verlassen (Leave)

[2]   nicht daran denken (Not think about it)

[3]   sich dem unmoralischen Verhalten opportunistisch anschließen und mitmachen (Go along and get along)

---

31 Anlehnung an die Fallschilderung von H. Steinmann/A. Löhr, 1994, 17 ff.
32 Details des Falles R. Nielsen, 1987, S. 309 ff., bei M. G. Verlasquez, 1998, S. 8 f.
33 R. Nielsen, 1987, S. 309 ff.

[4]   die Durchführung des unmoralischen Verhaltens durch Sabotageakte zu vereiteln suchen (Sabotage)

[5]   anonym auf den Missstand aufmerksam machen (Secretly blow the whistle)

[6]   anonym damit drohen, Vorgänge publik zu machen (Secretly threaten to blow the whistle)

[7]   öffentlich auf den Missstand aufmerksam machen (Publicly blow the whistle)

[8]   gegen das unmoralische Verhalten protestieren (Protest)

[9]   gewissenhafte Einwände vorbringen (Conscientiously object)

[10]   mit den betroffenen Akteuren einen Konsens für moralisches Handeln suchen (Negotiate and build consensus for a change in the unethical behaviour)

4. Aus diesem Handlungsrepertoire sind sinnvolle Handlungsmöglichkeit in der konkreten Situation herauszufinden. Es gibt dafür keine normierten Antworten. Bei jeder Entscheidung für die eine oder andere Reaktionsweise müssen die Konsequenzen beachtet werden, die sich in jedem Einzelfall anders gestalten können. Doch lassen sich einige allgemeine Bewertungskriterien entwickeln, die die Lösungssuche strukturieren helfen.[34]

a) Nicht alle Reaktionsweisen sind moralisch **legitim**; mit dem Verschwinden in die innere Emigration [2] vermeidet man zwar kurzfristig möglichen Ärger, doch löst man auf Dauer keine Probleme. Überdies trägt man u.U. Mitverantwortung für auftretende Schäden. Ähnliches gilt auch für denjenigen, der aus Karriereüberlegungen bereit ist, opportunistisch unmoralische Handlungsweisen mitzutragen [3].

b) Andere Verhaltensformen wie Protest [8] oder die Kündigung [1] sind **wenig wirksam**; sie können das eigene Befinden verbessern, werden aber keine Veränderungen im Verhalten des Unternehmens nach sich ziehen, denn die für das illegitime Handeln Verantwortlichen werden diese Reaktionen zu ignorieren suchen.

c) Manche Verhaltensweisen sind **nur** unter **bestimmten Voraussetzungen legitim.** Das gilt z.B. für Sabotageakte [4], die allenfalls in Notfällen bei schweren Gefahren für Leib und Leben anderer Menschen zu rechtfertigen sind. Dies gilt auch für die verschiedenen Formen des »whistle blowing« [5, 6, 7], bei denen ein Mitarbeiter über gefährliche oder unmoralische Handlungen außerhalb des Dienstweges Bericht erstattet.[35] Schon um nicht in den Verdacht zu geraten, ein Denunziant zu sein oder unter neurotischer Wichtigtuerei zu leiden, sollte man erst dann zum »whistle blowing« greifen, wenn man zuvor versucht hat, mit den Betroffenen zu einer moralisch vertretbaren Lösung zu gelangen.

d) Aus Gründen der Glaubwürdigkeit und zum Schutz Dritter sind grundsätzlich **offene Reaktionsformen** vorzuziehen. Ein anonymes Vorgehen erzeugt eine Atmosphäre des Misstrauens und bringt u.U. Unschuldige unter falschen Verdacht. Außerdem zwingt es den Mitarbeiter zur Doppelmoral, nämlich um der gerechten Sache willen zu lügen. Allerdings können solche Maßnahmen die einzige Möglichkeit sein, Repressionen oder Vergeltungsmaßnahmen aus dem Unternehmen zu entgehen.

e) Einmischung sollte aus Gründen eines guten Betriebsklimas zunächst auf der **Ebene** erfolgen, auf der der **Konflikt verursacht** und daher am ehesten gelöst werden

---

34 Vgl. auch die Darstellung bei K.M. Leisinger, 1997, S. 130 ff.
35 R. T. de George, 1993, Sp. 1276.

kann. Ist auf dieser Ebene keine Abhilfe mehr zu erwarten, wäre auf der Vorgesetzten-
ebene und danach gegebenenfalls auf der Geschäftsführungsebene zu intervenieren.
Nur dann, wenn alle internen Möglichkeiten des **Widerspruchs** ausgeschöpft sind,
wird man sich in bestimmten Situationen mit seinem Anliegen an die **Öffentlichkeit**
(Politiker oder Medien) wenden dürfen. Es gibt mithin eine **sinnvolle Hierarchie
von Maßnahmen** gegen unethische Zumutungen.

f) Der Mitarbeiter muss beachten, dass seine Reaktionen im angemessenen Verhältnis
zu den angegriffenen unmoralischen Handlungsweisen stehen (**Verhältnismäßig-
keitsgrundsatz**). Er wird jeweils prüfen müssen, wie weit er mit Widerspruch, Kritik
oder anderen Formen der Einmischung gehen darf. Hierbei wird er zuweilen schwierige Abwägungsprozesse vornehmen müssen; dabei sind Schwere des Fehlverhaltens
und dessen Folgen den zu erwartenden Konsequenzen für sich und das Unternehmen
und dessen Mitarbeiter gegenüber zu stellen. So ist Whistle blowing dann unverhält-
nismäßig, wenn es für Außenstehende Folgen hat. Ein solcher Schritt kann für beide
Seiten mit schwerwiegenden Folgen verbunden sein, für das Unternehmen mit
Imageverlusten, Gewinneinbrüchen und Schadenersatzklagen, für den Whistle blo-
wer mit Anfeindungen, Kündigung oder ebenfalls Ersatzforderungen. Der Gang an
die Öffentlichkeit ist daher nur zu befürworten, wenn externen Anspruchsgruppen
Schaden droht, z. B. durch gefährliche Produkte oder Missachtung grundlegender
Umweltvorschriften.

g) Schließlich sind **nicht alle moralischen Konfliktsituationen** auf Mitarbeiter-
ebene **zu lösen**. Für einen Kernkraftgegner gäbe es in einem Atomkraftwerk vermutlich keine legitimen Reaktionsmöglichkeiten, um seine grundsätzlichen Bedenken
gegenüber dieser Technologie zum Ausdruck zu bringen. Die Dilemmasituation ist
auf ordnungspolitischer Ebene zu lösen. Insofern wird er seine moralischen Anliegen
außerhalb des Unternehmens artikulieren müssen. Persönliches Ethos und Zielsetzung des Unternehmens stehen aber in einem solch zentralen Konflikt zueinander,
dass der Mitarbeiter die von ihm zu erwartende kritische Loyalität nicht aufbringen
wird. Es käme für ihn dann nur die **Abwanderung** [8] in Betracht.

5. Es gibt keine Musterlösung für die dargestellten **Fälle**, deshalb nur einige **Lö-
sungshinweise**. In den beiden ersten Fallkonstellationen (**Spesen-Fall**; **Einkaufs-
Fall**) wird der Dialog mit denjenigen zu suchen sein, die für den moralischen Konflikt verantwortlich sind. Demnach wäre ein Gespräch mit dem Kollegen über seine
Spesenabrechnung oder dem Einkaufsleiter über die Modalitäten der Einkaufspolitik
notwendig. Nur wenn es zu keiner vertretbaren Verständigung kommt, wäre je nach
Schwere des Falles das Gespräch mit dem unmittelbaren Vorgesetzten zu suchen. Eine
Verhältnismäßigkeitsprüfung ist nicht abstrakt zu leisten, so dass nur unter Berücksichtigung vieler Aspekte (z. B. eigene berufliche oder private Situation, Rückhalt in
der Abteilung, Konsequenzen für den Verantwortlichen des unmoralischen Verhaltens) geklärt werden kann, welche Anstrengungen gegenüber unmoralischen Verhaltensweisen zumutbar und angemessen sind. Die ersten beiden Fälle haben für die Allgemeinheit nicht das Gewicht, dass es gerechtfertigt wäre, sie an die Öffentlichkeit zu
bringen. Umgekehrt ist es im **Goodrich-Fall**. Befolgung von Anordnungen und
Loyalität gegenüber dem Unternehmen ist nur innerhalb bestehender Gesetze verpflichtend. Sind nun die internen Wege ausgeschöpft und können ernst zu nehmende
Schäden von der Öffentlichkeit abgewendet werden, so besteht eine moralische Ver-

pflichtung zum Whistle blowing. Der **Kosmetik-Fall** ist überhaupt nicht auf Unternehmensebene zu lösen. Ein unvoreingenommener ethischer Diskurs über das Für und Wider von Tierversuchen wird von einzelnen Mitarbeitern kaum zuwege gebracht werden können. Es gelten damit die analogen Überlegungen wie oben zum Kernkraftwerksgegner.

6. Mitarbeiter werden unethischen Zumutungen sicher häufiger durch **Wegsehen** oder **Nachgeben** als durch Widerspruch begegnen. Kleinmut und Opportunismus findet sich auch dann, wenn Einmischung und Widerstand gefordert wäre. Doch Zivilisationskritik hilft nicht weiter. Jeder weiß, dass Engagement gegen unmoralisches Verhalten einen Preis hat, da auch mit berechtigter und uneigennütziger Kritik nicht immer solide umgegangen wird. Kritische Mitarbeiter werden schnell zum Outsider und Nestbeschmutzer. Sie ernten verächtliche oder neidische Blicke, erhalten anonyme Anrufe oder werden mit finanziellen Nachteilen oder Kündigungsdrohungen unter Druck gesetzt. Nicht von jedem kann daher Heldentum erwartet werden.

Dies führt zurück zur Unternehmensethik. Gewissenskonflikte der Mitarbeiter, innere Kündigung oder Whistle blowing sind **Symptome** für moralische Defizite im Unternehmen. Ethisch vorbildliche Unternehmen werden daher gegenüber moralischen Dilemmasituationen vorbeugen. Ethisch sensible Organisationsstrukturen wie die Einrichtung von Ethik-Abteilungen, Hotlines u.ä. dienen dazu, Anliegen der Arbeitnehmer Gehör zu verschaffen. Sie erlauben es, dass Einwände gegen unternehmerische Praktiken vorgebracht und diskutiert werden können. Damit sind angemessene Reaktionsweisen gegen unethische Zumutungen möglich. Weitsichtige Unternehmen werden dies als Chance erkennen, denn es sind in der Regel sensible und kritische Mitarbeiter, die moralische Konfliktlagen (Korruptionspraktiken, Missachtung von Umweltvorschriften, gesundheitsgefährdende Produkte, etc.) als erstes erkennen, und wertvolle Kritik bietet nun einmal den entscheidenden Impuls für Veränderung und Erneuerung.

10.5. Bedarf es eines besonderen Unternehmer- und Führungsethos?

1. Über keine Berufsgruppe sind so viele moralisch tief eingefärbte **Bilder** und **Zerrbilder** über die Jahrhunderte entwickelt worden wie über das **Unternehmertum**. Die wichtigsten Attribute lassen sich in dem sozialistischen Vorurteil zusammenfassen: Unternehmer sind eine machthungrige, geldgierige und parasitäre Kapitalistenklasse! Hier soll keine wirtschaftshistorische Aufarbeitung darüber erfolgen, in welchem Umfange Unternehmer ihren Aufgaben nachgekommen und ihrer Verantwortung jeweils gerecht geworden sind. Sicher könnten zahllose Korruptionsskandale und andere Gesetzesverstöße, Opportunismus, Hang zu Gigantomanie und Ausbeutertum als moralisches Fehlverhalten aufgelistet werden. Andererseits ist solchem »Bilanzierungsansatz« entgegen zu setzen, dass viele wegweisende sozialpolitische, ökologische und kulturelle Initiativen von weitblickenden Unternehmerpersönlichkeiten auf den Weg gebracht wurden; man denke da beispielsweise an *Ernst Abbe, Carl Zeiss, Robert Bosch, Reinhard Mohn* oder *Gustav Rau*. Eine Aufrechnung ist nicht beabsichtigt und auch nicht sinnvoll, vielmehr bedarf es zur Behandlung dieser Frage einiger grundsätzlicher wirtschaftsethischer Überlegungen.

2. Unternehmer haben eine **herausgehobene Funktion** in Marktwirtschaften.[36] Sie sind diejenigen, die Initiative ergreifen, etwas Neues unternehmen und nicht nur auf bestehende Verhältnisse reagieren. Ihr Ethos verlangt von ihnen, den Mitmenschen eine – aus deren Sicht – nützliche Leistung anzubieten.[37] Sie sind bereit, in einer unsicheren Umwelt für sich und andere Risiken zu übernehmen und zu gestalten.[38] Sie setzen zur Leistungserstellung Arbeitskräfte und Kapital ein und treffen damit Entscheidungen oder geben Anordnungen, die nicht nur sie selbst, sondern auch andere betreffen. Der Unternehmer wird – wie bereits erörtert[39] – den Interessen der verschiedenen Bezugsgruppen (Konsumenten, Arbeitnehmern, Kapitalgebern, etc.) unter einer marktwirtschaftlichen Rahmenordnung grundsätzlich dann am ehesten gerecht, wenn er seine Gewinne zu maximieren sucht. *K. Homann/F. Blome-Drees* schreiben deshalb, dass für das Gewinnprinzip nicht nur eine ethische »Richtigkeitsvermutung« spricht, sondern Gewinnmaximierung aus Perspektive des Unternehmers eine »moralische Pflicht« ist.[40] Allerdings sind die realen Rahmenbedingungen häufig defizitär, so dass aus dieser Maxime vielfach keine konkrete Entscheidungshilfe folgen kann.[41]

3. Die besondere ökonomische und gesellschaftliche Funktion war seit jeher Anlass, über das Ethos des Unternehmers und die **moralische Rechtfertigung kaufmännischen Handelns** nachzudenken. Eine überwiegend negative Bewertung des Kaufmannsstandes findet sich in der **Antike** wie im besonderen beim Volk Israel, worüber die Bibel vielfältig Auskunft gibt. So heißt es beispielsweise bei Jesus Sirach: »Schwerlich bleibt ein Kaufmann frei von Schuld; ein Händler wird sich nicht reinhalten von Sünde«.[42] Der Kaufmann ist ein »gefährdeter« Beruf, wie auch der aus der Kaufmannstätigkeit entstehende Reichtum eine Gefährdung für den Menschen darstellt.[43] Im Mittelalter waren es die **Zünfte**, die das Gebaren der Handwerkerschaft in moral- und sozialverträglicher Weise kanalisieren wollten. Bereits im Begriff Zunft – im Mittelhochdeutschen: was sich ziemt – ist impliziert, dass ihre Ordnungsfunktion auch moralischen Charakter hat, z. B. für Qualitätsstandards und gerechte Preise, solide Arbeitsmethoden und faire Behandlung der Lehrlinge und Gesellen zu sorgen. Im Merkantilismus und dann im aufkommenden Industriezeitalter wird die Geisteshaltung des »**ehrbaren Kaufmanns**« beschworen; sie findet sich in den »Grundsätzen ordnungsmäßiger Buchführung« wider, wie sie von einem »ordentlichen Kaufmann« beachtet werden sollen.[44] Besonders bedeutsam für die wirtschaftliche Entwicklung in den frühindustrialisierten Regionen der Welt (Schweiz, Niederlande, England, Teile

---

36 Hier soll zunächst nur der **Eigentümer-Unternehmer** in den Blick genommen werden, der Leitungsaufgaben ausübt und finanzielle Ressourcen zur Verfügung stellt; in Kapitalgesellschaften ist zu differenzieren zwischen **Management** und **Kapitalgebern**.

37 ASU, 1990, S. 39.

38 F. Blome-Drees, 1993, Sp. 1160

39 Vgl. Kapitel 4.3. und 7.2.

40 K. Homann/F. Blome-Drees, 1992, S. 38 f.

41 Vgl. Kapitel 7.3.

42 Jesus Sirach 26, 29.

43 Im Alten Testament wird zwischen Fernkaufmann und Kleinhändler oder Krämer unterschieden. Ausführlich W. Lachmann, 1987, S. 61 ff.

44 Thomas Mann drückt es poetisch aus, wenn er den Senator Buddenbrook in seinem epochalen Werk sagen lässt: »Sei mit Lust bei den Geschäften, aber mache nur solche, dass Du des Nachts ruhig schlafen kannst.«

Deutschlands) war die **protestantische** bzw. **calvinistische Ethik**, worauf *M. Weber* in seinen berühmten religionssoziologischen Untersuchungen hingewiesen hat. Gefordert ist danach eine selbstdisziplinierte Lebensführung. Harte, rastlose Arbeit verknüpft mit innerweltlicher Askese sind die entscheidenden Charakterzüge einer von der calvinistischen Ethik durchdrungenen Unternehmerpersönlichkeit. Der geschäftliche Erfolg ist nicht Selbstzweck im Diesseits, sondern ist Zeichen der Erwählung, er dient der Mehrung von Gottes Ruhm. Die urchristliche Vorstellung, dass eher ein Kamel durch ein Nadelöhr passt, als ein Reicher in den Himmel komme, wurde damit in ihr Gegenteil verkehrt. [45]

4. Der kurze Überblick zeigt, dass moralische Beurteilung unternehmerischen Handelns wie auch unternehmerischen Ethos erhebliche Wandlungen erfahren haben. Zu welcher Einschätzung kommen wir heute? Zunächst zur normativen Frage: **Bedarf es eines besonderen Unternehmer- oder Führungsethos?** Darf die Gesellschaft von Menschen, die Führungsaufgaben in der Wirtschaft inne haben, ein besonderes Ethos erwarten? Diesen Fragen soll für Eigentümer-Unternehmer wie angestellte Manager nachgegangen werden; sie unterscheiden sich zwar in ihren objektiven Erfolgsbedingungen, denn nur der Eigentümer-Unternehmer haftet für Fehlentscheidungen auch mit seinem Vermögen; vermutlich sind beide aber in ihrem (subjektiven) Ethos ähnlich geprägt. Insbesondere **drei Gründe** sprechen für eine Bejahung der Fragen, also für ein besonderes Ethos:
- Führungskräfte erfüllen eine **Vorbildfunktion**. Sie ergibt sich daraus, dass die Leitung des Unternehmens wesentlich das Verhalten der Mitarbeiter prägt. Besitzen die Personen an der Unternehmensspitze wenig moralische Sensibilität oder geben gar ein schlechtes Beispiel in moralischen Konfliktsituationen, so werden auch die Mitarbeiter wenig(er) Skrupel bei moralischen Verfehlungen haben. Die Vorgesetzten setzen für die Mitarbeiter moralische Standards. Umgekehrt heißt dies allerdings nicht, dass ein hohes Maß an Wertekompetenz im Top-Management bereits vor Fehlverhalten der Mitarbeiter schützt. [46]
- Eine weitere Begründung ergibt sich daraus, dass die **Funktion** von Führungskräften mit besonderer **Handlungs-** und **Gestaltungsmacht** verknüpft ist. Sie treffen besonders weitreichende und komplexe Entscheidungen; sie gestalten zugleich die Entscheidungs- und Handlungsfreiräume für andere mit und damit auch deren Möglichkeiten, sich tugendhaft zu verhalten. Diese positionsbedingten Machtchancen verlangen ein gesteigertes Maß an Verantwortung. [47]
- Schließlich ergeben sich gesteigerte moralische Pflichten für Führungskräfte, an der Weiterentwicklung der ordnungspolitischen Rahmenbedingungen für Markt und Wettbewerb mitzuwirken. Weist die gesetzliche Rahmenordnung Unzulänglichkeiten auf, so entsteht ein Verantwortungsvakuum. Entsprechend ergibt sich eine gesteigerte **politische Verantwortung**, die sich auf die Mitwirkung an der Weiterentwicklung staatlicher (oder auf Branchenebene gesetzter) Rahmenbedingungen für den Marktprozess bezieht. Die Übernahme dieser Verantwortung liegt zugleich im Interesse des Unternehmens wie der gesamten Wirtschaft, lässt sich doch nur so die gesellschaftliche Akzeptanz ihres Handelns sichern. [48]

---

45 Zusammenfassend P. Ulrich, 1993, Sp. 1168 f.
46 Vgl. K.-P. Kaas, 1999, S. 267.
47 K. Berkel, 1998, S. 132 f.
48 Vgl. Kapitel 7.2 und F. Blome-Drees, 1993, Sp.1164.

Allerdings sollten die vorgenannten Überlegungen nicht in dem Sinne missverstanden werden, dass von Führungskräften und Mitarbeitern jeweils andere Moralqualifikationen zu verlangen seien. Beide Personengruppen unterscheiden sich nicht in ihrem ethischen Gefordertsein, denn auf allen unternehmerischen Ebenen sollten sich die Beschäftigten bei Lösung von Konflikten mit den eigenen ethischen Maßstäben kritisch auseinander setzen.[49] Insofern sollte man zurückhaltend sein, spezifische Tugendkataloge für Führungskräfte zu erstellen. Allerdings sollten bei der Personalauswahl schon besonders strenge Maßstäbe angesetzt werden, wenn einflussreiche Positionen besetzt werden.

5. Es verbleibt die empirische Seite des Themas. Verschiedene Studien haben das tatsächliche Ethos von Führungskräften ermittelt. **Welche persönlichen Werthaltungen vertreten Führungskräfte?** Wie steht es um die heutige »Moral der Manager«? Ein umfassender Überblick über vorhandene Untersuchungen ist nicht beabsichtigt, denn dazu müssten etliche methodische Grundprobleme empirischer Sozialforschung geklärt werden. Bemerkenswert sind vor allem **drei Ergebnisse**:
- Beachtung hat eine Studie von *P. Ulrich/U. Thielmann*[50] gefunden, die sich mit dem **moralischen Bewusstsein** schweizerischer Führungskräfte befasste. Durch Befragungen wurde ermittelt, wie Manager die konfliktträchtigen Anforderungen zwischen unternehmerischer Erfolgserzielung und ethischen Anforderungen für sich in Einklang zu bringen suchen. Es sollte also herausgefunden werden, wie Führungskräfte ihr Verhalten vor sich selbst rechtfertigen. Als wichtigstes Ergebnis zeigte sich, dass rund 75% der Führungskräfte einem **»ökonomistischen Denkmuster«** folgen. Sie stützen die Legitimation ihres Handelns darauf, dass die anonymen Sachzwänge des Marktes für ein ethisch gerechtfertigtes Handeln sorgen. Die Moral ist mithin ausschließlich in der »unsichtbaren Hand der Konkurrenz« verortet. Dementsprechend herrschte bei dieser Gruppe von Befragten die Auffassung vor: »Wenn es einer Unternehmung gut geht, dann geht es allen gut.« Typisch dafür ist die Aussage: »Wir halten uns immer an die Gesetze der Länder, in denen wir operieren«. Hierin sehen die Autoren der Studie eher ein **konventionelles Moralverständnis** im Sinne *L. Kohlbergs*.[51] Demgegenüber verfügten ca. 10% der befragten Manager über ein differenziertes ethisches Denkmuster. Nur diese »neuen Unternehmer«[52] suchten nach innovativen Wettbewerbs- oder ordnungspolitischen Strategien, um unternehmensethische Dilemmata im Arbeitsalltag zu überwinden.
- Verschiedene Studien in den USA wie auch in der Bundesrepublik,[53] bei denen moralischen Einstellungen erhoben wurden, offenbaren bei einem erheblichen Anteil der Führungskräfte eine **»opportunistische Grundhaltung«**.[54] Dies gilt besonders ausgeprägt für jüngere Führungskräfte. Typisch für opportunistische Einstellungen sind folgende Aussagen: »Jeder ist sich selbst der Nächste«, »Eine Hand

---

49 Zureichend gelingen wird dies nur bei einer postkonventionellen moralischen Grundhaltung im Sinne von *L. Kohlberg*. Vgl. Kapitel 2.5.

50 Dies, 1992; Zusammenfassung der Studie bei P. Ulrich, 1993, Sp. 1173 ff. und ders./Y. Lunau, 1997

51 Vgl. Kapitel 2.5.

52 P. Ulrich, 1993, Sp. 1174 f.; ders., 1997, S. 437.

53 Anlage der deutschen Untersuchung und Ergebnisse schildert der Mitautor W. Kerber S.J., 1991, S. 306 ff..

54 Vgl. W. Kerber S. J., 1991, S. 310.

wäscht die andere«, »Moral ist reine Gefühlssache« oder »Um ein höheres Ziel zu erreichen, lässt sich manchmal Unrecht nicht umgehen.«[55] Besserung in der moralischen Grundhaltung bei Führungskräften ist kaum in Sicht, denn zahlreiche Befragungen von Wirtschaftsstudenten vor allem in den USA zeigen, dass auch hier die »Opportunisten« eine maßgebliche Rolle spielen.[56]

• Die Studien zeigen, dass Führungskräfte durch ihre Tätigkeit häufig in schwierige persönliche Konflikte hinein gezogen werden. In einer groß angelegten Studie in der Bundesrepublik gab ein erheblicher Teil der Befragten (insgesamt 48%) an, dass er sich häufig (6%) oder manchmal (42%) gezwungen fühlt, Praktiken einzusetzen, durch die er in grundlegende **moralische Konflikte** gerät.[57]

Insgesamt stimmen die empirischen Befunde eher skeptisch, z.T. bedenklich oder traurig. Manager müssen häufig mit einem **gespaltenen Moralbewusstsein**, in einer Art schizophrenem Zustand leben. Vielfach sind sie im Unternehmen mit einer »Geschäftsmoral« konfrontiert, die sie gegenüber ihren Familien oder Freunden kaum vertreten könnten. Dies produziert Verunsicherung, Angst und Frustration. Entsprechende empirische Untersuchungen unter Führungskräften zeigen erschreckende Ergebnisse. Sie zeigen, dass die Mehrzahl der Führungskräfte mittlerweile mit mehr oder weniger bewusst empfundenen Verunsicherungs- oder direkten Angstgefühlen zur Arbeit geht.[58] Anderen Studien zufolge sind 30% der deutschen Top-Manager mittel bis schwer psychisch gestört; sie müssen regelmäßig Psychopharmaka zur Bewältigung von Stress und Leistungsdruck einnehmen.[59] Vermutlich dürfte schließlich auch weiterhin der Befund aus den 80er Jahren Geltung besitzen, dass Manager zu den Bevölkerungsgruppen mit der höchsten Selbstmordrate zählen.[60]

---

55 Dieser Aussage stimmte ein Drittel der Befragten in der deutschen Untersuchung zu.
56 Einen Überblick über diese Studien vermittelt A. Löhr, 1998, S. 185 ff.
57 Vgl. W. Kerber S.J., 1991, S. 303 ff. zu ähnlichen Ergebnissen aus den USA K.M. Leisinger, 1997, S. 29.
58 Überblick über entsprechende Untersuchungen bei H. Volk, 2000, S. 37.
59 A. Kleinfeld, 2001.
60 U. Hansen, 1991, S. 249.

11. Zum Umgang mit Korruption

11.1. Korruption – ein allgegenwärtiges Phänomen?

1. Korruption ist ein sehr **altes Phänomen**.[1] Aus alten Schriftzeugnissen lässt sich schließen, dass sowohl in Babylon unter Hammurabi wie in der ägyptischen Pharaonenzeit vor mehr als 3000 Jahren Korruptionspraktiken eine wichtige Rolle gespielt haben müssen. Nichts anderes gilt – etliche Jahrhunderte später – für die griechischen Stadtstaaten und das alte Rom; und ein indischer Staatstheoretiker aus dem 4. Jahrhundert vor Chr. unterschied bereits sorgfältig 40 Formen, in denen ein Beamter der Versuchung zur Bestechung erliegen könne. Die Linie ließe sich für die kommenden Jahrhunderte fortsetzen. Es liegt daher die Vermutung nahe, dass praktisch jede Gesellschaft – unabhängig von Staats- und Regierungsform – mit bestimmten Formen der Korruption konfrontiert war oder ist. Korruption scheint eine anthropologische Grundkonstante in der Menschheitsgeschichte zu sein.[2] Korruption ist überdies keineswegs nur ein Problem des **Staates** und öffentlicher Funktionsträger. Auch in der **Wirtschaft** findet sich Korruption seit langem, denkt man an das Gebaren des »Weltunternehmers« *Jakob Fugger*. Der mittelalterliche Ablasshandel als Verkauf geistlicher Gnade sowie die Simonie, d.h. der Handel mit lukrativen geistigen Ämtern, dokumentieren schließlich, dass auch die **Kirche** vor Korruptionspraktiken nicht verschont blieb.[3]

2. Korruption ist zwar ein altes, aber gleichwohl aktuelles Thema. Ob sich »Korruption in den letzten 35 Jahren wie ein Krebsgeschwür vermehrt hat«,[4] wie *K. M. Leisinger* meint, lässt sich zwar angesichts der schlechten empirischen Datenlage nicht sicher nachweisen. Dies ist bei Korruption nicht anderes als bei anderen illegalen Aktivitäten wie dem Drogenhandel oder der Schwarzarbeit. Unbestritten ist, dass Korruption außerordentlich weit verbreitet ist und in vielen Staaten der Welt zu einem der brisantesten gesellschaftspolitischen Themen gehört. Das können die folgenden Hinweise andeuten, wenn auch kaum zureichend dokumentieren. *Transparency International (TI)*, eine 1993 ins Leben gerufene NGO, die sich der weltweiten Bekämpfung der Korruption verschrieben hat, veröffentlicht inzwischen die »Daily Corruption News« auf ihren Internet-Seiten, um auf die jederzeitige Aktualität des Themas hinzuweisen.[5] Die *Weltbank* nimmt an, dass der auf der Welt erzielte »Korruptionsumsatz« pro Jahr 500 Mrd. $ beträgt und damit eine Größenordnung wie der Drogen-

---

1 Vgl. H. Abele, 1993, Sp. 573; M. Dietz, 1998, S. 11; A. Sen, 1999, S. 327; R.F.J. Pritzl/ F.Schneider, 1999, S. 310, S. 324.
2 T. Maak/P. Ulrich, 1999, S. 104.
3 Zur Simonie Apostelgeschichte 8, 18–20.
4 Ders., 1997, S. 81.
5 http://www.transparency.org/press_moni.html

handel erreicht.[6] Entwicklungsexperten schätzen, dass mehr als ein Drittel aller Schulden der Entwicklungsländer auf korrupte Geschäftspraktiken zurückzuführen sind.[7]

3. Korruption ist ein **allgegenwärtiges Problem**; dennoch zeigt sich, dass Korruption ein bestimmtes gesellschaftliches Umfeld braucht und bei gewissen politischen und wirtschaftlichen Konstellationen besonders »attraktiv« erscheint. Nicht alle Wirtschaftsaktivitäten oder –zweige sind gleichermaßen anfällig für korrupte Geschäftspraktiken, und nicht in allen Ländern findet Korruption einen günstigen gesellschaftlichen und politischen »Nährboden«. Die Bedeutung von Korruption schwankt (vermutlich!) vielmehr in Ausmaß und Intensität erheblich:

• Zum einen sind gewisse **Branchen** besonders korruptionsgefährdet; hierzu gehören in den westlichen Ländern vor allem Bauwirtschaft, Flugzeugbau und Waffenproduktion. Für die Verbreitung in diesen Wirtschaftszweigen ist nicht ein besonderer in den Genen verankerter Hang zu mafiösen Praktiken verantwortlich, sondern bestimmte marktstrukturelle Bedingungen, die Anreize oder »Zwänge« zu solchem Verhalten geben; häufig sind es »enge« Märkte mit wenigen Anbietern; diesen stehen wenige Nachfrager gegenüber, in der Baubranche oder im Waffengeschäft ist es häufig der Staat, beim Flugzeugbau unter staatlichem Einfluss stehende Luftverkehrsunternehmen. Weiterhin geht es zumeist um Großaufträge, die für Wohl und Wehe eines Unternehmens von erheblicher, teilweise existentieller Bedeutung sind. Die Aufträge werden zumeist über Ausschreibungen vergeben, über deren Zuteilung einer oder wenige Mitarbeiter entscheiden, die im Verhältnis zu den Auftragssummen bescheidene Gehälter erzielen. All diese Bedingungen fördern Korruption. Dabei sind bei manchen Geschäften wie z. B. dem Waffenhandel Bestechungssummen bis zu 30% des Auftragswertes üblich. Über den Verkauf von 36 Panzern von Thyssen-Henschel an Saudi-Arabien im Jahre 1991 wurde berichtet, dass zur Erteilung der Aufträge rund 40% der Gesamtauftragssumme als Korruptionsgelder an Firmen und Personen verteilt werden musste.[8]

• Auf »**Kulturen der Korruption**« wird gelegentlich verwiesen, um die fast flächendeckenden Praktiken von Schmiergeld- und Bestechungszahlungen in einigen Ländern Afrikas, Asiens und Lateinamerikas zu beschreiben. Der Jesuitenpater *R. Lay* meint, in manchen Ländern wie Indonesien gehöre das Schmieren geradezu zum guten Ton, werde also von der einheimischen Bevölkerung moralisch akzeptiert.[9] Und in der Tat, ohne Schmiergelder »läuft in vielen Ländern keine Zollabwicklung, keine Planungsgenehmigung und keine Visa-Erteilung,« formuliert ein Vertreter des *BDI*.[10] Ob aus der faktischen Verbreitung geschlossen werden darf, dass die Mehrheit der Bevölkerung hierin wünschenswerte Praktiken sieht, mag man aber mit guten Gründen bezweifeln.[11] Zudem übersieht die einseitige Fokussierung auf Entwicklungsländer, dass Korruption zunehmend zu einem globalen Phänomen geworden ist. Hierauf hat *Transparency International* mit seinem Korruptionswahrnehmungsindex (Corruption Perception Index – CPI) hingewiesen. Er ordnet rund

6 Zitat bei M. Pieth, 2000
7 M. Dietz, 1999, S. 11; R. F. J. Pritzl/F. Schneider, 1999, S. 322.
8 Vgl. M. Pieth, 2000; G. Mascolo/H. Schumann, 1999, S. 2 f.
9 R. Lay, 1995
10 Zitiert nach G. Mascolo/H. Schumann, 1999, S. 2.
11 So auch M. Dietz, 1998, S. 54.

Der 2001 Corruption Perceptions Index (ausgewählte Länder/basierend auf einer Umfrage unter Geschäftsleuten)		
Länder	Rang	CPI-Punktwert 2001
Finnland	1	9,9
Dänemark	2	9,5
Neuseeland	3	9,4
Niederlande	8	8,8
Schweiz	12	8,4
USA	16	7,6
Deutschland	20	7,4
Japan	21	7,1
Frankreich	23	6,7
Italien	29	5,5
Litauen	38	4,8
Südafrika	38	4,8
Mexiko	51	3,7
Argentinien	57	3,5
Thailand	61	3,2
Indien	71	2,7
Pakistan	79	2,3
Russland	79	2,3
Bolivien	84	2,0
Kamerun	84	2,0
Kenia	84	2,0
Indonesien	88	1,9
Nigeria	90	1,0

Abb. 8: Korruptionswahrnehmungsindex von Transparency International (ausgewählte Länder);
Quelle: http://www.transparency.org/documents/cpi/2001/cpi/2001.

90 Länder in eine Rangliste, und zwar danach, wie verbreitet Korruption im öffentlichen Dienst und unter Politikern dort jeweils eingeschätzt wird. Die Untersuchung basiert auf Wahrnehmungen von Geschäftsleuten, Risikoanalysten und der Öffentlichkeit. Der Index bewegt sich zwischen 10 (äußerst sauber) und 0 (äußerst korrupt).[12] Die Untersuchungen bestätigen zwar, dass viele Entwicklungsländer und manche osteuropäischen Transformationsländer wie Russland als »korrupt« oder »äußerst korrupt« einzuschätzen sind; umgekehrt gibt es nur noch wenige Länder wie die nordeuropäischen Länder Dänemark, Finnland, Schweden, die als »äußerst sauber« einzuschätzen sind. Für die wichtigsten westeuropäischen Länder Deutschland, Frankreich und Großbritannien gilt diese Einschätzung jedenfalls nicht (mehr).

---

12 http://www.transparency.de/ documents und R. Klitgaard, 1997, S. 1.

- Das Bild über die westlichen Volkswirtschaften verdüstert sich noch, wenn man die **internationalen Wirtschaftsbeziehungen** mit in Betracht zieht. Aufgrund unterschiedlicher strafrechtlicher und steuerrechtlicher Regelungen[13] und divergierender nationaler Geschäftsusancen sind internationale Handelsströme ebenfalls stark korruptionsgefährdet, und da Bestechlichkeit nicht nur Folge von Korruptionsanfälligkeit ist, sondern auch aktiv Bestechende bedarf, kommen die westlichen Volkswirtschaften erneut in den Blick. Insbesondere groß angelegte Korruption in den Ländern des »ärmeren Südens« geht zumeist von Unternehmen aus dem »reicheren Norden« aus.[14] Unternehmen aus Westeuropa und USA haben den Ruf, am ehesten Regierungsbeamte in Entwicklungs- und Schwellenländern zu bestechen.[15] Im Streben um Exportaufträge und attraktive Investitionsstandorte werden die heimischen Moralvorstellungen außer Acht gelassen. Der Verweis auf den Erhalt von Arbeitsplätzen und auf ähnliche Praktiken aus anderen hochentwickelten Ländern gepaart mit der vagen Hoffnung, die Teilnahme an korrupten Praktiken in weit entfernten Entwicklungsländern bleibe ohne Rückwirkung auf das Inland, mag manchem Manager eine – allerdings zweifelhafte – Beruhigung verschaffen.

11.2. Was ist Korruption?

1. Korruption ist ein schillernder Begriff. Er beschreibt keinen klar definierten und deutlich abgrenzbaren juristischen Tatbestand. Dementsprechend werden sehr unterschiedliche Sachverhalte als Korruption bezeichnet, von eher unmoralischen Verhaltensweisen bis zu eng definierten strafrechtlichen Tatbeständen wie Bestechung, Erpressung und Betrug. Gemeinsam ist allen Korruptionspraktiken, dass »**Funktionsträger**« ihre Position **missbräuchlich ausnutzen**, um sich **persönliche Vorteile** zu verschaffen. Korruption ist also durch folgende Merkmale geprägt. Es kommt
- zum **Regelverstoß**, zum Missbrauch einer privaten oder öffentlichen Machtposition,
- dient der **privaten Bereicherung**,
- geht im Regelfalle **auf Kosten Dritter** oder des Gemeinwesens
- und erklärt die **Heimlichkeit der Transaktion**.[16]

2. Bei **ökonomischer Betrachtung lassen** sich **drei Akteure** identifizieren: einen **Vorteilsgeber** (z.B. der Bestechende), einen **Vorteilsnehmer** (der Bestochene) und den »**Geschäftsherrn**« des Bestochenen, also den **Geschädigten**. Korruption setzt damit grundsätzlich ein Prinzipal-Agent-Verhältnis voraus.[17]

---

13 Vgl. dazu 11.6.

14 *Transparency International* hat daher kürzlich auch einen Bestechungsindex **Bribe Payers Index (BPI)** vorgestellt, der auf Wahrnehmungen von Managern und Geschäftsleuten aus Schwellen- und Entwicklungsländern beruht und die Frage der aktiven Bestechung von Unternehmen aus Industrieländern zum Thema hat. In diesem Index schneiden die hochentwickelten westlichen Länder viel schlechter ab als bei dem Korruptionswahrnehmungsindex (CPI). http://www.transparency.de/ documents.

15 Vgl. R. Gildeggen, 2000, S. 230.

16 Zur Begriffsbestimmung K.M. Leisinger, 1997, S. 66; M. Dietz, 1998, S. 29 ff.; H. Abele, 1993, Sp.571 f.; R. Klitgaard, 1997, S. 2.

17 Grundlegend dazu M. Dietz, 1998, S. 29 ff.; dazu auch H. Abele, Sp. 572; R.F.J. Pritzl/ F.Schneider, 1999, S. 312.

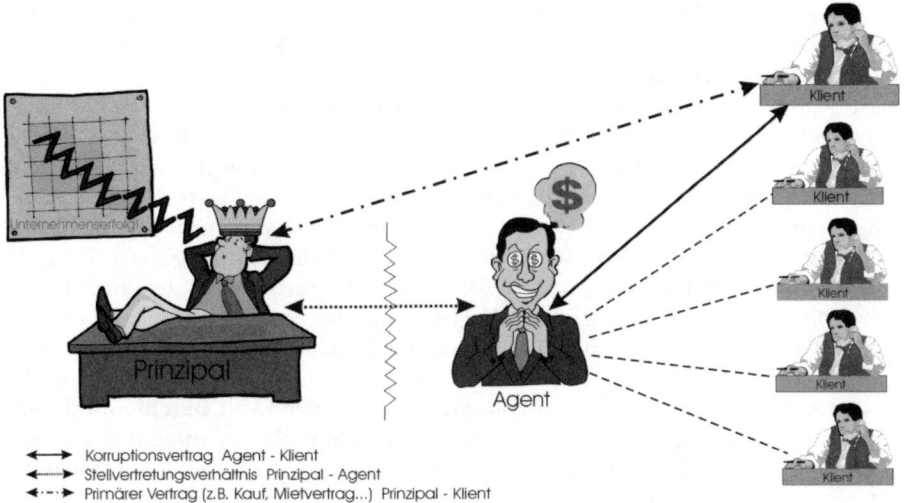

Abb. 9: Beteiligte Akteure bei Korruption – Klient, Prinzipal, Agent

Dies bedeutet, dass jemand (= **Agent**) im Auftrag und im Interesse eines anderen
(= **Prinzipal**) gegenüber Dritten (= **Klient**) tätig wird. Der Klient hat im Regelfalle
nur mit dem Agenten Kontakt, nicht mit dem Prinzipal. Solche Prinzipal-Agent-Be-
ziehungen als Ausgangspunkt von Korruption sind allenthalben zu finden:

- Politiker sind in diesem Sinn Agenten für den »Prinzipal« Wähler,
- Verwaltungsbeamte handeln nach Gesetz und Verwaltungsanweisungen für einen
  Dienstherren,
- der Vorstand einer Aktiengesellschaft agiert im Auftrag der Aktionäre,
- der Mitarbeiter handelt im Auftrag des Unternehmens.

Viele dieser Beauftragten-Beziehungen sind deshalb prekär, weil die Verhaltensspiel-
räume des Agenten durch den Prinzipal nur unvollständig über Absprachen im
Vorhinein festzulegen sind. Die **Verträge** sind **unvollständig**. Dem Verwaltungsbeamten, dem Geschäftsführer einer Kapitalgesellschaft oder einem qualifizierten Mitarbeiter eines Unternehmens können bei komplexen Arbeitsabläufen und dabei anfallenden Ermessensentscheidungen keine klaren und strikten Verhaltensanweisungen
vorgegeben werden. Hierfür gibt es im Wesentlichen zwei Gründe:

- Es fehlt dem Prinzipal an hinreichender **Information** über gegenwärtige und
  künftige Entwicklungen, die für Handeln und Entscheiden des Agenten wesentlich
  sind.
- Selbst wenn der Prinzipal sich die erforderlichen Informationen beschaffen könnte,
  wäre dies kein sinnvolles Anliegen. Bei Beschaffung entsprechender Informationen
  und Aufbau entsprechender **Anreize** und **Sanktionen** zur Verhaltenssteuerung des
  Agenten entstünden ihm schnell prohibitive Kosten.

Agenten haben daher **diskretionäre Handlungsspielräume**, die sie auch zur Verfolgung von Eigeninteressen nutzen können. Die individuellen Interessen des Funk-
tionsträgers werden bei korrupten Praktiken über die übergeordneten Interessen des
Auftraggebers gestellt.

3. Die genannten Merkmale der Korruption finden in der Praxis ganz unterschiedliche Gestalt. Zur Systematisierung lässt sich die Vielfalt der Korruptionspraktiken analytisch auf **drei Formen**[18] zurückführen:

- Als klassischer Fall von Korruption wird es gemeinhin angesehen, wenn ein »aktiver« Geschäftsmann einem »passiven« öffentlichen Amtsträger Geld zukommen lässt, um ihn zu einer illegalen Amtshandlung zu bewegen. Ein Bauherr gelangt mit Schmiergeldzahlungen an eine Baugenehmigung oder der Unternehmer an einen Gewerbeschein, obwohl die Voraussetzungen dafür nicht vorliegen. Dies ist **Bestechung** nach § 334 Strafgesetzbuch (StGB), und der Amtsträger wird wegen **Bestechlichkeit** belangt (§ 332 StGB). »Bestechungsgeld« wird aber auch häufig bezahlt, wenn der Amtsträger zu der Handlung, die der Geschäftsmann von ihm verlangt, verpflichtet ist; so »fließt Geld«, um schneller an die Baugenehmigung, den Gewerbeschein, eine Importlizenz oder einen Dispens von einer Umweltschutzauflage zu gelangen. Im Jargon spricht man treffend von **Beschleunigungszahlungen** oder **speed money**. Auch dies ist als Vorteilsgewährung und Vorteilsnahme (§§ 331, 333 StGB) in der Bundesrepublik strafbar. Schließlich werden die Grenzen zu anderen Delikten wie Nötigung (§ 240 StGB) oder Erpressung (§ 253 StGB) fließend, wenn nämlich der öffentliche Amtsträger selbst Druck auf den Geschäftsmann bzw. Klienten ausübt und die geforderte Leistung nur dann erbringen will, wenn er dafür »geschmiert« wird. Dies ist das Muster der nächsten Fallvariante.
- Der Amtsträger kann die ihm anvertrauten Mittel auch in der Weise missbrauchen, dass er sie für eigenes Macht- oder Prestigestreben einsetzt oder für private Zwecke in die eigene Tasche »umleitet«. Der »direkte Griff in die Kasse« ist die seltenere Fallkonstellation. Überdimensionierte Bauvorhaben, kolossale Prestigeobjekte oder überteuerte Rüstungsgüter sind bedeutsamere Ausprägungen dieser facettenreichen Form von Korruption. Zur Verschleierung dienen häufig als Kommissionszahlungen getarnte **Gefälligkeitszahlungen** oder das **Kick-Back-Verfahren**. Dabei erhält der für die Auftragsvergabe verantwortliche Beamte aus dem abgesprochenen Aufschlag eines überteuerten Projekts nach Auftragsabwicklung eine »angemessene Prämie« vom Auftragnehmer. Auch dies sind strafbare Delikte – neben einer möglichen Bestechung kommt auch **Betrug** (§ 263 StGB) oder **Untreue** (§ 266 StGB) in Betracht.
- **Patronage**, **Vetternwirtschaft** oder **Nepotismus** bezeichnet eine dritte, verbreitete Form von Korruption. Es kommt nicht zu Zahlungen oder anderen Zuwendungen, vielmehr nutzt der Funktionsträger seine Machtposition in der Weise, dass er Verwandten oder anderen ihm verbundenen Personen zu einem öffentlichen Amt oder einer besonderen öffentlichen Leistung verhilft. Auch wenn der Agent nicht unmittelbar profitiert, schafft er sich doch auf indirekte Weise Vorteile in Form von Abhängigkeiten, Loyalitäten, etc. Ämterpatronage hat in den westlichen Ländern weniger individuellen als parteipolitischen Charakter. Dies gilt besonders für die Bundesrepublik; denn ob es um die Besetzung einer Richterstelle am Bundesverfassungsgericht, den Direktor einer Rundfunkanstalt oder um die Stelle des Schulleiters einer Dorfschule geht, stets versuchen die Parteien, ihnen genehme Personen auf die entsprechende Position zu bringen.

---

18 So R. F. J. Pritzl/F. Schneider, 1999, S. 313 ff.

4. Zwar handelt es sich in typischen Korruptionsfällen um missbräuchliche Entscheidungen öffentlicher Amtsträger, doch sind analoge Situationen im **Unternehmenssektor** zu finden. Gerade Großunternehmen weisen mitunter recht bürokratische Verwaltungen auf, die ähnlich anfällig für Korruption wie öffentliche Institutionen sind. So ist es für die Lieferanten eines Großabnehmers »interessant«, dessen Einkäufer über finanzielle Alimentation zu entsprechender Auftragsvergabe zu veranlassen. Da diese Form der Korruption den Wettbewerb unter den Anbietern verfälscht, sind solche Handlungen nach § 12 des Gesetzes gegen den unlauteren Wettbewerb (UWG) untersagt und werden als Ordnungswidrigkeit mit Geldbußen geahndet.[19]

5. Die Grenzen zwischen unmoralischen oder illegalen korrupten Handlungen und moralisch akzeptablen Praktiken sind nicht messerscharf zu ziehen. Abgrenzungsprobleme ergeben sich nicht nur, aber in besonderer Weise im interkulturellen Zusammenhang. Dies sagt schon die alte Volksweisheit »andere Völker, andere Sitten.«[20] Dementsprechend divergieren auch die Ansichten darüber, welche Vorgänge unter den Begriff Korruption fallen. An einigen **Grenzfällen** soll dies gezeigt werden:

- **Geschenke**[21] sind im Regelfalle Ausdruck einer intakten Kultur; sie sind ein Zeichen von Aufmerksamkeit, Respekt oder Fürsorge und dienen der Pflege sozialer Beziehungen, wenn sie absichtslos hingegeben werden. Die Grenzen hin zur Korruption sind allerdings fließend. Ein eindeutiger Indikator zur Abgrenzung wird die Notwendigkeit der Geheimhaltung sein; während Geschenke offen gezeigt werden können, müssen korrupte Praktiken im Geheimen vollzogen werden.
- **Trinkgelder**[22] wird man nicht zur Korruption zählen können, auch dann nicht, wenn der Kellner den Gast in der Bierkneipe bevorzugt, besonders schnell oder liebenswürdig behandelt. Der Grund dafür ist einsichtig; Bestechung liegt nur dann vor, wenn der Prinzipal, also der Wirt, nichts von den Trinkgeldern weiß. In bestimmten Branchen wie im Gaststätten- oder im Friseurgewerbe sind Trinkgelder jedoch üblich und der Geschäftsherr hat dem prinzipiell zugestimmt. Bestechlichkeit läge nur vor, wenn der Unternehmer seinen Mitarbeitern untersagt, Trinkgelder zu akzeptieren.
- Einseitige Zuwendungen fallen dann in einen »Grenzbereich«, wenn sie dem »**Anfüttern**« dienen. Wiederholte Geschenke, Einladungen, subventionierte Tagungen oder andere Aufmerksamkeiten dienen dem Ziel, sich Wohlwollen zu kaufen, das sich längerfristig auszahlen soll. Unternehmen tun daher gut daran, wenn sie in ihren Unternehmensrichtlinien klare Regeln über Größenordnung und Verteilung von Geschenken festlegen und Transparenz über erhaltene Geschenke verlangen.
- Auch die Grenzen zwischen **korrupter Vetternwirtschaft** und **Empfehlungen** oder **Referenzen** sind fließend. Empfehlungen sind ökonomisch sinnvoll, da sie Suchkosten bei der Personalsuche vermeiden oder reduzieren, und sie sind unproblematisch, wenn sie den Entscheidungsträger in seinem Verhalten nicht einschrän-

---

19 Im Übrigen kann es nach der Rechtsprechung ein Entlassungsgrund sein, falls Mitarbeiter Schmiergelder von Lieferfirmen des Unternehmens annehmen. Vgl. K.M. Leisinger, 1997, S. 66.
20 Vgl. dazu Kapitel 7.5.
21 Inzwischen wurden Tests für Ethik-Trainings entwickelt, um für die Abgrenzung von Geschenken und Korruption zu sensibilisieren; vgl. M. Kaptein, 1998, S. 174; M.G. Velasquez, 1998, S. 432.
22 M. Dietz, 1998, S. 31.

ken. Eine Grauzone tut sich in Fällen auf, in denen der Agent, der eine Stelle zu besetzen oder ein Amt zu vergeben hat, seinen diskretionären Handlungsspielraum nicht verlässt; vergibt er nämlich die Stelle an eine Person, die zwar die formale Qualifikation besitzt, trifft er diese Entscheidung jedoch nur auf Intervention von Freunden, Bekannten oder wichtigen Persönlichkeiten hin, so wird man dies ähnlich wie beim speed money als korrupt bezeichnen können; allerdings wird sich ein entsprechender Nachweis kaum erbringen lassen. Eindeutig korrupt sind Fälle, in denen jemand ohne fachliche Eignung nur deshalb an ein Amt oder eine Funktion gelangt, weil er einen einflussreichen »Paten« besitzt.

11.3. Ist Korruption nützlich?
Die unternehmenspolitische Perspektive

1. Unternehmen stehen in einem korrupten Wettbewerbsumfeld vor dem Problem, ob sie sich selbst aktiv an korrupten Praktiken beteiligen, stillschweigend aus dem Markt zurückziehen oder über gezielte Informationsweitergabe an vorgesetzte Behörden oder die Öffentlichkeit die korrupten Praktiken anprangern. Diese Frage lässt sich nicht für alle Entscheidungssituationen abstrakt beantworten; vielmehr wird das **Chancen-Risiko-Kalkül** in jedem Einzelfalle anders aussehen.[23]

2. Es gibt einen wichtigen **Anreiz**, sich korrupter Praktiken zu bedienen; er besteht darin, durch Abschluss eines (eigenständigen) »Korruptionsvertrages«[24] ohne entsprechende Marktleistung einen Wettbewerbsvorteil gegenüber der Konkurrenz am Markt zu erzielen. Diese – wenn auch meist nur kurzfristige – Verbesserung der Marktposition macht Korruption zu einem illegalen, aber effizienten Wettbewerbsinstrument. Voraussetzung dafür ist allerdings, dass sich die anderen Unternehmen an die tradierten Spielregeln halten. Neben diesem originären Vorteil mögen andere Gründe für den Einsatz von Bestechungs- oder Schmiergelder sprechen, so z. B. überhaupt oder »unbürokratisch« an staatlich zugeteilte Ressourcen oder Genehmigungen zu gelangen, schnell notwendige Informationen zu erhalten, etc.

3. Korrupte Vereinbarungen sind zugleich mit Risiken verbunden, da sie gegenüber legalen Markttransaktionen wichtige Besonderheiten aufweisen. Diese Besonderheiten sorgen dafür, dass korrupte Praktiken hohe Transaktionskosten nach sich ziehen:
• Bereits bei **Vertragsanbahnung** entstehen erhebliche Informations- bzw. Suchkosten. Intransparenz auf dem »Korruptionsmarkt« sorgt dann dafür, dass ein Vergleich von Anbietern und Nachfragern korrupter Leistungen kaum möglich ist. Da Korruption strafbar ist, findet sie regelmäßig heimlich statt.[25] So stellt sich für einen Unternehmer die Frage, welcher Beamte bereit wäre, für ein Schmiergeld die gewünschte korrupte Leistung außerhalb der rechtlich fixierten Ausschreibungsmodalitäten zu erbringen; umgekehrt stellt sich dem Beamten die Frage, welcher Unternehmer bereit wäre, eine solche Leistung nachzufragen. Nicht nur die Suche nach

---

23 Vgl. J.Graf Lambsdorff, 1999, S. 56 ff.; B.N. Kumar/I. Graf/H. Zeiss, 2001.
24 In diesem **Vertrag** wird eine korruptive Leistung für eine entsprechende Gegenleistung ausgetauscht.
25 Nur selten (z.B. in Mexiko) werden Positionen im höheren Polizeidienst **offen** an den Höchstbietenden versteigert. J.G. Lambsdorff, 1999, S. 59 f.

dem Vertragspartner, sondern auch die notwendige Höhe der Korruptionszahlung lässt sich für den Unternehmer nur schwer bestimmen. Gestaltet er sie zu niedrig, geht er das Risiko ein, dass ihn der korrupte Beamte denunziert, um damit seine »Gesetzestreue« unter Beweis stellen zu können.

- Auch die **Vertragsdurchsetzung** weist im Vergleich zu legalen Vertragsbeziehungen besondere Schwierigkeiten auf. Das bestechende Unternehmen kann sich bei Verstößen gegen die getroffenen Vereinbarungen nicht zuverlässig absichern; erfolgen Austausch von Leistung und Gegenleistung nicht zeitgleich, läuft der Zahlende Gefahr, dass die Gegenleistung verweigert oder eine weitere Zahlung verlangt wird. Hiergegen bestehen keine wirksamen Absicherungsmöglichkeiten, denn Korruptionsverträge sind sittenwidrig und haben vor Gerichten keinen Bestand. Die Einschaltung von Mittelsmännern wie Korruptionsmaklern mindert zwar das Risiko, weil ein Spezialist solche Unwägbarkeiten besser einschätzen kann. Beseitigen lassen sich solche Risiken aber nicht. Die Beteiligten korrupter Vertragsbeziehungen sind daher in besonderer Wiese auf ihre »Reputation« angewiesen. Das dokumentiert der in amerikanischen Politikerkreisen kursierende Kalauer: »I am a man of principle. Once bought, I stay bought.«[26]
- Eine wichtige Besonderheit ergibt sich schließlich durch die **Dauer der Vertragsbeziehung**; im allgemeinen Geschäftsverkehr enden Geschäftsbeziehungen regelmäßig nach der Abwicklung von Leistung und Gegenleistung. Anders bei Korruptionsverträgen, denn hier sind die Vertragspartner durch den Zwang zur Geheimhaltung auf unabsehbare Zeit aneinander gekettet. Da grundsätzlich eine Denunziation nicht auszuschließen ist, besteht die Notwendigkeit, die Vertragsbeziehungen weiterhin zu pflegen. Sind die Strafen für korruptes Verhalten für die Beteiligten symmetrisch verteilt, liegt in diesem Drohpotential allerdings ein stabilisierendes Element enthalten.[27]

4. Auch wenn Unternehmen erhebliche Vorkehrungen zur Durchführung und Geheimhaltung treffen, kann die Aufdeckung korrupter Geschäfte nicht ausgeschlossen werden. Und angesichts neu eingeführter straf- und wirtschaftsrechtlicher Regeln (z. B. im Bilanz-, Börsenaufsicht- und Steuerrecht) werden diese Praktiken zunehmend gefährlicher. Die häufige Aufdeckung von Korruptionsskandalen demonstriert dies. Hieraus resultieren **weitere Risiken**:

- Die Aufdeckung von Korruption kann mit erheblichen Reputationsverlusten bei Kunden, Lieferanten und der Öffentlichkeit einher gehen. Neben Bußgeldern und Schadenersatzzahlungen müssen also weitere ökonomische Nachteile einkalkuliert werden. Dies musste der italienische Mischkonzern *Montedison* vor einiger Zeit erfahren; nachdem bekannt wurde, dass Bestechungsgelder in den Konzernbilanzen als Kredite verbucht worden sein sollen, erlebte das Unternehmen einen dramatischen Kurseinbruch an der New Yorker Aktienbörse.[28]
- Insbesondere die **Mitarbeiter** des Unternehmens werden großen psychischen Belastungen unterworfen. Sie werden »Gewissensbisse« und »Schuldgefühle« haben, denn ihnen werden Handlungen zugemutet, die mit hohen persönlichen Risiken verbunden sind. Sie sehen sich bei Aufdeckung der Korruption der Gefahr ausge-

---

26 Zitiert nach J. Graf Lambsdorff, 1999, S. 73.
27 Dies spricht für eine **Kronzeugenregelung** zur Bekämpfung von Korruption.
28 G. Mascolo/H. Schumann, 1999, S. 4.

setzt, für ihr Unternehmen als Sündenböcke herhalten zu müssen.[29] Außerdem sind manche Formen der Korruption Delikte, die das Strafrecht mit hohen Geld- und Haftstrafen sanktioniert.

5. Angesichts der hier dargestellten begrenzten Chancen und hohen Risiken wird deutlich, dass die um sich greifende Korruption für Unternehmen zu einem zunehmend drängenderen Problem wird. Gerade Unternehmen müssen ein zentrales Interesse an der Eindämmung der Korruption haben.

11.4. Korruption – ein wirtschafts- und gesellschaftspolitisches Problem

1. Auch aus wirtschafts- und gesellschaftspolitischer Sicht ist Korruption als ganz und gar unproduktiv anzusehen.
- Markt und Staat sind die wichtigsten Institutionen zur Zuteilung knapper Güter. Ordnungspolitik und Rechtstaat sorgen dafür, dass der Wettbewerb auf faire und effiziente Weise vonstatten geht.[30] Korruption bedingt **Verzerrungen im Wettbewerb**. Nicht das leistungsfähigste Unternehmen erhält einen Auftrag, sondern das Unternehmen, das am skrupellosesten Bestechungsgelder zahlt. Derjenige erhält die Baugenehmigung am schnellsten, der bereit ist, am ehesten zu speed money zu greifen, nicht aber derjenige, der nach den Spielregeln in Betracht käme. Nicht derjenige erhält das öffentliche Amt, der am qualifiziertesten dafür ist, sondern derjenige, der die besten Beziehungen zu der betreffenden Behörde besitzt.
- Offensichtlich geraten alle Beteiligten einer Marktseite in eine **Gefangenendilemma-Situation**.[31] Will sich ein Unternehmen moralisch verhalten und nicht bestechen, dann gehen wichtige Aufträge verloren, weil ein Konkurrent die Chance nutzt und besticht. Moral und Ökonomie geraten in einen unauflöslichen Konflikt; der Moralische ist der Dumme.[32]
- Hinzu kommt, dass Korruption eine **Eigendynamik** innewohnt.[33] Es ist gleichsam ein Gefangenendilemma mit mehreren Runden. Erweist sich Korruption als (einzig) erfolgreiches Verhaltensmuster, so findet ein solcher Missbrauch unvermeidlich Nachahmer. Unternehmen sehen sich in einen Schmiergeld- oder Bestechungswettbewerb gezwungen, um zu überleben. Korruption wird zur dominanten Strategie, sie ist ansteckend und wirkt wie Rostfraß.

2. Die **Konsequenzen** liegen auf der Hand. Ähnlich wie bei der Bildung von Kartellen führt die breitflächige Durchsetzung von Korruption zu einem **Negativsummenspiel** für die gesamte Gesellschaft. Flächendeckende Korruption führt zu höheren Transaktionskosten und Risiken, nicht aber zu verbesserten Marktergebnissen.

---

29 So wurde von *Siemens* bei Bestechung des Leiters des *Singapore Public Utilities Board* ein Makler eingeschaltet; als der Fall aufgedeckt wurde, erklärte *Siemens*, es sei der Firma nicht bekannt, was der Makler mit den 20 Mio. $ für Projektkoordination gemacht habe. Vgl. J. Graf Lambsdorff, 1999, S. 70.

30 Vgl. dazu oben unter 6.1.

31 K. Homann/F. Blome-Drees, 1992, S. 165; P. Eigen/A. Staroselska, 1995, S. 2.

32 Vgl. Kapitel 7.4.

33 H. Abele, 1993, Sp. 575.

Der kurzfristigen Win-Win-Situation der korrupten Tauschpartner stehen langfristig nur Nachteile gegenüber; durch Fehlallokationen von Ressourcen, durch Wachstumsverluste und zunehmende gesellschaftliche Verteilungskonflikte werden mehr oder weniger alle Mitglieder einer im Korruptionssumpf erstickenden Gesellschaft zu Verlierern. Von Entwicklungsexperten wird deshalb zu Recht Korruption als zentrales Entwicklungshemmnis für viele Entwicklungs- und Schwellenländer angesehen.[34]

3. Unmittelbar ersichtlich sind zumeist die mit Korruption verbundenen **Fehlallokationen**. Investitionsruinen, Prestigeprojekte, überteuerte Waffenimporte, übersetzte Staatsbürokratien, massive Staatsverschuldung, etc. stehen für eine zu teure, wenig funktionale oder häufig überflüssige Leistungserstellung im öffentlichen Sektor. Durchaus vergleichbare Auswirkungen treten bei Korruption im privatwirtschaftlichen Sektor auf, vor allem dann, wenn der Wettbewerb nur unzulänglich funktioniert.

4. Bedeutsamer sind noch die mittelbaren, indirekten Effekte. Sie resultieren daraus, dass die Beziehung zwischen Prinzipal und Agenten nicht zureichend geschützt sind; die Agenten nutzen ihre Handlungsspielräume daher zu Selbstbereicherungspraktiken oder anderen Regelverstößen; dies beschädigt die Institutionen von Eigentum und Vertragsfreiheit und mindert die Chancen für einen fairen Wettbewerb:[35]
- **Verhalten** von Politikern, Bürokraten und Richtern wird **willkürlich** und **unvorhersehbar**. Entscheidungen orientieren sich nicht an sachlichen Kriterien, sondern bestimmen sich nach den Selbstbereicherungsmotiven einer parasitären Machtclique. Käufliche Gerichtsurteile, lange Wartezeiten bei behördlichen Genehmigungen und nur über Schutzgeld zu sichernde Eigentumsrechte sind typische Muster. Allesamt erhöht dies die Risiken von Investitionen und führt zur Flucht von heimischem Sach- und Humankapital. Ausländisches Kapital wird solche Standortbedingungen zu meiden suchen.
- Die Wirtschaftsakteure müssen sich zudem vielfach auf **unproduktive Aktivitäten konzentrieren**. Ressourcen werden nicht in die Produktion neuer Güter gesteckt, sondern in aus gesamtwirtschaftlicher Sicht ineffiziente Korruptionsaktivitäten. So berichtet die *Weltbank*, dass Geschäftsleiter in Ländern mit hohem Korruptionsaufkommen mehr als ein Drittel ihrer Arbeitszeit damit verbringen, Verhandlungen mit Staatsangestellten über Bestechungsgelder zu führen.[36] Völlig gemeinwohlschädliche Wirtschaftszweige entstehen, weil Mittelsmänner und Agenten als »**Korruptionsspezialisten**« eingeschaltet werden, die Transaktionen vermitteln oder organisieren. Ein typisches Beispiel ist das einer in Argentinien ansässigen Organisation, die als Anwaltsbüro getarnt für 30 000 $ Arbeitsgenehmigungen an Selbständige »verkaufte«. Zwar sind die Papiere in Argentinien kostenlos und das Arbeitsministerium muss sie binnen 90 Tagen ausstellen. Doch der dafür zuständige Beamte, der mit der Organisation gemeinsame Sache machte, verzögerte die Genehmigungen so, dass die Unternehmen bereit waren, solche Bestechungsgelder zu zahlen. Die Organisation »sorgte« dann für eine schnelle Genehmigungspraxis.[37]

---

34 P. Eigen/A. Staroselska, 1995, S. 2.
35 Grundsätzlich dazu M. Dietz, 1998, S. 57 ff.
36 Zitiert nach R. Gildeggen, 2000, S. 229.
37 Zitiert nach M. Dietz, 1998, S. 46.

- **Wirtschaftliche** und **politische Macht konzentrieren sich** zunehmend in den Händen weniger; offene soziale Auf- und Abstiegsprozesse werden durch Vetternwirtschaft, Bestechung oder Erpressung verhindert. Politische Macht und wirtschaftlicher Reichtum perpetuieren sich gegenseitig. Wie »lukrativ« die Korruptionsmöglichkeiten öffentlicher Positionen in manchen Ländern eingeschätzt werden, zeigt ein von den Philippinen geschilderter Fall. Für Positionen in der dortigen Steuerbehörde, die offiziell mit 10 000 US-$ pro Jahr entlohnt wurden, wurden bis zu 75 000 US-$ geboten.[38] Solche Machenschaften führen zur Abwanderung motivierter, leistungsbereiter Eliten und provozieren Verteilungskonflikte, denn die von den Pfründen und der Macht ausgeschlossene Bevölkerung wird dieses System als ungerecht empfinden. Korruption führt schließlich zu gesellschaftlicher Instabilität.[39]

5. Manchmal wird darauf hingewiesen, dass Korruption auch **nützlich** sein könne. Bestechungsgelder sind in Ländern mit schwerfälliger Bürokratie notwendig, um überhaupt den »Behördenmechanismus« in Gang zu setzen. Manche Beschleunigungszahlungen sind hilfreich, um für schnelle und zuverlässige Entscheidungsprozeduren zu sorgen. Überflüssige Unsicherheiten bei der Investitionspolitik werden beseitigt. In den zusammengebrochenen Zentralplanwirtschaften des ehemaligen Ostblocks waren Gefälligkeits- und Schmiergeldzahlungen für den Einzelnen schlechthin überlebensnotwendig, um in dem weitgehend regulierten Wirtschaftsprozess an wichtige Güter zu gelangen. Ist Korruption gerechtfertigt, wenn mit ihr bürokratische Ineffizienzen überwunden und wichtige Entscheidungsprozesse beschleunigt werden?[40]

Dieser Auffassung kann nicht uneingeschränkt zugestimmt werden. Korruption ist stets eine Lösung des **second best**, denn die skizzierten Probleme liegen letztlich in einer defizitären staatlichen Rahmenordnung. Hier müsste eine ursachenadäquate Problemlösung ansetzen. Mit korrupten Praktiken wie Schmiergeldzahlungen oder Bestechungen können allenfalls die problematischen Folgen einer schlechten Rahmenordnung gemildert werden. Aber auch das ist nicht sicher, worauf der bekannte schwedische Nationalökonom *Gunnar Myrdal* bereits 1968 an Beobachtungen in Südostasien hingewiesen hat. Er meint, dass in Aussicht stehende Beschleunigungszahlungen erst dazu geführt haben, dass die Staatsangestellten bewusst langsam arbeiteten. Die Existenz von speed money hat also die Leistungsbereitschaft und Arbeitsmoral der Bürokratie erlahmen lassen und damit ein korruptes Milieu geschaffen oder zementiert, das zumindest in diesem Ausmaße zuvor nicht vorhanden war.[41]

6. Relativierend gilt anzumerken, dass nicht jede Korruptionspraxis in gleicher Weise destruktiv wirkt.[42]

- Besonders gefährlich ist Korruption dann, wenn sie systematisch praktiziert wird. Mit einem gewissen Maß an Korruption wird eine Gesellschaft leben können, doch

---

38 Zitiert nach R. F. J. Pritzl/F. Schneider, 1999, S. 322.
39 Die zahlreichen Fälle von Regierungsumstürzen und Rücktritten von Ministern oder Regierungsbeamten aufgrund von Korruptionsskandalen sprechen eine deutliche Sprache. Eine Sammlung einschlägiger Fälle bietet J. Sinha, 1999, S. 1.
40 Vgl. K. M. Leisinger, 1997, S. 75.
41 Zitiert nach M. Dietz, 1998, S. 45 f.
42 R. Klitgaard, 1997, S. 2.

bei **flächendeckender, systematischer Korruption** werden sukzessive die Spielregeln zerstört.

- Deshalb ist auch **Korruption im öffentlichen Sektor** gefährlicher als im privatwirtschaftlichen Bereich einzuschätzen, weil kein wirksames Korrektiv gegen Korruption zu erwarten ist. Die Fälschung von Pässen und Zeugnissen oder die Verwicklung von Regierungsmitgliedern in dubiose Waffengeschäfte oder Bauskandale hat gesellschaftspolitisch mehr Gewicht als die Bestechung eines Einkaufsleiters eines Privatunternehmens. Der Bestechung von Mitarbeitern der Einkaufs- oder Finanzabteilung wird eine Unternehmensleitung nicht tatenlos mit ansehen, da die Selbstbereicherungsaktivitäten korrupter Mitarbeiter bei einem im Wettbewerb stehenden Unternehmen nicht ohne weiteres auf Kunden oder unbeteiligte Dritte überwälzt werden können. Es besteht ein Eigeninteresse an Eindämmung von Korruption. Anders ist es im öffentlichen Sektor. Hier gibt es zumeist keinen aktionsfähigen, machtvollen Prinzipal, der den Machenschaften korrupter Beamter oder einflussreicher Regierungsmitglieder wirksam begegnen könnte.

11.5. Warum ist Korruption unmoralisch? Die wirtschaftsethische Perspektive

1. Ist Korruption unmoralisch? Darf ein Unternehmen sich korrupter Geschäftspraktiken bedienen? Teilweise wird behauptet, dass gewisse korrupte Praktiken wie Nepotismus oder »kleine Aufmerksamkeiten« für die schnelle Bearbeitung eines Verwaltungsbescheides in manchen Entwicklungsländern als gesellschaftlich akzeptiert angesehen werden. Korruption wäre dann eine Form kulturspezifischen Verhaltens. Doch dies ist nicht zutreffend. Es gibt kein Land, indem Bestechung oder andere Formen der Selbstbereicherung als moralisch legitime Handlungen angesehen werden; das zeigen zahlreiche Umfragen in Lateinamerika, Asien oder Afrika. Selbst in eher traditionalen Gesellschaften, in denen die Mitglieder der eigenen Gruppe bevorzugt wurden oder noch werden, war und ist ein eigennutzorientiertes Verhalten zum Schaden der Gemeinschaft nicht akzeptiert.[43] Korrupten Praktiken wird in keinem Land der Erde der Status einer moralisch legitimen, gemeinwohlverträglichen Handlungsweise zuerkannt.

2. Dies ist auch unmittelbar einsichtig. Korruption bedingt ein **Vertrauensproblem**.[44] Korruption basiert stets auf einem Vertrauensbruch des Agenten gegenüber seinem Auftraggeber.[45] In der bilateralen Beziehung zwischen Agent und Prinzipal werden dadurch tradierte Werte wie Ehrlichkeit, Glaubwürdigkeit oder Integrität in Frage gestellt. Bedenkt man zudem die davon ausgehenden Effekte auf Dritte, so wird man hier die Gefahren für Moralverfall und einen Abbau des Sozialkapitals der Gesellschaft festmachen können. Korruption beeinträchtigt damit grundsätzlich alle wichtigen Werte wie Freiheit, Gleichheit, Gerechtigkeit und Wohlstand.

---

43 T. Maak/P. Ulrich, 1999, S. 103 f.; R. F. J. Pritzl/F. Schneider, 1999, S. 326.
44 Vgl. Kapitel 1.
45 H. Abele, 1993, Sp. 575; R. F. J. Pritzl/F. Schneider, 1999, S. 326.

3. Korruption ist dem gemäß weder mit einer **teleologischen** noch mit einer **deontologischen Ethik** vereinbar.[46]

- In Korruptionspraktiken steckt kein universalisierbares Handelnsprinzip. Dies wäre Voraussetzung für die Legitimität einer Handlung aus Perspektive einer deontologischen Ethik. Andere werden von den korrupten Tauschpartnern offensichtlich als Mittel für die eigennützigen Ziele angesehen. Diesbezüglich unterscheidet sich Korruption nicht von Schwarzarbeit oder illegalem Waffenhandel. Dementsprechend verfängt auch der Verweis nicht, alle anderen würden ähnliche Praktiken nutzen.
- Auch auf Basis einer teleologischen Ethik gelangt man grundsätzlich zu keinem anderen Ergebnis; Korruption kann kurzfristig aus Sicht des Einzelnen zwar die eigenen legitimen Ziele befördern; da nur die Unternehmen in einem von Korruption geprägten Wettbewerb mithalten, die sich diesen »Spielregeln« anpassen und Schmiergelder zahlen. Aber langfristig wirkt Korruption wie eine Epidemie und ist damit sozial wie ökonomisch destruktiv.

4. Nicht geleugnet werden kann, dass Unternehmen oder ihre Mitarbeiter in konkreten Entscheidungssituationen in **schwierige moralische Abwägungsprozesse** geraten. Bestimmt nicht die Leistungsfähigkeit eines Unternehmens darüber, ob es bei einer öffentlichen Auftragsvergabe bedacht wird, sondern die Skrupellosigkeit, mit der Konkurrenten zur Zahlung von Schmiergeld bereit sind, so muss es bei redlichem Verhalten wirtschaftliche Nachteile bis hin zum eigenen Untergang oder Arbeitslosigkeit der Mitarbeiter in Kauf nehmen. Die Probleme sind daher jedenfalls nicht primär auf Ebene des einzelnen Unternehmens zu lösen, denn Veränderungen des korrupten Umfeldes sind durch einzelwirtschaftliches Handeln nur marginal zu beeinflussen.

5. Korruption mag in bestimmten Fällen zur Umgehung ungerechter oder unmoralischer Gesetze gerechtfertigt sein. Der Fabrikant *Oskar Schindler* konnte bekanntlich mehr als 1000 Juden nur deshalb vor den Gaskammern der Nazis retten, weil er die Geldgier der Nazi-Schergen geschickt durch Schmiergeldzahlungen nutzte. Insbesondere in totalitären oder autoritären Staaten wird man Korruption dann als moralisch legitimiert ansehen können, wenn dies der Durchsetzung höherrangiger Rechtsgüter oder Werte dient. Eine enge legalistische Sichtweise wäre fehl am Platze. In demokratisch und rechtsstaatlich verfassten Gesellschaften wird man sich auf solch höherrangige Rechtsgüter indes kaum berufen können.

11.6. Bekämpfung der Korruption

1. Eine wirksame Bekämpfung der Korruption setzt das Wissen um die **Ursachen der Korruption** voraus, denn nur bei angemessener Diagnose kann man eine erfolgversprechende Therapie formulieren. Korruption hat aber vielfältige Ursachen, u.a.:

- Konzentration von Macht; überbordende Bürokratien und schlecht bezahlte Beamte;
- unklare und intransparente Gesetze, Verordnungen und Verfahrensweisen zur Regulierung von Verwaltung und Wirtschaft;

---

46 Vgl. Kapitel 2.3.2.

- schwache, schlecht ausgestattete und politisierte Polizei und Justizbehörden;
- unzureichende Strafen oder Sanktionen gegen aufgedeckte Korruptionsfälle.

Fasst man diese unvollständige Liste zusammen, so wird man Korruption vor allem als **strukturelles Problem** begreifen müssen.[47] *R. Klitgaard* bringt diese Überlegung auf folgende Formel: »Corruption is a crime of calculation, not passion.«[48] Anders formuliert: Die sich epidemisch ausbreitende Korruption wird man nicht primär auf die Gier oder Sündhaftigkeit der Menschen zurückführen können, sondern eher in unzulänglichen Anreiz- und Sanktionsstrukturen zu sehen haben. Sicher mag es Heilige geben, die allen Versuchungen widerstehen, oder ehrenwerte Beamte, die dies zumeist können; aber wenn der **Korruptionsgewinn** nur groß genug erscheint, das **Aufdeckungsrisiko** vernachlässigenswert und die **Strafe**, falls die Korruption dennoch aufgedeckt wird, gering ist, dann werden viele Funktionsträger der Versuchung erliegen. Korruptionsbekämpfung wird sich demgemäß nicht vorrangig auf Appelle oder »moralische Erziehung« gefährdeter Personengruppen stützen; Anliegen muss vielmehr sein, den Nettogewinn durch korruptes Verhalten zu verändern. Anreizstrukturen und Sanktionsmechanismen müssen so gestaltet werden, dass Korruption keine lohnende Handlungsalternative mehr darstellt.[49]

2. Korruptionsbekämpfung ist inzwischen als zentrales gesellschaftspolitisches Anliegen anerkannt und in dem vergangenen Jahrzehnt sind verstärkte Anstrengungen zu erkennen.[50] Auch in Entwicklungsländern, die in der internationalen Bekämpfung von Korruption zunächst eine neue Facette des moralischen und wirtschaftlichen Imperialismus der USA sahen, ist man kaum mehr der Auffassung, dass Bestechungszahlungen im großen und ganzen doch nützlich seien.[51]

3. Ein solcher Kampf muss auf verschiedenen Ebenen ansetzen,[52] es bedarf
- **staatlicher** und **zwischenstaatlicher Regelungen** zur Schaffung eines angemessenen ordnungspolitischen Rahmens;
- Anstrengungen der **Medien** und NGOs wie *Transparency International,* denen die Aufgabe zukommt, die Öffentlichkeit für Korruption zu sensibilisieren und die mithelfen, Korruptionsskandale aufzudecken;
- auf der Ebene der **Unternehmen** einschlägiger Regelungen und Kontrollen, um den Anreiz für Korruptionspraktiken zu mindern. Unternehmen können sich überdies zusammenschließen, um Formen kollektiver Selbstbindung zu entwickeln.

4. Der Schwerpunkt der Maßnahmen zur Korruptionsbekämpfung muss auf der Ebene der staatlichen und zwischenstaatlichen Rahmenbedingungen liegen; nur so lassen sich Gefangenendilemma-Situationen für die Beteiligten in einem korrupten Wettbewerbsumfeld überwinden. Es ist also zunächst gesetzgeberisches Handeln gefordert, um wirksame straf- und wirtschaftsrechtliche Regelungen insbesondere auch für den internationalen Geschäftsverkehr zu schaffen.[53]

---

47 Vgl. auch Kapitel 9.3.
48 R. Klitgaard, 1997, S. 2
49 A. Sen, 1999, S.327; R. F. J. Pritzl/F.Schneider, 1999, S. 318 f., S. 328.
50 Vgl. dazu den Sammelband von M. Pieth/P. Eigen, 1999.
51 Vgl. R. Gildeggen, 2000, S. 233.
52 K. M. Leisinger, 1997, S. 80 f.
53 Für Korruption im nationalen Rahmen gibt es seit jeher in den Industrieländern einen hinreichenden Rechtsrahmen.

- Die USA haben sich mit dem bereits 1977 erlassenen **Foreign Corrupt Practices Act** (FCPA) als Vorreiter erwiesen; dieses Gesetz brandmarkt Bestechungszahlungen von US-Firmen an ausländische Staatsbedienstete als illegal und sieht für Verstöße scharfe Sanktionen vor; Manager, die durch Geschenke oder Zahlungen Einfluss auf die Auftragsvergabe zu nehmen suchen, können mit bis zu zwei Mio. US $ Geldstrafe oder bis zu fünf Jahren Haft bestraft werden.

  Die US-Regierung berichtete in der Folgezeit, dass amerikanischen Unternehmen manche Aufträge verloren gegangen seien, so in den Jahren 1994 bis 1996 zumindest 100 überseeische Kontrakte mit einem Wert von 45 Mrd. US $.[54] Die USA bezahlte also ihre Vorreiterrolle mit einer Verschlechterung der Wettbewerbsfähigkeit ihrer Industrie.

- Auf Drängen der USA wurde daher im Dezember 1997 von den *OECD*-Mitgliedsstaaten ein Übereinkommen über die **Bekämpfung der Bestechung** ausländischer Amtsträger im internationalen Geschäftsverkehr unterzeichnet. Die Mitgliedsstaaten haben sich verpflichtet, entsprechende nationale Regelungen zu schaffen. Inzwischen wurde daher in der Bundesrepublik die Strafbarkeit von Auslandsbestechungen neu eingeführt und damit die steuerliche Abzugsfähigkeit von im Ausland gezahlten Schmiergeldern faktisch abgeschafft. Bis dato konnten im Ausland gezahlte Schmiergelder von deutschen Unternehmen als »nützliche Aufwendungen« nach § 4 IV EStG bei der Berechnung des zu versteuernden Gewinns vom Ertrag abgezogen werden.[55]

- **Strafen** sind ein notwendiges Sanktionsinstrument, denn Korruption ist kein Kavaliersdelikt. Allerdings sollte das Strafrecht geschickt eingesetzt werden, um die gewünschten Wirkungen auf möglichst sozialverträgliche, effiziente Weise zu erreichen. Allein die Forderung nach höheren Strafen ist daher wenig einfallsreich; nicht nur stößt die Kriminalisierung schnell an Akzeptanzprobleme, und das zu Recht, wenn Korruption primär auf strukturelle Ursachen und weniger auf menschliches Fehlversagen oder moralische Defizite zurückführbar ist; darüber hinaus werden mit Strafdurchsetzung und –verfolgung knappe Ressourcen gebunden. Vor diesem Hintergrund gewinnen die folgenden Vorschläge an Bedeutung.

- Primär sollte das **Unternehmen** und nicht der einzelne Mitarbeiter bei Korruptionsdelikten **sanktioniert** werden. Der Zugriff auf das Unternehmen ist zum einen leichter; zudem lässt sich von außen vielfach die Verantwortlichkeit im Unternehmen nicht genau feststellen. Häufig werden einzelne Mitarbeiter zu Sündenböcken gemacht, während das Topmanagement sich ganz bewusst nicht über Bestechungszahlungen informiert gibt. Unternehmen hätten dann ein verstärktes Interesse, von solch doppelbödiger Politik Abschied zu nehmen, und eine unternehmensinterne Korruptionsbekämpfung zu betreiben.

- **Sanktionen** könnten **gemindert werden**, wenn das Unternehmen eine glaubwürdige Anti-Korruptionspolitik im Rahmen eines Ethik-Management-Systems

---

54 Zur gesetzlichen Regelung R. Gildeggen, 2000, S. 238 f.; zu Erfahrungen vgl. J. Sinha, 1999, S. 2.

55 Während M. Pieth, 2000, S. 15 noch vor kurzem meinte, die neuen Regelungen hätten sich bei den Betriebsprüfern des Finanzamtes noch nicht herumgesprochen, wird im *Bundesfinanzministerium* hingegen nunmehr schon darüber nachgedacht, die Kontrollen wieder zu entschärfen, weil die Regeln auch in anderen *OECD*-Staaten nicht sonderlich ernst genommen würden und deshalb der deutschen Wirtschaft schwere Nachteile entstehen könnten. Vgl. o.V., 2001.

praktiziert.[56] Dies erscheint zweckmäßig, weil Mitarbeiter diskretionäre Handlungsspielräume haben und vom Unternehmen keine allgegenwärtige Korruptionskontrolle erwartet werden kann.[57]

- Sanktionen müssen sich im Übrigen nicht in Geld- oder Haftstrafen erschöpfen. So mag es wirksamer sein, sie von der **öffentlichen Auftragsvergabe auszuschließen**. In diesem Sinne verfährt beispielsweise Singapur. Nachdem beispielsweise dort aufgedeckt wurde, dass ein von *Siemens* bestellter Makler einen führenden Verwaltungsbeamten bestochen hatte, wurde die Firma für fünf Jahre von öffentlichen Aufträgen in Singapur ausgeschlossen.[58] Werden darüber hinaus noch **Schwarze Listen** von der Korruption überführten Unternehmen geführt und werden diese beim Auftragsausschluss von anderen Staaten oder Institutionen verwandt, so wäre die Listung für ein Unternehmen wirtschaftlich vermutlich so verheerend, dass es das Risiko einer korrupten Handlung nicht mehr eingehen kann.[59]
- Um Beziehungen zwischen korrupten Vertragspartnern oder auch Korruptionsmilieus zu destabilisieren, würde sich schließlich eine **Kronzeugenregelung** anbieten.

4. Wichtig im Kampf gegen die Korruption ist auch die Arbeit **intermediärer Institutionen**:

- Eine besondere Bedeutung kommt *Transparency International* zu. Sie sorgt durch ihre vielfältigen Aktivitäten inzwischen für eine kritische Öffentlichkeit und eine ethische Sensibilisierung in der Bevölkerung. Beides sind wichtige Voraussetzungen zur Eindämmung der Korruption, denn Korruption scheut die Öffentlichkeit. Zum anderen bemüht sich *TI* darum, konkrete Hilfestellungen beim Weg aus dem Korruptionssumpf zu weisen. Ein interessanter Weg ist die Schaffung von Inseln der Integrität – zuweilen auch als Antikorruptionsvereinbarungen oder Integrity Pacts bezeichnet. Solche Inseln der Integrität können deutlich abgegrenzte regionale Märkte oder konkrete Projekte sein, die durch Ausschreibungen vergeben werden. Nun haben alle Beteiligten – Auftraggeber, alle Anbieter und unter Umständen auch die Finanzierungsinstitutionen – öffentlich zu erklären, dass sie weder Bestechungsgelder zahlen noch solche akzeptieren. Erste, durchaus erfolgversprechende Modellversuche wurden in der Mendoza-Provinz in Argentinien und in Ecuador unternommen.[60] Dies ist ein Ansatz, schrittweise dem Sumpf der Korruption zu begegnen.
- Ähnliche Funktionen besitzen entsprechende **Branchenvereinbarungen**, sie entsprechen der **ordnungspolitischen Strategie**.[61] In diesem Sinne wirken das Ethik-Management-System der bayerischen Bauwirtschaft oder die sog. **Defense Industry Initiative on Business Ethics and Conduct** der amerikanischen Rüstungsindustrie.[62]

5. Unternehmen können sich allerdings nicht allein auf gesetzgeberische Rahmenbedingungen und Branchenvereinbarungen verlassen. Korruptionsbekämpfung ist auch

---

56 Dies ist Anliegen der U.S.-amerikanischen Federal Sentencing Guidelines; vgl. Kapitel 1.2.
57 Vgl. B. N. Kumar/I. Graf/H. Zeiss, 2001, S. 5.
58 J. Graf Lambsdorff, 1999, S. 70.
59 Vgl. R. Gildeggen, S. 239 f. zu entsprechenden Überlegungen auf EU-Ebene.
60 P. Eigen/A. Staroselska, 1995, S. 3; J. Sinha, 1999, S. 5.
61 Vgl. Kapitel 9.6.2.
62 T. Maak/P. Ulrich, 1999, S. 116; B. Palazzo, 2000, S. 205.

zentrales Thema des **Ethik-Managements**.[63] Hier gibt es auf allen Ebenen Ansatzpunkte:

- In **Ethik-Kodizes** und **Verhaltensrichtlinien** sind Verhaltensstandards und Firmenphilosophie zu verankern; hierin ist darzulegen, dass Korruption verboten und moralisch unerwünscht ist. Verschiedene Unternehmen haben inzwischen Richtlinien zum Umgang mit Geschenken vorgegeben, die an Geschäftsfreunde vergeben oder von diesen empfangen werden dürfen. Erläuternde Hinweise über den grundsätzlichen Umgang, Angemessenheit oder Wertgrenzen von Geschenken sind hilfreich. Damit Verhaltenskodizes keinen Alibicharakter erhalten, die die Unternehmensleitung vor der Verantwortung bei aufgedeckten Korruptionspraktiken schützt, sind im Ethik-Kodex Sanktionen bei Verstößen vorzusehen. Mitarbeiter müssen bei Verstößen mit arbeitsrechtlichen Konsequenzen rechnen, äußerstenfalls mit fristloser Kündigung.

- **Organisatorisch-strukturelle Maßnahmen** kommen hinzu.[64] Für korruptionsanfällige Geschäfte sollten Teams verantwortlich zeichnen oder das **Vier-Augen-Prinzip** gelten, um die Korruptionsbereitschaft einzelner zu reduzieren und die Entdeckungswahrscheinlichkeit bereits in einem frühen Stadium zu erhöhen. Mit einem Aufgabensplitting bei Planung, Vergabe und Abrechnung auf verschiedene Mitarbeiter oder Abteilungen wird das Korruptionsrisiko ebenfalls gesenkt. Die regelmäßige Versetzung von Angestellten (Rotation) in korruptionsgefährdenden Geschäftsbereichen kann den Aufbau langfristiger Beziehungen zwischen den möglichen Teilnehmern eines Korruptionsvertrages erschweren, denn mit jeweils neuen Tauschpartnern erhöht sich das Aufdeckungsrisiko. Die Einrichtung von Ethic-Officer-Stellen oder Hotlines hat u.a. den Zweck, Mitarbeiter über moralische Grauzonen des Geschäfts zu beraten oder Korruptionspraktiken möglichst anonym zur Anzeige zu bringen.

- Wirksame Korruptionsprävention ergibt sich schließlich durch eine ethischen Fragen aufgeschlossene **Unternehmenskultur**. Führungskräfte auf allen Ebenen müssen daher Zweideutigkeiten und Unklarheiten in ihrer Werthaltung vermeiden, der Ethik-Kodex muss vom Führungspersonal unmissverständlich gelebt werden, d.h. ohne verständnisvolles Augenzwinkern und ohne Schlupflöcher. Fehlverhalten ist offen zu legen. Gezielte Aus- und Weiterbildung und Mitarbeitergespräche über die Risiken von Erpressung und Bestechung schließlich sollen zu dauerhafter ethischer Sensibilisierung der Mitarbeiter beitragen.

---

63 Vgl. Kapitel 9.
64 Ausführlich B. N. Kumar/I. Graf/H. Zeiss, 2001, S. 2.

12. Einige Schlussbetrachtungen: und wo bleibt der Altruismus?

1. Es ist der wichtigste Erkenntnisfortschritt neuzeitlicher Wirtschaftsethik, den **Eigennutz** des Einzelnen als zentrale Produktivkraft für Wohlstand und wirtschaftliche Entwicklung und daher als moralisch legitimes Antriebsmotiv in anonymen Großgesellschaften zu verstehen. Die Triebkraft, die sich die Marktwirtschaft zunutze macht, ist die selbstverständliche vernunft- und pflichtgemäße Sorge jedes Menschen für sich und seine nächsten Bezugspersonen.[1] Eigennutz und Egoismus müssen demnach sorgfältig auseinander gehalten werden. Sorge zu tragen für die eigenen Interessen und die der nächsten Angehörigen hat nichts mit Selbstsucht oder Egoismus zu tun. Dies entspricht auch dem christlichen Glaubensverständnis, dessen zentrale ethische Botschaft lautet: »Lieben Deinen Nächsten wie Dich selbst.« Aus Sicht des Psychologen wird man es so formulieren können: Nur derjenige, der sich selbst liebt, wird auch andere lieben können.

2. Die Konzeption der Sozialen Marktwirtschaft berücksichtigt als zentrale Prämisse diesen eigennutzorientierten Menschen. Sie hält daher die Rahmenordnung in anonymen Großgesellschaften für den systematischen Ansatzpunkt, um moralische Werte zu verankern. Sie basiert auf Regeln gerechten Verhaltens, die Entscheiden und Handeln der Marktakteure gemeinwohlverträglich steuern und begrenzen sollen. Hierin steckt eine **teleologische Moralbegründung**.[2] Entscheidend ist nämlich nicht mehr die gute Gesinnung der Marktakteure; für die gesellschaftliche Qualität und moralische Nützlichkeit einer Handlung sind vielmehr die Ergebnisse ausschlaggebend. Die Bedeutung der Ordnungsethik ist unbestritten; die Wettbewerbsbedingungen sind so zu formulieren, dass mehr Moral möglich wird. Doch damit ist nur eine notwendige, aber noch keine hinreichende Bedingung für Moral in der Wirtschaft gesetzt.

3. Es bedarf daher ergänzend einer **Unternehmensethik** zur Entwicklung einer moralisch orientierten Wettbewerbskultur.[3] Für eine eigenständige Unternehmensethik besteht schon deshalb Bedarf, weil die staatlich gesetzten Rahmenbedingungen aus Sicht der Beteiligten immer unvollständig und defizitär sind. Unternehmen müssen daher ein Selbstinteresse daran haben, dieses »Vakuum« zu füllen, weil von der Öffentlichkeit wie von manchen Stakeholder-Gruppen (z.B. Kunden, NGOs) für Unglücksfälle, Skandale oder moralische Fehltritte schnell eine extensive Verantwortungszurechnung praktiziert wird; Unternehmen werden häufig auch für unbeabsichtigte und unabsehbare Folgen ihres Handelns verantwortlich gemacht. Ein Ethik-Management zur Gestaltung unternehmensethischer Aktivitäten wird als primären Ansatzpunkt auf Institutionenmoral und nicht auf die Moral des einzelnen Beschäftigten

---

1 W. Lachmann, 1990, S. 80.
2 K. Homann, 1991, S. 22.
3 T. Bausch, 1994a, S. 19 f.

setzen. Die Formulierung eines Ethik-Kodexes entspricht der Schaffung der staatlichen Rahmenordnung auf Unternehmensebene. Weitere Maßnahmen wie die ethische Sensibilisierung der bestehenden Organisationsstrukturen und/oder die Schaffung neuer Ethik-Stellen oder Abteilungen sorgen für die institutionelle Umsetzung der im Kodex verankerten Werte und Regeln.[4] Hier gelten die Überlegungen zur Ordnungsethik analog. Erkenntnisleitend für diese Vorgehensweise ist, dass unmoralisches Verhalten der Beschäftigten häufig die Deformationen oder Defizite der Unternehmensorganisation reflektiert und nicht die moralischen Defizite oder Unzulänglichkeiten von Mitarbeitern.

4. Allerdings sind auch offene partizipative Organisationsstrukturen und ein vorbildliches Führungsverhalten des Top-Managements nur eine notwendige, aber keine hinreichende Bedingung für die moralische Integrität einer Organisation. Hinzu kommen muss ein werteorientiertes Verhalten der Mitarbeiter. Hier ist der Ansatzpunkt der **Individualethik**. Insbesondere müssen alle Beschäftigten, das Führungspersonal wie die Mitarbeiter, Bereitschaft und Fähigkeit zur Übernahme von **Verantwortung** zeigen. Einstehen für die Legitimität seines Verhaltens muss der Einzelne aber nicht nur für die eigenen Aktivitäten, sondern Verantwortung trägt er auch für andere, d.h. für seine Kollegen, seine Arbeitsgruppe oder sein Unternehmen, wenn auch in differenzierten Formen und Abstufungen. Somit wird der Beschäftigte als verantwortungsbewusster Mensch auch schwierigen moralischen Konflikten mit Kollegen oder mit dem Unternehmen nicht ausweichen können.

5. Sowohl eine Marktwirtschaft wie auch Unternehmen, die primär auf institutionelle Absicherung moralischer Anliegen setzen, können auf individuelle Moral, auf tugendhaftes Verhalten der individuellen Akteure nicht verzichten. Im Gegenteil sind sie für ihr Funktionieren in zentraler Weise auf gemeinsam geteilte Wertorientierungen der miteinander kooperierenden und konkurrierenden Menschen angewiesen. Andererseits neigt die hier formulierte Zuweisung von moralischen Verantwortlichkeiten an die verschiedenen Adressatenebenen *nicht* dazu, den Einzelnen mit Verantwortlichkeitspostulaten oder moralischen Appellen zu überfordern. **Überforderung** führt bei den Betreffenden entweder zur Abwehr moralischer Ansprüche überhaupt, oder sie macht den Gutwilligen irgendwann zum Zyniker, weil er erkennt, dass er als der Moralische häufig der Dumme ist. Beides führt zur Erosion der Moral und verkennt, dass Moral eine knappe Ressource ist. Sinnvoller als Opferhandlungen des Einzelnen ist daher der Einsatz für eine effizientere wie menschengerechtere Gestaltung der Rahmenbedingungen für das Handeln auf Märkten wie in Unternehmen.[5] Hier ist die **Verantwortung** des Einzelnen **als Staatsbürger** in den Blick genommen. In öffentlichen Diskursen ist zu klären, welche kollektiven Ziele mit welchen Mitteln erreicht werden sollen, vor allem aber, welchen Regulierungen wirtschaftliches Handeln unterworfen werden soll.

6. Und wo ist in der hier formulierten Wirtschaftsethik Raum für **Solidarität** und **Nächstenliebe**? Wo ist der Platz für Altruismus? Muss es nicht auch eine Ethik des Teilens oder des **Verzichts** geben? Hierauf können vier Antworten gegeben werden, die diesen Problemkreis sicher nicht erschöpfen, aber die Thematik strukturieren können:

---

4 Ein Ethics Office kann als Pendant zum Kartellamt auf der Ordnungsebene interpretiert werden.
5 G. Nunner-Winkler, 1993, Sp. 1191; mit anderer Begründung J. Hackmann, 1994, S. 267 ff.

a) Liberale Ökonomen werden bei Beantwortung der ersten Frage betonen, dass der Wettbewerb an sich schon eine soziale Veranstaltung ist. Wettbewerb und Nächstenliebe stehen danach auch in einer (zumindest partiellen) Harmoniebeziehung. Die »unsichtbare Hand der Konkurrenz« sorgt dafür, dass die Produzenten sich in den Dienst der Konsumenten stellen müssen. Zudem sorgt Wettbewerb für wirtschaftliche Prosperität. Beides reduziert wirtschaftliche Abhängigkeiten und gibt Freiräume für individuelle Lebensstile und erfährt damit eine positive Wertung aus dem Blickwinkel der Nächstenliebe. Allerdings liegt diesen Überlegungen ein ergebnisorientiertes Verständnis von Solidarität oder Liebe zugrunde. Kann es denn Nächstenliebe ohne das entsprechende Wohlwollen des Einzelnen, ohne die liebende Gesinnung des Individuums geben?[6]

b) Auch wenn man Nächstenliebe – und daher auch die weiteren Fragen – nur in einem engen individualethischen Sinne als ein von Absicht und Zuwendung gegenüber dem anderen geleitetes Verhalten verstehen will, wird man ein wichtiges Argument zugunsten einer Wettbewerbsordnung beachten müssen. Die Spielregeln einer Marktwirtschaft orientieren sich zwar an einem strikt eigennutzorientierten Menschen, aber sie setzen diesen nicht voraus. Die Marktwirtschaft ist auch kein deterministisches System, in dem der Einzelne zu ausschließlicher Verfolgung von Eigeninteressen gezwungen ist.[7] Vielmehr lässt die Marktwirtschaft durchaus Raum für **altruistisches, solidarisches Handeln**. Ein Marktsystem eröffnet Freiräume, überlässt es grundsätzlich jedem Einzelnen, seine Ziele frei zu wählen, die ihm zur Verfügung stehenden Mittel entsprechend der gewünschten Ziele einzusetzen wie schließlich auch die Intensität zu bestimmen, mit der er seine Ziele verfolgt. Ebenso lassen offene partizipative Organisationsstrukturen moralisch sensibler Unternehmen Raum für fairen, solidarischen Umgang miteinander. Allerdings produziert der Wettbewerb Zwänge; sie begrenzen für den Anbieter oder Produzenten den Raum für Solidarität oder Rücksichtnahme gegenüber dem schwächeren Konkurrenten, der ledigen Mutter, einem Behinderten oder dem Arbeitslosen. Doch es sind **anonyme Zwänge**. So war beispielsweise der Niedergang der vielen kleinen Lebensmittelläden nicht Zielsetzung[8] böswilliger Konsumenten oder machtgieriger Lebensmittelketten, sondern vielmehr unvermeidliche Begleiterscheinung zahlreicher Interaktionen vieler Haushalte und Unternehmen auf Märkten, die so niemand vorausgesehen oder gar gesteuert hat. Überdies sind die empfundenen Zwänge oft recht subjektiver Natur, denn häufig ist die Klage über die Schärfe des Wettbewerbs in Wirklichkeit nur eine Klage über den Mangel an Einfällen, wie der große Unternehmer und Außenminister der Weimarer Republik, *Walter Rathenau*, einmal bemerkt hat.

c) Allerdings soll nicht der Eindruck erweckt werden, als seien die aus dem marktwirtschaftlichen Prozess resultierenden Probleme, Ängste oder Zwänge für den Ein-

---

6 J. Hackmann, 1994, S. 257 f., S. 267.

7 Wenn dennoch immer wieder Bücher wie »Der Terror der Ökonomie« oder »Die Diktatur des Profits«, die Bestsellerlisten verkaufter Bücher anführen, so offenbart sich darin ein tief verwurzelter Wunsch der Menschen nach einfachen Verantwortungsmustern. War es in vormodernen Zeiten der göttliche Heilsplan, in den man sich eingebettet fühlte, oder unentrinnbare Schicksalsmächte, so ist heute »die« Globalisierung oder »die« New Economy für alle Missstände und Unzulänglichkeiten der Welt »verantwortlich«.

8 Diese Motivationen sind nicht auszuschließen, aber ein staatlich angemessen regulierter Wettbewerb wird moralisch zweifelhafte Motive eher begrenzen als jedes andere Ordnungsregime.

zelnen nicht ernst zu nehmen. Der marktwirtschaftlichen Ordnung liegt eine Institut-ionenmoral zugrunde und die begrenzt den Raum für eine Kleingruppenmoral.[9] Eine »Ethik des Verzichts« oder eine »Ethik des Teilens« kann daher nicht primär in der Sphäre der Leistungserstellung bzw. der Einkommenserzielung, sondern erst bei der **Verwendung des Einkommens** ansetzen.[10] Haushalte unterliegen natürlich auch bei der Einkommensverwendung den Zwängen des Wettbewerbs, dennoch sind die-se – insbesondere für die breiten, »gesättigten« Mittelschichten westlicher Gesellschaf-ten – ganz anders gelagert und weitaus geringer als in der »Produktionssphäre«. Ethi-sche Reflexionen sind daher für jeden Haushalt in zweierlei Hinsicht gefordert:

- Die grundlegende ethische Frage betrifft die nach **Aufteilung des Einkommens**; das Einkommen kann für Konsum und Sparen, aber auch für karitative Zwecke oder für Mäzenatentum genutzt werden. Als Spender, Mäzen oder beim bürger-schaftlichen Engagement ist der Einzelne keinen Konkurrenzbedingungen ausge-setzt, allenfalls sieht er sich weltanschaulichen oder milieuspezifischen Anforderun-gen seiner Umgebung ausgesetzt. In einer liberalen Gesellschaft wird er aber diese Frage letztlich nur seinem Gewissen gegenüber verantworten müssen.
- Moralische Verantwortung trifft den Haushalt aber auch für seinen **Konsum**.[11] Die Begründung ist konstitutiv zugleich für die wirtschafts- und sozialethische Legitimi-tät einer Marktwirtschaft. Marktwirtschaften orientieren sich am Konsumenten und dessen Bedürfnissen. Sie sind eine »Veranstaltung für den Verbraucher«, denn Kon-sumenten beeinflussen mit ihren Ausgabeentscheidungen die Gewinnsituation der Unternehmen und steuern damit indirekt auch die Richtung, in der sich die Pro-duktion weiter entwickeln soll. Damit entscheiden letztlich die Präferenzen der Konsumenten über den Markterfolg. Dies entspricht dem Leitbild der Konsumen-tensouveränität, dem zentralen normativen Postulat in liberalen marktwirtschaftli-chen Systemen. Konsumentensouveränität ist Ausdruck für Selbstentfaltung des Individuums als freies, selbstbestimmtes Wesen. Konsumfreiheit muss mithin wie anderen Freiheitsverbürgungen, so z. B. der Gewissens-, Religions- und Meinungs-freiheit, ein hoher Stellenwert zukommen; nur dann wird der Mensch als autono-mes, moralisches Subjekt in seiner Personenwürde ernst genommen.[12]

Die Konsumfreiheit korrespondiert mit entsprechender **Verantwortlichkeit** des Individuums, und zwar in zweifacher Hinsicht. Zum einen sind die Präferenzen zu prüfen in Bezug auf ihren Sinn für das eigene gute Leben (Authentizität der Be-dürfnisse), zum anderen hinsichtlich ihrer sozialen und ökologischen Legitimität (Verallgemeinerbarkeit des Verhaltens).[13] Eine solche Verantwortlichkeit ist zwar an gewisse Voraussetzungen bei den Verbrauchern gebunden (z. B. Vorhandensein ge-wisser Kaufkraft, Konkurrenz unter den Anbietern, hinreichende Information über Produkteigenschaften, etc.) und bedarf auch gewisser institutioneller Absicherungen zum Schutze des Verbrauchers (z. B. zur Aufklärung der Stiftung Warentest, oder zur Kontrolle das Bundesgesundheitsamt, etc.). Gleichwohl wird man heute ange-sichts hohen Bildungsstandes und breiter Informationsmöglichkeiten kaum mehr

---

9 Vgl. dazu Kapitel 2.2.3.
10 J. Hackmann, 1994, S. 257; W. Lachmann, 1990, S. 89.
11 Zudem stellen sich für ihn auch als Sparer bzw. Kapitalanleger wirtschaftsethische Fragen. Vgl. hierzu z. B. die Diskussion um Ethikfonds oder ökologieorientiertes Investment.
12 W. Korff, 1999a, S. 33 f.
13 Vgl. P. Ulrich, 1997, S. 328 ff.

behaupten können, dass diese Verantwortlichkeit durch die Raffinessen der Werbung zu manipulativer Bedürfnissteuerung (sog. Konsumismus-Vorwurf) stark beeinträchtigt oder verzerrt seien. Auch der Hinweis, Konsum würde heute kultisch überhöht und nicht mehr die Kirchen, sondern die Konsumtempel seien der Ort moderner Religiosität, taugt nicht dazu, den Einzelnen von Verantwortlichkeit freizusprechen, denn diese Überhöhung des Konsums dient primär der Selbstdarstellung und Selbstästhetisierung. Die »geheimen Verführungskünste« der Werbebranche werden durchschaut, denn jeder 14-Jährige weiß Bescheid darüber, ob der Marlboro-Cowboy wirklich Freiheit und Abenteuer versprechen kann oder der neue Smart im Stau am Frankfurter Kreuz für Glück und Selbstfindung sorgt. Wenn beispielsweise in unserer mobilen Gesellschaft das Auto dennoch bei 70% aller Fahrten Freizeitzwecken dient und das 3-Liter-Auto – obwohl technisch durchaus machbar- auch in absehbarer Zeit kein Standard wird, zugleich aber die ökologischen Konsequenzen von CO_2-Emissionen hinreichend bekannt sind oder bekannt sein könnten, so weiß jeder Konsument um seine wenig nachhaltige Lebensweise. Die ethische Grundeinstellung des Maßhaltens oder Verzichts ist also entweder nicht weit verbreitet oder fordert eine solche innere Kraft, die der Einzelne vielfach nicht leisten will. Handelt der Einzelne damit verantwortungslos?

d) Dies führt zu einem letzten Aspekt. Die **Konturen** und Grenzen des Verantwortlichkeitskonzepts sind einigermaßen **unscharf**. Der Mensch wird im Informationszeitalter jeden Tag wieder neu mit Schreckensnachrichten über ökologische Schadensfälle konfrontiert. Und er wird von den Medien ständig mit einem Ausmaß an Armut, Hunger und Krankheit in der Welt überhäuft, die sein Maß an Bewältigungsvermögen bei weitem übersteigen. Gerade das ungeheure Maß an Leid und Zerstörung ist so absolut und umfassend, das wir ihm uns gar nicht angemessen verantwortlich gegenüber zeigen könnten. Wir reagieren daher mit Abschottung und Ausblendung, mit Gewohnheit und Gleichgültigkeit. Fühlten wir uns stattdessen für all das Leiden der anderen Menschen und der Natur schuldig, weil wir auch hierfür eine Verantwortung sähen, so würde das »Prinzip Verantwortung« schnell in das »Prinzip Verzweiflung« umkippen.[14] Die angemessene Antwort liegt deshalb wohl in der Mitte; gemeint sind die kleinen Schritte, die Solidarität gegenüber dem kranken Nachbarn, einer hilfsbedürftigen oder einsamen alten Dame, die Mitarbeit in einer Jugendgruppe oder in einem Umweltschutzverein, die finanzielle Unterstützung einer karitativen Einrichtung in unserer Nachbarschaft, etc.

---

14 B. Salzmann, 1993.

Literaturverzeichnis

Abele, Hanns (1993), Korruption, in: G. Enderle u.a. (Hrsg.), Lexikon der Wirtschaftsethik, Freiburg, Basel und Wien 1993, Sp. 571–578.

Adam, Konrad (2000), Die Dienstleistungsgesellschaft, in: Frankfurter Allgemeine Zeitung, Bilder und Zeiten, vom 1.4.2000, S. I.

Albert, Hans (1976), Wissenschaftstheorie, in: Handwörterbuch der Wirtschaftswissenschaften, Stuttgart u.a., 1976 ff., S. 4674–4692.

Arbeitsgemeinschaft Selbständiger Unternehmer (ASU), (1991), Ethik und Marktwirtschaft. Positionen und Argumente, 4. Auflage, Dortmund 1991.

Arnim, Hans Herbert von (1993), Hat die Demokratie Zukunft?, Frankfurter Allgemeine Zeitung vom 27.11.1993.

Aufderheide, Detlef (1995), Unternehmer, Ethos und Ökonomik. Moral und unternehmerischer Gewinn aus der Sicht der neuen Institutionenökonomik, Berlin 1995.

Barbier, Hans D. (1996), Bourdieu und die Idee Tietmeyer, Frankfurter Allgemeine Zeitung vom 5.1.1996, S. 13.

Bausch, Thomas (1994), Begriff Diskursethik, in: Forum Wirtschaftsethik, 2. Jg., Juni 1994, S. 11–12.

Bausch, Thomas (1994a), Wirtschaft und Ethik. Notizen zu einem Brückenschlag, in: S. Blasche/ W. R. Köhler/P. Rohs (Hrsg.), Markt und Moral. Die Diskussion um die Unternehmensethik, Bern u.a, 1994, S. 19–36.

Berkel, Karl/Herzog, Rainer (1997), Unternehmenskultur und Ethik, Heidelberg 1997.

Berkel, Karl (1998), Führungsethik: Organisationspsychologische Perspektiven, in: G. Blickle (Hrsg.), Ethik in Organisationen, Göttingen 1998, S. 117–136.

Blankart, Charles Beat (1991), Öffentliche Finanzen in der Demokratie, München 1991.

Blome-Drees, Franz (1993), Unternehmer, in: G. Enderle u.a. (Hrsg.), Lexikon der Wirtschaftsethik, Freiburg, Basel und Wien 1993, Sp. 1160–1164.

Boeing (2001), Ethics and Business Conduct, http://www.boeing.com/companyoffices/ethics vom 4.9.01.

Böhm, Franz (1961), Demokratie und ökonomische Macht, in: ders. (Hrsg.), Kartelle und Monopole im modernen Recht, Karlsruhe 1961, S. 18–42.

Bonus, Holger (1978), Ordnungspolitische Aspekte öffentlicher Güter, in: E. Helmstädter (Hrsg.), Neuere Entwicklungen in den Wirtschaftswissenschaften, Schriften des Vereins für Socialpolitik Neue Folge Bd. 98, Berlin 1978, S. 51 ff.

Bonus, Holger (1980), Öffentliche Güter und Gefangenendilemma, in: W. Dettling (Hrsg.), Zähmung des Leviathan. Neue Wege der Ordnungspolitik, Baden Baden 1980, S. 129–160.

Bowie, Norman E. (1992), Unternehmensethikkodizes: können sie eine Lösung sein?, in: H. Lenk/M. Maring (Hrsg.), Wirtschaft und Ethik,, Stuttgart 1992, S. 337–349.

Braig, Axel/Renz, Ulrich (2001), Die Kunst, weniger zu arbeiten, 2. Auflage, Berlin 2001.

Brown, Marvin T. (1999), The Ethical Process. An Approach to Controversial Issues, 2nd ed., New Jersey 1999.

Budäus, Dietrich/Steenbock, Andreas (1999), Ethische Aspekte wirtschaftlichen Handelns im Rahmen öffentlicher Einrichtungen, in: W. Korff et al. (Hrsg.), Handbuch der Wirtschaftsethik. Ethik wirtschaftlichen Handelns, Bd. 3, Gütersloh 1999, S. 574–613.

Bund der Steuerzahler (2000), http://www.steuerzahler.de/oeffentlicheverschwendung.htm.

DaimlerChrysler, 2001, Führung & Zusammenarbeit, vervielfältigtes Manuskript, Stuttgart 2001.

de George, Richard T. (1993), Whistle-Blowing, in: G. Enderle u.a. (Hrsg.), Lexikon der Wirtschaftsethik, Freiburg, Basel und Wien 1993, Sp. 1275–1278.

Dietz, Markus (1998), Korruption. Eine institutionenökonomische Analyse, Berlin 1998.

Dietzfelbinger, Daniel (1999), Aller Anfang ist leicht. Einführung in die Grundfragen der Unternehmens- und Wirtschaftsethik, München 1999.

Downs, Anthony, (1968), Ökonomische Theorie der Demokratie, Tübingen 1968.

Duffner, Georg (1993), Natur und Ökonomie. Einige Überlegungen zu einer umweltbewussten Unternehmensführung, in: J. Rothfuß et al. (Hrsg.), Konstanten für Wirtschaft und Gesellschaft Bd.2, Festschrift für Walter Witzenmann, Konstanz 1993, S. 57–85.

Eigen, Peter (1995), Korruption – was tun?, in: Forum Wirtschaftsethik, 3. Jg., November 1995, S. 1–5.

Ellwein, Thomas (1974), Die großen Interessenverbände und ihr Einfluss, in: R. Löwenthal/H.-P. Schwarz (Hrsg.), Die zweite Republik, Stuttgart 1974, S. 470–493.

Enderle, Georges (1993), Unternehmen, in: ders. u.a. (Hrsg.), Lexikon der Wirtschaftsethik, Freiburg, Basel und Wien 1993, Sp. 1093–1099.

Engels, Wolfram (1974), Solidarisch ist auch eine Räuberbande, Wirtschaftswoche vom 29.3.1974, S. 60–62.

Eucken, Walter (1975), Grundlagen der Wirtschaftspolitik, 5. Auflage, Tübingen 1975.

Eucken, Walter (1932), Staatliche Strukturwandlungen und die Krisis des Kapitalismus, in: Weltwirtschaftliches Archiv Bd.36, 1932, S. 297–322.

Evangelische Kirche in Deutschland (1991), Gemeinwohl und Eigennutz. Wirtschaftliches Handeln in Verantwortung für die Zukunft, Gütersloh 1991.

Frankena, William K. (1994), Analytische Ethik. Eine Einführung, 5. Auflage, München 1994.

Frey, Bruno/Kirchgässner, Gebhard (1994), Demokratische Wirtschaftspolitik, 2. Auflage, München 1994.

Friedman, Milton (1984), Kapitalismus und Freiheit, Frankfurt u.a. 1984 (englische Erstausgabe: 1962).

Gaarder, Jostein (1993), Sofies Welt. Roman über die Geschichte der Philosophie, München und Wien 1993.

Gebert, Dieter (1998), Die offene Organisation als Leitkonzept?, in: G. Blickle (Hrsg.), Ethik in Organisationen, Göttingen 1998, S. 149–168.

Gehlen, Arnold (1961), Anthropologische Forschungen, Frankfurt 1961.

Gehlen, Arnold (1986), Die Sonderstellung des Menschen, in: Volker Spierling (Hrsg.), Lust an der Erkenntnis. Die Philosophie des 20. Jahrhunderts, München 1986, S. 330–340.

Giersch, Herbert (1993), Die Ethik der Wirtschaftsfreiheit, in: R. Vaubel/H.D. Barbier (Hrsg.), Handbuch Marktwirtschaft, 2. Auflage, Stuttgart 1993, S. 12–22.

Gildeggen, Rainer (2000), Internationale Handelsgeschäfte. Eine Einführung in das Recht des grenzüberschreitenden Handels, München 2000.

Grabner-Kräuter, Sonja (2000), Ansatzpunkte für eine Konkretisierung der Wirtschaftsethik, in: Wirtschaftswissenschaftliches Studium 29. Jg., 2000, S. 77–81.

Haas, Robert D., Unternehmensethik als globale Herausforderung. Zur Umsetzung ethischer Werte bei Levi Strauss & Co., in: Forum Wirtschaftsethik, 2. Jg., November 1994, S. 1–3.

Habisch, Andre, Sozialkapital (1999), in: W. Korff et al. (Hrsg.), Handbuch der Wirtschaftsethik. Ausgewählte Handlungsfelder, Bd. 4, Gütersloh 1999, S. 472–509.

Hackmann, Johannes (1994), Konkurrenz und Nächstenliebe, in: Ordo Bd. 45, 1994, S. 251–271.

Hamer, Eberhard (1998), Schwarzarbeit ist Abgabenprotest, Frankfurter Allgemeine Zeitung vom 20.10.1998, S. 19.

Hamm, Walter (2000), Gemeinwohl gegen Parteiwohl, Frankfurter Allgemeine Zeitung vom 29.5.2000, S. 13.

Hansen, Ursula (1991), Marketing und soziale Verantwortung, in: H. Steinmann/A. Löhr (Hrsg.), Unternehmensethik, 2. Auflage, Stuttgart 1991, S. 243–256.

Haueisen, Gunter K. (2000), Unternehmensethik als Steuerungsproblem. Eine motivationstheoretische Untersuchung unter besonderer Berücksichtigung der Bankwirtschaft, München und Mering 2000.

Hayek, Friedrich August von (1977), Wohin steuert die Demokratie, Frankfurter Allgemeine Zeitung vom 8.1.1977, S. 11.

Hayek, Friedrich August von (1979), Die drei Quellen menschlicher Werte, Tübingen 1979.

Hengsbach, Friedhelm (1996), Gerechtigkeit in der Marktwirtschaft. Der systematische Ort einer wirtschaftsethischen Reflexion, in: J. Becker, u.a. (Hrsg.), Ethik in der Wirtschaft. Chancen verantwortlichen Handelns, Stuttgart 1996, S. 23–47.

Hengsbach, Friedhelm (1997), Globalisierung aus wirtschaftsethischer Sicht, in: Aus Politik und Zeitgeschichte, B 21/97, vom 16. Mai 1997, S. 3–12.

Herzog, Roman (1997), Eine Gesellschaft der Selbständigkeit, Frankfurter Allgemeine Zeitung vom 29. April 1997, S. 11.

Heuß, Ernst (1987), Gerechtigkeit und Marktwirtschaft, in: Ordo Bd. 38, 1987, S. 3–19.

Höffe, Otfried (1992), Gerechtigkeit als Tausch? Ein ökonomisches Prinzip für die Ethik, in: H. Lenk/M. Maring (Hrsg.), Wirtschaft und Ethik, Stuttgart 1992, S. 119–133.

Höffe, Ottfried (2000), Nationalstaaten im Zeitalter der Globalisierung, Frankfurter Allgemeine Zeitung vom 25. Juli 2000, S. 14.

Hoffman, W. Michael (1998), A Blueprint for Corporate Ethical Development, in: P. Ulrich/J. Wieland (Hrsg.), Unternehmensethik in der Praxis: Impulse aus den USA, Deutschland und der Schweiz, Bern u.a. 1998, S. 49–62.

Homann, Karl (1991), Ökonomik und Ethik, in: G. Baadte/A. Rauscher (Hrsg.), Wirtschaft und Ethik, Graz u.a. 1991, S. 9–29.

Homann, Karl (1994), in: ders. (Hrsg.) Wirtschaftsethische Perspektiven I. Theorie, Ordnungsfragen, Internationale Institutionen. Schriften des Vereins für Socialpolitik, Bd. 228/I, Berlin 1994, S. 9–30.

Homann, Karl (1997), Individualisierung: Verfall der Moral? Zum ökonomischen Fundament aller Moral, in: Aus Politik und Zeitgeschichte, B 21/97, S. 13–21.

Homann, Karl (1999), Die Legitimation von Institutionen, in: W. Korff et al. (Hrsg.), Handbuch der Wirtschaftsethik. Ethik wirtschaftlicher Ordnungen, Bd. 2, Gütersloh 1999, S. 50–95.

Homann, Karl (1999a) Sozialpolitik nicht gegen den Markt, Frankfurter Allgemeine Zeitung vom 13.2.1999, S. 15.

Homann, Karl (1999 b), Weltgesellschaft, Standortwettbewerb und Demokratie, Vortrag in Bad Boll am 11. Juni 1999, vervielfältigtes Manuskript, o.O., o.J.

Homann, Karl/Hesse, Helmut u.a. (1988), Wirtschaftswissenschaft und Ethik, in: H. Hesse (Hrsg.), Wirtschaftswissenschaft und Ethik, Schriften des Vereins für Socialpolitik N.F. Bd. 171, Berlin 1988, S. 9–33.

Homann, Karl/Pies, Ingo (1991), Wirtschaftsethik und Gefangenendilemma, Wirtschaftswissenschaftliches Studium 20. Jg., 1991, S. 608–614.

Homann, Karl/Blome-Drees, Franz (1992), Wirtschafts- und Unternehmensethik, Göttingen 1992.

Hoppmann, Erich (1987), Ökonomische Theorie der Verfassung, in: Ordo Bd. 38, 1987, S. 31–45.

Hoppmann, Erich (1988), Krise der Demokratie, Beiträge der Fachhochschule Pforzheim Nr. 47, Pforzheim 1988.

Hoppmann, Erich (1990), Moral und Marktsystem, in: Ordo Bd. 41, 1990, S. 3–26.

Hondrich, Karl Otto (2000), Das Zwischenmenschliche zieht uns hinab. Auch nach einer genetischen Verbesserung der Gesellschaft bliebe alles beim Alten, Frankfurter Allgemeine Zeitung, Bilder und Zeiten vom 22.4.2000, S. 1.

Hubig, Christoph (1993), Technik- und Wissenschaftsethik. Ein Leitfaden, Berlin u.a. 1993.

Immenga, Ulrich/Noll, Bernd (1990), Feindliche Übernahmen aus wettbewerbspolitischer Sicht, Dokument der Kommission der Europäischen Gemeinschaften, Luxemburg 1990.

Issing, Otmar (1998), Von Markt und Freiheit, in: Deutsche Bundesbank (Hrsg.) Auszüge aus Presseartikeln Nr. 18 vom 17.3.1998, S. 1–4.

Jäger, Hans (1988), Geschichte der Wirtschaftsordnung in Deutschland, Frankfurt 1988.

Jonas, Hans (1979), Das Prinzip Verantwortung. Versuch einer Ethik für die technische Zivilisation, Frankfurt 1979.

Kaas, Klaus-Peter (1999), Absatz- und Beschaffungsmarketing, in: W. Korff et al. (Hrsg.), Handbuch der Wirtschaftsethik. Ethik wirtschaftlichen Handelns, Bd. 3, Gütersloh 1999, S. 232–274.

Kaptein, Muel (1998), Ethics Management. Auditing and Developing the Ethical Content of Organizations, Dordrecht et. al. 1998.

Kerber, Walter S. J. (1991), Zum Ethos von Führungskräften. Ergebnisse einer empirischen Untersuchung, in: H. Steinmann/A. Löhr (Hrsg.), Unternehmensethik, 2. Auflage, Stuttgart 1991, S. 303–313.

Kirchner, Christian (1999), Ethische Aspekte interstaatlicher Institutionalisierung wirtschaftlicher Prozesse, in: W. Korff et al. (Hrsg.), Handbuch der Wirtschaftsethik. Ethik wirtschaftlicher Ordnungen, Bd. 2, Gütersloh 1999, S. 373–389.

Kirsch, Guy (1999), Die politikwissenschaftliche Dimension der Institutionalisierung wirtschaftlicher Prozesse, in: W. Korff et al. (Hrsg.), Handbuch der Wirtschaftsethik. Ethik wirtschaftlicher Ordnungen, Bd. 2, Gütersloh 1999, S. 416–432.

Klein, Stefan/Teubner, Rolf Alexander (1999), Informationsverhalten und Informationsstrukturen, in: W. Korff et al. (Hrsg.), Handbuch der Wirtschaftsethik. Ethik wirtschaftlichen Handelns, Bd. 3, Gütersloh 1999, S. 373–389.

Kleinfeld, Anette (2001), Veränderte Anforderungen an Führungskräfte: Emotionale und soziale Intelligenz, http://www.bickmann.de/knowledge-base/vortrag-kleinfeld vom 28.08.01.

Kley, Roland (1993), Gerechtigkeit, in: G. Enderle u.a. (Hrsg.), Lexikon der Wirtschaftsethik, Freiburg u.a., Sp. 352–360.

Klitgaard, Robert (1997), International Cooperation Against Corruption, http://www.gwdg.de/~uwvw/Research-area/Klitgaard.htm.

Köcher, Renate (1995), Ist die Marktwirtschaft nicht menschlich genug?, Frankfurter Allgemeine Zeitung vom 16.8.1995, S. 5.

Kohlberg, Lawrence (1974), Zur kognitiven Entwicklung des Kindes, Frankfurt 1974.

Korff, Wilhelm (1999a), Konstitutive Bauelemente moderner Wirtschaftsethik, in: W. Korff et al. (Hrsg.), Handbuch der Wirtschaftsethik. Verhältnisbestimmung von Ethik und Wirtschaft, Bd. 1, Gütersloh 1999, S. 30–50.

Korff, Wilhelm (1999), Die grundlegenden Strukturelemente gesellschaftlicher Interaktion, in: W. Korff et al. (Hrsg.), Handbuch der Wirtschaftsethik. Verhältnisbestimmung von Ethik und Wirtschaft, Bd. 1, Gütersloh 1999, S. 257–268.

Koslowski, Peter (1982), Ethik des Kapitalismus, Tübingen 1982.

Koslowski, Peter (1988), Prinzipien der ethischen Ökonomie. Grundlegung der Wirtschaftsethik und der auf die Ökonomie bezogene Ethik, Tübingen 1988.

Kreikebaum, Hartmut (1996), Grundlagen der Unternehmensethik, Stuttgart 1996.

Kreikebaum, Hartmut (1996), Arbeit – Zukunft der Arbeitsgesellschaft, in: W. Korff et al. (Hrsg.), Handbuch der Wirtschaftsethik. Ausgewählte Handlungsfelder, Bd. 4, Gütersloh 1999, S. 48–68.

Krupinski, Guido (1993), Führungsethik für die Wirtschaftspraxis. Grundlagen – Konzepte – Umsetzung, Wiesbaden 1993.

Küpper, Hans-Ulrich (1999), Entscheidung und Verantwortung im institutionellen Rahmen, in: W. Korff et al. (Hrsg.), Handbuch der Wirtschaftsethik. Ethik wirtschaftlichen Handelns, Bd. 3, Gütersloh 1999, S. 39–67.

Küpper, Hans-Ulrich/Picot, Arnold (1999), Ethische Aspekte wirtschaftlichen Handelns im Rahmen von Unternehmungen, in: W. Korff et al. (Hrsg.), Handbuch der Wirtschaftsethik. Ethik wirtschaftlichen Handelns, Bd. 3, Gütersloh 1999, S. 132–148.

Kumar, Brij Nino/Graf, Ina/Zeiss, Harald (2001), Multinationale Unternehmen und internationale Korruption: Steuerungsdefizite des rechtlichen Rahmens und betriebswirtschaftliche Präventionsmaßnahmen, http://www.haraldzeiss.de/pro/Publikationen/korruption.htm vom 30.6.01.

Kunz, Christoph (1993), Fertig ausgearbeitete Unterrichtsbausteine für das Fach Ethik/Werte und Normen, Kissing 1993.

Kurz, Rudi (1995), Nachhaltige Entwicklung und Nord-Süd-Problematik, WSI-Mitteilungen 48. Jg., 1995, S. 272–277.

Lachmann, Werner (1987), Wirtschaft und Ethik. Maßstäbe wirtschaftlichen Handelns, Neuhausen-Stuttgart 1987.

Lachmann, Werner (1990), Ethik und Soziale Marktwirtschaft, in: Bundeszentrale für politische Bildung (Hrsg.), Wirtschaftspolitik, Bonn 1990, S. 71–90.

Lachmann, Werner (1992), Marktversagen – Ethikversagen, Beiträge der Fachhochschule für Wirtschaft Pforzheim Nr. 65, Pforzheim 1992.

Lachmann, Werner (1994), Ethische Folgen staatlicher Interventionen in einer Marktwirtschaft, in: K. Homann (Hrsg.), Wirtschaftsethische Perspektiven I. Theorie, Ordnungsfragen, Internationale Institutionen, Schriften des Vereins für Socialpolitik Bd. 228/I, Berlin 1994, S. 159–172.

Lachmann, Werner (1997), Grundfragen der Wirtschaftsethik VI: Gewinne durch Abbau von Arbeitsplätzen, in: Wirtschaft und Ethik, Mitteilungen der Gesellschaft zur Förderung der Wirtschaftswissenschaften und Ethik e.V., 8. Jg. Nr. 2, September 1997, S. 3.

Lachmann, Werner (1998), Verantwortung zwischen Eigen-, Gruppen- und Gesamtinteresse, in: R. Haupt/W. Lachmann (Hrsg.), Unternehmensethik – Wahre Lehre oder leere Ware, Stuttgart 1998, S. 55–70.

Lambsdorff, Johann Graf (1999), Korruption als mühseliges Geschäft – eine Transaktionskostenanalyse, in: M. Pieth/P. Eigen, Korruption im internationalen Geschäftsverkehr. Bestandsaufnahme, Bekämpfung, Prävention, Neuwied 1999, S. 56–87.

Lampert, Heinz (1993), Verteilungspolitik, in: O. Issing (Hrsg.), Allgemeine Wirtschaftspolitik, 3. Auflage, München 1993, S. 109–125.

Lay, Rupert (1989), Ethik für Manager, Düsseldorf u.a. 1989.

Lay, Rupert (1995), Einen Stern folgen, Interview, in: Das Sonntagsblatt vom 17.2.1995, S. 18.

Leipold, Helmut (1987), Vertragstheoretische Begründung staatlicher Aufgaben, in: Wirtschaftswissenschaftliches Studium, 16. Jg., 1987, S. 177–182.

Leipold, Helmut (1989), Vertragstheorie und Gerechtigkeit (1989), in: G. Gutmann,/A. Schüller, (Hrsg.), Ethik und Ordnungsfragen der Wirtschaft, Baden Baden 1989, S. 357–385.

Leisinger, Klaus M. (1997), Unternehmensethik. Globale Verantwortung und modernes Management, München 1997.

Lehner, Franz (1981), Einführung in die Neue Politische Ökonomie, Königstein im Taunus 1981.

Lenk, Hans/Maring, Matthias (1996), Wirtschaftsethik – ein Widerspruch in sich selbst, in: J. Becker u.a. (Hrsg.), Ethik in der Wirtschaft. Chancen verantwortlichen Handelns, Stuttgart 1996, S. 1–22.

Lenk, Hans/Maring, Matthias (1998), Das moralphilosophische Fundament einer Ethik für Organisationen – korporative und individuelle Verantwortung, in: G. Blickle (Hrsg.), Ethik in Organisationen, Göttingen 1998, S. 19–35.

Lenk, Kurt (1991), Probleme der Demokratie, in: H.-J. Lieber (Hrsg.), Politische Theorien von der Antike bis zur Gegenwart, Bundeszentrale für politische Bildung, Bonn 1991, S. 933–989.

Löhr, Albert (1996), Die Marktwirtschaft braucht Unternehmensethik, in: J. Becker u.a. (Hrsg.), Ethik in der Wirtschaft. Chancen verantwortlichen Handelns, Stuttgart 1996, S. 48–83.

Löhr, Albert (1998), Die moralische Urteilskraft von Wirtschaftsstudenten – Bemerkungen zum empirischen Forschungsstand, in: G. Blickle (Hrsg.), Ethik in Organisationen, Göttingen 1998, S. 185–208.

Maak, Thomas/Ulrich, Peter (1999), Korruption – Die Unterwanderung des Gemeinwohls durch Partikularinteressen. Eine republikanisch-ethische Perspektive, in: M. Pieth/P. Eigen, Korruption im internationalen Geschäftsverkehr. Bestandsaufnahme, Bekämpfung, Prävention, Neuwied 1999, S. 103–119.

Majer, Helge (1995), Ökologisches Wirtschaften. Wege zur Nachhaltigkeit in Fallbeispielen, Ludwigsburg 1995.

Mascolo, Georg/Schumann, Harald (1999), Rückkehr zur Ehrlichkeit, Der Spiegel – Spiegel online, http://www.spiegel.de vom 15.5.01.

Matten, Dirk (1998), Moral im Unternehmen: Philosophische Zierleiste oder knappe Ressource?, in: R. Haupt/W. Lachmann (Hrsg.), Unternehmensethik – Wahre Lehre oder leere Ware?, Neuhausen-Stuttgart 1998, S. 11–33.

Marx Karl/Engels Friedrich (1976), Manifest der kommunistischen Partei (1848), abgedruckt in: dies., Ausgewählte Schriften in zwei Bänden, Bd. 1, Berlin (Ost), 1976, S. 25–57.

Maucher, Helmut (1991), Ethik zwischen Gewinn und Wettbewerb, in: H. Steinmann/A. Löhr (Hrsg.), Unternehmensethik, 2. Auflage, Stuttgart 1991, S. 403–411.

Meisner, Joachim (1999), Den ungeborenen Kindern eine hörbare Stimme verleihen, Frankfurter Allgemeine Zeitung vom 16.1.1999, S. 9.

Miegel, Meinhard (1996), Er hat die Menschen deformiert. Tabus und Illusionen verschleiern das historische Versagen des Sozialstaats, Frankfurter Allgemeine Zeitung vom 2.4.1996, S. 9.

Michael, Manfred (2000), Die Verantwortung der Personalentwicklung für eine ethikorientierte Unternehmensführung, in: Sparkasse 117. Jg., 2000, S. 496–501.

Milgram, Stanley (1983), The Obedience to Authority, New York 1974.

Mitschke, Joachim (1995), Bürgergeld für mehr Arbeitsplätze, Frankfurter Allgemeine Zeitung vom 16.12.1995, S. 17.

Molitor, Bruno (1989), Wirtschaftsethik, München 1989.

Morel, Julius (1974), Werte als sozio-kulturelle Produkte, in: Funkkolleg Sozialer Wandel, 5. Studienbegleitbrief, Weinheim und Basel 1974.

Müller-Armack, Alfred (1956), Soziale Marktwirtschaft, in: E. v. Beckerath u.a. (Hrsg.), Handwörterbuch der Sozialwissenschaften, Bd. 9, Stuttgart u.a. 1956, S. 390–396.

Müller-Merbach, Heiner (2001), Ethik und Wirtschaft: Einheit oder Gegensatz?, Frankfurter Allgemeine Zeitung vom 14.5.2001, S. 31.

Nielsen, Richard P. (1987), What can managers do about unethical management? in: Journal of Business Ethics 1987, p. 309–320.

Noll, Bernd (1986), Wettbewerbs- und ordnungspolitische Probleme der Konzentration, Spardorf, 1986.

Noll, Bernd (1993), Gemeinwohl und Eigennutz. Wirtschaftliches Handeln in Verantwortung für die Zukunft. Anmerkungen zur gleichnamigen Denkschrift der Evangelischen Kirche in Deutschland aus dem Jahre 1991. Beiträge der Fachhochschule Pforzheim, Pforzheim 1993.

Noll, Bernd (1997), Das neue Wertpapierhandelsgesetz. Eine ökonomische Analyse, in: Wirtschaftswissenschaftliches Studium, 26. Jg., 1997, S. 618–624.

Noll, Bernd (1998), Beschränkter Horizont, Warum wir auf Kosten künftiger Generationen leben, in: Evangelische Kommentare 5/1998, S. 286–289.

Noll, Bernd (1999), Die 630-Mark-Krise, in: Evangelische Kommentare 6/1999, S. 26–28.

Noll, Bernd (1999a), Globalisierung und Megafusionen – Möglichkeiten und Grenzen internationaler Wettbewerbspolitik, Fachhochschule Pforzheim und Ekonomski fakultet u Osijeku (Hrsg.), Systemtransformation und internationaler Wettbewerb, Pforzheim und Osijek 1999, S. 37–57.

Nunner-Winkler, Gertrud (1993), Verantwortung, in: G. Enderle u.a. (Hrsg.), Lexikon der Wirtschaftsethik, Freiburg, Basel und Wien 1993, Sp. 1186–1192.

Oberender, Peter (1989), Marktökonomie. Marktstruktur und Wettbewerb in ausgewählten Branchen der Bundesrepublik Deutschland, München 1989.

o.V. (2001), Bald wird nicht mehr jedes Schmiergeld angezeigt, Frankfurter Allgemeine Zeitung vom 28. Juli 2001, S. 11.

Olson, Mancur (1985), Die Logik des kollektiven Handelns, 2. Auflage, Tübingen 1985.

Olson, Mancur (1991), Aufstieg und Niedergang von Nationen, Tübingen 1991.

Osterloh, Margit (1991), Unternehmensethik und Unternehmenskultur, in: H. Steinmann/ A. Löhr (Hrsg.), Unternehmensethik, 2. Auflage, Stuttgart 1991, S. 153–171.

Osterloh, Margit (1993), Unternehmenskultur, in: G. Enderle u.a. (Hrsg.), Lexikon der Wirtschaftsethik, Freiburg, Basel und Wien 1993, Sp. 1139–1142.

Palazzo, Bettina (2000), Interkulturelle Unternehmensethik. Deutsche und amerikanische Modelle im Vergleich, Wiesbaden 2000.

Peters, Hans-Rudolf (1992), Wirtschaftspolitik, München und Wien 1992.

Petersen, Hans-Georg (1993), Finanzwissenschaft I. Grundlegung – Haushalt – Aufgaben und Ausgaben – Allgemeine Steuerlehre, 3. Auflage, Stuttgart u.a. 1993.

Pieper, Annemarie (2000), Einführung in die Ethik, 4. Auflage, Tübingen und Basel 2000.

Pies, Ingo (2000), Wirtschaftsethik als ökonomische Theorie der Moral – Zur fundamentalen Bedeutung der Anreizanalyse für ein modernes Ethikparadigma, in: W. Gärtner (Hrsg.), Wirtschaftsethische Perspektiven V, Schriften des Vereins für Socialpolitik N.F. Bd. 228/V, Berlin 2000, S. 11–33.

Pies, Ingo/Blome-Drees, Franz (1993), Was leistet die Unternehmensethik?, Zeitschrift für betriebswirtschaftliche Forschung Bd. 45, 1993, S. 748–768.

Pieth, Mark/Eigen, Peter (1999), Korruption im internationalen Geschäftsverkehr. Bestandsaufnahme, Bekämpfung, Prävention, Neuwied 1999.

Pieth, Mark (2000), Bestechung bei Auslandsgeschäften ist immer noch die Norm, Interview, in Frankfurter Allgemeine Zeitung vom 22.12.2000, S. 15.

Platter, Guntram (2000), Brauchen Unternehmen Ethik?, in: Sparkasse 117. Jg., 2000, S. 486–489.

Popkes, Gerrit (2000), Kommunikative Tugenden im Management, in: Forum Wirtschaftsethik, 8. Jg., März 2000, S. 6–8.

Popper, Karl R. (1980), Die offene Gesellschaft und ihre Feinde Band I: Der Zauber Platos, Band II: Hegel, Marx und die Folgen, 6. Auflage, München 1980.

Pritzl, Rupert F. J./Schneider, Friedrich (1999), Korruption, in: W. Korff et al. (Hrsg.), Handbuch der Wirtschaftsethik. Ausgewählte Handlungsfelder, Bd. 4, Gütersloh 1999, S. 310–333.

Rawls, John (1994), Eine Theorie der Gerechtigkeit, 8. Auflage, Frankfurt 1994.

Reichart, Ludwig (1991), Führungsethik in der Unternehmenskultur, in: H. Steinmann/A. Löhr (Hrsg.), Unternehmensethik, 2.Auflage, Stuttgart 1991, S. 413–426.

Rippberger, Tanja (1999), Vertrauen im institutionellen Rahmen, in: W. Korff et al. (Hrsg.), Handbuch der Wirtschaftsethik. Ethik des wirtschaftlichen Handelns, Bd. 3, Gütersloh 1999, S. 67–99.

Röpke, Wilhelm (1950), Maß und Mitte, Erlenbach-Zürich 1950.

Röpke, Wilhelm (1961), Jenseits von Angebot und Nachfrage, 3. Auflage, Erlenbach-Zürich, Stuttgart 1961.

Russell, Bertrand (2000), Philosophie des Abendlandes, 1. Auflage 1945, 9. Auflage, München und Wien 2000.

Sachverständigenrat (1996 ff.), Jahresgutachten zur Begutachtung der gesamtwirtschaftlichen Entwicklung, Bundestags-Drucksache, verschiedene Jahrgänge, o.O., o.J.

Salzmann, Bertram (1993), Schluß mit dem Mitleid. Plädoyer für eine Ethik der Wahrhaftigkeit, Frankfurter Allgemeine Zeitung, Bilder und Zeiten, vom 6.11.1993.

Schäfer, Wolf (2000), Odysseus und die egozentrierten Strategen, Frankfurter Allgemeine Zeitung vom 12.5.2000, S. 14.

Schäfer, Wolf (2001), Europa in der Globalisierung, in: Wirtschaftsdienst, 81. Jg., 2001, S. 30–37.

Scherer, Andreas Georg (1997), Spirale nach unten? Zur Verantwortung multinationaler Unternehmen bei der Etablierung weltweiter Sozial- und Umweltstandards, in: Forum Wirtschaftsethik, 7. Jg., November 1999, S. 11–13.

Scherer, Andreas Georg (1999), Transzendierung von Ökonomik und Systemtheorie? – Die »Ethik der Governance« von Josef Wieland, in: Forum Wirtschaftsethik, 7. Jg., November 1999, S. 11–15.

Schlecht, Otto (1999), Soziale Marktwirtschaft, in: W. Korff et al. (Hrsg.), Handbuch der Wirtschaftsethik. Ethik wirtschaftlicher Ordnungen, Gütersloh 1999, Bd. 2, S. 289–303.

Schneider, Dieter (1997), Steuervermeidung – ein Kavaliersdelikt, in: Der Betrieb, 50. Jg., 1997, S. 485–490.

Schreyögg, Georg (1993), Führung, in: G. Enderle u.a. (Hrsg.), Lexikon der Wirtschaftsethik, Freiburg, Basel und Wien 1993, Sp. 325–330.

Schüz, Mathias (1999), Werte – Risiko – Verantwortung, Dimensionen des Value Managements, München 1999.

Schulin, Bertram (1989), Von der Freiheit zur Brüderlichkeit, Frankfurter Allgemeine Zeitung vom 1.7.1989, S. 15.

Schumpeter, Joseph A. (1975), Kapitalismus, Sozialismus und Demokratie, 1. Auflage 1942, 4. Auflage, München 1975.

Schwarz, Gerhard (1992), Marktwirtschaftliche Reform und Demokratie – Eine Hassliebe?, in: Ordo Bd. 53, 1992, S. 65–90.

Schwoerbel, W./Frericks, H./Vollmar, W. (1994), Ethik. 2. Lehr- und Arbeitsbuch für den Ethikunterricht an allgemeinbildenden und beruflichen Gymnasien in der Klasse 12, Köln München 1994.

Sen, Amartya (1999), Ökonomie für den Menschen. Wege zur Gerechtigkeit und Solidarität in der Marktwirtschaft, München Wien 1999.

Sennett, Richard (1998), Der flexible Mensch. Die Kultur des neuen Kapitalismus, 7. Auflage, Berlin 1998.

Siebert, Horst (1997), Odysseus am Mast der Ökonomie, Frankfurter Allgemeine Zeitung vom 19.4.1997, S. 17.

Siebert, Horst ((1998), Disziplinierung der nationalen Wirtschaftspolitik durch die internationale Kapitalmobilität, in: D. Duwendag (Hrsg.), Finanzmärkte im Spannungsfeld von Globalisierung, Regulierung und Geldpolitik, Schriften des Vereins für Socialpolitik, Bd. 261, Berlin 1998, S. 41–67.

Singer, Peter (1994), Praktische Ethik, 2. Auflage, Stuttgart 1994.

Sinha, Jay (1999), Bribery and Corruption, Harvard Business Review, October 22, 1999, p. 1–11.

Smith, Adam (1978), Der Wohlstand der Nationen, vollständige Ausgabe nach der 5. Auflage, London 1789, München 1978.

Spieker, Manfred (1996), Patient Sozialstaat. Probleme des sozialstaatlichen Leistungssystems und Grundsätze für seine Neuordnung, in: B. Burkhardt-Reich/H. Hof/B. Noll (Hrsg.), Herausforderungen an die Sozialstaatlichkeit der Bundesrepublik, Beiträge der Fachhochschule Pforzheim, Pforzheim 1996, S. 15–37.

Spieker, Manfred (1996 a), Solidarität oder Rentenfrondienst. Über ökonomische und moralische Grundlagen des Sozialstaats, Frankfurter Allgemeine Zeitung vom 31.5.1996, S. 11.

Stähli, Fridolin (1998), Ingenieurethik an Fachhochschulen, Wien u.a., 1998.

Starbatty, Joachim (1980), Ideengeschichtliche Grundlagen einer freiheitlichen Ordnung, in: W. Dettling (Hrsg.), Die Zähmung des Leviathan, Baden Baden 1980, S. 51–77.

Steinmann, Horst (1998), Unternehmensethik und Gewinnprinzip, in: Forum Wirtschaftsethik, 6. Jg., November 1998, S. 10–11.

Steinmann, Horst/Gerhard, Birgit, (1992), Effizienz und Ethik in der Unternehmensführung, in: K. Homann (Hrsg.), Aktuelle Probleme der Wirtschaftsethik, Schriften des Vereins für Socialpolitik Bd. 211, Berlin 1992, S. 159–182.

Steinmann, Horst/Kustermann, Brigitte (1999), Unternehmensethik und Management: Überlegungen zur Integration der Unternehmensethik in den Managementprozess, in: W. Korff et al. (Hrsg.), Handbuch der Wirtschaftsethik. Ethik wirtschaftlichen Handelns, Bd. 3, Gütersloh 1999, S. 210–231.

Steinmann, Horst/Löhr, Albert (1989), Unternehmensethik – eine »realistische« Idee, in E. Seifert/H. Pfriem (Hrsg.), Wirtschaftsethik und ökologische Wirtschaftsordnung, Bern und Stuttgart 1989, S. 87–109.

Steinmann, Horst/Löhr, Albert (1991), Der Beitrag von Ethik-Kommissionen zur Legitimation der Unternehmensführung, in: dies. (Hrsg.), Unternehmensethik, 2. Auflage, Stuttgart 1991, S. 269–279.

Steinmann, Horst/Löhr, Albert (1994), Grundlagen der Unternehmensethik, 2. Auflage, Stuttgart 1994.

Steinmann, Horst/Löhr, Albert/Kustermann, Brigitte (1996), Unternehmensleitbilder, in: Forum Wirtschaftsethik, 4. Jg., November 1996, S. 1–5.

Steinmann, Horst/Wurche, Sven (1993), Unternehmensführung, in: G. Enderle u.a. (Hrsg.), Lexikon der Wirtschaftsethik, Freiburg, Basel und Wien 1993, Sp. 1122–1131.

Steinmann, Horst/Zerfass, Ansgar (1993), Unternehmensethik, in: G. Enderle u.a. (Hrsg.), Lexikon der Wirtschaftsethik, Freiburg, Basel und Wien 1993, Sp. 1113–1122.

Strätling, Rebecca (1997), Shareholder versus Stakeholder. Welchen Zielen sollte die Unternehmensführung verpflichtet sein?, in: Forum Wirtschaftsethik, 5. Jg., Juli 1997, S. 3–7.

Streit, Manfred E. (1988), Freiheit und Gerechtigkeit. Ordnungspolitische Aspekte zweier gesellschaftlicher Grundwerte, in: Ordo Bd. 39, 1988, S. 33–53.

Suntum, Ulrich van (1999), Die unsichtbare Hand. Ökonomisches Denken gestern und heute, Berlin u.a. 1999.

Thielemann, Ulrich/Breuer, Markus (2000), Ethik zahlt sich langfristig aus – stimmt das?, in: Forum Wirtschaftsethik, 8. Jg., Juli 2000, S. 8–13.

Tietzel, Manfred (1988), Ethische und theoretische Probleme interventionistischer Wirtschaftspolitik, in: Dieter Cassel u.a. (Hrsg.), Ordnungspolitik, München 1988, S. 77–105.

Ulrich, Peter (1993), Unternehmerethos, in: G. Enderle u.a. (Hrsg.), Lexikon der Wirtschaftsethik, Freiburg, Basel und Wien 1993, Sp. 1165–1176.

Ulrich, Peter (1997), Integrative Wirtschaftsethik. Grundlagen einer lebensdienlichen Ökonomie, Bern u.a. 1997.

Ulrich, Peter (1997a), Wofür sind Unternehmen verantwortlich? Teil I, in: Forum Wirtschaftsethik, 5. Jg., November 1997, S. 3–9; Teil II, in: Forum Wirtschaftsethik, 6. Jg., Februar 1998, S. 3–9.

Ulrich, Peter (1999), Führungsethik, in: W. Korff et al. (Hrsg.), Handbuch der Wirtschaftsethik. Ausgewählte Handlungsfelder, Bd. 4, Gütersloh 1999, S. 230–248.

Ulrich, Peter/Lunau, York (1997), »Ethikmaßnahmen« in schweizerischen und deutschen Unternehmen, in: Die Unternehmung, 1997, S. 49–65.

Ulrich, Peter/Wieland, Josef (Hrsg.) (1998), Unternehmensethik in der Praxis: Impulse aus den USA, Deutschland und der Schweiz. Bern u.a., 1998.

Ulrich, Peter/Thielemann, Ulrich (1992), Ethik und Erfolg. Unternehmensethische Denkmuster von Führungskräften – eine empirische Studie, Bern und Stuttgart 1992.

Vanberg, Viktor (1999), Die Akzeptanz von Institutionen, in: W. Korff et al. (Hrsg.), Handbuch der Wirtschaftsethik. Ethik wirtschaftlicher Ordnungen, Bd. 2, Gütersloh 1999, S. 38–50.

Velasquez, Manuel G. (1990), Corporate Ethics: losing it, having it, getting it, in: P. Madsen and J.M. Shafritz (eds.), Essentials of Business Ethics, New York 1990, pp 228–243.

Velasquez, Manuel G. (1998), Business Ethics. Concepts and Cases, 4th edition, Upper Saddle River, New Jersey 1998.

Vischer, Wolfgang (1998), Brennpunkte der modernen Ethikdiskussion: Ökologie – Wissenschaft – Wirtschaft – Normenbegründung, in: M. Wörz (Hrsg.), Schriftenreihe Report, Band 36, Alsbach/Bergstraße 1998.

Volk, Hartmut (2000), Verunsicherte Mitarbeiter werden schneller krank, in: Frankfurter Allgemeine Zeitung vom 18. September 2000, S. 37.

Volkert, Jürgen (1999), Soziale Dienste und Umverteilung in Deutschland, Berlin 1999.

Wagner, Ulrich (2000), Reform des Tarifvertragsrechts und Änderungen der Verhaltensweisen der Tarifvertragspartner als Voraussetzungen für eine wirksame Bekämpfung der Arbeitslosigkeit, Beiträge der Fachhochschule Pforzheim Nr. 90, Pforzheim 2000.

Waters, James A. (1991), Catch 20.5: Corporate Morality as an Organizational Phenomen, wieder abgedruckt in: H. Steinmann/A. Löhr (Hrsg.), Unternehmensethik, 2. Auflage, Stuttgart 1991, S. 281–300.

Watrin, Christian (1999), Ordnungssysteme für innerstaatliche wirtschaftliche Prozesse, in: W. Korff et al. (Hrsg.), Handbuch der Wirtschaftsethik. Ethik wirtschaftlicher Ordnungen, Bd. 2, Gütersloh 1999, S. 216–261.

Waxenberger, Bernhard (1999), Bewertung der Unternehmensintegrität, Institut für Wirtschaftsethik, Beiträge und Berichte Nr. 86, St. Gallen 1999.

Weber, Max (1951), Die »Objektivität« sozialwissenschaftlicher und sozialpolitischer Erkenntnis, in: ders. (Hrsg.), Gesammelte Aufsätze zur Wissenschaftslehre, Tübingen 1951, S. 146–214.

Weber, Max (1956), Der Beruf zur Politik, in ders., Soziologie, Weltgeschichtliche Analysen, Politik, Stuttgart 1956, S. 167–185.

Weiss, Joseph W. (1996), Organizational Behavior and Change Managing Diversity, Cross Cultural Dynamics, and Ethics, Minneapolis/St. Paul u.a. 1996.

Wenger, Ekkehard/Knoll, Leonhard (1999), in: W. Korff et al. (Hrsg.), Handbuch der Wirtschaftsethik. Ausgewählte Handlungsfelder, Bd. 4, Gütersloh 1999, S. 433–454.

Wieland, Josef (1993), Formen der Institutionalisierung von Moral in amerikanischen Unternehmen. Die amerikanische Business-Ethics-Bewegung: Why and how they do it. Bern u.a. 1993.

Wieland, Josef (1994), Organisatorische Formen der Institutionalisierung von Moral in der Unternehmung, in: H.G. Nutzinger (Hrsg.), Wirtschaftsethische Perspektiven II. Schriften des Vereins für Socialpolitik, Band 228/II, Berlin 1994, S. 11–35.

Wieland, Josef (1994a), Warum Unternehmensethik?, in: Forum für Philosophie Bad Homburg (Hrsg.), Markt und Moral. Die Diskussion um die Unternehmensethik, Bern u.a. 1994, S. 215–239.

Wieland, Josef (1996), Moralische Kommunikation und Unternehmensführung. Warum Unternehmensethik?, Vortrag vor dem 1. Ethikforum Euregio Bodensee, vervielfältigtes Manuskript, Konstanz 1996.

Wieland, Josef (1999), Die Ethik der Governance, Marburg 1999.

Wieland, Josef und Grüninger, Stephan (2000), EthikManagementSysteme und ihre Auditierung, in: T. Bausch (Hrsg.), Unternehmensethik in der Wirtschaftspraxis, München u.a. 2000, S. 123–164.

Wienert, Helmut (1998), 50 Jahre Soziale Marktwirtschaft, Beiträge der Fachhochschule Pforzheim Nr. 85, Pforzheim 1998.

Wilsberg, Klaus (2000), Die neue Lust an der Moral der Wirtschaft, in: Sparkasse 117. Jg., 2000, S. 490–495.

Winnacker, Ernst-Ludwig (2001), Die Biotech-Industrie hat eine neue Chance erhalten, Frankfurter Allgemeine Zeitung vom 8. Januar 2001, S. 14.

Wörz, Michael (1994), System und Dialog. Wirtschaftsethik als Selbstorganisation und Beratung, Stuttgart 1994.

Sachregister